KB261471

부동산 투자를 둘러싼 변수와 부동산 시장의 장기전망

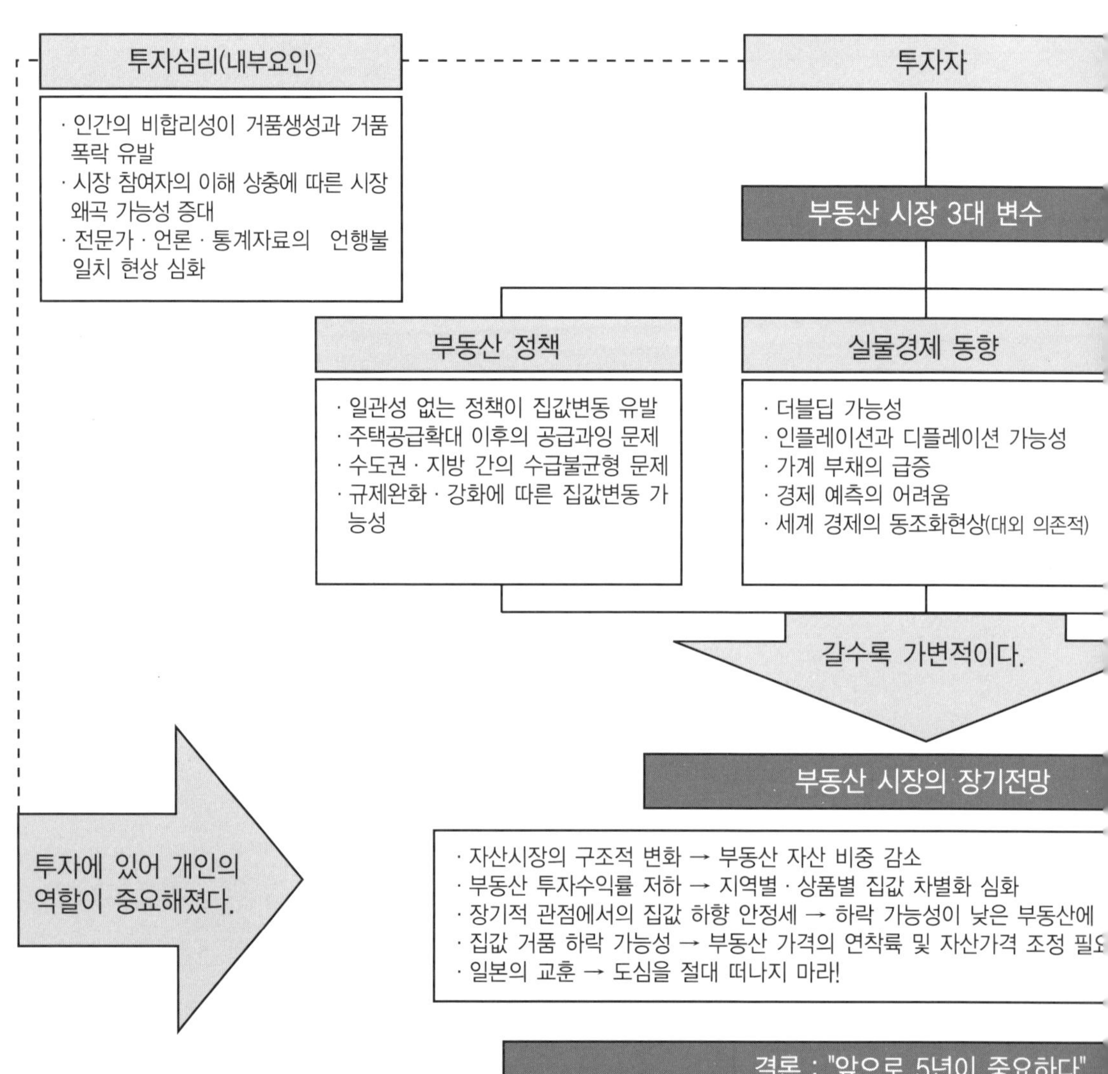

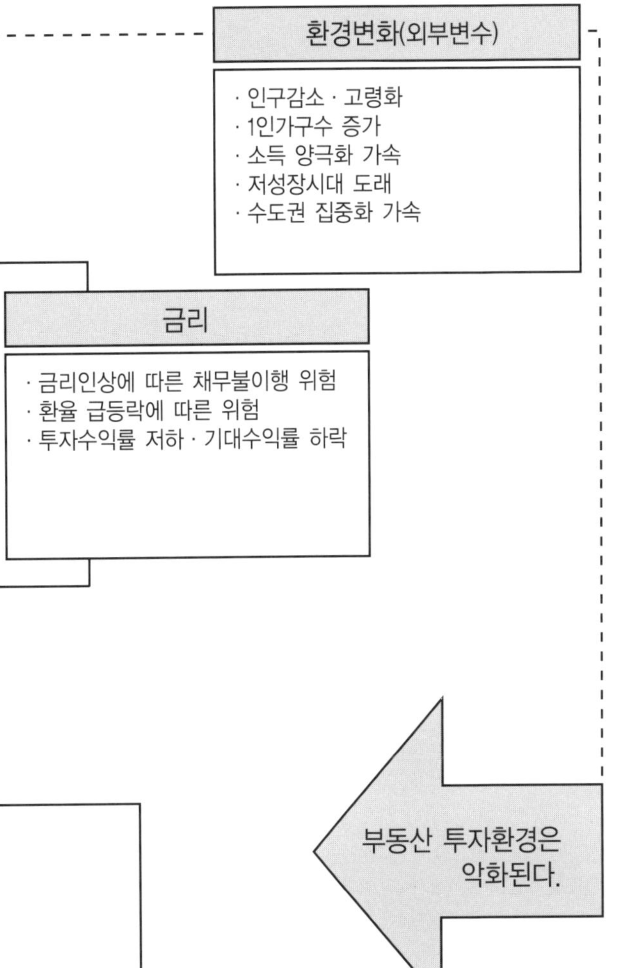

지금처럼 부동산이 폭락한다, 그렇지 않다는 불확실한 시대에 개개인은 보다 냉정해져야 한다. 어디까지나 객관적이고 합리적인 사고로 작금의 돌아가는 현상을 바라보고 판단해야 한다. 하지만 인간의 비합리적인 행동은 경제와 부동산을 바라보는 눈을 맹목적으로 만들며, 잘못된 맹신이나 확고한 신념이 개개인의 마음속 깊이 각인되고 있다. 이것이 부동산 가격을 왜곡되게 만든 것인데, 결국 올바른 부동산 투자의 첫 번째 관건은 이것을 인정하는 것에서부터 출발한다. ■

불확실성 시대에 자산을 지키는

부동산 투자학

불확실성 시대에 자산을 지키는

부동산 투자학

초판 1쇄 인쇄 | 2010년 2월 5일
초판 1쇄 발행 | 2010년 2월 10일
지은이 | 김태희
펴낸이 | 조종현
펴낸곳 | 북오션

종 이 | 대한실업
출 력 | 푸른서울
인 쇄 | 정민문화
출판신고번호 | 제313-2007-000197호

주 소 | 서울시 마포구 서교동 468-2번지
이메일 | bookrose@naver.com
전 화 | (02)322-6709
팩 스 | (02)3143-3964

ISBN 978-89-93662-15-3 (13320)

*책값은 뒤표지에 있습니다.
*잘못 만들어진 책은 구입하신 서점에서 교환해 드립니다.

불확실성 시대에
자산을 지키는
부동산 시장에서
변치 않는 원칙
부동산
투자학
북오션

불확실성 시대에 자산을 키우는 부동산 경제학

실무 없는 이론은 공허하고
이론 없는 실무는 천박하다

우리는 전문가 홍수 시대에 살고 있다. 이는 부동산 분야도 마찬가지이다. 자칭 부동산 전문가라고 하는 이들은 확신에 찬 단정적인 어투로 온갖 장밋빛 환상을 늘어놓으며 투자자들을 끊임없이 유혹하는데, 그 자신감이 어디에 근거하는지 도대체가 궁금할 뿐이다. 게다가 그들은 아무렇지도 않다는 듯이 어제 한 말을 오늘 곧바로 뒤바꾸기 일쑤다. 신문이나 인터넷에 범람하고 있는 그 많은 부동산 투자연구소와 부동산 전문가들과 고수들은 과연 자칭(自稱)인가, 아니면 타칭(他稱)인가?

문제는 이것이 필연적으로 수반할 수밖에 없는 역기능에 있다. 즉, 그 전문지식과 실무경험의 깊고 얕음은 논외로 할 때, 무분별하고 무책임한 사이비 전문가의 양산으로 인해 투자자들이 입게 될 피해 말이다. 이들의 말 한마디 한마디는 유력 신문이나 인터넷 포털 등을 통해 일반인에게 전달되는데, 이를 곧이곧대로 믿고 투자한 후에 낭패 보는 경우를 우리 주변에서 심심찮게 보기 때문이다. 그리고 이것이 확산되고 확대 재생산되어 사회적 문제로 심화된 경우도 있는데 그 대표적인 예가 부동산 '폭락' 과 '불패' 라는 극단적 시각이다. 지금 우리 사회의 보수와 진보가 가진 자와 그렇지 않은 자로 갈라선 것만큼 부동산도 극단적인 두 개념이 충돌하고 있는데, 언론 역시 두 패로 나뉘어 이를 더욱 충동질하고 있다.

투자자를 더욱 헷갈리게 만드는 것은 신문기사의 흐름인데, '오늘은 흐림, 내일은 맑음' 을 반복하면서 투자에 대한 판단력을 마비시킨다. 조금만 올라도 급등이요, 반대로 조금만 내려도 폭락이란 단어가 난무한다. 심지어 같은 날 A신문과 B신문에 상반된 내용의 기사가 실리는 경우도 있다.

"이런 상황 속에서 투자자들은 과연 투자에 대한 의사결정을 올바르게 내릴 수 있을까? 이 같은 상반된 논리와 부정확한 정보의 홍수 속에서 자신만의 객관적이고 합리적인 판단을 내릴 수 있는 투자자가 얼마나 될까?"

아마도 대다수의 투자자들은 이 질문에 공감할 것이다. 만일 투자자들 자신이 합리적이고 이성적인 생각과 일정 수준 이상의 투자지식을 가지고 투자에 임한다고 생각한다면, 그것은 큰 착각이다. 또한 합리적인 판단하에 의사결정을 내려 투자에 임한다고 생각한다면 이 역시 지나친 착각이다.

하지만 더 큰 문제는 투자에 실패한 사실 그 자체가 아니라, 그 상황을 선뜻 받아들이지 못하는 데에 있다. 그저 운이 없었을 뿐이라고 애써 자기를 합리화시킬 뿐이다. 그렇기 때문에 남들도 자신처럼 다들 실패한 것 아니냐고 강변한다. 그리고는 위에 말한 어느 일방의 의견에 서서히 동조화된다. 그리고 그 결과는 언제나 그러했듯이, 참담하다.

먼저 재테크에 대한 생각부터 확실하게 정립해야 한다. 재테크란 '투자리스크에 대한 보상가치'이고 올바른 재테크란 '감당할 수 있는 위험범위내에서의 기대수익을 최대한으로 끌어 올리는 행위'이다. 그러므로 단번에 많은 수익을 기대하고 큰 위험이 따르는 곳에 투자했을 경우(high risk, high return)와 기대수익은 적더라도 안전한 곳에 투자했을 경우(low risk, low return)는 엄연히 다른 결과를 가져온다.

따라서 수익에 대한 기대 못지않게 감당할 수 있는 리스크를 항상 생각하는 투자 자세를 가지는 것이 무엇보다 중요하다. 특히 리스크에 대한 고려가 더 중요하다. 이것이 바로 부자들, 즉 현명한 투자자와 그렇지 못한 대다수의 투자자들 간의 투자철학과 행동양식의 결정적인 차이점이다. 부자들은 대다수의 무모한 투자자들과는 달리 투자에 앞서 항상 리스크를 최우선으로 고려한 후 투자에 임한다. 결국 투자자 개개인의 합리성의 정도 차가 재테크 능력의 차이를 가져오고, 이는 리스크를 얼마만큼 해지할 수 있는가의 능력으로 나타난다.

문제는 리스크에 대한 정도차를 쉽게 가늠하기가 어렵다는 데 있다. 그다지 현명하지 못한 대다수 일반투자자들의 경우에는 더욱 그렇다. 특히 정부정책이 자주 바뀌고, 금리나 환율의 중요성이 갈수록 커지고, 국내는 물론 세계 경기가 하나로 묶여 돌아가는 현 시점에서 일반 투자자들이 이를 정확히 꿰뚫고 분석하고 판단하여 이들 변수들이 투자에 미칠 리스크를 사전에 파악하고 차단하기까지에는 무리가 따른다. 갈수록 투자환경이 가변적이고 유동적인 불확실성 시대를 살아가고 있기에 더욱 그렇다.

이상을 모두 고려할 때, 전문가의 말이나 신문기사를 곧이곧대로 믿을 수 없는 상황에서, 대다수의 일반 투자자들은 투자에 더더욱 합리적이지 못하게 된다. 게다가 앞으로의 경제상황이나 투자를 둘러싼 제반 환경 역시 그다지 녹녹치가 않다. 또한 앞서 말했듯, 지금의 부동산 가격에 거품이 끼었네, 아니네 하는 거품 논쟁은 여전히 뜨겁다. 더군다나 앞으로의 부동산 투자로 얻을 수 있는 수익률 역시 예전 같지는 않을 것이다. 이는 다른 투자자산에 있어서도 마찬가지다. 그렇다면 이제 무엇이 가장 중요할까?

"투자에 있어서 개개인의 역할이 보다 중요해졌다."

보다 전문적인 지식을 챙겨야 함은 물론, 시장을 정확하게 바라보고 읽어 낼 줄 아는 지혜를 길러야 한다. 그러기 위해서는 무엇보다 폭넓은 경제지식은 물론 꼭 필요한 금융지식도 알고 있어야 한다. 부동산 시장 역시 경제와 금융이 돌아가는 것을 모르고서는 제대로 파악하기가 어렵기 때문이다.

그리하여 어느 일방의 말에도 쉽게 현혹되지 않는 균형감각을 길러야 한다. 시장을 너무 부정적으로 바라봐서도 안 되지만, 그렇다고 시장, 전문가, 신문에 실린 기사를 그대로 믿으며 이를 맹신해서도 안 된다. 시장과 경제상황을 있는 그대로 바라보는 자세를 견지해야 한다. 이들의 말과 글을 참조하되, 어디까지나 객관적이고도 공평무사한 태도로 임해야 한다. 이것이 불확실성 시대에 자산을 지키고 불리는 투자에 대한 지혜이다.

부동산 투자에 있어 특히 생각해야 할 것이 바로 행동경제학적 관점의 사고인데, 대부분의 투자자들이 전문가들처럼 합리적인 의사결정을 내리는 사람들이 아님을 인정하는 데서부터 시작한다. 이를 통해 우리의 투자심리가 얼마만큼 치우쳐 있는지를 깨닫고, 전문가의 말 한마디 한마디와 부동산 통계자료나 신문기사가 어느 일방으로 왜곡되어 있는지를 파악할 수 있어야 올바른 시각으로 부동산 시장을 판단할 수 있다.

"이 책을 왜 썼는가?"

요즘처럼 부동산 시장이 어지럽고 복잡할 때는, 있는 그대로의 사실(fact)만을 갖고 판단해야 올바르게 보이고 정확한 판단을 내릴 수 있다. 즉, 다른 어느 때보다 원론적인 접근이 필요한 시점이다. 이 원론을 통해 지금의 부동산 시장이 어디쯤 와 있고 어떻게 돌아가고 있으며, 또 어떤 방향으로 진행될 것인가에 대한 추정이 가능해진다.

지금의 부동산 가격의 거품 여부를 떠나 고점 부분에서 횡보하는 듯하지만, 그렇다고 이를 섣불리 단정 지을 수는 없다. 만일 이것이 긍정적이라면, 앞으로의 부동산 투자는 철저히 수익률로 접근해야 함을 뜻하는데, 이는 막연히 부동산 가격이 오르거나, 아니면 내릴 것이라는 단순한 판단만으로는 더 이상 통하지 않는다는 것을 뜻한다. 따라서 이 역시 경제원론적인 접근을 통해야만 가능해진다.

결국 이론과 실무는 각기 따로 공존할 수 없으며, 그것들이 상호 보완되어야 만이 올바른 부동산 투자 결정을 내릴 수 있다. 따라서 이 같은 지극히 평범하고도 상식적인 사실이 이 책을 읽는 독자들에게 전달된다면, 이 책의 목적은 충분히 달성된 셈이다. 모쪼록 "실무 없는 이론은 공허하고, 이론 없는 실무는 천박하다"는 평범한 진리를 다시 한 번 강조하는 바이다.

김태희

PART 2 투자심리의 경제학

PART 3 일관성 있는 부동산 정책의 중요성

PART 6

부동산 시장의 장기 전망

1 이 책은 서울 강남지역의 집값에 대해 상당 부분을 할애했다. 이는 우리나라 부동산의 하락과 상승을 주도하는 강남 집값의 핵심 근원을 철저하게 분석함으로써 전체를 보는 눈을 키우기 위함이다. 따라서 강남을 어디까지나 집값 변동을 선도하는 상징성으로 이해하고, 이를 통해 여타 지역의 부동산에 대입하여 미루어 짐작하면 된다. 혹여나 이 글을 읽고 있는 독자들을 충동질한다는 오해를 갖지 않기 바란다.

2 어디까지나 사실에 입각해서 있는 그대로의 현상을 보여주려 노력했다. 특히 2009년 한 해는 집값이 '하락→급등→보합'이라는 가파른 흐름세를 보였다. 따라서 이 기간 동안의 제반 흐름을 특히 잘 살펴야 앞으로의 전망이 가능해지기 때문에 글의 일부는 그 시점에서 기술된 내용을 그대로 실었으며, 여기에 더해 이후의 상황을 간략히 정리해 추가했다.

3 전문용어가 많이 등장함에도 불구하고 지면관계상 이를 제대로 풀어주지 못했다. 읽기에 다소 복잡하고 어렵더라도 양해하기 바란다.

PART 1

부동산 재테크 소고(小考)

부동산에 있어 정보가치는 말할 수 없이 중요한데 적어도
부동산 시장의 평평하지 않고 울퉁불퉁한 정보를 똑바로 펼 수 있어야 한다.
이는 각자의 몫이다.

부동산은 평평하지 않다

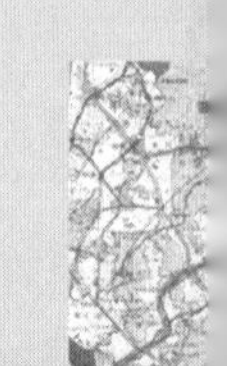

세계화와 신자유주의적 개방경제 체제를 다룬 《세계는 평평하다》라는 책이 한동안 유행한 적이 있다. 이는 인터넷 등의 정보기술 발달에 따른 세계의 평평화현상이 국가·기업·개인에 어떠한 영향을 미치고 있으며, 앞으로의 전망이 어떠할 것인가에 대해 설명한 책이다.

이와는 다른 논제의 세계화와 신자유주의가 최악의 금융위기를 불러왔다는 《세계는 평평하지 않다》 역시 만만찮은 사회적 반향을 불러왔다. 이 책에 따르면 세계화의 여파로 금융은 구부러져 있으며, 그렇기 때문에 거품붕괴의 가능성은 항상 존재한다. 따라서 이를 막으려면 금융의 글로벌화를 기해야 하는데, 이를 위해서는 세계가 평평해져야 한다는 것이다.

세계화라는 공통된 주제를 다뤘음에도 불구하고, 전자는 '지역적 조건이 균등해지는 무한경쟁의 세계'를, 후자는 '금융시장의 글로벌화에 따른 위험성'이라는 전혀 별개의 사안을 다루고 있다. 게다가 우리는 단지 그 제목만으로 미루어 같은 주제를 놓고 서로 상충되는 갑론을박을 펼치는 책일 것이라는 선입견을 갖는다.

이는 지금의 부동산과 관련된 현상을 설명함에 있어서도 시사하는 바가 크다. 지금 서점에 나란히 꽂혀 있는 부동산은 대폭락한다거나 혹은 그렇지 않다는 식의 부동산과 관련해서 전혀 상반된 논리가 충돌하고 있는데, 그 이유는 그 논쟁의 중심에 '거품'이 있기 때문이다. 즉, 부동산이라는 같은 주제를 다뤘음에도 불구하고 속내를 들여다보면 이 '거품'을 판단하는 기준과 잣대가 전혀 다르며, 어느 것 하나 확실치 않기에 그렇다.

거품의 사전적 의미는 '시장가격이 내재가치를 초과하여 장기간 상승하는 경우'를 말하는데, 문제는 미래에 대한 불확실성으로 내재가치를 알 수 없기 때문에 거품의 존재를 사전적으로 파악하기가 현실적으로 불가능하다는 사실이다. 결국 거품은 결론 없는 논쟁거리일 수밖에 없으며, 거품이 꺼진 후에나 확인 가능할 뿐이다. 다시 말해, 지금의 부동산값의 거품 여부를 섣불리 단정하여 말하기란 어렵다는 얘기다.

따라서 "부동산이 대폭락한다, 아니다"에서 말하는 주장 역시 어느 것 하나 속단할 수 없다. 거품과 관련해서 어느 것 하나 확실한 것이 없기 때문이다. 그럼에도 불구하고 지나친 확신으로 일관하는 양쪽 입장 모두는 우리를 혼란스럽게 만들 뿐이다. 그런데도 이 같은 주장은 여전히 팽팽하게 대립하고 있다. 그 주장의 진위나 논리적 허점 여부는 논외로 할 때 말이다.

그렇다면 이를 바라보는 투자자들은 어떻게 해야 할까? 어느 한쪽을 믿어 이를 그대로 받아들일 것인가, 아니면 나름의 객관적이고 공정한 대책을 궁리하고 마련해야 할 것인가?

이는 데이비드 M. 스믹(David M. Smick)의 《세계는 평평하지 않다(The world is curved)》에서 힌트를 찾을 수 있을 듯하다. 적어도 상품·서비스시장은 토마스 프리드먼의 말처럼 정보의 공유와 시장시스템이 국가를 넘어 지구 전체를 평평하게 만들지만, 금융시장만큼은 그렇지 못하기 때문이다. 즉, 스

믹의 말처럼 금융시장은 "지구가 둥근 탓에 보이지 않는 수평선 너머"처럼 불확실하고 부정확한 정보가 득실거리는 불투명한 권역이며, 따라서 언제든지 위기가 닥칠 수 있는 곳이다. 마치 글로벌 경제위기의 발화점이 금융위기(엄밀히 따지자면 부동산發 금융위기)였던 데서 알 수 있듯이 말이다.

지금의 부동산 시장 또한 이와 다를 바 없다. 부동산 시장 역시 금융시장과 마찬가지로 온갖 불확실하고 부정확한 정보로 넘쳐나고 있다. 그리고 부동산 업계는 그동안 이 같은 정보의 불완전성과 비대칭성에 시장이 좌지우지되어 왔다. 따라서 다른 무엇보다 중요한 것은 불확실하고 부정확한 정보의 홍수로부터 자유로울 수 있어야 한다.

그러기 위해서는 어느 일방에도 치우치지 않는 객관적인 자세를 견지해야 한다. 그래야 앞서 말한 '거품' 논쟁과 같은 쟁점을 보다 객관적이고 냉정한 시각으로 판단할 수 있기 때문이다. 또한 그래야만 일반 대중이 공감하고 지지하는 사회적 담론이 여론을 형성하는 것이 아닌, 소수의 비뚤어진 언론과 일부 몰지각한 전문가 집단이 조장하는 왜곡된 여론이 사회적 공론을 조장하는 시대를 살고 있는 우리가 그런 것들에 휘둘리지 않고 사회, 경제, 부동산 시장을 제대로 살필 수 있다.

부동산에 있어 정보가치는 말할 수 없이 중요한데 적어도 부동산 시장의 평평하지 않고 울퉁불퉁한 정보를 똑바로 펼 수 있어야 한다. 이는 각자의 몫이다. ■

01

아파트,
지금 구입해야 할까

최근의 집값 급등현상을 보면서 허탈감 내지는 착잡함을 느끼는 사람들이 여럿 있을 것 같다. 불과 수개월 전까지만 해도 하락세였던 집값이 도대체 왜, 무슨 이유로 이처럼 급등 모드로 전환됐는지 도무지 혼란스럽기만 하다. 혹여나 지난 2002년 무렵처럼 집값 급등현상이 재연되는 것은 아닌지, 이런 이유로 지금이라도 빨리 뛰어들어 다시는 막차를 놓치지 말아야 하는 것은 아닌가 불안할 뿐이다. 지금의 상황을 그저 지켜보는 것과 지금이라도 적극 동참하는 것, 둘 중 어느 것이 더 옳을까? 지금부터 이것에 대해 생각해보고자 한다.

◉ 과거의 경험으로부터 얻을 수 있는 결론

먼저 지난 20년간 집값 변화의 원인과 그 결과, 그리고 그것의 시사점에 대해 생각해보자. 단, 다음 '집값의 변동 추이' 라는 실제 발생한 사실만을 놓고 살펴본다. 그 밖의 자료는 그때그때의 경제상황이 반영된 것이어서, 적절치 못하다고 판단된다.

|자료 1-1| 연도별 부동산 가격 변동 및 주요정책

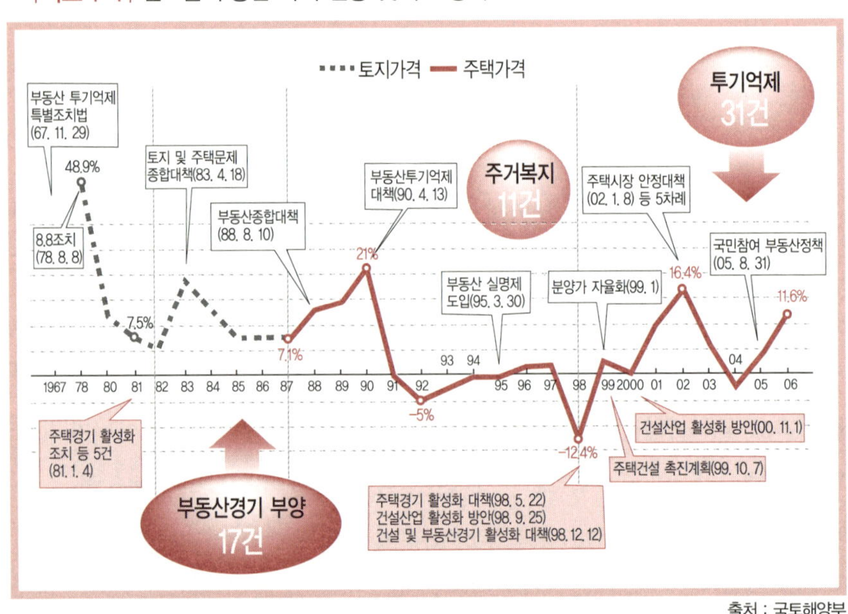

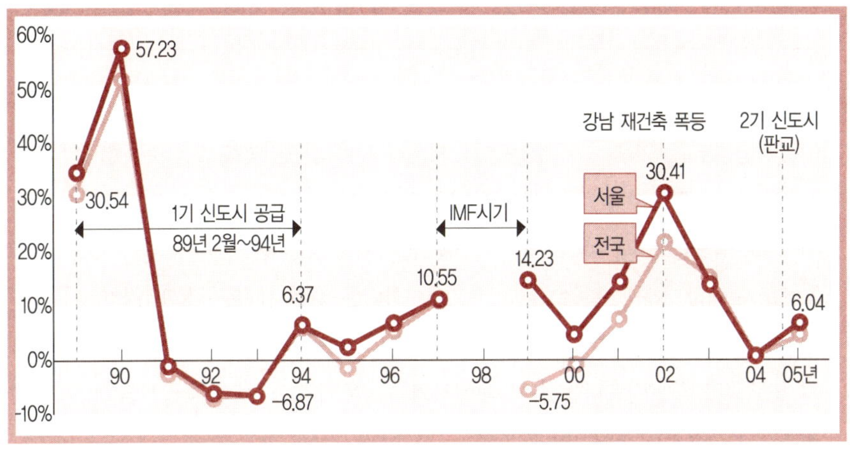

|자료 2| 1990년과 2002년 집값 폭등 상황 비교

구 분	1990년	2002년
폭등원인	· 주택공급 부족+소득증가(유동성) +규제완화	· 2002년 : 공급부족+저금리+과잉유동성(가계대출 급증)+규제완화(IMF 경기진작) · 2006년 : 수급불균형+과잉유동성+저금리+풍부한 부동자금(규제강화에도 불구하고 집값 폭등)
진원지	· 전국 아파트값 폭등 (서울+신도시)	· 강남 재건축 아파트값 폭등
폭등이전 정부정책 (부양책)	· 88.8.10 부동산종합대책 (전후해서 경기부양조치 17건)	· 98.5.22부터 잇단 활성화대책 · 99.10.7 주택건설촉진계획 및 건설산업활성화방안
폭등결과	· 87년말부터 90년까지 3년간 급등세 지속 (7.1%→21%)	· 2000년부터 2002년까지 3년간 급등세 지속 (0%→16.4%) ※ 98년 12.4%→ 02년 16.4%
폭등이후 정부조치 (억제책)	· 90.4.13 투기억제책	· 02.1.8 주택시장안정대책 등 5차례 (전후해서 투기억제조치 31건)

정부조치 결과	· 91년부터 IMF 이전인 97년까지 집값 안정(0%대 유지)	· 04년 −3%대까지 일시적으로 하락했으나, 이후 06년까지 계속해서 급등 (06년 11.6%까지 상승)

1 2000년 이전과 이후의 집값 급등 원인이 뚜렷함

이전 : 공급부족, 이후 : 과잉유동성 + 저금리 + 수급불균형(즉, 오를 곳만 올랐다.)

2 2000년 이전과 이후의 집값 안정 원인이 뚜렷함

이전 : 주택공급 결과, 이후 : 강력한 세제정책(특히 종합부동산세)

3 신도시 집값 급등은 분양시점(88~90년), 하락은 입주시점(92년초)과 일치

집값 반영은 주택공급시점이 아닌 발표–분양시점으로, 약 3년 정도 시차발생. 따라서 주택공급계획 발표시점(분양시점)에서의 활성화대책과 실제 공급시점(입주시점)에서의 억제책은 말 그대로 뒷북 정책

4 가격의 단기폭등(2000년 이후)을 가져오는 원인은 수요측 요인이 많이 작용

수급불균형(특히 수도권) + 수도권집중화현상 + 정부 개입

5 최근 주택가격 급등은 수요증가와 함께 공급이 줄어들었기 때문

수요증가 요인 : 투기적 가수요(풍부한 부동자금 + 저금리 + 정책에 대한 불신+막차를 놓쳐서는 안 된다는 불안감 내지는 학습효과)

공급부족 요인 : 수급불균형(특히, 강남 중대형 평형 공급부족)

6 결론 : 최근 과열되고 있는 부동산값을 잡기 위해 주택담보대출 등의 규제 및 금리인상 등을 통해 문제를 해결하려는 대책은 효과적이지 못하며, 수급불균형 해소와 종합부동산세 등의 세제정책, 그리고 장기적으로는 금리정책의 적절한 사용이 보다 바람직하다.

〈자료2〉를 간단히 설명하면, 지난 20년 동안 우리나라는 크게 두 차례(1992년과 2002년 전후, 물론 2006년에 또 한 차례 급등했지만 이는 2002년의 연장선상으로 파악해도 무리없다)에 걸쳐 집값이 폭등했다. 새삼 그 이유를 설명할 필요는 없고, 이를 통해 다음 결과를 얻어낼 수 있다.

우선 2000년 전후 상황이 뚜렷하게 달라졌다는 사실이다. 즉, 우리나라 주택시장은 2000년을 기점으로 다음과 같이 구조적인 변화를 겪고 있다는 사실을 알 수 있다.

첫째, 주택시장의 성격이 공급자 우위의 시장에서 수요자 우위의 시장으로 급속도로 전환되고 있다. 서울지역 등 일부 특정지역을 제외하고는 주택보급률이 100%대를 넘어선 만큼 주택의 절대부족이 거의 해소된 상태이지만, 주택공급은 앞으로도 지속될 것이고, 이에 따라 순공급물량도 원활하게 소화하기가 쉽지 않을 것 같다. 특히 고령화, 인구감소 등으로 주택의 연간수요가 둔화될 것이어서 예전처럼 높은 주택수요를 기대하기 어려우며, 그 결과 주택시장은 수요자 중심의 시장으로의 구조적 변화가 급속도로 진행될 것으로 보인다.

둘째, 주택수요의 차별화·양극화현상이 보다 뚜렷해지고 있다. 이는 주택시장이 공급자시장에서 수요자시장으로 변화되고 있다는 데서 그 원인을 찾을 수 있다. 특히 2000년 이후의 주택가격 폭등은 주택수요가 지역별·규모별·소득별로 차별화된 반면, 공급은 이와 연동되지 못하고 오히려 줄었기 때문이다. 그리고 이것이 엄청난 규모로 불어난 부동자금과 낮은 이자율, 정부정책에 대한 불신, 막차를 놓쳐서는 안 된다는 불안감 등의 투자심리와 맞물려 나타난 결과이다. 강남 등 일부지역 아파트값만 급등한 것(최근에는 수도권 전역으로 확산되었지만)이 이를 증명한다. 이러한 현상은 앞으로도 계속될 것이다.

셋째, 집값을 안정시키기 위한 정부정책은 이미 그 실효성이 상당 부분 약화되었다. 지난 2000년 이후부터의 정부정책, 그 중에서도 투기억제책은 정책 발표 후 그 실효성이 급속히 떨어지는 것으로 나타나고 있다. 이후 집값은 다시 상승하기 시작했는데, 이는 지난 노무현 정부가 2002년 집값이 최고점에 이른 이후 수차례에 걸친 투기억제책을 쏟아냈음에도 불구하고 잠시 집값이 하향 안정되는 듯하다가 다시 오르기 시작한 것을 통해서 확인된다. 그렇다면 이 같은 현상은 왜 벌어질까? 그것은 바로 투기적 가수요의 급격한 증가 때문이다. 풍부한 유동자금이 저금리 기조하에서 마땅한 투자처를 찾지 못한 채 떠돌다가 마침내 투기자금화 하여 그것이 부동산시장으로 스며든 것이다.

물론 여기에는 오락가락하는 정부정책에 대한 불신이 결정적으로 한 몫을 한다. 즉, 경제상황이 달라질 경우 정부정책은 언제든 바뀔 것이며, 이에 따라 다시 가격이 오를 것이라는 기대심리가 투자자들 마음속에서 쉽사리 지워지지 않기 때문이다. 일반 투자자들 역시 자칫 막차를 놓치는 것 아니냐는 불안감에 저금리를 이용한 대출 레버리지 등으로 가수요에 동참하면서 집값 폭등을 견인하는 것이다.

◎ 돈이 너무 풀렸다

최근 주택시장이 과열되고 있는 이면에는 투기적 수요의 급격한 증가가 직접적인 원인이 되었음은 부인할 수 없다. 여기에 더해 주택수급불균형으로 인한 특정지역, 특정평형 대의 주택공급 부족이 주택가격의 단기 폭등을 가져온 것이다.

최근 정부는 과열되고 있는 강남의 집값을 잡기 위해 주택담보대출(LTV · DTI) 규제를 통해 문제를 해결하려 하는데, 이는 당초의 기대에 못 미칠 수도 있음을 생각해봐야 한다. 강남지역은 이미 이 같은 규제에 적용받고 있으며, 무엇보다 시중에 풍부해진 유동자금 중의 상당 부분이 이러한 규제에도 아랑곳하지 않아 집값을 잡기에는 다소 역부족일 수 있기 때문이다.*

하지만 최근의 언론 보도에 의하면, DTI·LTV 규제 때문에 일반주택 거래가격은 계속 하락하고, 반면에 규제가 없는 분양시장은 갈수록 과열되고 있다고 한다. 물론 어느 정도는 그렇겠지만, 시장 왜곡이 너무 심하다는 생각마저 든다. 재건축·재개발 등의 기존 주택시장의 가격상승이 그만큼 높아 더 이상의 투자매력을 느끼지 못하는 투자자들이 보금자리주택이나 일부 신도시 인기지역의 분양물량에 관심을 돌리는 것은 당연한데도 말이다. 따라서 강남 재건축의 경우, 만일 소형평형의무비율 등의 규제가 완화된다면, DTI·LTV 규제 여부와 관계없이 집값은 다시 상승할 수도 있다.

이처럼 2000년 이후의 부동산 가격의 잦은 변동은 초저금리에 따른 유동성 확대(통화량 증가)가 그 원인이 되고 있으며, 이는 전 세계적인 동조화현상으로 나타나고 있다.**

부동산 투자 역시 주식 투자처럼 단기적·투기적인 양상을 보이는데, 그 주된 이유는 마땅한 투자처를 찾지 못해 그때그때의 상황에 따라 자금이 떠돌기 때문이다. 최근 강남아파트값 급등현상에는 이러한 단기(단기래 봐야 2~3년 정도) 투자 내지는 투기 목적으로 치고 빠지는 세력이 상당 부분 가세한 것으로 보인다. 문제는 이것을 보고 순진한 대부분의 투자자가 동요하고 있다는 것이다. 따라서 자칫 잘못 투자하다가는 그야말로 상투를 잡는 어리석은 개미 꼴 날 확률도 적지 않다.

가격이 잔뜩 오른 이후로 정부는 또 다시 서둘러 일련의 대책을 내놓을 것

* 그렇더라도 은행대출규제에 더해 금리인상 등의 금융정책이 동반할 경우에 기대 이상의 효과를 볼 수 있는데, 만일 그렇다면 이는 지금의 집값 상승을 견인하는 주택수요 중에 당초부터 레버리지효과를 기대하고 뛰어든 투기적 가수요가 상당하다는 것을 나타낸 결과라고도 볼 수 있다.
** 이는 중요한 의미를 내포한다. 왜냐하면 우리나라도 미국, 일본처럼 부동산發 금융위기가 발생하지 않는다고 장담할 수 없기 때문이다.

이고, 이쯤되면 투기세력은 일시에 빠져나가 이후 또 다시 가격급락이 일어날 가능성도 배제할 수가 없다.

이처럼 지금의 상황은 정부가 일시적인 대책이나 조치로 가격의 상승을 억제하거나, 하락을 막기에는 근본적인 한계가 있다. 그럼에도 여전히 정부는 뒤늦게 대책을 내놓을 것이고, 이때마다 손해를 보는 것은 항상 순진한 투자자들이다. 단기적인 처방에 급급할 것이 아니라, 장기적인 관점에서의 금리정책과 수급불균형 해소를 위한 공급정책을 균형 있게 시행하여 시장을 안정시켜야 하는 이유가 여기에 있다.

◉ 집값 계속 오를 것인가

문제는 투기시장화된 작금의 주택시장에서, 주택가격이 좀처럼 안정되지 않고 있다는 점이다. 현재의 경제 여건상 섣불리 금리정책을 취해 주택수요를 억제시키기도 어렵고, 수급불균형 해소를 위한 주택공급 역시 지금 당장의 실효성이 기대되지 않기 때문이다. 전자에 대해서는 뒤에 자세히 설명하기로 하고, 여기서는 후자에 대해서만 간략히 알아보겠다.

단기적으로 볼 때 주택가격 안정에 직접적으로 기여하는 것은 신규주택의 공급이 아니라 유효공급량(매물로 내놓는 집의 양)을 어떻게 하면 빨리 늘릴 수 있는가이다. 왜냐하면 주택공급은 발표→분양→준공으로 이어지는 기간까지의 간극이 생기기 때문이다. 하지만 공급이 되기도 전에 집값은 이미 다 오를 대로 오른다. 즉, 지역별·평형대별 수급불균형 문제를 해소하려고 주택공급 정책을 펼치더라도 타임 갭이라는 문제가 발생하여 즉각적인 효과를 기대할 수가 없다. 더군다나 주택에 대한 투기적 수요의 증가는 반드시 유효공급량의 감소를 수반하기 때문에 주택가격에 미치는 영향은 그만큼 클 수밖에 없다. 이것이 투기수요가 가세할 때 집값이 큰 폭으로 오르는 이유이다.

실제 지난 90년대 신도시 집값 급등은 분양시점(88~90년), 하락은 입주시점(92년초)과 거의 일치하고 있다. 즉, 집값반영은 실제 주택이 공급되는 시점이 아닌 분양시점으로, 여기에는 약 3년 정도의 시차가 발생하게 된다. 따라서 주택공급계획 발표시점에서의 활성화대책과 실제 공급시점 · 입주시점에서의 억제책은 말 그대로 엇박자 정책이 되는 것이다. 이것은 그만큼 구조적인 현상으로밖에 볼 수 없다.

또한 투자 또는 투기목적의 주택보유가 많은 경우, 이는 경제여건의 변화에 따라 언제든지 신속한 주택처분으로 이어질 수 있다. 이 경우 비록 단기간이더라도 그 공급량은 가격변화에 따라 민감한 반응을 보인다. 특히 주택소유자의 기대수익을 크게 변화시키는 투기억제정책, 세금 등의 법적 · 제도적 장치가 마련되거나 폐지될 때 주택공급량의 변화는 더욱 심해진다. 이것이 주택값이 떨어질 때 빠른 속도로 폭락하는 이유이다.

위의 예를 다시 들면, 1기신도시 건설 당시의 집값은 3년에 걸쳐 최고점까지 상승했지만, 이것이 하락하면서 단 1년 만에 최저점으로 떨어졌다. 특히 투자가치가 높은 주택일수록 더욱 그런 양상을 보이는데, 이것이 서울 강남구의 집값 상승 기간이 더 길고 오랜 반면, 하락기간은 짧아 결과적으로 다른 지역에 비해 더 큰 폭으로 오르는 이유이다.

그렇다면 주택이 실제 공급되는 시점에서 누가 피해를 볼까? 거주목적의 실수요자를 예외로 할 때, 이득을 보는 쪽은 투기를 목적으로 치고 빠지는 투기세력일 것이고, 손해는 막차를 탄 개미들의 몫이다. 이른바 주식투자의 원리가 주택투자에서도 그대로 적용되는 것이다.

이제 최근 상황으로 다시 돌아와서 생각해보자. 아파트값이 2009년 4월부터 상승세로 전환되면서 이후 가파르게 올라, 2009년 9월말 강남 재건축추진 아파트값이 2006년 말의 전 고점 수준까지 회복되었다고 한다. 그러던 것이 정부의 금융규제 이후 2009년 10월부터 다시 소폭의 하락세로 돌아섰다고 하는데, 이처럼 집값이 불안정한 횡보를 하고 있는 지금 시점에서 과연 이곳 아파트를 사야 할까, 아니면 이를 계속 관망하면서 지켜보아야 할까? 이제부터 이 문제에 대해 생각해보자.

지금은 실수요자만 주택 구입을 고려할 때이다

이는 두 가지 측면, 즉 앞으로 2~3년 이내의 단기적인 관점과 10년 이상을 내다보는 장기적인 관점에서 살펴봐야 한다. 먼저 단기적인 관점에서 집값 전망을 해보자.

결론부터 말한다면 최근 정부의 주택담보대출규제로 집값이 하락세로 돌아섰다고 하나, 필자의 생각으로는 앞으로도 한동안 오름세로 진행될 것으로 예측된다. 즉, 지금의 하락세는 일시적인 것으로 보이는데, 가장 큰 이유는 과잉유동성에 기인한 투자심리가 당분간 쉽사리 가라앉지 않을 것 같기 때문이다. 그리고 이것 때문에 지금의 아파트 분양시장이 달아오르고 있는 것인데, 일반주택시장 역시 상황에 따라 언제든지 다시 상승세로 돌아설 수 있다.

특히 우리가 주목해야 할 것은 2000년 저점→2002년 고점→2004년 저점→2006년 고점→2008년 저점의 가격 상승과 하락이 반복되고 있다는 사실이다. 그리고 이는 약 2~3년에 걸친 상승세와 이후 1~2년에 걸친 하락세가 반복되면서 전체적인 부동산값이 오르고 있는 양상을 보인다.* 물론 여기에는 정부의 규제책과 완화책 등의 정책이 큰 변수로 작용한다.

그렇다면 2009년의 집값은 어떠했나? 이는 두 가지 패턴으로 전개되고 있다. 서울 강남지역 등 특정지역의 경우에는 위 패턴이 그대로 적용되어 2009년 9월말을 기준으로 2006년 당시의 고점 수준까지 회복된 것으로 보인다. 하지만 지방은 2006년 저점 수준이 여전히 지속되는 장기간의 침체현상을 보이는 등 전혀 다른 양상을 보이고 있다.

이렇듯 상반된 양상을 보이는 이유는 무엇일까? 전자의 경우에는 수급불균형(공급부족)에 과잉유동성을 동반한 투기적 수요가 가세했기 때문이며, 반대로 후자의 경우에는 수급불균형(과잉공급)이 경기침체와 맞물려 투자심리까지 가라앉았기 때문이다. 이것이 집값 양극화현상의 실체인데, 이는 경기회복 조짐과 함께 더욱더 심화될 전망이다.

따라서 후자인 지방 집값의 등락 동향은 논외로 하고, 전자의 경우만을 국한해서 볼 때 우리가 주의 깊게 살펴야 할 것은 추가 상승 여력이다. 이는 솔직히 가늠하기가 매우 어렵다. 투자심리의 진폭이 어느 정도인지 가늠하기가 어렵기 때문이다. 한 번 달아오르면 쉽사리 가라앉지 않는 것이 바로 투자심리이기에 그렇다. 이처럼 요즘에 와서는 투자심리가 부동산 투자의 큰 변수 중 하나가 되고 있다.

그렇더라도 앞의 설명대로라면 추가 상승할 여력이 그렇게 많을 것 같지 않아 보인다. 2008년 저점 수준을 빠르게 회복한 현 시점에 비춰볼 때, 집값은 고점에 다다른 듯하다. 그럼에도 불구하고 만일 우리 경제상황이 90년대 말 외환위기 이후의 양상과 비슷하게 전개될 경우 집값은 2006년 고점 당시

* 긴 상승 짧은 하락, 대폭 상승·소폭 하락을 누적하여 우리나라 집값은 계단식으로 오르는 양상을 보여 왔으며, 특히 2000년 이후부터는 계단이 더욱 가파르게 되는 양상을 보이고 있다. 2000년 이후의 가파른 상승 양상을 보고 지금의 부동산 가격에 '거품'이 끼었다고 하는 것이다.

의 상황보다 더 오랜 기간, 더 높은 폭까지 상승할 것이고, 그렇게 된다면 앞으로도 1~2년 내지는 2~3년 동안의 상승세가 지속될 수도 있다.*

문제는 그 이후이다. 과거의 선험적 사례대로라면, 일단 오른 집값은 이후의 경제침체가 돌아오는 사이클에 일정 부분만큼의 하락세를 보일 것이고, 만일 지금의 집값이 장래적인 기대가치(내재가치)가 온전히 반영된 경우라면 이제부터의 집값 상승분은 거품이 될 가능성이 높기 때문이다.

따라서 지금부터의 투자는 보다 주의를 요한다. 좀 더 나은 주택으로 갈아타려는 실수요자의 경우라면 크게 상관없지만, 만일 단기간의 투자수익을 노린다면 보다 신중해야 한다. 즉, 지금부터의 집값 상승폭만큼 내지는 그 이상의 재하락 가능성을 고려할 때 그렇다. 그리고 집값이 2~3년의 주기로 상승과 하락을 반복하면서 진행된다는 것을 고려한다면, 적정 투자시점은 각각의 집값 하락기의 어느 한 시점이지, 지금과 같은 상승 국면이 아니기 때문이다. 따라서 일반 투자자들이 적정 투자시점을 잡는 것은 그다지 쉬운 일이 아니다.

이처럼 작금의 부동산 투자는 주식 투자의 그것과 비슷한 양상으로 동조화되는 현상을 보이고 있다. 때문에 지금의 집값 이상 과열현상은 경기회복에 따라 경제가 성장하고 소득이 올라, 부동산 자산가치의 상승으로 이어지는 것이 아니라, 투기적 가수요에 따른 일시적 가격상승 현상일 가능성이 높다.

따라서 우리 경제가 본격적으로 회복된다는 것을 전제로 할 때 앞의 〈자료 1-1〉을 가지고 기간의 흐름에 따라 그래프를 연장해보면, 2009년 12월말의 집값 수준은 2006년의 그래프 곡선상의 전고점 수준으로 돌아왔고(현재 강남 재건축 아파트), 이어지는 2010년쯤에는 이전 2002년 수준이거나 그보다 조금 높은

* 실제 2009년 10월말부터 다시 소폭의 하락세를 보이고 있다는 언론 보도에도 불구하고 앞으로도 1~2년 동안 이들 지역내의 집값은 상승하거나 보합세를 보일 가능성이 크다. 단, 어디까지나 우리 경제가 본격적인 회복 국면에 들어선다는 것을 전제로 한다.

상승곡선을 그리다가 이후 정부의 강력한 조치와 함께 하락세로 돌아설 수도 있다.*

물론 이는 어디까지나 가정이지만, 상승할 여력이나 얼마나 오래갈지를 미루어 짐작할 수 있다. 이쯤 되면 섣불리 투자에 뛰어들 용기가 나지 않을 것이다. 실제 여러 시나리오를 가정하면서 예상되는 연장 곡선을 한번 그려보기 바란다.

장기적인 관점에서의 집값 추세 전망

현재의 주택가격은 이미 내재가치가 상당부분 반영되어 앞으로 큰 폭으로 오를 것 같지 않다. 만일 집값이 오른다면 그것은 투기적 가수요를 동반한 가격 상승분을 제외하고 우리나라 경제가 발전하여 GDP성장률이 오르는 등으로 하여 자산가치가 지속적으로 상승하는 경우이다. 이는 우리가 기대하는 가장 큰 바람이다.

하지만 주택공급물량의 증가와 향후 진행될 인구감소, 고령화사회로의 진입은 종국에는 주택시장을 '수요자 우위시장'으로 전환시켜 이후 주택가격의 하락요인으로 작용할 가능성이 높다. 이는 전체인구가 감소세로 돌아서는 대략 2018년이 분기점이 될 것으로 보인다.

따라서 이제부터 약 10년 동안의 주택투자가 중요하다. 왜냐하면 우리나라가 디플레이션에 빠져들지 않고 경제가 지속적으로 성장할 것임을 가정한다면 주택가격은 지속적으로 상승할 것이기 때문이다. 이때 우리가 주목해야 할 것이 바로 수도권의 집중화현상과, 지역별·규모별 수급불균형현상, 그리고

---

* 어쩌면 정부도 이전 학습효과 때문에 집값 동향이 심상치 않을 경우 일찍부터 강력한 선제적 조치를 취할 가능성도 있다. 이런저런 이유로 지금부터라도 투자를 신중히 고려하라는 말이다.

인구변화, 특히 베이비부머의 구매력 변화이다. 우선 주택시장에 큰 영향을 미칠 베이비부머 세대의 동향 변화를 알아보자.

우리나라 집값 동향이 2000년을 전후로 변화하기 시작한 데는 베이비붐 세대와 결코 무관하지 않다. 1990년대초 집값이 상승한 주된 이유 중 하나는 1차 베이비붐 세대의 생애 최초주택 구입과 궤를 같이한다. 이 시기를 전후로 200만호 신도시 건설이 이루어져 이후 집값은 오랜 기간 안정세를 가져왔다. 그러던 집값이 2000년 이후 다시 한 번 급등하기 시작했는데, 여기에는 베이비부머들이 40대를 넘어서면서 중대형 고급평형에 대한 이전수요가 발생했기 때문이다. 즉, 좀 더 좋은 생활여건과 주거환경으로 갈아타기가 시작된 것으로, 이것이 강남 집값이 급등하게 된 주된 이유이다. 또한 여기에 더해 IMF 이후의 주택공급 부족과 정부의 저금리정책이 더해져 큰 폭으로 오른 것이다. 이와 함께 2차 베이비붐 세대가 25~35세에 진입하면서 신규수요가 발생한 것도 집값 상승에 한 몫을 했다.

하지만 2008년 이후의 상황은 또 한 번 변화하기 시작한다. 그동안의 집값 상승을 주도했던 1차 베이비부머들이 45세 이상이 되면서 주택 업그레이드에 대한 욕구보다는 은퇴를 대비한 현금성자산의 확보 욕구가 커지게 된 것이다. 그리고 2차 베이비부머의 끝자락인 75년생이 34세를 넘기면서 이들의 1차적인 신규주택 구매수요·역시 감소하게 된 것도 변수로 작용하게 되었다.

인구변화를 예측해보면 앞으로 1~2년 후인 2011~2012년쯤 되면 중대형을 원하는 세대수가 보다 늘고, 이는 이후 몇 년 동안 지속될 듯하다. 이 시기는 1차 베이비붐 세대의 중대형주택 교체욕구가 가장 극대화되는 시점이라 할 수 있기에 그렇다. 이것이 왠지 모르게 앞으로 강남 재건축발 집값 폭등이 또 한 번 올 것 같고, 또한 자칫 막차일 수 있다는 막연한 불안감이나 기대심리로 이어지는 이유이다.

여기서 우리가 주목할 것 중 하나가, 우리나라 가구의 자산비중에서 부동산이 차지하는 비중이 무려 80%에 달한다는 사실이다. 이것 때문에 많은 전문가들이 앞으로 우리나라의 가계 자산비중이 부동산에서 주식, 펀드 등의 금융자산으로 옮겨갈 것이라고 말한다. 물론 일정 부분은 옳은 말이지만 현실은 꼭 그렇지 않다.

부동산 자산이 80%라는 것을 뒤집어 말하면, 은퇴시기를 눈앞에 둔 베이비붐 세대가 가진 자산이라고는 달랑 집 한 채와 주식, 예금 등 약간의 현금성자산이 전부라는 얘기이다. 문제는 베이비붐 세대가 은퇴 후 당면하게 될 소득이 지극히 불투명한 현실이다. 결국 그동안 애써서 장만한 집마저도 처분을 고려해야 하는 암울한 현실 앞에서 가계 자산비중을 금융자산으로 옮길 수밖에 없다. 하지만 지금부터 1~2년간이 베이비붐 세대의 고급아파트 교체욕구가 가장 큰 시기이고, 따라서 하루빨리 강남 큰 집을 장만해야만 한다는 조급함은, 역설적으로 은퇴를 코앞에 두고도 냉혹한 현실을 깨닫지 못하는 베이비붐 세대의 슬픈 현실이 아닌가 하여 마음이 무겁다.

물론 현재 주택을 여러 채 보유하는 등 그동안 재테크를 쏠쏠히 해온 사람들 얘기가 아니다. 이들은 여전히 매력적인 투자처를 찾아 투기세력화하여 부동산 시장을 흔들 테니까. 그렇더라도 실수요자를 위한 주택의 유효공급량*은 정체 내지는 감소하되, 주택선호(housing reference)**는 더욱 차별화되고 커질 것임을 염두에 두어야 한다. 참고로 정부에서는 35세의 무주택자를 주택 실수요자로 구분하는데, 최근 1인 가구수의 증가로 이 역시 수정되어야 할 듯하다.

결국 주택시장의 미래는 오를 곳은 오르고, 그렇지 않은 곳은 하향세를 면치 못하는 가격의 양극화가 심화될 것이다. 따라서 이제부터는 투자재로서의 주택을 바라보는 시각에서 벗어나, 주거안정 효과 등 현재의 가치를 충분히 고려하여 똑똑한 집 한 채에 집중하는 현명한 투자에 귀를 기울여야 한다. 그리고 은퇴 이후의 경제적 상황 등을 고려하여 이를 처분하고 소형 주택으로 옮겨가거나 역모기지 등으로 노후의 경제적 안정을 도모하는 것까지 생각해서 투자해야 한다. 이것이 향후 자산가치의 하락 가능성이 낮은 주택에 집중해야 하는 이유이다.

◉ 집값 급등 사유의 공통점과 차이점

〈자료1〉 연도별 부동산 가격 변동 추이를 보면, 지난 30여 년 동안 우리나라 부동산값이 크게 오른 시기는 78년 전후, 83년 전후, 90년 전후, 2002년 전후, 2006년 전후 등 대략 5~6차례 있었다. 그중 우리가 주의 깊게 보아야 할 것이 78년, 90년, 2002년~2006년까지의 부동산값 폭등이다. 각각의 경우에 해당되는 부동산값의 폭등 원인에 대해 알아보자.

1978년은 이른바 중동특수 등으로 막대한 달러가 국내로 유입되면서 통화가 늘고, 덩달아 국내경기도 활발하게 진행되던 시기였다. 때마침 강남개발이 시작되면서 풍부해진 자금이 부동산으로 쏠려, 그것이 부동산값을 끌어올린 것이다. 이 시기는 처음 내 집 마련의 꿈을 꾸던 시기로, 아직 주택이 건설되기 전이어서 주택보다는 토지가격이 급등한 결과이기도 하다.

1990년의 부동산값 폭등현상은 이른바 '3저 호황(저금리·저유가·저환율)'
에 따른 결과였다. 이에 따라 물가도 안정된 반면, 수출호조로 소득이 급속히
늘어 내수경기가 크게 활발해지고, 이 시기에 대거 사회에 진출한 베이비붐
세대 역시 직장생활의 정착 및 결혼 등으로 인해 내 집 마련 욕구가 크게 늘어
난 시기였다.

필자가 삼성그룹에 입사한 때가 88년 겨울이었다. 그때만 해도 삼성그룹에
근무하는 과장급도 웬만해서는 자가용을 구입하기 어려웠던 시절이었다. 그
러던 것이 90년을 지나면서 월급이 큰 폭으로 뛰고 씀씀이도 크게 늘어, 대리
급에서 일반 평사원까지 앞다퉈 자가용을 굴리기 시작했고, 때마침 조성된 주
택 2백만호 신도시 아파트를 적극 장만하는 등, 외환위기가 발생하기 전까지
만 해도 살기 좋은 분위기였다. 실제 통계를 보면 95년 전후가 집값이 가장
안정되었던 시기로, 아직까지 이 시기를 기준으로 집값 추이를 분석하는 경우
가 많다. 또한 시중에 풍부한 유동자금이 넘쳐났으며, 때마침 불어닥친 부동
산 열풍과 함께 집값을 크게 끌어 올렸다. 하지만 이 역시 92년부터 신도시
주택분양이 시작되면서 멈출 줄 모르던 집값은 급속히 꺼졌고, 이후 오랫동안
하향 안정되었다.

그러나 2000년 이후부터의 집값 급등은 양상을 달리한다. 특히 외환위기
이후 수년 동안의 주택공급이 계속해서 줄어들었는데, 위기가 안정되고 국내
경제가 살아나면서부터 주택공급 부족이 문제가 되어 다시 집값이 상승하기
시작했다. 이것이 첫 번째 이유인데, 여기에는 좀 더 생각해볼 것들이 있다.

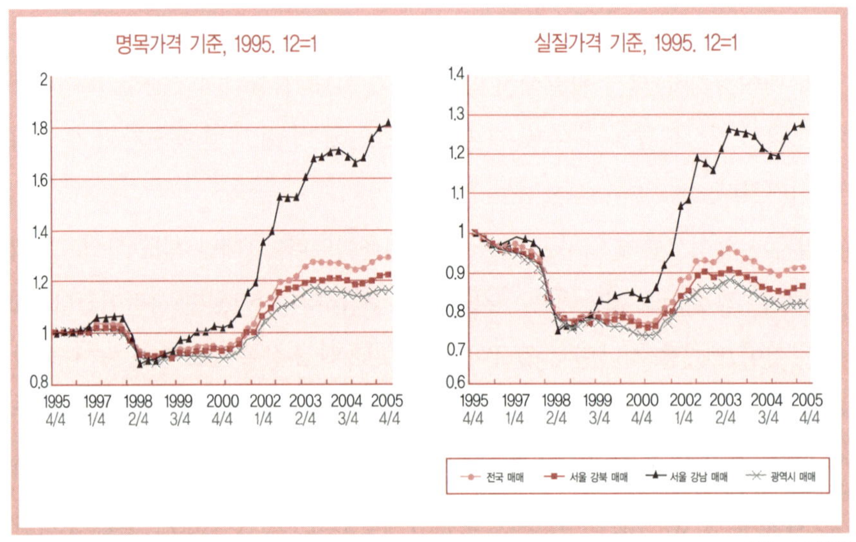

〈자료 3〉을 보면, 2000년 이후 전국적으로 집값이 올랐는데, 특히 2002년부터 2006년까지 강남지역 집값이 급등했다. 그 주된 이유는 무엇보다 같은 기간 동안 강남3구(강남·서초·송파)의 주택공급이 거의 없다시피 한 데서 찾을 수 있다(〈46쪽의 자료 9〉 참조). 그리고 여기에 불을 댕긴 것이 바로 금융권의 가계대출 확대라고 할 수 있다.

주지하다시피 외환위기 이전까지만 해도 우리나라 금융기관의 주된 업무는 기업자금대출이었다. 그런데 외환위기를 겪으면서 위험도가 높은 기업대출을 극히 꺼리게 되었고, 이는 당연히 저금리하에서 가계자금대출로 전환되었다. 물론 여기에는 저금리도 한 몫을 했는데, 실제 우리나라에서 저금리 기조가 본격화된 것은 2001년 무렵부터였다. 이렇듯 2000년 이후의 풍부한 유동성의 바탕에는 저금리를 바탕으로 한 금융기관으로부터의 풍부한 주택담보대출 자금유입이 있었다. 이것이 두 번째 이유이다.

이러한 금융기관으로부터의 대출 레버리지는 투자자들의 관심을 투자가치가 가장 높은 강남 재건축 아파트에 붙들어 놓았으며, 금융기관 역시 집값 상승여력이 가장 높아 그만큼 안정적인 담보가치 여력을 가진 강남권에 집중했다. 이것이 유독 강남 집값만을 끌어올린 이유이다. 참고로, 2002년 무렵 필자가 개포 주공아파트에 관심을 가진 적이 있었는데, 당시 15평형 저층 아파트의 시세가 약 3억원 전후로 수중에 3천만원 정도의 자금만 있어도 구입이 가능했다. 당시 강남권 아파트는 LTV의 80~90%대까지도 1금융권에서 대출이 가능했다.

이렇듯 적어도 2002~2006년까지의 강남 집값만 차별적으로 오른 이면에는 강남지역의 주택공급 절대부족, 저금리하의 금융권의 가계대출 확대 등 강남지역만의 미시적 원인이 보다 중요한 요인이었다. 따라서 이 기간까지의 상황만을 놓고 볼 때 강남의 집값 문제를 전체 집값 문제로 일반화하는 것은 다소 부적절하다.

참고로 〈자료 3〉 명목가격 기준으로 살펴보면 2000년 이후부터 집값은 전국적으로 상승하고 있지만, 실질가격 기준으로 살펴보면 서울 강남을 제외한 전 지역의 상승폭이 1995년(지수=1)보다 낮게 지속되거나 오히려 떨어지고 있다. 다시 말해 서울 강남지역을 제외하고는 집값이 물가상승률을 밑돌고 있으며, 그만큼 주택가치가 일반적으로 생각하는 것보다 크게 오르지 않았음을 뜻한다.

◎ 기대 심리가 풍선효과로 작용한 것이 2006년 급등현상

　지난 20여 년간의 집값 상승의 공통된 요인은 시중에 풍부해진 유동성 때문이라는 것은 분명한 사실이다. 시중에 돈이 흘러넘쳐 부동산 시장으로 흘러들어가 집값을 끌어올린 것이다. 하지만 2000년 이후의 집값 상승은 좀 더 복잡한 양상을 띤다. 같은 유동성이더라도 이는 경제호황에 따른 유동성확대가 아닌, 저금리하에서의 금융기관으로부터의 가계대출 확대 등에 따른 결과이기 때문이다. 여기에 더해 주택수급 불균형은 특정지역의 집값만을 차별화시켜 끌어올린 주된 요인의 하나로 작용하였다. 그러던 것이 2006년을 전후로 집값 급등현상은 또 다른 양상으로 전개되었다. 그 양상에 대해 얘기해보자.

|자료 4| 2006년 이후 주택 매매가격(좌) 및 전세가격(우) 상승률 추이

출처 : 부동산 시장의 장기추이, 손재영

　특히 2006년 한 해 동안의 집값 상승폭이 대단히 컸는데, 이때부터 집값은 서울 강남, 강북, 지방 할 것 없이 상승·확산되기 시작했다. 그것도 서울 강북

지역에서, 저가주택이나 소형주택이 큰 폭으로 올랐는데, 이는 뉴타운 등의 재개발·재건축 발표에 따른 결과이기도 하다. 여기에는 이른바 풍선효과(그동안 강남 집값에 비해 덜 올랐다)도 한 몫을 했다. 전세가격 역시 동반하여 상승하였는데, 이 때문에 소형주택이라도 내 집을 마련하자는 기대심리가 강하게 작용하여 소형주택값이 많이 오른 듯하다.

이 시기에 강남 집값 역시 많이 올랐지만, 이는 가격 수준에 따라 극명하게 차별화되어 나타났다. 즉, 6억원대 이상의 고가주택은 하락한 반면, 3억원대 미만의 소형주택은 급등했다. 이는 노무현 정부의 최후의 극약처방인 종합부동산세와 정부의 강력한 대출규제가 영향력을 발휘한 데 따른 결과로 보인다.

여기서 한 가지 재미있는 것은 주택가격이 급등하였음에도 불구하고 2006년 국회의원 선거 결과, 오히려 강북지역에서 보수정당인 한나라당 의원이 대거 당선된 사실이다. 집값 급등에 따른 사회적 반발이 있어야 했음에도 불구하고 사회적 파장이 적지 않았다는 것은, 뉴타운·재개발에 대한 기대감 때문이 아니었을까? 하지만 이후 문제점이 속속 노출되면서 서민의 기대심리는 상대적 박탈감을 넘어 좌절감으로 바뀌었으며, 이에 따라 민심이 급속도로 이반하기 시작한 것이 최근의 일이다. 따라서 2010년 지방선거가 자못 기대된다.

집값의 장기적인 추이에 대한 결과 도출

이상의 내용을 통해 지난 20년 동안의 집값 장기 추이를 통해 다음과 같은 결과를 도출해내고 앞으로의 방향성을 유추해보자.

첫째, 지난 20년 동안 누적할 경우, 서울 강남지역을 제외하고는 장기 주택가격상승률은 물가상승률에도 미치지 못하였다. 따라서 집값 상승 때문에 국민주거 안정이 저해되었다고 보는 것은 다소 무리가 따른다. 재테크로서의 주택투자를 근본적으로 다시 생각해보아야 하는 이유이다.

둘째, 현재 시점에서의 집값은 우려할 수준이다. 특히 지난 2000년 이후의 집값 상승폭이 그만큼 컸기 때문이다. 물론 1997년 이후 전 세계적으로 주택가격의 동반 상승이 있었지만, 2000년 이후의 우리나라 집값 상승폭은 우려할 만하다. 실제 1997년부터 2004년까지의 우리나라 주택매매 가격은 전국 평균 20.6%, 서울 37.6%, 강남아파트 94.8% 상승했으며, 1997년~2008년에는 각각 48.8%, 92.7%, 170.8% 상승했다.*

셋째, 집값 상승은 시기적으로 집중된 계단형으로 나타났는데, 오를 때 급격히 오르고, 이후부터는 한동안 하향안정세를 이룬다는 것이다. 하지만 이 역시 2000년 이후부터는 대략 2년 터울로 급등과 하락이 지속됨으로써 급격한 경사도의 계단 모양이 나타나고 있다. 이는 미래에 대한 기대가치가 현재 가격에 한꺼번에 일시적으로 반영되는 부동산의 고유한 특성 때문이다. 또한 지역별 · 부동산 유형별로도 집값은 크게 차이를 보여 왔는데, 이 역시 2000년 이후에 나타난 뚜렷한 현상 가운데 하나이다. 따라서 이제부터의 주택투자는 투자시점과 투자기간이 중요한 포인트가 될 것이다.

넷째, 2000년 이후에 들어오면서부터 집값이 주기적인 급등락 파동을 일으키고 있는데, 가장 큰 이유는 경기순환 사이클의 진폭 때문이다. 그리고 그 진폭은 갈수록 불규칙하며, 그만큼 커지고 있다. 그러므로 이제부터 정부의 집값 안정 목표를(주택가격의 유지 내지는 하향안정화 정책도 중요하지만) 경제의 지속적이고 꾸준한 성장을 통해 경기 파동을 억제 또는 최소화함으로써, 집값 급등락을 막을 수 있도록 해야 한다.

다섯째, 2000년 이후의 주택가격 상승은 저금리 기조와 이에 따른 과잉유

* 건국대학교 부동산대학원 손재영 원장의 '부동산 시장의 장기추이' 강의에서 인용

동성, 그리고 지역별·유형별·평형별 주택수급간의 괴리에 따른 영향을 많이 받게 되었다. 따라서 이제부터의 집값 추이는 금리의 동향과 정부정책의 실효성, 그리고 실물경제의 흐름을 보다 세밀히 살필 필요가 있다. 장기투자야 그다지 큰 문제될 것이 없겠지만, 2~3년 정도의 단기투자의 경우에는 더욱 그러하다. 부동산 투자에 있어 미시적 요인은 물론, 경제 전반에 대한 거시적 요인까지 함께 살필 수 있는 안목이 요구되는 이유가 여기 있다.

02

연도별 주택공급 물량을 통해
유추해낼 수 있는 것들

◎ 왜 강남 집값만 크게 올랐나?

이제부터 2000년 이후의 주택공급 실적을 가지고 몇 가지 의미 있는 사실을 도출해내고자 한다. 부동산 투자시에는 2000년 이전의 상황을 잊기 바란다. 그다지 유용하지 못하고, 더 이상 통용될 수 없기 때문이다. 특히 서울 강남지역 주택공급 추이를 통해 왜 이 지역의 주택가격 상승폭이 컸는가를 살펴보고자 한다. 다음 자료들은 조금 복잡하므로 이해를 돕기 위해 자료별로 설명을 더했으니 참고하기 바란다.

구 분	2008	2007	2006	2005	2004	2003	2002	2001	2000	연평균
서울	43,400	62,800	39,700	51,800	58,100	115,800	159,800	116,600	96,900	82,767
수도권	135,600	239,700	132,400	146,100	147,600	181,500	216,400	187,800	144,100	170,133
지방	144,000	253,200	297,400	265,700	258,100	288,100	290,300	225,500	192,500	246,089
전체	323,000	555,700	469,500	463,600	463,800	585,400	666,500	529,900	433,500	498,989
(집값)	↓	↙	↑	↘	↓	↙	↑	↘	↘	

출처 : 한국주택협회

1 2004년 이후부터 서울·수도권 전체 주택공급은 줄어들었는데, 이는 집값 급등의 원인을 투기적 가수요에 있다고 보고, 2002년 1월 이후부터 5차례에 걸쳐 실시한 노무현 정부의 주택시장 안정화정책에 따른 결과(투기수요 억제정책을 지속적으로 추구한 결과)로 볼 수 있다.

2 2007년 주택공급이 늘어난 원인은 분양가자율화 실시에 따른 건설회사의 조기 집행 결과이다.

|자료 6-1| 연도별 아파트 분양실적

구 분		2008	2007	2006	2005	2004	2003	2002	2001	연평균
민간	서울	23,198	24,424	12,514	37,009	29,415	35,872	25,030	49,701	29,645
	수도권	34,423	81,457	34,266	52,632	61,123	66,915	51,053	49,140	53,876
	지방	47,429	78,907	85,099	93,472	91,569	76,820	73,481	28,254	71,879
	소계(a)	105,050	184,788	131,879	183,113	182,107	179,607	149,564	127,095	155,400
공공(b)		17,911	12,608	16,681	169,045	15,663	14,750	20,540	28,120	17,790
전체(a+b)		122,961	197,396	148,560	199,158	197,770	194,357	170,104	155,215	173,190

출처 : 한국주택협회

1 서울·수도권 지역 아파트 공급물량은 2006년 이후부터 현저히 줄어들기 시작했는데, 그렇더라도 이를 〈자료 5〉와 비교해 보면, 전체 공급주택 중 아파트 공급물량 축소는 상대적으로 적다(아파트 공급은 적은 물량이더라도 지속적으로 이루어진다).

2 다음 〈자료 6-2〉는 서울시 전체와 강남구의 아파트 신규공급 물량을 따로 떼서 정리한 것이다. 이를 통해 살펴보면, 강남3구의 주택재고 증가율이 가장 낮은 것으로 나타나는데, 이는 2000년 이후 강남지역 아파트의 신규공급이 거의 없었음을 뜻한다.

|자료 6-2| 서울과 강남구의 연도별 아파트 분양실적

구 분	2008	2007	2006	2005	2004	2003	2002	2001	연평균
서울 전체	23,198	24,424	12,514	37,009	29,415	35,872	25,030	49,701	29,645
강남구	N/A	1,193	8,066	3,905	1,058	−49	41	661	1,974

출처 : 한국주택협회, 강남구청

|자료 7-1| 서울시 재건축 아파트 사업현황

재건축 대상		준 공		시행중 & 미시행	
기존주택	공급주택	기존주택	공급주택	기존주택	공급주택
333,489	533,568	105,736	206,757	227,753	326,811

출처 : 한국주택협회

1 1989년~2007월 12월말까지 조합설립 인가받은 대상 아파트의 총 공급물량으로, 앞으로도 상당부분 공급이 가능하다.

2 재건축＋재개발 향후 공급물량은 약 44만호 정도이다.

|자료 7-2| 서울시 재개발주택 사업현황

철거 대상		완 료		시행중 & 미시행	
기존주택	공급주택	기존주택	공급주택	기존주택	공급주택
164,577	370,058	111,130	256,877	53,447	113,181

출처 : 한국주택협회

2007년 12월말 기준 실적으로, 이미 재개발사업이 상당 부분 진척되었음을 알 수 있다. 따라서 소형 평형대의 전월세 수급불균형과 그에 따른 전세가격 파동은 예견된 일이라 할 것이다. 왜냐하면 재개발이 완료된 후 이들이 보금자리로 다시 돌아갈 수 없는 불편한 진실 때문이다.

|자료 8| 강남3구 공동주택 세대수 현황　　　　　(2008. 12. 31 기준)

구 분	층 별			평형별			
	5층 이하	6층 이상	계	30평 이하	30~40평	40평 이상	계
강남구	15,730	91,180	106,910	49,150	34,250	23,510	106,910
서초구	5,240	55,690	60,930	13,710	27,310	19,910	60,930
송파구	5,710	84,860	90,570	21,060	45,870	23,640	90,570
강남3구 합계	26,680	231,730	258,410	83,920	107,430	67,060	258,410

출처 : 서울시 주택국

1 5층 이하는 연립주택이 다수 포함되어 있을 듯하여 구분한 것이며, 31~40평형 아파트 세대수가 송파구가 많은 것은 재건축에 따른 결과이며, 반대로 강남구에 30평 이하의 아파트가 많은 것은 그만큼 재건축 대상 물량이 많다는 것을 의미한다.

2 강남3구의 각 구청 통계자료 조사 결과 2007년말 아파트 세대수는, 강남구(110,684호), 서초구(70,826호), 송파구(103,228호, 2008년말 기준)로 나타났다. 이는 위 자료상의 공동주택수를 모두 합한 수치보다 큰 것으로, 어느 쪽이 정확한 수치인지 모르겠다. 동 자료에 의하면, 강남, 서초, 송파 3구의 총 세대수는 각각 226,149,

158,880, 237,517 세대로, 1세대별 아파트 1호로 산정할 경우 전체 세대의 약 45% 정도가 아파트에 거주하는 것으로 나타났으며, 자가주택 점유율 역시 이와 비슷한 수치인 전체의 약 45% 정도(강남3구 거주자의 55%가 전세 및 월세가입자)인 것으로 나타났다.

3 국토해양부 통계자료에 따르면, 2007년 12월말 아파트 수는 722만4천호로, 이를 평형별로 보면 24평 이하 311만9천호, 25~29평 119만5천호, 30~34평 170만4천호, 35~39평 46만2천호, 40평 이상 74만2천호로 나타났다. 40평 이상 아파트의 경우, 전체의 약 23.7%인 179,915호가 서울에, 그중에서 강남3구에 서울 전체의 약 37.3%가 밀집해 있는 것으로 나타났으며, 앞으로도 이 지역내에서의 대형 평형 선호현상은 계속될 듯하다.

4 국토해양부, 서울시, 각 구청 통계자료가 들쑥날쑥해서 어느 것이 더 정확한지 도무지 혼란스럽다. 이처럼 우리나라의 통계자료는 엉망이다. 개략적인 가늠으로 판단하는 것으로 만족하자.

|자료 9| 강남구 주택종류별 주택수 변동 추이

구 분	아파트	연립	다세대	다가구	단독	비거주용	계
2000	95,809	10,882	7,485	9,482	5,015	–	128,673
2001	96,470	11,336	13,641	9,830	3,943	–	135,220
2002	96,511	11,833	18,622	9,899	3,509	–	140,374
2003	96,462	11,612	20,915	9,618	3,534	–	142,141
2004	97,520	11,360	22,201	9,188	3,436	–	143,705
2005	101,425	11,239	22,418	9,168	3,377	–	147,627
2006	109,491	5,047	16,670	5,257	4,349	1,835	142,649
2007	110,684	5,067	16,811	5,260	4,263	1,835	143,920

출처 : 강남구청

1 2000년부터 2007년까지의 강남구 전체 주택수는 15,247호 증가하였는데, 그중 아파트가 14,875호, 오피스텔이 1,835호, 다세대가 9,326호 증가했다. 반면, 연립주택은 5,815호, 다가구는 4,222호, 단독주택은 752호 감소했다. 동 기간 동안 26,036호의 주택이 새로이 건설되었고, 10,789호의 주택이 멸실되었는데, 이는 주택재건축 · 재개발 등에 따른 주거환경개선에 따른 결과로 보인다.

2 자료를 보면, 2006년 이후부터 연립, 다세대, 다가구 등의 공동주택이 급격히 줄어든 것으로 나타났으며, 반대로 아파트와 비주거용건물내 주택(오피스텔) 수는 늘어난 것으로 나타났다. 2006년은 부동산 고점기로, 일반적으로 부동산 활황기에는 주택 공급량이 늘어나는데, 이에 따라 주택의 유형별로 변동(멸실 후 신규건설)이 일어난 것으로 보인다. 강남지역의 경우 이미 택지개발이 모두 완료되어, 재건축 · 재개발을 통한 주택의 신규공급 이외에는 별다른 공급원이 없는데, 이것이 재건축 아파트의 희소가치를 높이는 주된 원인이다.

3 자료에 의하면, IMF 이후 강남지역에 주택공급이 줄어든 것이 노무현 정부의 강남 집값 폭등을 일으킨 주된 원인이 되었다는 논리는 설득력 있다(자료를 보면 실제, 2000년부터 2004년까지의 5년 동안의 아파트 공급은 단지 1,711호에 그쳐, 연평균 342호밖에 신규 공급되지 않았다). 그렇더라도 이후 2005년부터 2007년의 3년 동안 13,164호(연평균 4,388호)의 아파트가 신규 공급(도곡주공→렉슬 · 센트레빌, 도곡 개나라→ 롯데캐슬 外)된 것을 감안할 때, 이것이 IMF 이후 강남지역 아파트 공급이 줄어 앞으로의 경기회복과 함께 이른바 주택수급 불균형으로 인한 강남 아파트값 폭등이라는 (전문가들이 최근 제기하고 있는) 도식으로 연결될지는 조금 생각해봐야 할 것 같다. 왜냐하면 앞으로도 재건축 등을 통한 대기 물량이 적지 않고, 재건축 규제 여하에 따라 지속적인 공급이 이루어질 것이기 때문이다. 즉, 강남 재건축만 일정대로 추진된다면 장기적인 관점에서 집값 안정은 기대될 수 있을 것이다. 물론, 지금 당장의 초과 대기수요에 따른 집값 상승은 피할 수 없다. 이래저래 강남 재건축 문제는 현 정부의 부동산 정책에 있어 뜨거운 감자가 되었다.

4 위의 자료를 통해 다음을 유추해볼 수 있다.

❶ 강남 재건축 아파트 물량이 강남 집값을 좌지우지할 수밖에 없을 것이다. 왜냐하면 이것 말고는 별다른 아파트공급 방법이 없기 때문이다. 현재 개포 주공 저층 1~4단지(10,440)와 고층 5~7단지(2,900), 개포 공무원, 시영, 도시개발(5,963), 대치 은마, 청실(5,802), 압구정 현대, 한양1차(4,761)만 합하더라도 대략 3만 가구가 되는데, 이를 통해 약 2만 가구 정도의 아파트가 추가 공급될 듯하다.

❷ 연립, 다세대, 다가구, 단독주택의 도시개발사업에 의한 아파트화가 계속될 것이다(주택 재건축 사업). 따라서 강남구의 경우 아파트보다 주택의 내재가치가 높다.

❸ 미래의 강남은 고소득 중·장년층의 대형아파트와 고소득 젊은층의 중소형 아파트를 중심으로 한 자가주택 소유 및 전세, 전문직 등의 종사자를 위한 임대주택 위주로 재편되어, 한국판 '비버리힐즈'가 될 개연성이 그만큼 더 높아졌다.

|자료 10| 서울시 입주연도별 아파트 가격지수(1997.1=100)

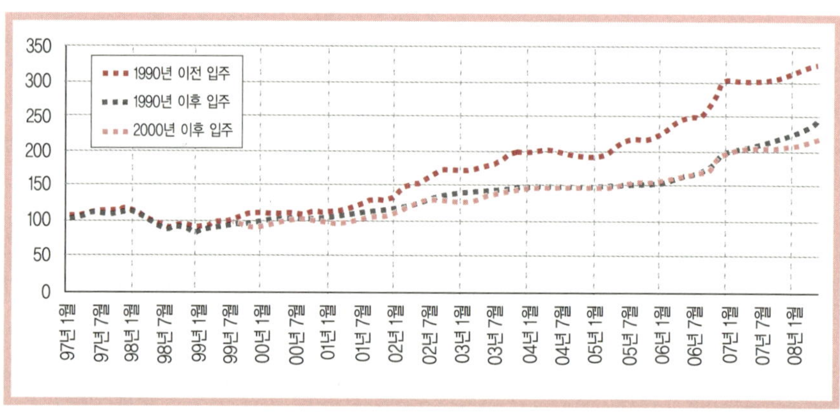

출처 : 이창무, 2008.8

1 가격변동은 입주연도별로 많은 차이를 나타내는데, 2000년대초·중반 무렵까지는 재건축 아파트의 급등세가 두드러지다가(비재건축 아파트는 안정적인 상승세 유지), 2006년 후반기부터는 비재건축 아파트 가격도 급등했다.

2 이는 결국 강남, 송파 재건축 아파트의 건설 완료에 따라 신규로 공급된 신규아파

트에 새로이 형성된 가격과의 형평을 맞추려는 반작용이 일정 부분 포함된 것으로 볼 수도 있다. 이를 유추하면, 재건축 이후의 아파트값은 다시 높게 형성되고, 기존 아파트값도 덩달아 오르는 가격상승의 악순환이 일어날 수 있음을 뜻한다.

이상의 자료를 통해 다음과 같은 결과를 도출해 보았다.

첫째, 이전 노무현 정부의 부동산 정책은 주택공급에 초점을 맞춘 것이 아닌, 투기수요 억제에 총력을 기울인 것이다. 그 결과 집권기간 내내 서울, 수도권 지역의 전체 주택공급 물량이 크게 줄어든 것이 확인되었다. 아파트 공급 물량 축소 폭은 상대적으로 적었는데, 이는 그만큼 서울이나 수도권지역이 재건축·재개발 등의 주거환경 정비사업으로 진행되어 대부분이 아파트로 건설되고 있음을 뜻한다. 특히 강남3구의 아파트 신규공급은 전체 시군구에서 가장 적은 가운데 2004년 후반부터 다시 늘기 시작했는데, 이는 재건축에 따른 증가분 때문이다.

이를 유추할 때, 앞으로의 강남3구의 아파트 신규공급은 상당 부분 재건축 및 위례신도시 건설을 통한 물량으로 보아야 하며, 서울 그 밖의 지역은 재건축 물량과 뉴타운 등의 재개발에 따른 것으로 보아야 할 것이다.

건국대학교 부동산대학원의 정의철 교수는 2011~2020년까지 10년간 추가 수요 주택 호수를 평균 386만호(그중 약 57%가 수도권) 정도라고 추정했는데, 이것이 옳다고 가정할 경우 이는 전국적으로 매년 평균 약 38만6천호, 서울 포함 수도권에 약 22만호 정도를 지속적으로 공급해야 한다는 뜻이다.*

이 경우 서울의 인구는 계속 줄고, 반대로 수도권 인구는 지속적으로 증가함을 감안할 때, 서울에 매년 약 6.6만호, 수도권에 약 15.4만호 정도의 주택

* 이는 뒤에 설명하는 '부동산 거품을 가늠하는 기준과 잣대'에서 약 370만호 정도의 신규공급을 필요로 한다고 했는데, 얼추 비슷하게 들어맞으므로 이제부터 이를 옳다고 가정하여 기술한다.

이 공급되어야 할 것으로 전망된다.*

여기에 서울 전체 가구수 약 3백10만 가구에서 강남3구의 약 40만 가구를 나누면, 이는 전체의 약 13% 수준이다. 따라서 6.6만호×13%=연간 약 8,500호 가량의 주택이 강남3구에 매년 공급되어야 한다는 산술적 계산이 나온다. 그러므로 지난 2000년 이후의 부족분까지 감안한다면 향후 10년간 약 10만호 정도의 추가 공급이 이루어져야 하는데, 가능할까?

추가공급이 가능한 물량

이제부터 서울 강남지역에서 추가공급이 가능한 물량을 어림잡아보자. 이는 다음과 같다.

첫째, 위례신도시나 장지뉴타운 등 신도시를 통한 신규 공급물량이 약 5만호, 여기에 고덕주공, 둔촌주공, 가락한라 등 송파, 강동구 재건축 합 약 1만호 이상에서 추가 5천호 정도, 개포 주공 등 강남구 재건축 합 3만호 이상에서 추가 약 1만 5천호 정도, 이 셋을 합할 경우 약 10만호 정도의 신규 물량이 추가 공급이 가능해진다. 그 밖에 아파트, 일반주택의 도시개발사업 등에 따른 아파트 신규 건축 등을 합할 경우 강남3구에만 어림잡아 약 10만호의 추가 신규 공급이 가능하다는 결론에 도달한다. 물론 어디까지나 어림잡은 수치이다.

둘째, 그렇더라도 다음 두 가지 문제가 여전히 남는다. 하나는 강남지역에서 필요로 하는 중대형 이상 평형이 부족하다는 것이고, 다른 하나는 이것이 강남구에서 지금 당장 필요로 한다는 것이다. 〈자료 8〉를 보면 강남3구의 40평 이상 아파트는 약 6만7천호로 과연 이것이 적정 물량인가 하는 점이다.

---

* 이중 수도권 공급물량의 30%가 서울, 70%가 수도권 물량인데, 이는 2000년부터의 누계 퍼센트를 나눈 결과이다. 단, 어디까지나 자료를 액면 그대로 받아들여 가능한 개략적 수치이다.

　우리나라에서 연수입 1억원 이상인 고액소득자는 대략 20~25만 명 정도일 것으로 추산된다. 그리고 지난해 종합소득세를 납부한 사람이 약 40만 명 이상인데, 이를 그대로 미래의 잠재구매층으로 포함시킬 경우, 대략 40~50만 명 정도가 40평형 이상의 고가 아파트를 구입할 여력이 있어 보인다. 그리고 이 가운데 약 60% 수준인 25~30만 명 정도가 서울 거주자일 것으로 추산되며, 이들 상당수가 강남3구에 거주할 것으로 보인다. 따라서 여기에 단독주택 거주자를 제외시키더라도 개략적으로 10만호 정도의 대형 평형대의 아파트를 필요로 한다는 결론이 나온다. 따라서 40평 이상 아파트 수가 서울(175,915), 수도권(251,223), 지방(315,113) 합 742,251호임에 비춰볼 때, 서울은 공급부족, 수도권은 적정, 지방은 초과인 것으로 생각해볼 수 있다.*

　이상을 종합할 때, 강남3구에서 향후 추가공급을 필요로 하는 고가주택수는 개략적으로 어림잡아 약 3만호를 조금 웃돌 것으로 보인다. 그러므로 향후 공급 가능한 10만호 중에서 3만호 이상이 40평형 이상의 대형아파트여야 한다는 결론에 도달한다. 참고로 위례신도시 총 공급물량 중 25평 이상 가구수는 18,762호로, 그중 40평 이상의 대형 평형 가구수는 약 20% 이하인 3천7백호를 넘지 못할 듯하다.

● 신속한 재건축이 답이다

　강남3구의 경우에는 재건축을 통해 공급하는 것 외에는 달리 방법이 없다. 문제는 이것이 초과 대기수요로 작용하여 이전에도, 현재에도, 또 앞으로도

* 2008년말의 산정수치이지만, 2009년말과 증감에 크게 변화가 없다.

상당 기간 집값 상승의 요인으로 작용할 것으로 보인다. 이렇듯 공급부족이 심각한데도 불구하고 지난 2000년 이후 추가 공급이 극히 적어 강남 집값 상승을 일으킨 것이다. 그리고 이것이 〈자료 10〉에서 말하는 2006년부터의 비재건축 아파트값 동반 급등현상이다. 결국 강남 집값은 일련의 재건축이 모두 끝나야 비로소 안정될 것이다.

어디까지나 어림잡은 수치이지만, 위의 여러 자료들을 살펴볼 때 하루라도 빨리 강남 재건축 아파트를 통한 추가 신규공급이 이루어져야 하는데, 이는 절대 간단하지 않은 문제이다. 자칫하다가는 집값 폭등의 뇌관을 건드릴 수도 있기 때문이다.

아쉬운 점은 과거 노무현 정부 초기부터 강남 재건축 아파트를 억제정책으로 맞서지 말고 시장에 그대로 맡겨 뒀으면 어땠을까 하는 점이다. 그랬다면, 초기 얼마간은 다소간의 집값 상승이 불가피했더라도, 지금쯤 유효주택 공급을 통한 하향 안정화 추세로 돌아서지 않았을까 하는 생각이다. 즉, 강남 재건축 사업의 속도를 높이기 위해 규제는 과감하게 풀어주되, 보완책을 내놓는 것이 더 현실적이었지 않았나 하는 것이 필자의 생각이다.

아무튼 강남3구의 주택공급 부족, 특히 중대형 이상 평형의 아파트 공급이 부족한 것은 확실하며, 앞으로도 강남 집값이 오를 개연성은 충분하다.

문제는 이미 고점까지 오른 듯해 보이는 강남 재건축 아파트를 지금이라도 구입해야 하느냐인데, 이것을 판단하기가 쉽지 않다. 왜냐하면 최근 수년 동안의 집값 상승과 하락이 반복되는 패턴은 우리 경제의 흐름과 어김없이 일치했는데, 경기가 침체되면 언제든지 일정 부분 하락할 여지가 다분하기 때문이다. 그리고 2006년의 고점 수준까지 이미 집값이 회복된 현 시점에 비춰볼 때 더욱 부담스럽다.

여기에 더해 지금의 강남 재건축 아파트값 등락은 규제완화 여부에 따라 출렁거리고 있는데, 최근 한동안 상승세를 보였던 재건축 아파트값이 정부의 LTV · DTI규제 등으로 다시 하락세를 보이고 있다고 한다. 하지만 이보다는 현 정부가 폐지하기로 한 '소형평형의무비율 규제'가 서울시 조례로 되살아난데 따른 여파가 더 크다. 이렇듯 지금의 강남 재건축 아파트값은 재건축 규제완화의 정도가 집값 등락에 가장 큰 영향을 미치는 요인이며, 이런 이유로 이미 고점에 이르지 않았나 생각한다. 누차 말했듯이 판단은 각자의 몫이다.

어찌됐건, 이제부터는 하루라도 빨리 강남에 재건축 아파트가 들어서야 할 것이다. 그것밖에는 지금의 수급불균형을 해소할 수 없다. 단, 동시다발적으로 끝내는 것이 아니라, 순차적으로 이루어져야 한다. 왜냐하면 최근 전세값 동향이 심상치 않은데, 이것이 전세대란을 일으켜 다시 집값을 끌어올리는 동인(動因)으로 작용하지 않을까 하는 염려 때문이다.

해서, 이제부터는 주택가격과 전세가격의 상관관계에 대해 살펴보고자 한다. 이에 앞서 어느 지역이 어느 정도 주택 수급불균형인지를 간략히 알아보겠다. 이 역시 자료를 먼저 정리하고, 한꺼번에 분석해보겠다.

03

수급불균형

지난 수년간 그러했지만 앞으로도 집값은 수급불균형에 따라 움직일 것이다. 지난 2006년의 집값 파동의 가장 큰 원인이 바로 수급불균형 때문이었고, 집값에 영향을 미치는 요인 중에서 수급불균형처럼 직접적이고도 독립적인 변수로 작용하는 요인이 없기 때문이다.

앞으로도 상당 기간 동안 불균형 상태를 해소하기가 어려울 것 같은데, 이제부터 이것을 파악하고 집값에 미칠 영향에 대해 살펴보자.

|**자료 11-1**| 준공 연도별 아파트 규모

구 분	2007	2006	2005	2004	2003	2002	2001	2000	연평균
24평 이하(소형)	41,732▼	49,083▼	57,358▼	68,728	65,870	81,316	44,240▼	127,981	66,994
25~29평(중소형)	38,932▼	40,990▼	45,636▼	61,576	51,568	57,259	59,436	74,289	53,711
30~34평(중형)	107,087▲	101,534▲	116,053▲	100,667▲	85,308	70,456	88,558	81,120	93,848
35~39평(중대형)	32,210	33,183	38,245	27,626	27,503	34,565	52,120▲	10,050▼	31,938
40평 이상(대형)	66,734▲	54,436▲	46,822	41,142	36,591▼	44,666	46,207	34,889	46,436
전체	286,335	279,226	304,114	299,739	266,840	288,262	290,561	328,329	292,926

출처 : 국토해양부 주택건설과, 주택공사 주택도시정보센터

1 ▼ 표시된 수치가 감소한 해, ▲ 표시된 수치는 증가한 해의 공급물량을 나타낸다.

2 2005년부터 소형 평형대 아파트 준공이 감소되고 있는데, 이는 완공 후 입주 무렵인 2008년 이후부터의 소형 아파트 공급부족에 따른 집값 상승요인과 무관하지 않다.

3 대형 아파트의 증가는 지방(혁신도시+지역도시) 및 서울 재건축 아파트 준공에 따른 증가현상이다.

4 중형 아파트의 소폭 증가세는 주거여건이 개산된 결과로 인한 수요증가 때문으로 볼 수 있다.

|**자료 11-2**| 지역별 아파트 수

구 분	서울		수도권		지방		계	
	수량	%	수량	%	수량	%	수량	%
24평 이하(소형)	494,542	37.7	849,902	39.2	1,775,857	47.4	3,119,857	43.2
25~29평(중소형)	218,389	16.7	363,806	16.8	613,174	16.4	1,195,369	16.5
30~34평(중형)	335,357	25.6	540,440	24.9	828,277	22.1	1,704,074	23.6
35~39평(중대형)	86,768	6.6	161,810	7.5	214,056	5.7	462,634	6.4
40평 이상(대형)	175,915▼	13.4	251,223	11.6	315,113	8.4	742,251	10.3
전체	1,310,971	100.0	2,167,181	100.0	3,746,033	100.0	7,224,185	100.0

출처 : 국토해양부 주택건설과, 주택공사 주택도시정보센터

1 2007년말 아파트 수이다.

2 앞의 〈자료 8〉에서 강남3구의 40평 이상 아파트수는 67,060호로, 서울 전체 40평형 아파트의 약 38.1%가 강남3구에 몰려 있음을 알 수 있다.

|자료 11-3| 99년~07년까지 준공된 아파트의 규모별 차지 비율

구 분	서울		수도권		지방		계	
	수량	%	수량	%	수량	%	수량	%
24평 이하(소형)	127,496	25.8	198,815	23.4	413,602	23.3	739,913	23.7
25~29평(중소형)	91,936	42.1	151,454	41.6	193,920	31.6	437,310	36.6
30~34평(중형)	167,667	50.0	307,137	56.8	351,553	42.4	826,357	48.5
35~39평(중대형)	20,335	23.4	104,298	64.4	132,128	61.7	256,761	55.5
40평 이상(대형)	92,808	52.7	151,885	60.4	169,601	53.8	414,294	55.8
전체	500,242	38.1	913,589	42.1	1,260,804	33.6	2,674,635	37.0

출처 : 국토해양부 주택건설과, 주택공사 주택도시정보센터

1 (자료 11-3의 수량)÷(자료 11-2의 수량) = 몇 %를 나타내며, 이 자료를 통해 2000년 이후 아파트 공급이 주로 중대형+∝ 평형의 공급비율이 높아졌음을 알 수 있다.

2 이를 공급 절대수치로 볼 때는, 30평 전후의 중형아파트 비율이 여전히 높다.

구 분	서울				수도권			
	07~05	04~02	01~99	8년 누계	07~05	04~02	01~99	8년 누계
24평 이하(소형)	20,335	33,940	73,221	127,496	45,859	63,906	89,050	198,815
25~29평(중소형)	17,933	27,183	46,820	91,936	35,786	75,034	40,634	151,454
30~34평(중형)	41,472	63,580	62,615	167,667	122,676	100,715	83,746	307,137
35~39평(중대형)	2,616	9,726	7,993	20,335	33,805	42,713	27,780	104,298
40평 이상(대형)	24,814	34,412	33,582	92,808	46,802	53,614	51,469	151,885
계	107,170	168,841	224,231	500,242	284,928	335,982	292,679	913,918

구 분	지방				전체			
	07~05	04~02	01~99	8년 누계	07~05	04~02	01~99	8년 누계
24평 이하(소형)	93,536	115,688	204,378	413,602	159,730	213,534	366,649	739,913
25~29평(중소형)	80,696	39,329	73,895	193,920	134,415	141,546	161,349	437,310
30~34평(중형)	170,295	92,816	88,442	351,553	334,443	257,111	234,803	826,357
35~39평(중대형)	74,224	30,248	27,656	132,128	110,645	82,687	63,429	256,761
40평 이상(대형)	101,167	29,583	38,851	169,601	172,783	117,609	123,902	414,294
계	519,918	307,664	433,222	1,260,804	912,016	812,487	950,132	2,674,635

출처 : 국토해양부 주택건설과, 주택공사 주택도시정보센터

1 지역에 관계없이 30평 미만은 감소, 30평 이상은 증가하였다.

2 특히 2002년 이후부터의 소형 아파트 공급 감소가 큰데, 이는 서울, 수도권, 지방 등 지역에 관계없이 전국적인 현상이다. 반면, 중대형의 경우 서울은 감소, 수도권은 소폭 증가, 지방은 증가하였다.

3 서울지역의 경우, 2005년 이후부터 전 평형대에 걸쳐 감소됐다.

|**자료 13**| 최근 3년간(05~07년) 아파트 준공호수 증감 추이

구 분	서울	수도권	지방	전체
24평 이하(소형)	큰폭 감소	큰폭 감소	큰폭 감소	감 소
25~29평(중소형)	큰폭 감소	소폭 감소	소폭 감소	감 소
30~34평(중형)	감 소	증 가	큰폭 증가	증 가
35~39평(중대형)	감 소	소폭 증가	증 가	증 가
40평 이상(대형)	감 소	소폭 감소	증 가	증 가

위의 자료를 통해 나타난 결과만을 간략히 정리해보자. 특히 〈자료 13〉에 주목해보기 바란다.

1 지역에 관계없이 24평 이하의 소형 아파트 공급이 줄었다. 이것은 최근 전세값 급등 원인과 무관하지 않다. 부동산정보업체 '부동산서브'의 조사자료(2009년 8월 19일)에 따르면 서울 재개발에 따른 이주수요가 약 2만7천 가구에 이른다고 밝혔다. 이처럼 신규공급은 줄어든 반면, 멸실가구수는 증가하여 이것이 전세가격 급등으로 나타나고 있는 것이다.*

2 위 내용은 대부분이 소형 아파트에 한정된다. 만일 전세가격 상승현상이 있다면, 이는 소형에 한정되어 전국적으로 나타나야 한다. 하지만 최근의 전세가격 급등현상은 서울, 특히 강북지역과 수도권 몇몇 지역에 한정되는 현상으로 나타나고 있다. 그럴더라도 결국에는 좀 더 싼 곳에 전세를 찾는 수요로 인해 수도권 외곽으로 확산될 듯하다.

3 서울은 3~4년 동안 전 평형대에 걸쳐 지난 공급이 줄었다. 따라서 중대형의 대기수요에 따른 최근의 강남 재건축 아파트값 상승은 설득력이 있으며, 이것이 재건축

* 서울시 주택보급률은 2009년 93.5%, 2010년 92.9%, 2011년 91.2%로 감소된다고 예상하고 있는데, 이는 재개발에 따른 멸실수요의 증가 때문이다. 이것이 재개발 시기를 조절하지 않으면 주택부족현상이 심화될 수 있다는 우려가 나오는 이유이다.(매일경제, 2009. 9. 30)

이 시급한 이유이다.

4 지방의 중대형 평형대 아파트 공급 증가가 두드러졌는데, 이것이 미분양으로 이어진 이유이다. 즉, 공급과잉에 따른 결과이다.

5 강남 아파트값만 오르던 것이 2006년 이후부터는 강북 등 서울 전역으로 확산된 점, 특히 3억원 미만의 버블세븐 지역의 아파트값이 많이 오른 점 등은 소형 아파트 공급 부족에서 그 원인을 찾을 수 있다. 그리고 집값 상승시점은 분양시점이란 것이 다시 한 번 입증된다. 그렇더라도 어디까지나 특정지역을 중심으로 크게 올랐다.

이상을 주택(특히 아파트) 수급불균형의 결과로 본다. 끝으로 이명박 정부에서 폐지키로 했던 재건축 건설에 따른 '소형평형의무비율'이 서울시 조례로 부활되면서, 주택 평형별 공급에 미칠 영향에 대해 살펴보자.

이는 수도권 과밀억제권역내에서 300세대 이상 재건축 또는 민간주택 건설시에 전용면적 18평 이하를 20% 이상, 18~25.7평을 40% 이상 건설토록 하는 의무규정으로, 특히 강남 재건축 아파트 투기수요를 억제하기 위해 부활된 것이다. 이것이 강남 재건축 아파트값에 미치는 영향력은 대단히 크다. 의무비율이 모두 적용될 경우 기존의 조합원도 경우에 따라서는 소형 아파트를 선택해야 하거나, 현재의 평형보다 더 큰 평형이 몫으로 돌아가기가 쉽지 않기 때문이다. 최근 멈출 줄 모르던 강남 재건축 아파트값 상승이 다소 주춤한 이면에는 서울시의 의무비율 규정 고수방침이 한 몫을 했다.

자료에서 알 수 있듯이, 지난 3~4년간 서울지역에 25평 이하 아파트 공급은 전체의 약 20% 정도밖에 미치지 못했는데, 이는 40평형 이상 아파트의 공급에도 미치지 못하는 수치이다. 따라서 서울지역에 소형 평형 의무비율을 고수한 서울시의 정책은 타당하다. 문제는 강남지역의 중대형 평형 공급부족을 어떻게 슬기롭게 해결할 것인가 하는 것이다.

이 문제가 해결되지 않고는 강남 재건축이 원활하게 이루어지지 못한 채 계속 지연될 것이고, 그럴 경우 강남 집값은 계속 요동칠 것이다. 이처럼 한 번 잘못 칼을 뽑은 정책은 이후 계속 덜미를 잡히고, 이것이 수요공급의 원칙에 어긋나 결국에는 수급불균형의 또 다른 이유가 된다.

◉ 주택매매가와 전세가격과의 상관관계

|자료 14| 주택 전세가격 추이(실질가격 기준, 1994.12=1)

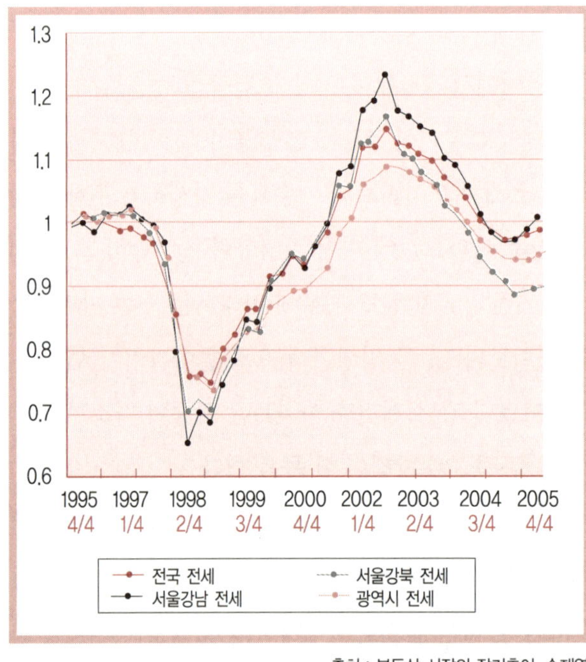

출처 : 부동산 시장의 장기추이, 손재영

전세가격 상승은 주택매매가 상승과 동조화되어 나타나며, 상승률 역시 강남 〉 강북 〉 전국 순으로 같다.

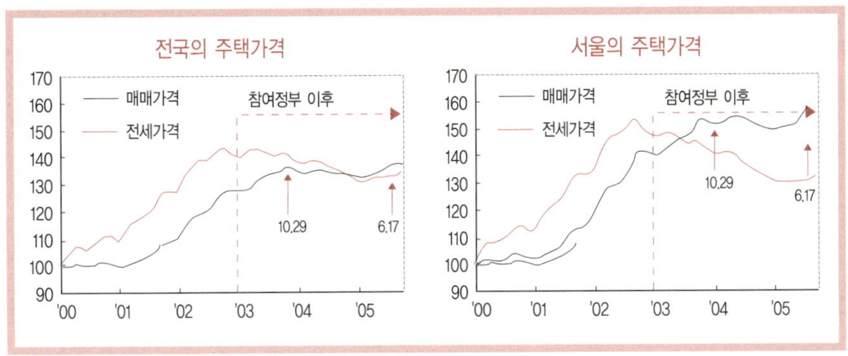

출처 : 국토해양부

전세가격이 매매가격을 선행하는 경향이 있으나, 반드시 그렇다고 단정 지을 수는 없다. 오히려 서울의 주택가격의 경우에는 노무현 정부 이후 매매가격이 전세가격을 크게 앞질렀는데, 이는 공급부족이 크게 작용한 것으로 봐야 한다.

위의 두 자료와 앞의 〈자료 1〉을 포개놓고 보면 알 수 있듯이, 집값 상승시기에는 전세가격도 덩달아 뛰며, 상승 및 하락시점도 거의 비슷하다. 따라서 닭이 먼저냐 달걀이 먼저냐를 새삼 논할 필요는 없지만, 전세가격이 오른다는 것은 그만큼 집값 상승압력을 받아 나타난 결과이거나, 앞으로 집값이 오를 것임을 예시하는 지표라고 판단해도 크게 무리가 없다. 그만큼 주택 전세가와 매매가는 서로를 견인하는 연결고리를 갖고 있다.

그동안 우리나라의 전세가격은(2005년까지의 결과를 놓고 보면) 이를 실질가격 기준으로 놓고 볼 때, 강남을 포함한 모든 지역에서 이전 1995년 수준을 유지하였다. 이것은 비록 그동안의 전세가격 오름세에도 불구하고 비교적 주거안정이 이뤄지고 있었다는 것을 뜻한다.

이는 전세가가 오르든 하락하든, 집값의 높고 낮음에 관계없이 가계의 실질소득 수준에 맞춰 전세수요가 형성되고 있으며, 이에 따라 전세가격은 일정하게 형성되고 있음을 말한다. 실제 필자가 몇몇 지역을 조사해본 바, 일부 노후 재건축 아파트와 신규분양되는 아파트를 제외할 경우 서울·수도권 대부분 지역의 전세가는 대략 집값(매매가)의 40% 선에서 형성되고 있었다. 강남 집값이 비싸니 전세가격 역시 비싼 것은 당연하다.

따라서 적어도 2005년 무렵까지는 전세가격 오름세에도 불구하고 비교적 가격저항이 적었다. 이는 비록 지역별로 전세가격에 큰 차이를 보이고 있음에도 불구하고, 결국 가계소득에 맞춰 살아가고 있음을 뜻한다. 그리고 강남지역을 제외하고는 집값 오름세가 높지 않아 전세가격에 주택대출을 받으면 어렵지 않게 소형 주택이나마 장만할 수 있었다.

이상을 염두에 두면서 두 가지 부분을 생각해보아야 한다. 즉, 전세가격 상승이 곧바로 매매가격 상승을 견인하는지 여부가 그 하나이고, 전세가격 상승이 주택공급 부족을 알리는 시장의 신호인지 여부가 다른 하나이다.

전자의 경우가 긍정적이라면, 지금의 전세가격 상승이 단지 서울 강남권 재건축 아파트값 상승뿐만이 아닌 강북 또는 수도권 전체의 주택가격 상승으로 머지않아 확산될 것이라는 우려 때문이다.

〈자료 15〉를 살펴보면, 전국의 전세가격과 매매가격은 대략 1년 정도의 시차를 두고 그러한 현상이 나타나고 있다. 하지만 서울의 경우에는 꼭 그렇다고 볼 수만은 없다. 왜냐하면 2000~2003년까지는 그런 현상이 나타나지만, 이후부터는 전세가가 하락한 반면, 매매가격은 계속 올랐기 때문이다. 특히 2003년 이후의 서울 전세가가 계속 하락했음에도 불구하고 매매가격이 계속 오른 것은 이후부터 서울지역 주택의 신규공급이 절대적으로 적었기 때문인데, 그럼에도 전세가격이 하향 안정화되고 있는 현상을 어떻게 설명해야 할까?

부동산1번지의 박원갑 사장은 최근 한 신문과의 인터뷰에서 "전세시장은 미래 시세차익 요소가 없는 현재의 수요공급 상태를 가장 잘 보여주는 지표로서, 전세가가 오른다는 것은 수급불균형이 발생했다는 신호"라고 말했다. 최근 전세가가 오른다는 것은 그만큼 수급불균형이 심각하다는 얘기가 된다.

물론 필자 역시 상당 부분 이 말에 동의하지만, 논란의 여지는 여전히 남는다. 왜냐하면 이 말에 전적으로 동의할 경우, 2000년 이후부터의 수급불균형이 전세가격에 미친 영향에 대한 설명이 궁색해지기 때문이다. 즉, 2000년 이후부터의 수년 동안의 집값 급등은 주로 강남 재건축 아파트에 국한되어 나타났는데(물론 다른 지역 집값도 상승했지만), 같은 아파트의 전세가격은 거의 오르지 않았기 때문이다.

또한, 2006년부터의 이른바 버블세븐 지역의 집값 급등현상으로 전세가격도 함께 올랐지만, 이것 역시 온전히 수급불균형 때문만으로 보기에는 무리가 따른다. 그리고 결정적으로 앞의 자료와 다르기에 그렇다(물론 정부 자료가 반드시 옳다고는 보지 않는다. 그래도 정부를 믿어야지, 누굴 믿겠는가?).

따라서 우선은 전세가격이 매매가격에 영향을 준다는 것, 그리고 수급불균형에 따른 것임에는 동의하지만, 그렇더라도 전적으로 이에 따른 현상은 아니다. 전세가격이 주택의 매매가격에 영향을 주는 요인 중의 하나가 될지는 몰라도, 전세가격 상승이 곧바로 집값 상승으로 이어질 것이라는 도식이 100% 성립되지는 않는다. 또한 수급불균형이 전세가격 상승을 견인하지만, 그렇더라도 이 역시 전적으로 이 때문만은 아니다.

전세가격이 오르는 것은, 신학기나 결혼 등의 계절적 요인과 재개발·재건축 등에 따른 멸실로 인해 소형주택 전세물량이 일시적으로 공급 부족이 되면서 나타난 현상이며, 결국은 전세 세입자 다수가 새로이 주택을 장만하는 것보다는 집주인이 원하는 만큼의 전세금을 올려주는 선에서 매듭짓고 있음을 뜻한다. 그리고 최근의 전세자금대출 급증이 이를 잘 설명해준다.

최근 강북지역 전세가 품귀인 반면, 분당 등 수도권 5개 신도시 전세가격은 거의 제자리인 점 등을 고려할 때, 현재 전세가격 급등현상은 재건축·재개발 등에 따른 이주수요가 대기한 물량으로 인해 발생하는 일시적인 현상이다. 또한 강남지역의 경우 방학기간 중의 전세수요, 잠실 재건축 아파트의 입주 2년차 전세가격 현실조정 등이 더해진 결과이다.

○ 주거난이지, 전세난이 아니다

이상을 통해 알 수 있듯, 당장에 필요로 하는 전세 수요는 상당부분 영세 서민용의 소형 아파트 또는 다가구·다세대 주택일 것이며, 따라서 이 때문에 전세수요가 집값을 강하게 끌어올릴 것이라는 생각에는 여전히 의문의 여지가 남는다. 다시 말해, 이들이 가진 소액의 전·월세금만으로 주택을 새로이 장만한다는 것은 현실적으로 불가능하다.

어찌됐거나 서울·수도권 지역의 소형 주택가격은 다른 유형의 주택보다는 더 오를 것 같은데, 그렇더라도 이는 수급불균형에 의한 요인이 더 크지, 전세가격 상승이 직접적인 원인이라 보지 않는다. 문제는 재건축·재개발이 모두 완료된 이후의 이들 지역 집값과 전세가격이 어떠할 것인가인데, 이런 이유로도 전세가격은 결국 안정될 것이다.

과거의 경험을 보면 전세가격은 강남지역에서부터 시작하여 서울전역, 수도권으로 확산되는 경향이 있었다. 하지만 2006년 이후부터는 강남지역뿐만 아니라 강북지역 등 서울전역과 수도권 일부지역(외곽지역) 주택값이 동반 상승하는 현상을 나타냈으며, 최근 전세가격 상승세 역시 수도권 전역에서 일시에 동일한 추세를 보이고 있다. 즉, 예전처럼 인기지역인 강남권이나 버블세븐 지역에 한정되지 않고 있다는 것이 특징이다.

바로 이것이 문제이다. 지금까지의 전세가격만을 갖고서는 소득을 감안한 대출 레버리지를 활용할 경우라도, 강남지역은 고사하고 여타지역 주택구입도 점점 어려워지고 있으며, 특히 강남지역의 경우에는 앞으로는 진입 자체가 불가능할 수도 있다. 이 같은 중산층의 불안감 내지는 깊은 좌절이 또 다른 문제가 되는 것이다.

결과적으로 지금의 전세가격 급등은 일시적인 현상이며, 이것을 수급불균형으로 인한 강남 재건축 아파트 등의 특정지역 집값 급등과 연결지어 생각하는 것은 무리이다. 그렇더라도 서민의 주거안정이 갈수록 불안해지고 있다는 점은 참으로 안타까운 현실이다.

이상을 고려할 때 결국 문제의 핵심은, 재개발 · 재건축 등으로 인해 주택이 멸실됨에 따른 일시적 공급부족이 빚어낸 현상이며, 이것이 신규 주택구입으로 이어져 주택매매가를 올릴 것이라는 생각은 지나치다. 최근의 집값 급등현상이 전세가격 상승에 따른 것이라기보다는, 수년간의 주택공급 부족으로 인한 초과수요로 보아야 할 것이다.

이보다는 전세가격을 어쩔 수 없이 올려주거나, 보다 전세가격이 싼 외곽지역으로 옮길 수밖에 없는 상황, 이것이 2009년 전세가격 파동의 진실이다. 정부가 서둘러 소형주택, 임대주택 등의 신속한 보급에 힘써야 하는 이유가 여기에 있다. 그런데도 최근 정부는 전세자금 대출에 치중하고 있는 듯한데, 이는 근본적인 해결책이 아니라 오히려 전세가격만 올리는 결과를 가져올 것이다. 왜냐하면 전세자금 대출액은 전세가격 증가분에 대한 임차인의 심리적 부담감을 경감시켜, 전세가격 상승으로 곧바로 이어질 가능성이 크기 때문이다.

주택 수급불균형에 따른 향후 집값 동향

1 앞으로의 주택투자는 용도변경이 이루어지는 특정 지역이나, 확실한 규제완화 등의 개발호재 외에는 집값 상승으로 인한 투자수익 실현이 크게 기대되지 않는다. 재건축 · 재개발단지의 용도변경과 규제완화가 이뤄지는 지역이 이에 해당된다.

2 강남 재건축 아파트값은 앞으로도 계속해서 오를 개연성이 높다. 그러나 이를 현재 시점의 초과 대기수요 때문으로 봐야지, 집값의 내재가치가 더 상승할 여력이 남아 있기 때문이라고 보는 것은 무리가 있다. 따라서 재건축 이후 집값이 안정되면서 하락안정세로 돌아설 수도 있음을 고려하고 투자해야 한다.

3 투자수익만을 놓고 본다면, 강남 재건축 단지보다는 강남의 1, 2종 주거지역 중 지구단위계획에 따라 도시개발사업(신규 아파트나 주택건설)이 이루어질 지역이 오히려 더 투자가치가 높다. 결국 강남은 재건축과 함께 고급주거지역(고급아파트)과 임대주택(오피스텔 등)으로 확실하게 구분될 것 같으니 노후된 다가구 · 다세대주택을 눈여겨볼 필요가 있다.

4 강남 재건축은 빠르면 빠를수록 좋다. 현재 집값 상승을 견인하고 있는 초과 대기수요를 해결하는 방법은 재건축을 통해서만 가능하기 때문이다. 이 경우 집값의 일시적인 상승은 불가피하겠지만, 궁극적으로는 공급과 함께 집값은 하향 안정화될 것이다. 결국 규제완화의 정도가 관건인데, 이로 인한 어느 정도의 집값 상승은 불가피할 듯하며, 이에 따른 피해를 최소화

시킬 수 있는 정부 대책이 필요하다.

5 최근 수년 동안의 소형 아파트 공급축소는 특히 2006년 이후부터의 강북 집값 상승에 큰 영향을 미쳤으며, 이는 앞으로도 이어질 전망이다. 결국 강남 재건축 아파트 대기수요(또는 투기적수요)와 소형평형 공급부족이 당분간 집값을 올리는 역할을 할 것이다.

6 분명 주택 매매가격과 전세가격은 서로를 견인하지만, 전세가격이 오른다고 집값이 덩달아 큰 폭으로 뛸 것이라 생각하기에는 무리가 따른다. 최근의 전세가격 급등현상은 재건축 · 재개발 등에 따른 일시적 수급불균형 현상이다.

○ 사족蛇足 몇 마디

끝으로 전세가격 얘기가 나온 김에 한 가지 생각해봐야 할 부분이, 강남지역 재건축시에 어느 지역의 전세가격이 오를 것인가이다. 현재 강남 재건축 대상 아파트에 거주하는 사람 중 대다수(특히 저층아파트의 경우)는 실거주자이기보다는 전 · 월세 거주자이며, 그 가격도 다른 지역보다 상대적으로 매우 낮다. 따라서 재건축의 진행과 함께 같은 지역 내지는 근접지역의 중소형 아파트의 전세가격이 폭등할 것이라는 생각은 잘못된 것이다. 그보다는 같은 지역내의 소형 다가구 · 다세대 주택의 월세나 성남, 용인, 하남 등의 다소 원거리 지역 소형 평형 전 · 월세가격이 오를 것이라고 생각된다.*

---

* 물론 교육수요가 많은 은마아파트 재건축시에는 주변 지역내의 아파트를 옮겨가 전세가격을 올리겠지만, 이 역시 제한적이고 또 시기적으로도 먼 얘기이다.

만일 이것을 가지고 전세가격 급등이 강남 주택가격 급등을 견인한다고 언론에서 호들갑을 떤다면, 이거야말로 문제이다. 주택을 구매할 여력이 없는 서민을 두 번 죽이는 일이다. 정부가 나서서 장기임대주택 등의 서민용 주택 공급에 나서서 힘써야 하는 이유가 바로 여기에 있다.

그런데 집값과 전세가격의 차이가 많이 나는 곳은 향후 집값이 많이 오를 것이라 예언하며, 전세가격이 집값의 20~30% 수준에 머무르고 있는 강남지역 아파트를 예로 들고 있는 글을 어딘가에서 얼핏 봤는데, 과연 그럴까?

확실한 것은 적어도 강남 재건축 아파트의 경우 이미 장래의 기대가치(내재가치)가 현재 시세에 상당 부분 반영된 상태이며, 재건축 아파트 전세가격이 싼 것은 그만큼 노후되고, 또 재건축이 되면서 언제든지 되팔 수 있는 투기적 가수요가 많은데 따른 것이다. 그만큼 노후화되어 불편하고, 또 언제 나가라고 할지 모르는 소형 아파트를 제 값을 다 치르고 사는 바보가 몇이나 될까?

한 가지 더, 앞으로는 1~2인가구(무자녀가구) 또는 1인가구(독신 내지는 돌아온 싱글)의 증가로 소형의 주택만을 필요로 하고, 대형평형은 공급과잉으로 인해 떨어질 수밖에 없다고 하는데, 어떻게 판단해야 할까?

우선 대형 아파트 역시 먼 장기적인 관점에서는 하향세를 띨 것은 분명해 보이는 가운데, 문제는 1인가구나 부부가구, 특히 부부가구가 필요로 하는 평형대이다. 어떤 책에 의하면, 1~2인가구가 20평형대 이하에서 살고, 3~4인가구가 30평형대 이상의 중대형 아파트에 살며, 또한 중대형 아파트의 수요를 결정하는 것은 4, 50대의 인구가 아니라, 3~4인 가구수에 달렸다고 한다(통계청 자료에 의하면, 4, 50대 인구는 앞으로도 한동안 증가하나, 3~4인 가구수는 줄어든다).

주변을 돌아보면 중장년층 중에 상당수는 은퇴를 하고 자식들이 다 분가했음에도 여전히 중대형 아파트에 살고, 또 집을 줄여 살 생각이 없다고 한다. 명절이나 주말에 자식들이 방문했을 때 거처할 방이 필요하고, 은퇴 이후 서재 등으로 사용해야 하기 때문이란다. 여러분 생각은 어떤가? 우리나라 국민 정서나 생활여건 등에 비춰볼 때 2인가족의 경우라도 적어도 32평 정도의 집에서는 살아야 하지 않느냐 하는 것이 공통된 생각이다. 물론 집도 절도 없는 서민에게는 언감생심이지만, 아무튼 필자의 생각은 그렇다. 〈자료 16〉은 1인당 주거면적이 해마다 증가하고 있음을 보여준다.

|자료 16| 연도별 가구당 인원 및 1인당 주거면적의 증가추이

구 분	가구당 인원(명)	주거면적(㎡)	
		가구당	1인당
1990년	3.71	51.0	13.8
1995년	3.34	58.6	17.2
2000년	3.12	63.1	20.2
2005년	2.89	65.8	22.8

출처 : 〈부동산 시장의 진단과 정책 과제〉, 삼성경제연구소 박재룡 수석연구원

04 집값에 대한 이런저런 생각

주택문제, 즉 주택가격의 변화는 일반적인 경기현황, 통화 공급, 인플레이션 등 거시경제 환경은 물론 정치, 문화, 사회, 심리적 요인 등과 같은 경제외적인 요인에 의해서도 영향을 많이 받는다. 그렇기 때문에 투자 예측이 불가능한 상태에까지 이른 것이다.

집값은 특히 관련 정책과 제도에 의해 크게 좌우되는데, 우리나라처럼 정부의 시장개입 정도가 큰 나라일수록 더욱 그렇다. 따라서 주택정책의 흐름이 가변적인 한, 단기간의 집값 예측은 전문가의 영역을 뛰어넘는다. 그렇더라도 투자에 있어 다음 사항은 한번쯤 생각해볼 여지가 있다.

◉ 강남 아파트값은 왜 비쌀까?

투기적 가수요 때문일까, 고밀도 개발 가능성 때문일까? 강남이 지금의 강남으로 굳혀진 것은 IMF 이후인 2000년부터인 것으로 기억된다. 필자는 1995년에 강남 수서로 이사를 했고, 또 당시 직장이 삼성동이어서 대치동 학원의 밀집 과정도 생생하게 목격했다. 대치동에 학원이 본격적으로 들어서기 시작한 것은 2001년 무렵부터였다. 당시 지금의 은마아파트 후문 사거리에 'ㅇㅇㅇ논술학원'이 처음 들어섰을 때, "뭘 논술까지 배울까"하며 신기해하던 생각이 난다.

이후 대치동은 비약적으로 발전하기 시작했다. 대치동의 학원이 강남 집값을 올리는 데 결정적인 역할을 한 것은 부인할 수 없는 사실이다. 집값을 결정하는 요인, 즉 학군, 조망가치, 교통, 편의·문화시설, 지역특성(지역 충성도), 중대형 고급아파트 밀집 등이 서로 상승작용을 하며 강남 집값 상승을 견인해왔는데, 그중에서도 강남 학원가가 지대한 공헌을 했다. 같은 강남권이라도 서초구나 송파구가 강남구에 비해 집값이 떨어지는 것이 그 실례라고 할 수 있다.

그런데 여기에 빠진 부분이 있다. 강남을 지금의 강남으로 만든 기반은 70년대 후반 기반시설과 편의시설을 모두 갖춘 계획도시 건설 때문이다. 이것이 IMF 이후 많은 것을 바꿔놓았다. IMF 때 강남 아파트는 두세 집 걸러 한 채씩 경매물건이 쏟아져 나왔다. 이것은 IMF 이후 강남 거주자 상당수가 물갈이 되었음을 뜻한다. 즉, 자영업이나 중소기업을 운영하던 사람들 중 상당수가 부득이하게 강남을 빠져나가게 되었고, 그 자리에 전문직이나 고소득자 등의 신흥 부자들로 채워지게 되었다. 그리고 그때부터 그들만의 '끼리끼리' 특권의식이 더욱 강화되기 시작했다. 이렇게 '부유층 주거지'로서의 상징성이 오늘날의 강남신화를 만든 또 하나의 요인이 되었다.

강남 차별화에 마침표를 찍은 것은 아무래도 삼성, 현대자동차 등 대기업 본사가 강남에 사옥을 짓고 이주하기 시작한 최근 몇 년 동안에 일어난 일이다. 다시 말해 도시가 발전할 수 있는 가장 큰 요인인 직주근접의 원칙이 점점 더 강화되었기 때문이다. 그리고 이는 강남권의 외연을 넓히는 작용에도 일조했다. 그 결과, 분당, 판교 ,평촌, 과천까지 아우르는 강남 서 · 남쪽 신도시까지를 강남 범주에 포함시켰으며, 앞으로는 하남시까지 확대될 것으로 보인다.

이처럼 강남 성장의 배경에는 대단위 업무 및 상업지구가 있다. 이것이 분당 등 신도시가 단순히 주거지역으로서의 역할밖에 못하고, 그 결과 강남처럼 발전하지 못하는 주된 이유이다. 이른바 강남 개발이라는 정부의 집중 개발과 투자에 의한 결과이다. 이처럼 강남은 교육, 직장, 교통 등의 완벽한 인프라와 소위 가진 자들만의 특권의식까지 가세하여 다른 지역에서는 도저히 넘볼 수 없는 경쟁력을 갖게 되었으며, 이는 앞으로도 상당 기간 지속될 것으로 보인다. 이것이 강남 집값이 계속 오르고 또 타 지역에 비해 월등히 비싼 이유이다.

따라서 투기적 가수요가 상당한 것은 일견 당연하다. 오르는 곳에 투자하는 것은 당연한 이치이기 때문이다. 실제 강남에 거주하거나 강남 주택을 소유한 사람의 상당수가 2주택자 이상인 점이 그러하며, 이 투기적 가수요는 강남 집값을 계속해서 끌어올리는 역할을 하기도 한다.

그렇더라도 현재 시점에서 볼 때 강남(특히 재건축 아파트)지역 대부분의 아파트는 적정 기대가치가 이미 대부분 반영된 상태라고 보아도 무방할 것이다. 그럼에도 집값이 계속해서 오르는 이유 중 하나는 재건축이나 용도완화 등을 통해 고밀도 개발이 가능하지 않겠냐 하는 기대심리 때문이다. 실제로 삼성동 한전 부지, 서초동 롯데그룹 부지, 개포 · 반포재건축 단지 역시 용적률의 허용한도나 소형평형의무비율 완화 등 규제완화에 따라 집값이 오르락내리락하고 있다.

그런데 강남 아파트값이 계속 오른다고 해서 과연 지금 시점에서 집을 사는 것이 옳은 일일까? 결론을 말하자면 거주 목적의 실수요자가 갈아타기 하는 경우라면 지금이라도 서둘러 구입하는 게 옳다. 비록 2~3년간의 시차를 두고 오르락내리락하겠지만, 결국은 약 10년 정도의 장기적인 관점에서는 상승곡선을 그릴 것이기 때문이다.

단, 투자나 투기를 목적으로 아파트를 구입하는 것은 신중히 고려해야 한다. 이미 기대가치가 대부분 반영되었고 최근 집값 상승으로 2006년 고점 수준까지 회복된 상태에서, 처분시에 물게 될 양도소득세 등의 세금들을 제할 경우 과연 목적한 투자수익률을 기대할 수 있을지에 대한 의문이 들기 때문이다. 규제완화 문제도 마찬가지이다. 강남 재건축 아파트값이 단기에 오르락내리락하는 가장 큰 이유 중 하나가 바로 규제완화의 정도에 따른 문제인데, 요는 강남 집값의 동향은 이제 우리나라 빈부격차나 소득불균형 등 사회적인 가치판단의 잣대가 되었고, 또한 집값 폭등의 뇌관인 것에 그 문제가 있다. 따라서 정부가 규제완화의 정도(예를 들어 용적률 대폭완화나 소형평형 의무비율 완화)를 낮추기는 결코 쉽지 않다고 본다.

● 제2의 강남은 가능할까

결론부터 말하면 강남을 대체할 만한 제2의 강남은 출현하기 어렵다. 강남을 대체하려면 별도의 신도시 개발 이외에는 달리 대안이 없는데, 서울 인근에 업무·상업시설을 끌어들여 대단위 단지를 만들 만한 공간이 현실적으로 존재하지 않기 때문이다. 가장 가능성이 높았던 분당 신도시의 중심업무·상업지구의 경우에도 결국 주상복합지역으로 편입되는 등 주거지역으로서의 기능밖에는 소화하지 못하고 있음이 이를 잘 설명해준다.

이제 강남은 수도권 남부의 중심 거점으로, 기존의 서울 강북 도심을 그대로 옮겨다 놓은 듯하다. 과거 600년 동안 강북이 서울의 중심 역할을 했듯이, 강남 역시 오랫동안 서울의 중심 역할을 할 것이다. 따라서 강남역과 삼성역을 반경으로 30~40분 이내의 거리 지역은 범강남권으로 편입되어 오랫동안 집값이 강세를 보일 것이다. 송파, 서초, 강동, 분당, 평촌, 하남 등이 이에 해당된다. 이것이 분당이 일산보다 집값이 계속 강세를 보이는 이유이고, 앞으로 하남신도시가 주목받을 이유이다.

2기신도시에 투자할 것인가, 말 것인가?

먼저 일본의 경우를 살펴본다면, 거품과 함께 탄생한 도쿄의 마쿠하리 신도심, 요코하마의 미나토미라이21 등의 신도시는 결국 실패로 끝났다. 인구감소와 함께 불황이 깊어지면서 신도시의 젊은이들은 일자리를 찾아 도심으로 들어가고, 신도시에는 힘없는 노인들만 남게 되었다. 물론 마쿠하리 신도시의 경우 업무·상업지역과는 달리 주택지역은 그나마 성공적이라고 평가하고 있는데, 가장 큰 이유로 훌륭한 여건을 갖춘 학교를 여러 개 만들었던 것에 따른 결과라고 한다.

일본의 사례를 우리나라에도 적용시킬 수 있을까? 반드시 그렇지는 않지만, 우리나라의 신도시 역시 일본의 경우와 마찬가지로 결국 베드타운화될 수밖에 없고, 그렇기 때문에 서울 반경 일정 거리 이내의 신도시만이 성공할 수 있을 것이다. 왜냐하면 어디까지나 직주근접의 원칙이 크게 작용하기 때문이다. 그리고 여기에는 좋은 학교가 많이 있어야 하고, 도로 등 많은 기반시설이 잘 갖추어져 있어야 한다. 최근 자사고, 자율고 등 특목고를 지역별로 균등하게 배분하는 것은 신도시 생성에 긍정적인 영향을 미칠 것이다.

어쨌든 최근 정착되고 고착화된 목동, 분당, 중계동, 평촌, 일산 등 강남 대치동 이외의 유명학원가가 하나같이 신도시나 대규모 아파트 단지의 중심에 위치하고 있음을 주목해야 한다. 신도시, 미니신도시, 대단지, 베드타운과 교육은 불가분의 관계이기 때문이다.

그런 점에서 우리나라의 1기신도시는 일본처럼 젊은층들이 도심으로 모두 떠나가는 상황으로까지 전개될 것 같지는 않다. 무엇보다 뛰어난 교육여건 때문이다. 또한 우리나라의 베이비붐 세대의 생애 최초 주택구입 과정에서도 그 원인을 찾을 수 있는데, 여기서 나고 자란 자녀들 역시 그 지역을 고수하거나 인근 지역에 정주할 가능성이 높기 때문이다.*

결국 서울과 인접한 신도시는 은퇴한 고령인구는 물론 젊은층이 모두 공존하는 형태가 될 것이며, 그렇기 때문에 수도권 반경 일정 범위내의 신도시와 그 외 지역(제2외곽순환도로 반경 범위) 신도시와의 투자가치는 확연히 차이날 수밖에 없다. 대부분의 직장이 서울에 있는 현실에서 젊은 직장인들이 서울로 출퇴근해야 하기 때문에 거리문제를 고려하지 않을 수 없는데, 바로 이 점이 서울 강남을 대체할 자족기능을 갖춘 신도시가 탄생하기 어려운 이유이다.

이 모든 사항을 고려할 때 서울 위례나 판교신도시 등 서울과 인접한 신도시는 여전히 투자가치가 높은 반면에 양주, 화성 등 서울에서 멀리 떨어진 신도시는 아무래도 투자가치가 불투명해 보인다. 따라서 주택 구입시에 이점을

* 403쪽 '보이지 않는 가족'을 참조하기 바란다.

신중히 고려해야 한다.

그런 점에서 앞으로 우리가 주목할 곳은 바로 인천 송도·청라신도시이다. 최근 이곳 분양시장이 과열되는 양상을 보이고 있는데, 그렇더라도 한 번쯤은 짚고 넘어갈 필요가 있다. 그곳은 인천국제자유구역내에 개발되는 대규모 주거지역으로, 거주하고자 하는 사람들 상당수가 그곳에 근무하거나, 보다 좋은 교육여건을 위해서 찾아가는 경우가 대부분이다. 만약 위에서 예로 든 일본의 마쿠하리 신도시처럼 교육여건이 좋아진다면, 그곳 역시 성공할 확률이 높다.

하지만 이것이 계획대로 추진되지 않을 경우 자칫 공동화현상이 나타나고, 집값이 하락할 가능성도 있다. 따라서 국제도시로서의 외국기업 유치만을 볼 것이 아니라, 국내외 유명 대학 유치, 그리고 명문 자사고 및 특목고 등의 설립도 눈여겨볼 필요가 있다.

도심회귀현상이 아파트값을 끌어올린다? 직주근접의 원칙이 통할까?

인구가 감소되고 고령화되면서 교통이 편리하고 각종 편의시설 등이 갖춰진 도심으로 회귀하는 현상이 늘어, 그 결과 중심지 집값이 오른다고 말하는 전문가들은 일본의 사례를 그 근거로 든다. 그러나 일부는 맞고 일부는 틀리다. 즉, 도심지의 집값이 다른 지역보다 오른다는 생각에는 동의하지만, 그것이 젊은층이나 고령층 구분없이 전 세대층에서 일어난다고는 보지 않기 때문이다.

무엇보다 일본의 은퇴계층과 우리나라의 그것과는 근본적인 차이가 있다. 우선 일본의 은퇴연령은 65세 전후인 반면, 우리나라는 55세 전후로 약 10년 정도가 짧다. 일본의 경우에는 은퇴 이후에도 재취업하여 도심 직장에서 근무하는 경우가 많은 반면, 우리나라는 그렇지 않다. 또한 일본의 은퇴계층은 연금수입과 근로수입 등으로 상당히 넉넉하지만, 우리나라는 은퇴 이후 마땅한 일자리가 없는 냉혹한 현실에 놓여 있다.

이렇듯 은퇴는 짧아진 반면, 이렇다 할 직업과 소득이 없는 현실에서 굳이 값비싼 도심에 거주할 필요가 있을까. 그보다는 우리나라처럼 서울 인근에 산이 많고 경관 좋은 곳에서 자연과 가까이 벗하며 사는 것이 정신건강에 훨씬 이로울 것이다. 따라서 장기적인 관점에서 생각해볼 때, 서울 도심의 중대형 이상 평형대의 아파트는 일정 부분 부담스럽다. 젊은 직장인들이 거주할 수 있는 소형 위주로 공급되는 것이 보다 바람직하다. 결혼 전 젊은층은 도심에서 아주 가까운 지역에, 결혼한 사람들은 서울 및 서울과 가까운 신도시에, 은퇴한 노장층은 수도권에 풍광이 수려한 신도시나 뉴타운 등에 거주하는 것이 보다 바람직하다.

문제는 뉴타운 개발이다, 도심 재개발이다 하여 밀려난 영세민이다. 이들 중 상당수가 개발 이후 이전에 살던 곳으로 다시 돌아갈 형편이 못 되고, 경기도 양주, 동두천 등 서울에서 멀리 떨어진 외곽으로 밀려날 수밖에 없는 현실에 놓여 있다. 그리고 안타깝게도 그들의 일터는 서울 중심지의 오피스나 상업지역인 점을 고려할 때 이래저래 영세민들의 삶은 고달프다.

결국 예전의 성남 정도의 거리가 이제는 동두천, 양주, 포천 등으로까지 외연이 넓혀졌고, 이제부터 우리가 말하는 수도권은 '제2외곽순환도로' 반경 이내로 넓혀졌다. 이런저런 점을 고려할 때 직주근접의 원칙이나 도심회귀현상으로 집값이 오를 것이라는 논리는 본질과는 다소 동떨어진 논제라 할 수 있다.

집값과 교육환경과의 상관관계

집값과 교육환경과의 관계는 적어도 우리나라의 경우에 있어서만큼은 절대적이다. 오늘날의 '버블세븐'이 형성된 배경에는 이처럼 교육환경이 절대적인 역할을 했다. 따라서 앞으로의 교육정책, 특히 자사고 등의 특목고 설립에 관심의 끈을 놓지 말아야 할 것이다. '맹모삼천지교', 이것이 오늘날 우리나라의 자화상이다. 특히 제주국제자유도시, 평택 고덕신도시, 송도 국제도시내에 설립되는 국제학교 설립에 관심을 기울여 보기 바란다. 특히 송도신도시의 성패 여부가 관심인데, 이 역시 교육환경에 크게 좌우될 것이다.

교육환경이 집값에 영향을 미치는 것은 비단 수도권에만 국한되는 것은 아니다. 실례를 들어보겠다. 수년 전 경남 거창이 고향인 친구의 어머님이 돌아가셔서 그곳에 간 적이 있다. 이른 아침에 시내를 한 바퀴 돌아봤는데, 거기에서 놀라운 광경을 목격했다. 사방이 산과 물로 둘러싸여 있는 조그마한 도시가 학생들로 꽉 들어차 있는 것이었다.

친구에게 이유를 물어보니 거창내에는 명문학교가 많아 산청, 함양 등 인근지역에서 유학을 오거나 통학하는 학생들이 많다는 것이다(실제 거창에는 거창고, 거창대성고, 거창여고 등 명문고와 신문에 많이 소개되었던 명문 초등학교가 여럿 있다). 또한 일전에 이웃한 산청지역에 큰 기업과 공장이 들어섰는데, 실제 직원들이 거주하는 곳은 산청이 아닌 거창으로, 그 주된 이유가 자녀들을 거창내의 학교에 보내기 위함이라고 한다. 그 결과 아파트값이 산청, 함양 등 주변지역에 비해 높은 것으로 나타났다. 이처럼 적어도 우리나라 교육의 힘은 인구도 끌어들이고 집값에도 절대적인 영향을 미치고 있다. 참고로 거창은 우리나라에서 서울 다음으로 자가용 자동차 보유율이 높은 지역이다.

임대아파트에서 출발하면 안 되는 이유

임대주택을 구입했을 경우의 투자수익성 등을 말할 생각은 절대 없다. 정부는 주택시장을 안정시킨다는 이유로 계속해서 임대주택을 지을 것이고, 문제는 이것이 서민들이 필요로 하는 주거 요건이 양호하거나 앞으로 땅값이 오를 지역에 아파트를 짓는 게 아니라, 짓기 편한 곳에 지을 것이라는 불편한 사실이다.

도심 비싼 땅에 집을 지어 임대로 공급하기가 어렵기 때문에 정부는 주거 여건에 관계없이 땅값이 싼 곳에 집을 지을 것이고, 그 결과 그곳의 집값은 오르기가 어려울 것이다. 그리고 이 역시 일정 기간이 경과한 후에 임대아파트에 입주한 사람들이 그것을 계속 소유한다는 보장 또한 불확실하다. 따라서 궁극적으로는 서민의 주거안정 효과는 어느 정도 기대할 수 있을지는 몰라도 자산증식 측면에서는 철저히 소외될 수밖에 없는 것이 임대주택의 냉혹한 현실이다. 그러므로 힘이 들더라도 정부에서 무주택자에게 주는 혜택인 주택청약제도를 적극 활용하여 집 장만을 하는 것이 좋다.

그렇더라도 이 글을 읽고 있는 독자분들께만이라도 부탁한다. 제발 임대주택만이라도 가진 것 없는 이웃 서민들 몫으로 온전히 돌아갈 수 있도록 정부가 추진하는 계획에 딴지를 걸지 말기를!

집은 언제, 어떤 방법으로 사야 가장 효과적일까?

생애최초주택 구입과 이른바 갈아타기를 통한 주택자산의 증식은 다르다. 생애최초주택은 어디까지나 청약저축을 이용하는 것이 좋다. 혹시라도 청약저축에 가입하지 않은 무주택자라면 지금이라도 가입하기 바란다. 이 방법이 주택을 통해 자산을 증식하는 가장 빠르고도 확실한 방법이기 때문이다. 물론 상당기간 지루한 시간을 요하지만 가장 현실적인 방법이다.

만일 갈아타기를 할 요량이라면, 순간순간에 집값이 오르고 내리는 것에 개의치 말고 좀 더 나은 집으로 갈아타야 한다. 이 경우 어디까지나 앞으로 주택가격이 오를 가능성이 높은 곳에 한정해서이다. 예를 들어 분당, 일산 등지의 대형 아파트에 산다면 하루 빨리 강남으로 옮기는 것도 좋다. 처음부터 강남이 어렵다면, 송파나 서초로 옮기는 것부터 시작해보자. 단, 무리하게 대출을 받는 것은 절대 금물이다. 이제부터는 부동산 투자에 있어 레버리지효과를 기대하기 어렵기 때문이다.

또한 집값은 당분간 상승과 하락을 반복하면서 일정 기간 동안 자산가치의 상승을 가져올 것이다. 따라서 신문 등에서 경제가 안 좋고, 집값이 하락세를 멈출 줄 모른다는 시기의 어느 한 시점을 택해 주택을 과감히 구입하기 바란다. 하지만 지금처럼 집값이 오름세를 가진 시점은 여러모로 생각해볼 소지가 많다. 필자의 생각으로는 주택구입 적정시점은 상승기가 아닌, 하락기의 어느 한 시점이다.

어떤 지역이 오를까?

향후 10년간 물가와 명목이자의 상승률보다 집값상승률이 높을 것으로 기대되는 지역(현실적으로 이것은 대단히 어렵다)은 다음과 같다.

❶ 인구증가가 기대되는 지역. 예를 들어 천안, 당진, 아산 등(최근에는 여기도 공급과잉 조짐이 있다.)

❷ 서울 강남, 수도권 인접 신도시

❸ 도심 뉴타운

❹ 도심 역세권과 수도권 역세권 지역

❺ 강남, 버블세븐은 중대형 평형(대략 2020년 전후로 보면 중대형 평형 역시 공급과잉이 되어, 하향세를 띨 것으로 보인다. 왜냐하면 베이비붐 세대가 본격적으로 은퇴하는 시기가 되면 주택을 처분하는 수요가 많이 발생할 것으로 보이기 때문이다. 그렇더라도 당분간은 가장 강세를 띨 것이다.)

❻ 역세권은 중소형 평형

◉ 집값의 적정가격 여부, 어떻게 판단할 것인가

이제부터 생각해봐야 할 중요한 논점이 한 가지 더 남았다. 바로 '거품논쟁'이다. 그 핵심은 과연 집값의 '적정가격'을 판단하는 기준이 무엇인가를 파악하는 일이다. 그리고 이것이 가능해지면 지금의 집값이 적정가격을 웃도는 것인지, 아니면 그 이하인지 여부를 파악할 수 있게 된다. 또한 만약 적정가격을 웃돈다면 앞으로의 주택구입은 시장가격이 적정가격 이상으로 상승한 상황에서 투자하는 것이 되어, 언젠가는 반드시 꺼지게 되고 말 것이기 때문이다.

문제는 지금의 집값이 적정가격인지 아닌지, 지금의 부동산 가격에 거품이 끼었는지 아닌지를 판단할 이론적 근거나 경험적 산정자료가 없다는 점이다. 즉, 거품 여부는 사전적으로는 파악이 불가능하며, 따라서 거품이 꺼진 후에나 확인이 가능하다. 그러므로 거품논란은 결론 없는 논쟁거리일 수밖에 없고, 따라서 적정가격 판단 여부 역시 판단하기가 매우 어려운 것이 현실이다.

그런데도 어떤 책(언급하지 않겠다. 최근 화제가 되고 있는 책임에는 분명하다)에서 보면, 집값의 적정가격을 판단하는 기준으로 "아파트 적정가격은 전세가의 50% 이상 수준이므로 그 이하일 경우에는 투자손실이 발생할 위험이 높다"거나, "아파트가격이 PIR(연평균소득 대비 주택가격)의 7배 이상이면 거품이다"라고 말한다. 물론 이에 따른 논리적 근거를 밝혀야 함에도 불구하고, 이에 대한 언급은 전혀 없었다.

첫 번째 주장의 경우, 현재 우리나라의 전세가격 평균은 집값 평균의 40%를 넘지 못하고 있다. 주장대로라면 우리나라 집값에 최소 10% 이상의 거품이 존재한다는 것이고, 전세가격이 극히 낮은 강남 재건축 아파트는 거품이 최소 30% 이상 끼었다고 봐야 하는데, 이것을 주장할 만한 명확한 근거가 있을까?

또 한 신문에 의하면 잠실 32평형 새 아파트 전세가격이 1년 반 만에 1억 이상 급등하여, 2억 7천만원에서 3억 8천만원으로 올랐다고 하는데, 이것은 또 어떻게 설명해야 할까? 참고로 2009년 10월말 이 아파트 시세는 약 10~11억원을 호가했다. 이 경우 오르더라도 대략 집값의 35~38% 수준이 되며, 이는 입주 1차년도에 나타나는 전세시세 미반영분을 현재의 전세시세에 맞추려고 오르는 시장의 자연스런 반응으로 봐야 할 것이다.

만일 많은 부동산 전문가들이 말하는 것처럼, 전세가격 상승이 곧바로 집값 상승으로 이어진다는 논리를 그대로 적용할 경우, 잠실의 신규아파트는 앞으로도 한참은 오를 것 같다. 이것을 긍정적으로 생각하는가? 만약 긍정할 경우, 잠실의 신규아파트는 지금도 거품이 많이 끼어 있는 상태이며, 여기에 더해 앞으로도 거품은 더욱더 많이 낄 것이라고 봐야 할 것이다.

알다시피 전세제도는 우리나라에만 있는 특수한 제도이기 때문에 비교대상이나 객관적인 근거가 없다. 따라서 객관적 근거나 자료 제시 없이 이 같은 주장을 받아들일 수는 없다. 다만, 서울·수도권 주요 지역 아파트 전세가격이 집값의 약 40% 선에서 오랫동안 형성되고 있는데, 이 수준을 적정가격으로 본다면 이는 일정 부분 긍정한다. 왜냐하면 이것을 그대로 시장가격으로 봐도 무방하기 때문이다.

이 경우, 최근의 전세가격 오름세에 따라 이 부분만큼 앞으로 집값이 오를 수 있겠지만, 지금의 전세가격 오름세는 이전 집값 급등시의 미반영된 부분을 일정 부분 반영한 것으로도 볼 수 있다. 지금 전세가격이 크게 오르는 곳이 송파 재건축단지와 강북 재개발 예정지역 등인데 반해, 수도권 신도시 아파트 전세가격은 크게 동요하지 않기 때문이다. 이 모든 것을 고려할 때, 앞으로 전세가격의 상승세는 투자시에 어느 정도 감안해야 하겠지만, 집값의 50% 이상으로 움직이기는 어려울 듯하다.

◉ 판단내리기는 어렵지만, 고점임에는 분명하다

두 번째 주장에 대한 근거 역시 그렇다. PIR의 적정성 여부에 대한 논란은 지금도 끊이지 않고 있는 논제 중의 하나이다. 그럼에도 아직까지 누구 하나 명확한 근거를 제시하지 못하고 제각각이다. 그런데 무슨 근거로 PIR의 논제를 가지고 이것이 적정 집값을 넘어서는 것이라는지 이해하지 못하겠다. 이것 역시 객관적인 판단의 기준이 없다. 외국과의 비교를 들어 인용하는데, 나라마다 제각각 사정이 다르기 때문에 이것 역시 정확하지 않다. 중요한 것은 집값이 지금의 수준을 훨씬 뛰어넘어 갈수록 내 집 장만하기가 어렵다는 사실이고, 이는 갈수록 커지고 있는 소득 편차에 비춰볼 때 그만큼 중산층이 몰락하고 있음을 뜻한다.

혹여나 집값이 지금처럼 크게 오르기 이전이면서도 비교적 안정된 시기였던 90년대 후반 무렵 서울 집값의 PIR(98년 서울 6.7, 전국 4.2)에 미루어 판단하여 나온 수치라면, 어느 정도는 인정할 수 있을 것 같다. 하지만 문제는 이에 대한 뚜렷한 근거나 입증자료 없이 단순히 주장한 것이어서 받아들이기가 곤란하다.

이처럼 길게 이 문제를 언급하는 이유는 분명 있다. 여러 차례에 걸쳐 말했듯이, 거품인가 아닌가, 혹은 거품이 붕괴할 것인가 아닌가(적정가격 이상으로 오를 것인가, 아니면 떨어질 것인가)는 집값의 높고 낮음과는 관계가 없다. 왜냐하면 아무도 이를 섣불리 단정질 수 없고 또 그럴 만한 판단의 기준 또한 없기 때문이다. 따라서 최근 수개월간 지나치게 가격이 높아졌다고 해서 그것을 거품으로 쉽사리 단정 지을 수 없고, 반대로 가격이 수개월 동안 하락했다고 해서 이를 거품이 꺼진 것으로 볼 수도 없다. 오직 장기적인 관점에서 시간의 흐름이 지난 이후에야 시장만이 이를 알려줄 것이다. 극단적으로 말해, 현재시점의 거래가(호가)가 적정가격이 되는 것이다.

다만, 2000년 이후부터의 집값 상승폭 등을 고려했을 때, 지금의 집값이 더 이상 오를 여력이 없는 고점에 달하지 않았을까 하는 생각인데, 이것 역시 어디까지나 필자의 심정적이고도 주관적인 판단에 의한 것이다. 이처럼 집값의 적정가격 여부는 거품논쟁 만큼이나 어렵고, 또 쉽게 단정하기 어려운 일이다.

◉ 앞으로 2~3년간의 집값 동향

이제 가장 어려운 부분이 남았다. 앞으로의 집값 전망을, 그것도 1~2년내의 단기 동향을 예측하는 일인데, 이는 무척 어려운 일이며 또한 솔직히 자신도 없다. 그럼에도 이쯤 와서 이것을 언급하지 않는다면, 너무 무책임한 것 같아 짧게 정리해본다. 순전히 필자의 개인적인 사견임을 감안하고 읽어주기 바란다.

포인트는 두 가지이다.

첫째, 최근의 집값 하락세 보도에도 불구하고 집값은 앞으로도 한동안 오름세로 진행될 듯한데, 그렇더라도 집값 상승은 서울과 수도권 등 특정지역에 국한되어 일어날 것 같다. 그 주된 이유는 수급불균형에 기대심리가 더해져 발생한 것이다. 서울 강남지역은 중대형 위주로, 강북은 중소형 위주로, 수도권은 기대가치가 높은(교통 근접성이 뛰어난) 지역을 중심으로 상승할 것으로 보인다. 지방의 경우에는 울산, 거제 등 산업화가 잘 진행된 특정지역을 제외하고는 이미 주택공급이 초과된 상태로, 앞으로의 집값 상승은 기대하지 않는 것이 좋다.

특히 서울 강남의 재개발 지연에 따른 공급부족과 강북 재개발에 따른 이주·멸실 수요분이 문제가 된다. 과거의 경험에 비춰 보면 집값은 주택공급 발표시점부터 오르기 시작하여 분양이 완료되면서부터 다시 하향 안정세를 띠게 되는데, 이를 그대로 적용할 경우 앞으로도 한동안 오를 듯하다. 그러니 이를 지켜보는 투자자들의 마음도 덩달아 바빠질 것이다.

문제는 집값이 고점이었던 2006년 시점까지 다다른 현 시점에서 집값이 더 오를 경우, 이것이 이후 정부의 부동산 규제시에 언제쯤 하락세로 접어들 것인가이다. 솔직히 앞으로 얼마나 오를 것인가보다는 언제쯤 하락세로 돌아설 것 인가가 관건이 된다.

물론 지금의 심각한 수급불균형현상이 집값을 끌어올리기는 하겠지만, 그 렇더라도 과거의 경우처럼 대세상승으로 이끌기는 어렵다. 우선, 지금의 집값 이 현재의 소득만을 가지고 장만하기에는 무리가 있다. 그만큼 집값 대비 소 득이 너무 낮은데, 특히 서울지역 중에서도 강남권이 더욱 그렇다.

따라서 부득이 은행대출을 이용하여 주택을 구입할 수밖에 없는데, 지금의 분위기로 봐서는 이 역시 녹록치가 않다. 정부가 이미 DTI · LTV 등의 대출규 제를 시행했으며, 이후의 상황을 봐 가면서 언제든지 금리인상 카드를 빼들 태세이기 때문이다. 이것이 최근 분양시장으로 투자자들의 관심이 쏠리고 있 는 이유인데, 분양시장은 DTI · LTV의 규제적용을 받지 않기 때문이다.

여기서 한 가지 알아둬야 할 것이 정부가 추가 금융규제나 금리인상을 통 한 집값 상승 억제 카드를 꺼내 들기가 쉽지 않을 거란 점이다. 앞서 말했듯이 2000년 이후 집값이 소득에 비해 턱없이 오른 상태라 대출 레버리지를 빌지 않고는 집 사기가 현실적으로 매우 어려운데, 정부가 이것을 강력하게 규제한 다면 집값은 곧바로 하락세로 돌아설 수도 있기 때문이다. 이 경우 정부는 자 칫 부동산이 경제를 발목잡는 악재로 작용할 수 있음을 우려하지 않을 수 없 다. 따라서 금리인상은 어디까지나 소폭의 일회성으로 그칠 수 있음을 알아야 한다. 이것이 정부의 DTI 규제에도 불구하고 집값이 오를 수 있는 이유이다.

물론 자금여력이 풍부한 투기자금이 지금의 집값 상승을 주도하는 것은 확 실해 보인다. 문제는 이들이 잔뜩 집값만 올려놓고 상황이 되면 언제든지 털 고 나갈 준비가 되어 있다는 데 있다. 그만큼 지금의 집값 상승의 이면에는 투 기세력이 자리를 틀고 있다.

따라서 단순히 집값의 오름세에만 집중하지 말고, 아파트의 거래량을 주의 깊게 파악해야 한다. 만일 거래량이 적은데도 불구하고 집값이 오른다면 더욱 주의 깊게 봐야 한다. 강남의 한 재건축 단지를 예로 들자면 만약 아파트 한두 채라도 시세보다 높게 거래될 경우 이것이 곧 매매가가 된다. 투기꾼들이 일부 언론과 결탁하여 집값 상승을 노리는 전형적인 방법으로, 여기에 당하는 일이 없도록 해야 한다.

● 하락기를 대비해야

둘째, 앞으로도 한동안 집값 오름세가 계속되더라도 재건축·재개발과 신도시·보금자리주택 등의 입주가 완료되는 2~3년 이후 시점부터 집값은 다시 하락세로 돌아설 수도 있음을 염두에 두어야 한다. 재개발에 따른 주택멸실 등으로 인한 전세난이 집값 상승을 부추기고, 강남 등의 특정지역의 수급불균형이 집값 상승을 부추기겠지만, 이들 중 상당수는 아파트 구입여력이 없는 하위층이다. 즉, 전세수요의 증가와 전세가격의 상승 문제와는 별도로, 이들 신규주택의 공급으로 실거주용 구매수요가 어느 정도 충족될 수 있다는 뜻이다.

결국 서울 도심권 재건축이 완료된 이후 아파트에 들어가는 사람들은 이전에 살았던 사람들이 다시 돌아오는 것이 아니라 구매여력이 있는 새로운 사람들이 상당수일 것이고, 이에 따라 수급불균형 문제는 상당 부분 해결될 것이다. 따라서 앞으로 정부에서 가장 두려워할 부분은 이들 소외계층에 대한 주택마련 문제일지도 모른다. 이 경우 집값은 결국 어떤 흐름으로 갈까?

집값이 당분간 오름세를 띨 것으로 보이지만, 이후 하락세로 빨리 돌아설 수도 있다. 즉, 빨리 달궈졌다가 빨리 식는 그런 형태 말이다. 그리고 오름세가 지속되더라도 2~3년 이후의 주택공급 완료 시점과 맞물려 결국에는 하락세 내지는 보합세로 돌아설 가능성이 있어 보인다. 이 경우, 만약 주택을 구입한 지 2년 이내에 집값이 하락세로 돌아선다면, 양도세 중과세 문제 등으로 팔지도 못하고, 대출금 인상으로 갖고 있지도 못하는 등 이러지도 저러지도 못하는 기막힌 상황이 연출될 수 있음을 충분히 고려해야 한다.

05

무주택자를 위한 부동산 재테크

◉ 청약저축 가입현황과 당첨 가능성

주택청약제도에는 주택청약저축, 주택청약예금, 주택청약부금제도가 있는데, 주택청약저축은 무주택서민의 내 집 마련, 주택청약예금·부금은 주거수준 향상을 지원할 목적으로 시행되었다.

그런데 기존 추첨제에 더해 2007년부터 청약가점제가 도입되면서 또 다른 문제를 낳게 되었다. 즉, 청약가점제는 민영주택 공급시에 가점의 구성요소인 무주택기간, 부양가족수, 청약통장 가입기간을 점수화하여 실수요자 위주로 주택을 공급하고 투기수요를 억제하는 데 목적이 있는데, 청약가점제의 시행으로 이에 대한 어느 정도 소기의 목적은 달성하였으나 반대로 청약 예·부금 가입자의 급격한 이탈을 초래했다. 이는 곧 국민주택기금 재원 조성이 어렵게 됨을 뜻하는데, 이에 대한 보완책으로 나온 것이 바로 주택청약종합저축이다.

주택청약종합저축은 한마디로 무주택자를 위한 청약저축에 더해 민영주택 청약이 가능한 청약 예·부금 기능을 추가한 만능 종합청약통장이다. 무주택 세대주 여부와 연령에 관계없이 유주택자, 미성년자 등의 제한 없이 가입할 수 있는데, 이 경우 미성년자는 2년만 불입이 인정되며, 청약자격도 20세부터 가능하다. 국민주택 또는 민영주택 중 선택 청약이 가능하다. 특히 민영주택 을 청약할 경우 최초 청약시 희망주택 규모를 선택할 수 있도록 설계했으며, 2년이 지나면 주택규모를 변경할 수 있도록 했다.

주택청약종합저축이 나오기 이전에는 주택의 종류를 사전에 선택한 후 가 입할 수 있었는데, 이제는 주택청약종합저축으로 모든 것을 해결할 수 있게 되었다. 즉, 지역, 납입횟수, 납입금, 무주택여부 등 청약요건에 맞춰 공공주 택이든, 민영주택이든 관계없이 청약을 할 수 있게 되었다.

이처럼 주택청약종합저축 가입자는 공공이나 민영을 자유롭게 청약할 수 있기 때문에 기존의 통장 가입자보다 더 많은 청약 기회를 얻게 된다. 출시되 자마자 2달 만에 무려 7백만 명이라는 경이적인 가입자 수를 기록한 것도 모 두 이 때문이다. 즉, '1인 1통장'이 가능하기 때문에 기존 통장을 그대로 유지 하면서 다른 가족이나 특히 자녀 명의로 주택청약종합저축에 가입한 경우가 많았다. 기존통장 가입자 중 가입 기간이 짧고 가점이 높지 않은 사람 중에서 도 상당수 주택청약종합통장으로 갈아탄 것으로 보인다.

하지만 속내를 잘 따져볼 필요가 있다. 지금부터 2년 뒤 주택청약종합저축 1순위대상자가 동시에 대량으로 발생하여 청약경쟁률이 급상승하겠지만, 현 재 빠르게 추진되고 있는 보금자리주택 청약 수혜를 받기는 어렵다. 그러니 지금부터가 청약저축에 오래 불입한 무주택자가 주택청약저축을 활용하여 주택을 분양받을 수 있는 절호의 기회이다.*

이명박 정부의 향후 주택공급 정책에 비춰볼 때, 앞으로 민간택지보다 공공택지에서의 주택분양이 더 많을 것이고 특히 중소형 위주의 보금자리주택 등 공공주택이 공급될 것이다. 이제부터 그 가능성에 대해 알아보자.

무주택자가 주택분양을 받는 방법

무주택자가 청약저축통장을 활용하여 85㎡(전용 25.7평) 이하 공공주택을 분양받는 방법은 다음 두 가지이다.

❶ 무주택 세대주가 85㎡ 이하 공공주택(국민주택)에 청약하여 당첨

→ 청약저축 + 청약종합저축

❷ 무주택자가 60㎡ 초과 85㎡ 이하 민간건설 중형국민주택에 청약하여 당첨

→ 청약저축 + 청약부금 + 청약예금 + 청약종합저축

우선 초점을 집중시키기 위해 지역을 서울 및 수도권에 한정하여 설명한다. 향후 2013년까지 5년 동안 서울과 수도권에 85㎡ 이하 공공주택(국민주택)이 몇 채 정도 지어질 것인가를 살펴보자. 주택공급 경로별로 보면, 신도시, 보금자리주택, 택지·도시개발, 뉴타운 등 도시재정비, U-City 등이 있는데, 이중 뉴타운 및 도시·택지개발은 보금자리주택에, U-City는 신도시에 편입하여 넣어도 크게 무리 없다. 이렇게 해서 신도시와 보금자리주택의 2113년까지의 주택공급 물량을 가늠해보자.

신도시와 기타 개발사업의 경우를 살펴보자. 2기신도시 중 개발이 잡혀 있

* 주택청약 순위배정은 크게 다음 세 가지가 있다. 같은 1순위 경쟁자라도 일정 기간(예를 들어 5년) 이상 가입자를 최우선순위로 묶어 추첨배정하는 방식과, 단순히 1순위 경쟁자 중에서 추첨배정하는 방식, 그리고 1순위 경쟁자 중에서 점수순으로 끊는 방식이 그것이다. 최근 분양했던 보금자리주택 시범구역 청약방법은 첫 번째 또는 세 번째 경우로, 앞으로도 수년 동안 이 같은 방식으로 진행될 수 있어 그만큼 청약저축에 오래 가입해야 유리하다.

는 양주옥정·회천, 김포 한강·장기, 검단, 남양주 별내, 위례, 화성 동탄1·2, 고덕 국제화계획지구의 총 주택공급 물량은 약 30만호인데, 이 중 85㎡ 이하는 전체의 약 70%인 20만호 정도로 추산된다. 여기에는 광교, 오산세교, 파주, 판교신도시 등 이미 분양이 진행중인 신도시 물량 약 14만호는 제외했는데, 앞으로의 잔여물량분만 고려했을 때 약 3만호 정도일 것으로 추산된다(전체 수량은 어디까지나 필자의 가늠이다). 그리고 최근 임대주택 분량이 많아 상대적으로 공공주택 공급분량이 줄어든 것도 사실이다.

따라서 이들을 모두 합할 경우 85㎡ 이하 주택수는 약 22만호 정도일 것으로 보이는데, 이는 민영과 공공을 모두 합한 수치이다. 그중 민영주택수를 전체의 약 70% 정도인 16만호, 공공주택수를 약 30% 정도인 7만호 정도로 일단 어림잡아 보자. 그리고 이것에서 임대주택을 빼면 청약저축으로 분양받을 수 있는 공공주택 공급물량은 대략 3만호 정도가 될 것으로 추산된다.

이제부터 2013년까지 공급될 수도권 보금자리주택수를 어림잡아 보자. 2013년까지 약 70만호 정도의 보금자리주택이 공급될 것으로 잡혀 있는데, 여기에 수도권 공급분(70%)과 공공주택 공급분(45%)을 차례차례 곱할 경우 수도권에 공급되는 85㎡ 이하의 공공주택 공급분은 약 22만호 정도로 추산된다. 이는 전량 청약저축 가입자에게 공급되는 물량이다.

따라서 향후 5년 동안 수도권에 공급 예정인 전용면적 85㎡ 이하의 공공주택은 신도시와 보금자리주택 공급물량을 합할 경우 총 약 25만호 정도일 것으로 추산된다. 이는 공공임대주택을 뺀 것이며, 어디까지나 필자의 개인적인 셈이다.

참고로 정부가 2009년 9월 27일 발표한 자료에 따르면, 수도권 개발제한구역내의 보금자리주택 공급계획을 당초 2012년까지 연 3만 가구(총 12만 가구)

에서 연 8만 가구(총 32만 가구)로 보급시기를 당기기로 했다. 그런데 이것을 근로자생애최초주택, 신혼부부우선공급 등 특별공급으로 세분화시켜 우리를 헷갈리게 만들었다. 결국 청약저축 가입기간이 오랜 무주택자가 불이익을 받을 수도 있다는 것이다. 따라서 편의상 위의 약 25만호를 그대로 받아들이자. 조만간 다시 손볼 가능성이 높고(공급을 세분화시켜 놓은 것이 오히려 수혜자를 불균형적으로 만들어 놓았기 때문이다), 또한 공급의 실효성 등에 있어서 여전히 의문이 남기 때문이다. 자세한 내용은 다음 자료를 참조하자.

|자료 17| 청약저축통장 가입현황

(2009. 6. 30 기준)

구 분		가입자 수			
		1순위	2순위	3순위	계
종합저축	서울	–	–	2,380,499	2,380,499
	수도권	–	–	2,266,053	2,266,053
	지방	–	–	1,267,139	1,267,139
	(소계)	–	–	7,375,506	7,375,506
청약저축	서울	463,174	194,065	89,404	746,643
	수도권	452,995	194,272	78,220	725,487
	지방	406,747	219,010	135,603	761,360
	(소계)	1,322,916	607,347	303,227	2,233,490

출처 : APT2you(금융결제원)

○ 당첨 가능성

자, 이제 '청약통장 가입자 수'를 살펴보자. 〈자료 17〉를 보면 서울·수도권의 청약통장 1순위 가입자 수는 916,196명인데, 그들은 가입 후 2년이 경과한 가입자들이다. 보금자리주택의 실질적인 1순위 분양자가 가입 후 5년 이상 경과한 가입자임을 고려할 때, 앞으로 2013년까지 이들이 실질적인 1순위자들이며, 혹여나 지금의 2순위자 388,337명을 합하더라도 총 1,304,533명에 한정된다. 그리고 여기에는 신도시에 공급되는 85㎡ 이하의 민영주택으로 청약하여 당첨되는 가입자 수는 당연히 감안하지 않았다. 이런 점 등을 고려할 때 실질적인 당첨확률이 더 높아진다.

동시에 전부 분양되지 않고 순차적으로 분양되는 점을 고려하더라도 당첨확률은 α(분양주택수)÷916,196=y%인데, 이를 2013년까지 누계할 경우 무려 y〉27% 안팎의 당첨확률을 갖게 된다. 그리고 2순위자들을 합할 경우에도 y〉20% 수준에 이른다. 혹시 이것을 적은 수치라고 생각하는가? 어디까지나 어림잡은 수치이지만, 얼추 비슷한 수치로 수렴될 것이라 확신한다. 물론 입지가 빼어난 특정지역에만 몰리거나 그 지역만을 고집할 경우 확률이 떨어지겠지만 어느 정도 높은 확률이 기대된다. 이들 지역은 일부 몇몇 지역을 제외하고는 앞으로 집값 상승이 기대되는 지역이기에 그만큼 더 매력적이다.

이제 보금자리주택 등의 집값, 즉 향후 기대가치에 대해 살펴보자. 예를 들어 2009년 10월부터 분양예정인 수도권 4개 시범지구의 경우 하나같이 서울과의 접근성 등이 뛰어나고(물론 서울 도심의 재개발 지구내의 보금자리주택은 더욱 그러하다), 또한 살기 좋고 쾌적한 환경을 마련할 것이다. 위례신도시 역시 마찬가지이다. 2010년 4월부터 분양을 시작하는데, 상당 부분이 보금자리용 주택공급이다.

이 모든 것을 고려할 때 보금자리 주택의 집값 상승은 불을 보듯 뻔하다. 이제까지 그렇듯 대규모로 좋은 환경을 지닌 공공주택을 공급한 적이 없었다. 그리고 앞으로의 주택공급이 정권의 변동 여부를 떠나 무주택서민을 위한 방향으로 진행될 것이 분명하기 때문에 청약저축을 통한 내집마련 기회가 더욱 많아질 것이다.

여기에 분양가상한제가 적용되어 그만큼 주택가격이 저렴하고, 5년 거치 25년 상환이라는 30년 장기대출 등의 금융지원 등의 폭넓고도 다양한 혜택 등을 감안하면 청약저축의 가치는 우리가 생각하는 것보다 훨씬 크고 깊다. 물론 5년 이상 장기가입자에 한한다.

신도시 역시 마찬가지이다. 지금 계획하고 추진 중에 있는 2기신도시를 제외하고는 앞으로 오랫동안 신도시개발은 없을 것이다. 주택정책 발표에서 보듯이 정부가 신도시를 만들 만한 돈이 없는 게 가장 큰 이유이다. 따라서 이번에 추진하고 있는 2기신도시 중 수도권과 가까운 지역 아파트값은 수년 동안 하락세는 없을 듯하다. 그런 이유 때문에라도 청약저축을 최대한 활용하여 신도시아파트와 보금자리주택을 구입해야 한다.

청약저축의 이점은 또 있다. 정부가 공급하는 영구임대주택, 국민임대주택, 장기전세주택(시프트) 역시 청약저축통장으로 가능하다. 이 경우 시중 전세가보다 약 30% 저렴하게 임대할 수 있으며, 또한 청약자격이 그대로 살아있게 되어 언제든지 공공주택을 분양받을 수 있다. 참고로 2013년까지 보금자리주택을 통해 서울·수도권에 약 100,000호, 2018년까지 장기전세주택을 통해 112,000호의 임대주택 및 전세주택이 공급될 예정이다.

◉ 이런 기회 다시 오기 어렵다

부동산 재테크로 관점을 바꿔서 생각해보자. 〈자료 14〉 청약통장 가입현황을 살펴보기 바란다. 만일 당신이 무주택세대주인 상태로 지낸 지가 5년 이상임에도 불구하고 아직까지 청약저축에 가입하지 않았거나 아직까지 1순위에 들지 않았다면, 앞으로는 부동산으로 돈 벌 생각 안하는 게 좋다. 그만큼 무계획적이거나 무지하다는 얘기일 테고, 다시 올 수 없는 좋은 재테크 기회를 놓칠 수밖에 없기 때문이다. 반대로 만일 청약저축 1순위자라면 당신은 그만큼 행운아이며, 이제까지 기다려온 보람이 있을 것이다.

2009년 12월말 5년 이상 청약저축 장기가입자는 약 10만 명 정도인데, 현재 사전예약 접수중인 수도권 보금자리주택 4대 시범지구의 분양예정 물량만 하더라도 약 4만4천호 정도에 이르며(이중 2009년 물량은 1만4천 가구), 대부분 청약저축 가입자 몫으로 돌아간다. 5년 이상 장기가입자는 1순위권자가 되기 때문에 그만큼 유리하다. 따라서 지역우선배분 물량 등을 감안하더라도, 이번 기회에 잘 고르기만 하면 어렵지 않게 당첨을 기대할 수 있을 것이다. 설령 이번에 당첨되지 않았더라도 장기가입자의 누계당첨확률이 그만큼 높아지기 때문에 그다지 실망할 필요는 없다.

현재 40~50대의 상당수는 지난 80년대 후반~90년대초의 신도시개발 때 청약통장으로 집을 구입해서 넓혀 지금의 부를 이룬 사람들이다. 그러던 것이 외환위기의 터널을 지나오면서 주택공급 계획에 차질이 빚어지고, 덩달아 직업도 불안정해져 불행에 처한 사람들이 3040세대들이다.

그런데 이 불행한 3040세대들에게 다시 한 번 내 집 마련의 기회가 오고 있다. 그것도 서울 도심 한복판이나 수도권 인근의 노른 자리 땅에 무주택서민을 위한 주택공급이 집중되고 있다. 그래서 정부가 주택정책에 호언장담하는 것도 나름 일리 있는 말이다. 물론 정부가 차질 없이 주택공급을 할 수 있겠는가는 의구심이 여전히 남겠지만, 그래도 정부를 믿어야지 누구를 믿겠는가.

이제 당신에게 묻겠다. 무주택서민인 당신, 당첨확률이 희박한 로또복권에는 그렇게 열을 올리면서 왜 아직까지도 청약저축에 가입하지 않았는가. 주식투자에는 열을 올리면서, 청약저축에 대해서는 왜 그렇게 무관심한가?

이쯤 되면 이런 질문이 나올 것이다. 지금이라도 청약저축에 가입해야 하는지에 대해서 말이다. 솔직히 잘 모르겠다. 이미 주택보급률이 100%를 넘어선 상태에서 앞으로 수년 후의 주택공급은 그만큼 불확실하고 불투명하다. 그렇더라도 이제부터라도 가입하는 게 옳다고 확신한다. 여전히 주택공급 정책은 무주택 서민 위주로 돌아갈 것이기 때문이다. 따라서 진정으로 자식들에게 재산을 물려주고 싶다면, 하루라도 빨리 청약통장부터 만드는 일부터 시작해야 할 것이다. 물론 18세 이상 자녀들로서, 주택청약종합저축을 말한다.

느릴 것 같아 보이지만 실제로 가장 빠르고, 가장 확실하고, 또 가장 비용효율적인 재테크수단인 청약통장으로 집 장만하는 것, 이것이 이 시대를 살아가는 가장 현명한 지혜이다.

06

강남과 송파, 그리고 덕소와 하남

집값은 지역에 따라 크게 차이가 난다. 예를 들어 강남지역, 강북지역 등 광역적으로도 집값에 큰 차이를 보일 뿐만 아니라, 같은 강남권이더라도 강남구, 송파구 등 행정구역별로도 차이가 난다. 학군, 입지 및 교통, 편의시설, 주변환경 등 부동산 가격결정 요인이 다르기 때문인데, 이에 따른 지역적 선호도현상은 집값 차별화현상을 더욱 심화시킨다.

부동산 투자를 고려할 때 집값에 결정적인 영향을 미치게 될 요인, 특히 해당 지역별 도시계획을 살펴봐야 한다. 서울, 수도권의 경우 이미 도시계획이 상당 부분 진척되거나 거의 마무리되어 더 이상 살펴볼 필요가 없는 듯 보이지만, 자세히 들여다보면 꼭 그렇지만은 않다. 즉, 재개발·뉴타운사업 등으로 낙후된 도시를 정비하는 도시재생사업이나, 하천정비, 공원화 등 쾌적한 주거환경개선사업이 각 지자체별로 앞다퉈 진행되고 있기 때문이다.

따라서 비록 지금은 열악한 환경의 지역이라 하더라도 장기적인 관점에서 개발의 흐름과 함께 앞으로 집값을 크게 끌어올릴 수 있는 지역내의 주택에 투자하는 것이 보다 바람직하다. 이와는 달리, 개발이 가속화되면서 주거환경이 상대적으로 열악해져 집값이 떨어질 가능성이 있음에 유의해야 한다. 강남과 송파, 덕소와 하남지역을 예로 들어 살펴보자.

● 강남 vs 송파

강남과 송파는 우리나라에서 입지 여건이 가장 뛰어난 지역이다. 두 지역 모두 학군, 교통, 주변환경 등 모든 여건에 있어 나무랄 데가 없다. 그러니 두 지역 집값이 비싼 것은 당연하다. 그럼에도 강남과 송파가 집값에 있어 차이가 나는 이유는 무엇일까?

우선 두 지역 모두 한강을 끼고 있다. 계획도시라 지하철 등의 교통 여건도 뛰어나고 외곽지역으로의 접근성 또한 나무랄 데가 없으며, 학군 등 교육여건은 전국 최고 수준이다. 백화점, 종합병원 등 각종 편의시설도 대부분 들어서 있어 생활여건이 아주 뛰어나며 무엇보다 주변 환경이 매우 쾌적하다.

강남은 대모산과 구룡산이, 송파는 남한산성이 먼발치에서 병풍처럼 둘러서 있다. 또한 강남은 양재천, 송파는 성내천이 거주환경을 더욱더 쾌적하게 해준다. 이렇듯 많은 점에서 강남과 송파는 닮았다.

물론 차이도 있다. 우선 강남은 테헤란로를 중심으로 대단위의 업무시설이 들어서 있다. 이것이 강남구의 재정을 더욱 여유롭게 하여, 이후 강남을 더욱 발전시킨 원동력이 되었다. 이러한 직주근접의 편리성은 강남을 더욱 선호지역으로 만들었으며, 뛰어난 학군과 대치동으로 상징되는 유명 학원가가 강남을 더욱 차별화시켰다.

송파 역시 꿀릴 게 없다. 무엇보다 올림픽공원이라는 최대 규모의 공원이 중심에 자리 잡고 있으니 말이다. 최근 용산이 각광받고 있는 이면에 미군기지 이전에 따른 대규모 공원화가 큰 요인이 된 것에 비춰볼 때, 송파구에서 올림픽공원이 차지하는 가치는 절대적이다. 직장 밀집지역인 강남에 인접하면서도 주거지역으로만 구성된 점이나, 주거환경이 쾌적한 것도 큰 차별적 요소이다.

그럼에도 강남과 송파의 집값에 차이가 나는 이유는 무엇이고, 또 앞으로는 어떻게 될까? 이를 위해서는 먼저 강남개발의 역사에 대해 살펴보자.

강남과 송파는 1970년대 후반부터 시작된 강남개발의 중심지역으로, 이른바 대규모 계획도시 건설에 따라 탄생하였다. 그 결과 강남개발 초기 단계부터 각각 (신사동을 포함한) 압구정동, 잠실지역을 중심으로 발전하여 지금의 중심 상권을 이뤘다. 그럼에도 강남이 송파보다 발전하게 된 이유는 강북과의 접근성 때문이었다. 개발초기에 강남으로 접근하는 다리는 한남대교(당시 제3한강교)와 잠실대교밖에 없었는데, 경부고속도로와의 접근성 등을 고려하여 한남대교를 중심으로 개발의 중심축이 형성되었고 그 결과 강남구와 이웃한 서초구를 중심으로 발전하게 된 것이다.

이에 따라 시간이 흐르면서 한남대교에서 경부고속도로축으로 이어지는 종축과, 테헤란로를 중심으로 한 횡축을 중심으로 대규모 오피스 밀집지역과 상업지역을 형성하게 되었고, 이는 이후의 분당, 평촌신도시까지도 흡수하는 강력한 원인으로 작용했다. 이것이 뛰어난 교육적 환경과 함께 강남 집값을 크게 올린 이유이다.

반면, 송파는 초기 강남개발에서 소외되었다. 송파는 강남이 이처럼 커질 것이라고 미처 예상하지 못하고 단지 강남을 보조하는 선에서 출발했다. 그 결과 송파는 잠실 롯데백화점 주변을 매립하여 잠실주공 장미·미성아파트 등 대규모 아파트단지를 건설하는 선에서 그쳤다. 그때까지만 해도 잠실은 그게 전부였다.

참고로 당시 한강의 물줄기는 지금처럼 반듯하게 흐르지 않고, 오목한 주머니 모양이었다. 지금의 롯데월드나 잠실주공5단지, 장미아파트단지 등은 한강 물줄기였거나 인접한 모래사장이었는데, 당시 정부가 강남개발을 하면서 한강 물줄기를 반듯하게 편 후 이를 매립한 것이다. 지금의 석촌호수가 바로 당시 남겨 놓은 한강의 물줄기 일부이다. 즉, 석촌호수는 옛날 송파나루의 어느 한 나루터였다.

어찌됐거나 송파는 강남개발의 순위에서 밀려 그만큼 개발이 더디게 진행되었으며, 강남개발 압력에 따라 순수 주거밀집지역으로 그 개발이 확대되었다. 그 기폭제가 된 것이 바로 1988년 서울올림픽 개최이다. 올림픽경기장과 올림픽공원이 만들어지고, 올림픽선수촌아파트와 패밀리아파트 등이 들어서면서 송파를 쾌적한 주거지역으로 탈바꿈시켰다. 여기에 더해 최근 남한산성 일대의 군부대를 이전시켜 위례신도시를 건설하고, 문정동 일대 한계농지에 법조단지와 대형 유통단지를 건설하는 등 송파를 더욱 쾌적한 주거·상업 복합지역으로 만들어가고 있다.

한 가지 재미있는 것은, 송파의 경우 강남과 달리 유흥·상업지역을 한 곳에 밀집시켜 주거지역과 철저히 분리시켜 놓았다는 점이다. 즉, 유통지역은 잠실역 인근 롯데타운에, 유흥지역은 신천역과 방이동 일대에 한 곳으로 몰아넣어 주거지역으로서의 안전함과 쾌적성을 극대화시켜 놓았다.

이렇듯 송파가 강남이나 서초와는 달리 초기 강남개발의 우선순위에서 밀리면서 이후 주거밀집지역으로 자리 잡게 된 것이, 오히려 지금의 송파를 더욱 값지게 만든 것은 참으로 아이러니하다. 따라서 제2의 롯데월드 건설이 인근 지역 집값을 올리는 요인으로 작용하겠지만, 주거환경은 나빠질 수도 있다. 더군다나 기존의 경부고속도로 세로축에서 강남역에서 삼성동으로 이어지는 가로축(테헤란로) 중심축이 이동한 점에 비춰봤을 때, 강남과의 접근성 측면에 있어서도 송파가 서초 등 다른 인접지역보다 비교우위에 설 것임이 분명해 보인다. 그만큼 쾌적하고, 완벽하고, 강남 직장과의 접근성이 뛰어난 주거지역은 찾아볼 수 없기 때문이다.

● 역시 교육여건이 관건이다

그런데 한 가지 아쉬움은 남는다. 송파의 가장 큰 문제점 중 하나는 강남처럼 뛰어난 명문중고교가 절대 부족하다는 점이다. 한 예로, 장미·미성아파트에 거주하는 여학생 중 상당수가 송파구라기보다는 강동구에 가까운 영파여고에 배정받아 통학하고 있는데, 실제 이 학교에 다니는 상당수가 강동구에 거주한다. 이런저런 이유로 자녀가 고등학교에 진학할 무렵부터 강남으로 이사하는 것을 고려하는 가구가 상당히 많다고 한다.

참고로 다음 〈자료 15〉는 조선일보(2009년 10월 13일자)에 실린 서울 평준화 고교 중 강남구와 송파구 소재 고등학교의 2009학년도 수능 3개 영역(언어+수리+외국어) 평균합산 성적을 비교한 것이다. 자료에서 알 수 있듯이, 강남과 송파의 고교 수준에 있어 확연한 차이를 보인다.

구 분	강남구	송파구
3개 영역 평균합산	휘문고(1), 영동고(2), 경기여고(5), 은광여고(7), 단대부고(9), 중산고(10), 개포고(12), 숙명여고(13), 중대부고(14), 중동고(15), 경기고(27), 진선여고(29), 구정고(35), 청담고(79), 현대고(81)	창덕여고(20), 보성고(35), 잠신고(45), 잠실여고(46), 정신여고(59), 배명고(64), 가락고(70), 영파여고(83), 영동일고(93)
3개 영역 1등급자 비율	휘문고(1), 영동고(2), 숙명여고(4), 중동고(5), 경기고(7), 개포고(9), 단대부고(10), 은광여고(12), 경기여고(13), 중산고(17), 중대부고(20), 구정고(22), 진선여고(23), 현대고(27), 청담고(28)	창덕여고(19), 보성고(21), 잠신고(46), 잠실여고(47), 정신여고(49), 배명고(50), 가락고(54), 잠실고(55), 영동일고(57), 오금고(59), 방산고(67), 영파여고(72)

*괄호 안의 숫자는 전체 등수이다.

이 지역은 교육의 질을 위협받고 있다. 최근 성내역 인근의 시영아파트 재건축이 끝나면서 학생들이 과밀집이 되어 부득이 이웃한 방이동의 중학교로 배정받는 이들이 늘어나고, 초등학생의 경우에도 한 반에 40명이 넘어 적정인원을 초과하는 사례까지 빚고 있다. 그만큼 더 이상 학교를 세울 땅이 없다는 얘기이다. 위의 자료에서 알 수 있듯이, 강남구보다 고등학교 숫자에서도 모자란다.

사교육 문제 또한 마찬가지다. 현재 이곳의 학원가는 강남 대치동처럼 전문화되어 있지 못하고 종합학원 위주로 형성되어 있다. 이에 따라 초·중학교까지는 이곳 송파 소재의 학원에 다니다가 고등학교부터는 대치동 학원으로 옮기는 경우가 많다. 그 결과 송파 학부모들은 교육과 관련한 정보에 있어 강남 아줌마보다 훨씬 제한적일 수밖에 없다는 점에 불안해하고 있다.

이처럼 송파는 매력적인 면과 불안정한 면이 공존하는 지역이다. 강남중심가에 근접한 최고급 주거지역으로서의 완벽함과 향후 발전성이 큰 지역임에도 불구하고, 아직까지 강남에 비해 상대적으로 열악한 교육환경은 송파가 풀어야 할 숙제이다.

하지만 송파는 여전히 진화중이다. 강남에 비해 나이 어린 청년이지만, 그만큼 발전 가능성이 높으므로 주거아파트로서의 투자를 적극 고려해보는 것도 좋다. 위례신도시 주변의 거여동, 마천동 일대나 문정동 일대, 이웃한 강동 둔촌주공아파트 등을 고려해보는 것은 어떨까? 최근까지 집값이 많이 오른 상태이나 송파개발은 아직도 진행중이기 때문에 다른 지역에 비해 여전히 투자가치가 높다. 강남 재건축 아파트만 쳐다보지 말고 이곳에도 한번쯤 귀 기울여 보는 것은 어떨까?

◉ 덕소 vs 하남

덕소와 하남은 아무리 생각해도 흥미로운 비교 대상이다. 서울 동부의 쾌적한 주거지역으로 새롭게 떠오르고 있는 것은 물론, 강 하나를 사이에 둔 가까운 거리임에도 불구하고 여러 면에서 차이가 난다.

우선, 주거지역으로의 대규모 개발은 덕소가 하남보다 훨씬 앞서 있다. 무슨 이유에서인지는 잘 모르겠지만(만약 하남이 그린벨트 때문이었다면, 이는 덕소 또한 마찬가지다. 그리고 하남이나 덕소 역시 수변구역에 대규모 아파트를 지었으며, 또 지을 예정이다), 덕소는 그 교통상의 불편함에도 불구하고 비교적 일찍부터 도시개발이 이루어졌다. 이곳을 지나치다 보면 마치 강 너머로 거대한 성곽이 둘러 싼 모습이 보이는데, 그곳이 바로 덕소이다. 학창시절 친구들과 논두렁 밭두렁을 지나 차를 타고 한나절을 가야 했던 그런 덕소는 이제 없다.

아마도 덕소를 선호하고 고집하는 사람들 중 상당수는 쾌적함 때문일 것이다. 서울 근처에 그만큼 값도 싸고 공기도 맑은 쾌적한 주거환경을 찾기란 쉽지 않다. 이 때문에 덕소 아파트값은 지난 수년 동안 많이 올랐다. 하지만 최근에는 하락세이다. 2009년 8월말 덕소 아파트 시세는 그곳에서 가장 뛰어난 조망을 자랑하는 쌍용스윗닷홈 107㎡의 경우 약 3.5~4.5억원으로, 서울 노원구 중계동, 일산 신도시 아파트 시세와 거의 비슷하게 형성되어 있다. 이웃 남양주시의 다른 지역과 비교할 때 꽤 높은 가격이다.

이처럼 덕소에 대규모의 아파트가 건설되고, 아파트값이 크게 오른 이유는 한강변이라는 아름다운 조망과 쾌적한 환경이 큰 요인으로 작용했다. 즉, 아직까지도 서울 도심부로의 접근성이 열악하고 각종 편의시설이 크게 부족함에도 불구하고 덕소는 그 환경적 희소성으로 이를 만회해왔다. 하지만 여기에 강력한 비교대상이 나타났다. 덕소 맞은편으로 최근 건설중인 하남이다. 쾌적함에 더해 편리한 교통 여건까지 갖추었으니 당장에 비교가 되는 것은 당연한 일이다.

알다시피 하남은 사통팔달의 교통요지이다. 중부고속도로와 곧바로 연결되며, 외곽순환고속도로와 올림픽대로와도 바로 연결된다. 최근 개통된 서울~춘천간 고속도로의 시발점이기도 하다. 또한 하남신도시 개발과 함께 지하철 7호선이 이곳까지 연장될 것임이 분명하다.

이렇듯 하남은 서울에 인접하여 유일하게 남아 있는 신도시이며, 한강변을 끼고 있는 쾌적한 수변도시이며, 서울 강남 중심부와의 접근성이 뛰어난 지역이다. 그리고 그 중심에 미사신도시가 있다. 이 경우 송파처럼 학교를 지을 땅이 없어서 고민할 필요도 없다. 최고급 여건을 마련하여 널찍하게 학교를 지을 수 있다.

반면, 덕소는 어떠한가? 우선 교통의 불편함은 이루 말할 수가 없다. 특히 강남으로의 접근성이 좋지 않다. 최근 전철이 복선화되었다지만, 강남으로 직접 연결되지 않고 강북을 한참 경유해서 들어와야 한다. 버스노선도 마찬가지다. 강남역과 잠실역을 경유하는 노선이 있지만, 이 또한 제한적이다. 덕소 시내를 관통하는 도로 여건 또한 열악하다. 구불구불하게 난 왕복 2차선 옛날도로를 확장 못해 모든 지역에서 하루 종일 정체된다.

무엇보다 주말에는 섬처럼 변한다. 강원도나 동해안으로 떠나는 차량에 갇혀 덕소는 오도 가도 못한다. 아침 시간에는 떠나는 행렬, 오후 시간에는 돌아오는 행렬 때문에 하루 종일 몸살을 앓기 때문에 그곳에 사는 사람들은 안에서 모든 것을 해결해야 한다. 이마트 등 대형 할인점이 속속 들어설 채비를 하는 것이 이를 반증한다.

교육환경이야 지금은 덕소가 하남보다 다소 뛰어나지만, 이 역시 시간이 흐르면서 달라질 것이다. 그만큼 하남이 도시개발시설이 들어설 여유 공간이 많다는 뜻이며, 무엇보다 하남은 한강의 남쪽이다. 즉, 강남권에 한 다리 건너 인접하여 있는 지역이다.

◉ 신도시 프리미엄 효과

이 모든 것을 고려할 경우, 앞으로 하남이 덕소보다 발전할 것은 쉽게 미루어 짐작할 수 있다. 무엇보다도 하남은 말 그대로 신도시개발로 건설되는 계획도시이다. 하남신도시는 도시계획에 의해 모든 기반시설이나 편의시설이 완벽하게 함께 구축될 것이다. 뛰어난 입지여건에 더해 완벽한 기반시설까지 갖춘다면 분당신도시 등에 결코 뒤지지 않는 명품 도시로 재탄생될 수 있다. 특히 이명박 정부의 향후 수도권 도시계획의 축이 기존의 경부축에서 동부축, 서부축 등으로 다핵화될 전망이다.

이상의 두 지역을 비교해보면서 우리가 생각해야 할 것이 있다. 특히 거주목적으로의 아파트 투자를 고려할 경우, 최소 5년을 내다보고 생각해야 한다. 학군, 교통, 편의시설, 주변환경 등 집값을 결정하는 입지여건이 시간의 흐름을 두고 크게 달라질 수 있기 때문이다. 예를 들어 같은 강남권이더라도 송파의 경우에는 아직도 도시개발이 활발히 진행되는 과정이어서, 그만큼 입지여건이 좋아질 가능성이 높다. 하남은 말할 나위 없다.

이는 도시의 성장과정을 살펴볼 경우에도 그렇다. 일단은 행정구역도 도시로 생각하고 살펴보자. 성장이 멈추고 쇠퇴기나 천이기의 사이클에 있는 도시보다 성장기의 집값이 더 높을 것은 확실하기 때문이다. 특히 하남처럼 도시가 새롭게 생겨나고 대규모의 계획도시로 탄생하는 경우에는 개발과 함께 집값의 내재가치도 그만큼 커질 것은 분명하다.

5년 전으로 돌아가서 한 번 생각해보자. 2005년 무렵 덕소의 아파트 시세는 지금보다 높았다. 반면 하남 신도시가 들어설 지역 땅값이나 재개발 지분가격은 낮았다. 개발소문은 있었지만 구체적인 개발계획은 나오지 않았기 때문이다. 이 경우라면 덕소아파트를 구입하기보다는, 차라리 전세를 살면서 한 5년 앞을 내다보고 하남지역에 과감하게 투자하는 것이 더 나은 처사였다.

이는 현재 덕소에 사는 필자의 친구에게 직접 권했던 투자방법이다. 그러나 투자를 주저한 그 친구는 지금의 집값으로는 서울로 들어오기도, 또 교육문제 때문에 그곳에 그대로 머물러 살기도 애매모호한 상태에 놓여 있다.

부동산 투자시 고려해야 할 사항

입지선정에 앞서 목표 투자기간부터 정한다.

사례 1 전원주택 투자를 고려하는 K씨

질문 : 물 좋고 정자 좋은 전원주택지 어디 없나요? 물론 땅값도 많이 올라야 하고요.

답변 : 글쎄요!(그렇게 좋은 땅 있으면 내가 사지, 남 주나?)

사례 2 아파트 투자를 기대하는 L부인

질문 : 투자목적으로 아파트를 사려는데, 어디가 좋아요?

답변 : 투자금액과 투자기간은 어느 정도인가요? 목표하는 기대수익률은 어느 정
　　　 도인가요?

질문 : 그런 생각해본 적 없어요. 그냥 어디가 좋은지만 알려주세요.

답변 : …….

이 글을 읽고 있는 여러분이 한 번이라도 투자자의 입장에 있었다면, 위의 두 질문이 혹시 귀에 익지 않는가? 두 사례 모두 필자가 자주 접하는 질문이다. 이 같은 질문을 받을 때마다 솔직히 당혹감이 앞선다. 질문의 순서가 틀린 것은 물론, 본질과도 다소 동떨어진 질문이기 때문이다.

먼저 첫 번째 질문의 경우, 자신이 거주할 목적으로 물 좋고 정자 좋은 뛰어난 입지 여건을 지닌 전원주택 부지를 원하는 것인지, 아니면 그저 단순히 앞으로 땅값이 오를 것 같은 전원주택 부지를 사놓는 재테크 차원의 투자인지가 불분명하다.

◉ 투자목적부터 명확히 하라

경치 좋은 전원주택 부지는 공급이 한정된 관계로 그야말로 부르는 것이 값인, 다시 말해 호가가 곧 거래가가 되는 공급 비탄력적인 재화이다. 다소 억지스러운 비유이지만, 가령 쇠고기는 같은 등심이더라도 부위별로 가격이 천차만별이다. 우선 한우와 육우의 가격이 다르고, 꽃등심과 일반 등심이 다르고, A+등급과 B등급의 가격이 제각각 다르다.

전원주택지 또한 이와 별반 다르지 않다. 예를 들어, 양평 최고의 전원주택지인 대심리 강가 전원주택(전원주택부지)은 대부분이 대기업 최고위층이나 고소득 전문가의 소유이다. 거래도 잘 일어나지 않다. 따라서 항상 대기수요가 존재하는 지역으로, 시세 역시 일정치가 않다.

그런데 이 전원주택의 추가상승 여력이 얼마만큼 될까? 이 지역 땅값은 이미 오를 대로 올라 사실상의 추가 상승 여력은 그다지 높지 않다. 왜냐하면 자원이 한정되어 그만큼 희소성이 높아 일찍부터 선호된 지역으로, 그 결과 대부분이 선점되어 이미 내재가치가 거의 다 반영되었기 때문이다. 마치 한남동이나 평창동 부자 동네처럼 말이다.

물론 주변을 잘 살펴보면 얼핏 볼품없어 보이지만, 가꾸고 다듬기에 따라서 보석처럼 빛을 발할 땅이 아직도 많이 있다. 그런 땅을 잘 찾아 가꾼다면 기대 이상의 투자수익을 얻는 부수효과도 바랄 수 있다. 실제 전원주택지에 투자하여 기대 이상의 투자수익을 올린 상당수의 사람들은 농지·산지내의 땅을 사서 이를 대지로 바꾸는 등으로 용도변경, 형질변경을 하여 땅의 가치를 올린 경우이다. 이런 노력 없이 살기에도 좋고 투자가치도 높은 땅을 찾아 달라는 것은 아무리 생각해도 '어불성설'이다. 그런 눈 먼 땅이 자신의 차지가 될 것이라는 생각은 지나친 욕심이다. 나한테 금(金)인 것은, 남에게도 금이기 때문이다. 무엇보다 투자목적을 명확히 하는 것, 이것이 부동산 투자의 첫 번째 고려사항이다.

◎ 투자대상 선정에 앞서 투자기간부터 정하라

투자기간과 기대수익률을 고려하는 것 역시 중요하다. 즉, 투자대상을 선정함에 앞서 목표한 기대수익률과 적정 투자기간을 우선적으로 고려해야 한다. 특히 투자하고자 하는 기간이 어느 정도냐에 따라 선택할 수 있는 투자대상이 달라지고, 감수해야 할 위험의 정도와 기대되는 수익률이 달라지기 때문이다.

예를 들어, 강남지역의 재건축 아파트 투자를 고려할 때, 일반적으로 대출 레버리지를 활용하여 아파트를 매입하는 경우가 많다. 그만큼 가격이 비싸 구입 자금 전체를 한꺼번에 만들기가 어렵기 때문이다. 이 경우 다음과 같은 문제가 생길 수 있다.

우선, 강남 재건축 아파트값이 2006년 고점 당시의 가격 수준으로 회복하였고 최근 부동산경기 과열로 정부가 금리인상 카드를 언제든지 빼들 수 있는 시점에서, 자칫 추가 상승여력만을 믿고 투자하면 어떤 결과를 가져올까? 물론 거주목적으로 구입한 경우에야 그다지 문제될 것이 없지만, 투자목적으로 구입했다면 적어도 2년 이상은 되팔지 않고 소유하고 있어야 하므로 2년 이후 아파트값의 상승 여부를 충분히 고려해야 한다.

지난 2000년 이후의 우리나라 집값 등락을 살펴보면 대략 2년 터울로 상승과 하락, 즉 고점과 저점이 반복되는 패턴을 보이고 있다. 이는 당시의 경제상황에 따라 정부의 부동산대책과 금융정책이 반복되면서 나타나는 현상이다. 따라서 지난 2007년부터 시작된 세계 경제위기와 이에 따른 우리나라의 경제침체를 충분히 감안하더라도, 그 진폭의 정도가 보다 클 뿐이지 앞으로의 일정 시점 이후에는 집값이 하락세로 접어들 수 있다. 문제는 그 시기가 생각보다 빨라져, 경우에 따라서는 2년 이내에 현실로 닥칠 수도 있다는 것이다. 그렇게 되면 되팔기도, 그냥 갖고 있기도 곤란한 상황을 맞이할 수도 있다.

따라서 지금 시점에서 투자목적으로 강남 재건축 아파트 구입을 검토한다면 구입기간을 두 가지 관점에서 놓고 살펴야 한다. 만일 2~3년 정도의 단기투자를 고려한다면 지금 시점이 아니라 앞으로 있을 집값 하락기의 한 시점을 택해 잡아야 한다. 5년 이상의 장기투자를 검토한다면 투자시점에 크게 관계될 것 없겠지만, 투자수익률을 충분히 고려한 후에 결정해야 한다.

◎ 개략적이더라도 기대수익률을 가늠하라

대부분의 투자자가 실패하는 이유는 기대수익률을 예상하고 있지 않기 때문이다. 그들은 집값이 한창 오를 때 동조화 심리가 발동하여 상투를 잡고, 집값이 한창 내려갈 때 조바심을 내며 급하게 던져버린다. 재미있는 사실은, 투자대상이 이미 내재가치를 상당 부분 반영한 상태의 집값 시세인지, 반대로 집값은 큰 폭으로 올랐지만 이후의 추가상승 여력이 남아 있는지에 대한 개략적인 가늠도 하지 않고 투자하는 경우가 상당하다는 점이다.

부동산 투자에 있어 투자수익률을 정확히 산정해내기란 어려운 일이다. 필자가 의도하는 건 어디까지나 개략적인 가늠만을 말한다. 예를 들어 3년 투자수익률이 앞으로 3년 평균이자율에 예상되는 물가상승률을 더한 만큼이라는 것만 알면 된다. 예를 들어 1억원을 3년간 투자할 경우 3년 후의 집값은 1억3천만원, 즉 3년 투자수익률 30%(1년 기대수익률 약 10%로, 복리개념은 고려하지 않을 경우)를 기대할 수 있어야 한다. 이렇게 개략적이나마 생각해보고 투자한 적이 있는가?

아무것도 아닌 것 같지만 실제 그 차이가 엄청나다. 왜냐하면 기대수익률에 따라 투자대상이 확연히 달라지기 때문이다. 즉, 목표 투자기간과 기대수익률만 조합하더라도 투자대상이 달라지기 때문에 이것을 먼저 결정한 후에 투자대상을 살펴봐야 한다.

만일 높은 투자수익률을 기대한다면 먼저 장기투자할 것을 고려한 후, 향후 개발 사업에 따른 용도변경 가능성이 높은 농지·산지 등에 대한 투자를 검토해야 한다. 반대로 단기투자를 생각한다면 투자기간을 정한 후 그 기간 동안 투자가치가 높을 것으로 판단되는 분양권이라든지, 또는 특정 지역내의 미분양 아파트 투자를 검토하여 기대수익률을 높여야 한다. 이것이 부동산 투자시에 고려할 중요한 사안이다. 구체적인 투자대상은 그 다음에 고려해도 늦지 않다.

얼핏 생각하면 투자대상, 투자기간, 또는 기대수익률을 잡는 것이 다 비슷비슷해 보인다. 하지만 그 결과에는 큰 차이가 난다. 투자에 앞서 닭이 먼저냐, 달걀이 먼저냐를 논하는 것이 부동산 투자시 고려해야 할 가장 중요한 사항이기 때문이다.

정부는 2009년 12월 10일 '2010년 경제정책 방향'을 발표했다. 이는 크게 '위기극복'과 '성장기반 확충'이라는 두 개의 축을 중심으로 전개되는데, 그중 부동산과 관련한 주요 내용은 다음과 같다.

우선 경기회복의 흐름을 놓치지 않도록 현재의 확장정책 기조가 유지된다. 2010년 상반기에 재정의 60%가 조기 집행되고, 금융정책도 당분간 완화기조가 유지된다. 가계부문에서는 급증하는 가계부채를 줄이기 위해 CD금리 중심의 주택담보대출금리 산정 방식 대신 장기·고정금리 주택담보대출이 활성화된다. 부동산시장 안정을 위해 LTV·DTI 등 대출규제 정책은 그대로 유지하기로 했다. 또 대폭 풀리는 토지보상금에 대해서는 부동산으로 다시 흘러들어가는 것을 막기 위해 대토나 채권보상을 활성화하는 등 관리를 강화키로 했다. 2010년 한해 보금자리주택 18만호가 공급될 예정이며, 이를 위해 수도권 그린벨트내 지구를 추가 지정할 방침이다. 저소득층 주거안정을 위한 공공임대주택은 수도권의 경우 50%를 철거민 세입자에게 공급키로 했다.

위 내용을 바탕으로 우리가 미루어 생각해볼 수 있는 것은 다음과 같다.

1 LTV·DTI 등의 대출규제 정책이 집값을 안정시킬 수 있을까?

DTI규제 등으로 주택담보대출의 증가세를 떨어뜨릴 수 있다는 생각은 착각이다. 국민 대다수가 현재 집값이 너무 오른 상태라는 것을 인정하면서도, 한편으로는 이번이 주택을 장만할 마지막 기회가 될지도 모른다는 생각을 여전히 하고 있기 때문이다. 그렇기 때문에 분양시장이 과열되는 것이다. 즉, DTI규제에 적용받지 않는 이유뿐만 아니라, 정부가 보금자리주택을 시세보다 할인가격으로 공급하는 등으로 인한 뭔지 모를 기대심리가 작용하기 때문에 분양시장으로 몰리고 있다. 이것이 앞으로도 한동안 집값이 하락하지 않고 오를 수가 있다는 근거이다. 결국, 지금 같은 부동산 시장에 영향을 주는 것은 상당 부분 '투자심리'에 달려 있다.

2 2010년에 토지보상으로 풀리는 돈은 6~7조원 규모로, 이것이 부동산을 불안하게 만든다?

정부가 한꺼번에 풀린 토지보상금으로 부동산 시장이 불안해지는 것을 막기 위해 대토나 채권보상을 활성화한다는 것은 그만큼 '정부가 돈이 없다'는 뜻으로도 해석할 수 있다. 따라서 정부나 지자체가 추진하는 주택사업 중 상당수가 그 추진이 지연될 수 있으며, 특히 재개발·뉴타운에 투자를 고려할 경우 이를 잘 살펴야 한다.

3 한국은행이 2010년 1분기께 기준금리를 인상할 뜻을 내비쳤는데?

이는 국내외 경기회복을 감안해 선제적으로 금리인상, 즉 '출구전략'을 시행해야 한다는 입장을 우회적으로 표현한 것이지만, 어디까지나 소폭의 일회성으로 그칠 확률이 높다. 아직까지 불확실성은 여전히 존재하며, 소폭으로 올려놓고 언론플레이를 구사할 가능성이 높다. 이 경우 생각보다 부동산에 미치는 영향력이 적을 수 있으며, 이 때문에 집값 하락을 우려해 미리부터 주택을 처분하는 것은 뒤늦은 후회를 불러올 수도 있다.

4 보금자리주택 공급이 집값에 미치는 영향은?

정부는 다른 어느 것보다 보금자리주택 공급에 열을 올릴 것이다. 이것이 현 정부의 주택정책에 있어 가장 큰 공과가 될 것임은 분명하기 때문이다. 따라서 2010년은 보금자리주택에 청약하여 주택을 장만할 가장 큰 기회이다.

일각에서 말하는 것처럼 보금자리주택의 공급이 집값의 하락요인으로 작용할 수 있다는 것이 아니라, 이 때문에 상대적으로 일반주택을 구입하는 것이 바보짓 아니냐는 심리가 작용하여 이들 주택으로부터의 관심이 멀어진 요인으로 작용하는 것이다. 아무튼 보금자리주택의 공급에는 현 정부의 이러한 고도의 심리전술도 한몫 작용하는데, 이것이 과연 2010년에도 통할 것인지는 두고 볼 일이다.

5 2010년 바람직한 부동산의 방향성은?

개인은 가계 빚을 적정 수준으로 낮추는 한편, 다주택자의 경우에는 이를 우량자산(똑똑한 집)으로 조정해야 하는 시기이다. 지금 같은 적기가 다시 오기 어려울 듯싶기 때문이다. 즉, 처분할 것은 처분하고 갈아탈 것은 갈아타는 등으로 하여 가계의 구조조정이 필요한 때이다. 물론 과도한 레버리지를 낮추어 미래에 닥칠지 모르는 금리인상에 따른 위험에 대비해야 한다. 국가적으로는 자산가격의 하락, 즉 부동산 가격의 연착륙을 꾀해야 할 시기이다. 어떤 이유에서든 부동산을 경기부양책으로 동원해서는 안 되는데, 2009년 상반기에 이를 통해 자산가격 급등을 일으킨 게 지금 발목을 잡고 있는 것이다. 정부의 '2010년 부동산 정책 방향' 을 종합해볼 때, 그러한 방향으로 진행되기 쉽지 않을 것으로 보인다.

PART 2

투자심리의 경제학

부동산 투자는 과학이 아니다. 어떠한 과학적 접근방식도 용인되지 못한다.
과학에는 가설이 존재하지 않으나, 부동산 투자에는 가설만이 난무하다.
때문에 아무도 앞으로 일어날 일들을 장담할 수 없다.
따라서 우리는 이제까지의 선험적 사례로 나타난 결과만을 믿고 의지할 수밖에 없다.

부동산 투자는 과학이 아니다

사람들은 이제 스스로 리스크 매니저가 되어야 한다. 우리는 알고 있는 것보다 훨씬 더 많은 리스크를 강요받거나 선택하며 살아가고 있다. 그리고 그 결과는 온전히 투자자의 몫으로 남는다.

부동산 투자는 과학이 아니다. 어떠한 과학적 접근방식도 용인되지 못한다. 과학에는 가설이 존재하지 않으나, 부동산 투자에는 가설만이 난무하다. 때문에 아무도 앞으로 일어날 일들을 장담할 수 없다. 따라서 우리는 이제까지의 선험적 사례로 나타난 결과만을 믿고 의지할 수밖에 없다.

그렇더라도 판단의 잣대는 여전히 필요하다. 막연히 그럴 것이라는 단순한 추측은 곤란하다. 만일 그것이 정량적(定量的)인 것이라면 이를 계량화하여 가늠할 수 있어야 하고, 정성적(定性的)인 것이라면 다수의 공감을 얻어야 한다. 그런데 부동산 투자의 경우에는 정량적 요인보다는 정성적 요인에 의해 크게 좌우되는 경우가 대부분이다. 정부정책이 그렇고, 투자심리도 그러하다. 경제의 흐름도 금융공학적으로 계량화·도식화하여 판단을 내릴 수가 없다.

그런데도 이러한 논리가 여전히 우리를 지배하고 있다. 시중에 깔린 서적을 들여다봐도 여전히 알아듣지도 이해하지도 못하는 자료와 차트만 잔뜩 들이대며 겁주고, 신문은 신문대로 '오늘은 맑음, 내일은 흐림' 하면서 우리네

소심한 가슴을 쥐락펴락하고 있다. 전문가들도 마찬가지이다. 부동산 투자는 과학적으로 접근해야 합네, 일정한 법칙에 따라 움직입네, 나만이 알고 있는 노하우를 알려줌네 하면서 우리를 끊임없이 유혹하고 있다.

그러나 모두 다 결론 없는 소모전일 뿐이다. 판단과 결정과 결과는 전적으로 투자자 개인 몫이다. 그리고 이는 투자심리에 크게 좌우된다. 부동산은 생물이고 여전히 가변적이며, 사람의 마음에 크게 좌우되기 때문이다. 이렇듯 우리는 투자의 심리학적 접근이 어느 때보다도 중요한 시기를 살아가고 있다. 지금은 통념보다는 시대의 흐름을 꿰뚫는 통찰력, 계량경제학적 사고보다는 행동경제학적 사고가 요구되는 시대이다.

부동산 투자, 이제 투자의 심리학에 길을 물어야 할 때이다. ▪

01

죄수의 딜레마,
투자심리의 경제학

부동산 투기 심리와 풍부한 유동성은 동반 상승하여 거품(집값 급등)을 유발한다. 이후 거품이 한순간에 꺼지는, 다시 말해 부동산값이 일시에 폭락하는 현상을 경제학의 이론을 빌어 설명가능하며, 이는 '죄수의 딜레마' 이론을 통해 설명할 수 있다.

◉ 죄수의 딜레마, 불합리성의 동조화현상

'죄수의 딜레마(Prisoner's Dilemma)'는 게임이론의 유명한 사례로, 협력을 통해 서로 이익이 되는 상황이 아닌 더욱 불리한 상황을 선택하는 문제가 발생된다는 것을 보여준다. 상황은 다음과 같다.

구 분	A가 자백	A가 부인
B가 자백	2명 모두 중죄	B는 가벼운 죄, A는 중죄
B가 부인	A는 가벼운 죄, B는 중죄	2명 모두 석방

두 명의 용의자가 체포되어 서로 다른 취조실에서 격리되어 심문을 받으며, 이때 서로 간의 의사소통은 불가능하다. 이들에게는 자백 여부에 따라 다음의 선택이 가능하다.

선택 ❶ 둘 중 하나가 배신하여 죄를 자백하면 자백한 사람은 가벼운 죄를 받고, 나머지 한 명은 중죄를 받는다.

선택 ❷ 서로를 배신하여 죄를 자백하면 둘 다 중죄를 받는다.

선택 ❸ 둘 모두 죄를 자백하지 않으면 둘 다 석방된다.

위의 경우 둘 다 계속해서 묵비권을 행사하면 두 명 모두 석방된다. 이것이 둘 모두에게 있어서 가장 좋은 결과이다. 그러나 공범자가 자수해버리면 자신의 죄가 무거워지고 자신이 먼저 자백하면 공범자보다는 형이 가벼워진다고 생각하면서 결국 두 명 모두 자백한다. 두 명이 마지막까지 부인하면 석방됨에도 불구하고, 가장 좋은 결과를 달성할 수 없는 것이 이러한 심리 때문이다.

'죄수의 딜레마' 이론은 공동으로 행동하면 함께 득을 보는데도 서로 믿지 못하여 손해를 보는 결과를 선택할 수밖에 없다는 것을 보여준다. 인간행동의 불합리성을 강조한 측면에서 행동경제학적 관점과 일치하는데, 이를 "왜 부동산값에 낀 거품이 일시에 빠지는가"에 적용해보자.

예를 들어 강남 33평형 아파트 시세가 최근 수개월 동안 5억원에서 10억원으로 껑충 뛰었다 가정해보자. 이제 아파트를 사서 재미를 본 투자자들은 매도시점을 생각하면서 주변 눈치를 보기 시작한다. 부동산값의 대세 하락 시점에서 집을 소유한 투자자들은 상대가 먼저 가격을 낮추어서 팔 경우 자신의 매도기회가 없어지지 않을까 걱정하게 된다. 그 결과 투자자 스스로가 먼저 가격을 내려 시장에 내놓게 되고, 이어서 다른 투자자들도 계속해서 가격을 낮춰 물건을 시장에 내놓게 된다. 그 결과 가격은 계속 하락하며, 투자자 모두가 원하든, 원치 않든 가격경쟁이라는 결과를 초래하며 결국 집값 폭락으로 이어진다.

'죄수의 딜레마' 이론은 과점기업 간에 가격담합이 깨지는 과정이나 과거 홍익대의 미대입시 실기 폐지가 다른 대학으로까지 확산되는 과정을 잘 설명해주는데, 두 경우 모두 당사자들 간의 이해에 배치된다. 위에 든 예는 다소 논리전개에 무리가 따르지만, 어쨌든 개인의 합리성이 전체의 불합리성으로 나타나는 상황을 설명하는 데 요긴하다. 허버트 사이먼(Herbert Simon)은 "사람들이 언제나 옳게 행동하지는 않는다"는 인식의 오류 가능성을 '제한된 합리성(bounded rationality)' 이란 용어로 설명한다.

◉ 성공 투자자는 확신을 갖고 투자하는 사람들이다

투자게임에서 지속적으로 이기는 소수의 투자자들과 평범한 결과를 내는 다수의 투자자들을 비교해보면 상당 부분 차이가 난다. 이 두 투자자들 사이의 차이점은 무엇일까? 주변을 돌아보면 투자에 실패한 사람들 중 상당수의 사람들이 우리 사회에서 가장 똑똑하고 가장 많이 배운 사람들이다. 이는 지식이나 경험이 투자의 성패에 결정적인 역할을 하지 못한다는 것을 확인시킨다.

최고투자자가 일반투자자들과 결정적으로 다른 점은 그들의 사고력이 남다르다는 점이다. 그들은 원칙적이면서 집중적이고, 무엇보다도 어려운 여건 속에서도 확신을 갖고 생각한다. 또한 위험을 완벽하게 받아들일 줄 아는데, 그 중심적인 사고가 바로 '객관적 사고'이다.

시장(투자시장)에 대한 생각 역시 일반투자자들과 그들의 생각은 다르다. 시장(투자시장)에 대한 생각 역시 일반투자자들과는 다르다. 즉, 시장은 끊임없이 움직이면서 정보를 생산해낸다. 이러한 시장의 움직임과 이를 통해 생성되는 정보는 투자자에게 많은 투자기회를 제공해주지만, 그 이상도 이하도 아니다. 시장은 그만큼 가치중립적이기 때문이다. 오히려 시장을 왜곡하는 것은 투자에 대한 그릇된 태도와 시각을 가진 투자자들이지 시장 자체가 아니다.

따라서 이에 따른 결과는 전적으로 투자자 개인 몫으로 남는다. 이것이 최고투자자가 시장을 바라보는 시각이다. 따라서 '잘못된 투자 태도와 시각'이 시장을 왜곡하며, 이에 따른 결과는 전적으로 투자자 개인 몫으로 남는다. 이것이 최고투자자가 시장을 바라보는 시각이다.

◉ 성공 투자자처럼 객관적으로 사고하고 행동하라

성공한 투자자는 실패를 두려워하지 않고 무분별한 행동을 하지 않는다. 그 결과 그들은 지속적인 성과를 낸다. 일반투자자가 지속적인 성공을 이루고 싶다면 최고 투자자처럼 사고하고 행동해야 한다. 하지만 현실은 이와는 반대이다. 그들은 최고 투자자처럼 생각하는 방법을 배우기보다는 시장에 대해 더 잘 알면 더 큰 돈을 벌 수 있다고 믿는다. 우리가 손실을 입고, 지속적인 성과를 내지 못하는 이유가 단지 시장을 몰라서라고 단정하면서.

이는 잘못된 생각이다. 투자기술이나 시장에 대한 지식이 부족해서 투자 손실을 입는 것이 아니라, 손실을 낼까봐 두려워하는 태도와 마음, 그리고 그로 인해서 무분별하게 수시로 변하는 경향 때문에 손실을 입는 것이다. 지속적인 성과를 낼 수 있느냐의 여부는 시장이 아닌 투자자의 마음에 달렸으므로 투자세계에서 좋은 결과를 내기 위해서는 뛰어난 분석이나 기술보다는 올바른 태도가 더 중요하다. 다시 말해 객관적 사고를 견지하는 태도이다. 《투자, 심리학에서 길을 찾다》의 저자 마크 더글러스는 "객관적 태도는 시장의 변덕스러운 움직임을 두려워하지 않으며, 두려움을 안겨주는 정보에 집중하지 않고, 그 대신 높은 수익을 잡는 데 유용한 정보에만 집중하는 것이다"라고 정의했다.

투자에 있어서, 우리가 합리적이라 여기는 것들은 때론 합리적이지 않다. 적어도 경험, 지식 등 우리가 시장과 투자에 대해 잘 알고 있다는 것들에 관해선 그렇다. 왜냐하면 시장 자체에 문제가 있는 게 아니라, 이를 바라보는 마음에 문제가 있기 때문이다. 때문에 적어도 투자심리에 관해서는 합리성의 반대는 비합리성이 아니라, 객관적 사고를 견지하는 태도이다. 이를 증명하기 위해 《투자, 심리학에서 길을 찾다》의 저자 마크 더글러스의 책 내용 중 일부를 인용한다. 그의 말처럼 혹시 이런 시나리오가 낯익지는 않는가?

당신이 투자를 머뭇거리는 동안 시장은 계속해서 움직인다. 불행하게도 시장은 당신이 원래 진입해야 했던 시점, 즉 당신이 머뭇거리지만 않았더라면 투자를 시작했을 시점으로부터 멀리 떨어져 움직이고 있다. 이제 당신의 갈등은 커진다. 그 이유는 당신이 계속 시장에 들어가고 싶기 때문이다. 이길 수 있는 기회를 놓쳐 버릴지 모른다는 생각은 고통스럽다. 이와 동시에 시장이 당신의 진입 시점으로부터 멀어지면서 지금 시장에 들어가는 데 따른 위험 부담이 커져 보인다. 당신의 머릿속에 이와 같은 갈등이 점점 커진다. 이번 기회를 놓치고 싶지 않지만 그렇다고 또다시 실패하고 싶지도 않다. 그러다가 당신은 궁극적으로 아무것도 하지 못한다. 당신은 이제 시장을 좇는 것은 너무 위험하다고 자위하면서 아무 일도 하지 못한 자신의 행동을 정당화시킨다. 그러면서도 시장의 움직임을 보아하니 자신이 머뭇거리지만 않았으면 큰 수익을 올릴 수 있었는데 그렇게 못한 것을 괴로워한다. 마크 더글러스, 《투자, 심리학에서 길을 찾다》

02

부동산 거품은
왜 끼는 것일까

◉ 투자행위가 모두 합리적이지는 않다

기존의 주류경제학에서는 사람은 합리적인 계산이나 추론에 따라 행동을 결정한다고 보았다. 그러나 오늘날의 경제학에서는 감정이나 직감도 중요한 역할을 담당하고 있다는 사실을 밝혀냈다. 이것이 바로 행동경제학의 핵심이다. "인간은 완고하지만 잘못도 범하며, 인정이나 감정에 휩싸인다"는 것이 그것이다. 이는 행동경제학으로 2002년 노벨경제학상을 수상한 미국 프린스턴 대학의 다니엘 카너만 교수의 말이다.

행동경제학적 관점에서 보면 "주식, 부동산 투자도 마지막 결정은 직감에 따른다"거나, "경기가 좋고 나쁨도 경제지표가 아니라 피부로 느낀다"거나, "계획적으로 저축을 하면 굳이 연금에 기대지 않고 멋진 노후를 즐길 수 있건만, 막상 마음에 드는 물건을 보면 충동구매를 해버리고 만다"거나 하는 사람의 비합리적 행위가 보다 쉽게 설명된다. 일본의 경제학자 다다 요스케 교수의 명저 《행동경제학의 입문》 중 일부를 인용하면 왜 주식과 부동산에 거품이 끼는지를 보다 명확히 설명할 수 있다.

주가가 한 번 오르기 시작하면 계속 오르는 경향이 있다고 사람들은 일반적으로 생각한다. 행동경제학에서는 주식시장의 이 같은 경향을 투자자들의 지나친 자신감과 군중심리를 이용해 설명한다. 자신이 산 주식의 가격이 오르기 시작하면 투자자들은 자신의 분석과 예측이 증명된 것으로 생각하고, 자신의 판단 능력을 과신하게 된다. 그 결과 자신이 선택한 주식을 매입한 투자자는 주가가 하락하는 상황에서도 '일시적인 하락'이라는 합리화를 멈추지 않는다. 주가를 움직이는 주변 정세보다는 자신의 판단을 믿으며 '괜찮다'고 스스로 최면을 거는 것이다. 또 이웃이 어떤 주식을 사서 돈을 번 것을 알게 되면 자신도 똑같은 주식을 사면 돈을 벌지 모른다는 생각을 갖고, 값이 이미 많이 오른 주식을 사들이는 사람들도 생겨난다. 바로 군중심리 때문이다. 이처럼 지나친 자신감과 군중심리가 팽배하면 한 번 가격이 오르기 시작한 주가는 계속 오르고, 주가가 지나치게 올랐다는 것을 모든 사람이 인식할 쯤에는 주가가 큰 폭으로 하락하게 된다. 다다 요스케, 《행동경제학의 입문》

위 내용을 부동산으로 바꿔보면 부동산값에 왜 거품이 끼고, 부동산값이 왜 주기적으로 폭락하는가에 대한 설명이 가능해진다. 경제상황이 좋을 때 사람들은 지나치게 낙관적이 되어 경제를 과열 상태로 몰고 가는 경향이 있으며, 군중심리는 이 같은 경향을 더욱 부추긴다. 그리고 이는 거품이 되어 언젠가는 터지고 만다. 따라서 "부동산값이 한 번 오르기 시작하면 왜 계속 오르는가”나 “왜 부동산값에 거품이 생기는가” 등은 인간의 비합리성에 주목한 행위경제학으로 설명된다.

중요한 것은 거품이 왜, 어떤 이유로 끼는가가 아니다. 거품발생으로 인한 피해가 언제나 군중심리에 사로잡혀 막차를 타는 개미들 몫이라는 사실이 더 중요하다. 그리고 이는 성공한 투자자의 몫으로 돌아간다. 시장에서는 언제나 제로섬게임의 법칙만이 존재한다. 이렇듯 시장은 개미들의 생각과는 달리 일반적으로 늘 합리적인 방향으로 움직이지 않는다. 결정적인 순간에 그들이 내리는 투자결정은 늘 감정에 좌우되기 때문이다.

○ 투자는 철저히 개인의 몫이다

투자자들의 비합리적인 투기심리가 풍부한 유동성과 만나면 경기는 과열된다. 그리고 이는 거품으로 이어져 언젠가는 경기침체와 함께 다시 거품붕괴로 이어진다. 거품붕괴는 자산 디플레이션, 금융위기, 가계몰락, 경기후퇴 등 여러 가지 부작용을 초래한다. 특히 저금리 정책을 기조로 하는 현재의 경기대책은 가계대출금 증가를 가져와, 이것이 언제든지 주택가격을 폭등시킬 수 있기에 그만큼 불안하다. 때문에 은행권 개인대출 중 60% 이상을 주택담보대출이 차지하고 있는 것은 시사하는 바가 크다. 저금리하에서의 거품붕괴는 그만큼 치명적이기 때문이다.

일반 투자자들이 당면해야 하는 또 다른 문제는 투자시점과 매도시점을 올바로 잡는 것이 매우 어렵다는 점이다. 그리고 군중심리에 편승하여 상투라도 잡았거나 이후의 대세하락기에 앞서는 경우, 행동경제학적 관점에서의 인간의 비합리성이 다시 한 번 위력을 발휘하는 날에는 그야말로 쪽박신세가 될 것이다. 이는 주식시장의 경우에 특히 그렇다.

우리가 알아야 할 또 하나의 중요한 사실 지금은 일반 통념에 의지해 판단할 수 있는 시기가 아니라는 점이다. 이번 세계적 경제위기는 기존의 통념을 모두 뒤집어버렸으며, 투자자 스스로가 판단을 내리고 행동하길 요구하는 어려운 머니게임이 되었다. 언론도, 전문가도, 정부도 더 이상 믿기 어려워졌으며, 그만한 실력도 갖추지 못했다. 부동산 시장 역시 예측가능하게 효율적으로 돌아가지 않을 것이다. 따라서 투자는 철저히 투자자 개인의 몫이다. 부동산 투자에 있어서도 행동경제학적 관점에서의 사고가 요구되는 이유가 여기에 있다.

03

거품은 한순간에
무너진다

◉ 유동성 리스크의 변질이 거품 하락을 가속한다

부동산 투자에 있어 가장 큰 리스크 중 하나는 자신이 투자한 자산을 팔고 싶을 때 팔 수 없어서 발생하는 리스크이다. 예를 들어 담보대출을 끼고 주택을 구입한 경우, 금리가 오르고 집값이 내리면 대출이자를 감당할 수 없어 부득이 주택을 처분할 수밖에 없는데, 이것이 가격의 추가하락에 대한 기대심리 등으로 인해 구매에 선뜻 나서지 않았을 때 발생되는 리스크이다.

이처럼 팔고 싶어도 팔 수 없는 상황에 따른 리스크를 금융이론에서는 '유동성 리스크'라고 하는데, 이 리스크의 정도는 가격에 그대로 반영되어 이를 '유동성 프리미엄'이라고 부른다. 따라서 만일 어떤 투자자산이 동일한 리스크와 수익구조를 가지고 있더라도 유동성 리스크가 높은 자산은 유동성 프리미엄 효과로 그만큼 가격이 높아진다. 유동성이 높은 투자상품은 유동성이 낮은 투자상품보다 리스크가 적고, 현재가치가 높음을 뜻한다.

부동산 투자시에는 특성상 제때 현금화할 수 있는 환금성면에서 제약을 받기 때문에 반드시 유동성 리스크를 고려해야 한다. 즉, 그 부동산에서 기대되는 장래의 현금흐름을 제때 확보하는 것이 어렵고 또 불확실한데 따른 불안감으로 부동산값이 하락할 때 투자자들이 동질화되어 일시에 투매하는 성향으로 나타난다.

이것이 부동산값이 빠질 때 한꺼번에 폭락하는 이유이다. 이와 같은 투자자들의 심리적 동질화현상이야말로 최고의 리스크이며, 리스크 변질의 요체이다. 부동산 투자 리스크의 핵심은 유동성 리스크이다. 이는 투자자의 합리적이지 못한 투자행동으로 인해 증폭되는 성향을 나타내며, 이것이 부동산값에 거품을 일으키고 급격한 거품 붕괴도 일으키는 것이다. 결국 거품을 키우는 것도 이러한 리스크 변질이며, 거품이 꺼지게 되는 것도 리스크 변질에 따른 필연적인 결과라 할 수 있다. 그 결과, 투자자들의 관심은 당초의 수익성 리스크에서 변질된 유동성 리스크로 이동하게 된다.

문제는 이처럼 부동산값 폭등과 폭락에는 그에 합당한 합리적 이유가 있는 게 아니라는 점이다. 거품 그 자체가 다시 거품을 팽창시키고, 가격 상승은 더 큰 수요를 부르고, 이것이 다시 가격 폭등을 부르는 것이다. 그리고 마침내는 거품붕괴와 함께 일시에 폭락하는 것이다.

또 다른 문제는 미래에 대한 불확실성으로 부동산값의 내재가치를 파악하기에 어려움이 따르고, 그 결과 부동산값에 거품이 끼었는가를 파악하기 어렵다는 점이다. 따라서 거품은 논리적인 설명이 통하지 않는 결론 없는 논쟁거리일 수밖에 없으며, 거품이 꺼진 후에 사후적으로나 확인 가능하게 된다.

◉ 거품 하락으로 인한 위험을 먼저 생각하라

거품 팽창과 붕괴 속에 이익을 올리는 사람은 누구이고, 반대로 손해를 보는 사람은 누구일까? 거품이 팽창되는 속에서 가장 큰 이익을 올리는 것은 가장 먼저 뛰어든(시간이 흐를수록 가격은 오르기 때문에) 사람일 것이다. 이 과정에서 늦게 뛰어들수록 가격은 비싸지고, 그만큼 수익도 줄어들기 때문에 투자자들은 더욱 몸 달아 하면서 투자시기를 놓고 고심하게 된다.

하지만 거품인가 아닌가, 혹은 거품이 붕괴할 것인가 아닌가는 가격의 높고 낮음과는 관계가 없다. 아무도 이를 섣불리 단정할 수 없고 또 그럴 만한 판단의 기준 또한 없기 때문이다. 따라서 최근 수개월간 지나치게 가격이 높아졌다고 해서 그것을 거품으로 쉽사리 단정할 수 없고, 반대로 가격이 수개월 동안 하락했다고 해서 이를 거품이 꺼진 것으로 볼 수도 없다. 그리고 이는 시간이 흐를수록 투자자들에게 확고한 자기암시로 합리화되어 급기야는 뒤늦게 투자에 뛰어들고 만다. 나만은 실패하지 않을 것이라는 잘못된 믿음을 가지고서…… 주식투자에서 항상 개미가 막차를 타는 이유가 이 때문이다.

그렇더라도 거품 붕괴의 신호가 울리면, 이후부터 가격은 급격한 하락세로 돌아선다. 오바타 세키박사의 저서 《버블경제학》에 따르면, 실제의 경우 대부분의 거품에서는 한 번 폭락 후 다시 급등했다가, 이후 급락하는 패턴을 보인다고 한다. 즉, 거품은 첫 번째의 가격폭락으로 붕괴되지 않고 두 번째 이후의 가격폭락으로 진짜 붕괴된다는 것이다. 그리고 이것을 강력하게 견인하는 것이 바로 '시장 전체의 분위기'인데, 첫 번째 하락단계에서 더 오를지 어떨지 자신 없는 투자자들은 매각해버리고 손을 터는 반면, 한 번 붕괴한 이후의 상승 시점에 매수한 투자자는 너나 할 것 없이 계속 상승할 것이라고 믿는다는 것이다.

그 결과, 팔려는 사람이 없다 보니 가격은 더욱 급등하게 되고, 이는 더 큰 거품을 키워 만약 누군가 팔기 시작하면 다른 투자자도 팔기 시작한다. 이어서 매도가 매도를 부르고, 시장 전체의 투자자가 일제히 투매하여 가격이 한순간에 무너지게 되는 것, 이것이 바로 거품 붕괴의 전형이다.

실제 부동산으로 돈 버는 경우의 상당 부분은 부동산에 거품이 끼어 있을 때이다. 이 경우 거품으로 돈을 버는 사람은 초기 단계에서 빠져나오는 사람도 아니고, 끝까지 버티는 사람도 아니다. 거품이 하락하기 전까지 잡고 있는 사람들이다.

그런데 부동산은 앞서 말했듯이, 일단 가격이 급락함에 따라 너도 나도 투매할 경우 환매가 더욱 어렵게 된다는 점, 그리고 거품인지 아닌지의 판단 여부가 불가능하다는 점 등으로 인해 거품 하락 바로 전 시점까지 잡고 있기가 매우 어렵고, 또 그럴 수도 없다. 적어도 부동산 투자에 있어서 우리가 생각하는 수준 이상으로 가격이 비합리적으로 오르는 경우에도 더 올라갈 가능성이 있다고 믿으면서 투자하는 것은 위험천만한 생각이다. 어디까지나 평정심을 잃지 말고 자신만의 투자원칙을 고수하면서 투자해야 한다. 그렇다면 거품경제에서 바람직한 부동산 투자원칙은 무엇일까? 오바타 세키박사의 말을 들어보자.

우리는 각종 경제지표에 많은 관심을 갖고 있다. 투자율, 실업률, 물가상승률 등 온갖 실물경제의 지표는 경제의 객관적인 흐름을 보여주기 때문이다. 이런 이유로 우리는 경제의 펀더멘털(fundamental, 기초체력)이야말로 경제흐름을 좌우하는 결정적인 요소라고 생각한다. 하지만 버블경제는 펀더멘털이 아니라 센

티멘털(sentimental, 투자심리)에 의해 지배된다. 잠시라도 투자를 해본 사람들은
경제가 시장 참여자의 분위기인 센티멘트에 얼마나 쉽게 좌우되는가를 느꼈을
것이다. 투자자들은 다른 투자자들의 구매심리에 신경을 곤두세운다. 실물지표
가 발표되면 그 발표가 다른 투자자들의 심리에 어떤 영향을 끼쳤는지에 관심
을 가진다.

결국, 부동산 투자는 과학적 접근보다는 심리적 요인에 크게 좌우되며, 부
동산값이 크게 오르는 거품경제시에는 투자자들의 심리적 동조화로 유동성
리스크가 더욱 커져 큰 손실을 입게 된다. 즉, 거품은 언제든지 한순간에 무너
지는 것이다. 정리하면, 부동산이 비정상적으로 오르는 상황에서는 투자로 얻
게 되는 이익을 먼저 생각하기보다는 만에 하나 발생할 수 있는 위험(거품 붕
괴)에 대해 먼저 생각해야 한다. 그런데 인간의 속성상 그럴 마음이 없다는
것, 이것이 문제이다.

04

전문가의 말,
어디까지 믿어야 하나

최근 신문이나 인터넷에 실리는 전문가의 말 한마디 한마디가 때론 우리를 당혹스럽게 한다. 논리적 허결성은 둘째 치고, 그들은 말 바꾸기를 너무 자주한다. 전문가들이 내놓는 책만 해도 그렇다. 서점 판매대에 가면 《부동산 대폭락 시대는 없다》, 《부동산 대폭락 시대가 온다》라는 제목의 책이 나란히 꽂혀 있다. 이걸 보고 선뜻 책을 고를 수 있는 독자는 그리 많지 않을 것이다.

신문기사 또한 이보다 더하면 더했지 결코 못지않다. 최근 신문에서 '베어마켓 랠리'라는 말을 자주 접했을 것이다. 이는 주식시장의 약세장 속에서 일시적인 반등이 일어나는 장세를 일컫는 말로서, 기자들이 작성하는 경제기사에도 그대로 적용된다. 최근의 기사를 보면 경기침체에 따른 비관적 논조의 기사가 전체를 지배하지만, 짬짬이 주식시장이나 부동산 시장을 낙관하는 기사가 등장한다. 바로 '베어마켓 랠리' 장세에 따른 기사가 실리기 때문이다.

언론에서는 이를 마다할 이유가 전혀 없다. 똑같은 레퍼토리를 반복하는 것보다는 짬짬이 기사논조를 바꿔가며 적당한 긴장을 주는 것이 보기에도 훨씬 좋고 또 언론의 역할을 바꿔야 하기 때문이다. 필자는 이것을 '언론의 기사 낚기'라고 표현하는데, 아무튼 이것이 문제이다.

전문지식으로 무장되어 있지 않은 우리네 평범한 독자들은 신문 기사 한 줄 한 줄을 그대로 진리로 받아들인다. 이를 그대로 믿고 투자한 대부분의 투자자들은 자칫 낭패를 보고, 이는 온전히 투자자 몫으로 돌아간다.

여기에는 소위 전문가라는 사람들도 한 몫 거드는데, 문제는 이들 역시 다를 바 없다는 점에 있다. 더하면 더했지, 이보다 못하지는 않다. 기사에 실린 내용을 토대로 그때그때 수시로 말을 바꿔가며 순진한 독자를 우롱하기에 바쁘다. 논리성의 결여는 그런대로 봐줄만 하지만, 일관성의 부재는 받아들일 수가 없다.

여기 단편적인 사례를 하나 들어 증명해볼까 한다. 다음은 한 부동산포털의 부동산 전문가가 지난 1년 동안 쓴 칼럼 중 제목과 중요부분을 발췌한 것이다. 특히 칼럼 제목과 칼럼을 기고한 날짜의 흐름에 주목하면서 읽어 보기 바란다.

OOO의 재테크 칼럼

2009. 9. 28 부동산 매수할 시기가 다가온다 – 내년 부동산 가격 내릴 때가 적기

2008년 12월과 2009년 1월이 부동산 시장의 가바닥이었다. 이때 부동산을 매수하신 분들은 운이 좋았다. 바닥에서 매수를 했기 때문이다. 다양한 이유로 부동산 시장이 장기적으로는 폭등할 가능성이 있다고 생각한다(2016년이나 2017년까지 바닥가격의 2~3배 상승, 수도권에 한정).

2009. 8. 15 지금 부동산을 매수해야 하는 이유 – 구미 당기는 여러 조짐 보여

새로운 부동산 경제 주기에서 다시 하락기가 오려면 최소한 6~7년에서 10년을 기다려야 한다. 물론 필자는 이번 상승기가 부동산으로는 마지막이라고 생각한다.

2009. 7. 10 부동산을 매수할 시기가 왔다 – 정부, 경기부양하고 금리 높이고

한국경제가 바닥을 쳤거나 조만간 바닥을 칠 것이다.

2009. 5. 27 올해는 부동산을 매입해야 하는 시기 – 본격적인 상승은 2012년 이후

진바닥이 2009년 하반기나 2010년 상반기에 온다. 또한 진정한 상승은 2012년 후에나 온다.

2009. 5. 10 절벽을 향해 가는 한국의 부동산 – 한국 부동산 시장, 기초체력 부족해

하반기(2009년 하반기)나 내년(2010년) 상반기에 다시 부동산 시장이 하락할 것으로 생각한다.

2009. 3. 24 부동산 무엇을 고민하는가

첫째, 2012년 이후에 부동산 시장이 상승한다. 둘째, 부동산 바닥은 2009년 하반기나 2010년 상반기이다. 셋째, 이 상승은 바닥의 가격의 2~3배 정도 상승한다.

2009. 2. 1 지금은 바닥이 아니다

지금이 바닥이 아니다. 혹시라도 하반기(2009년)에 바닥이 올지는 모르겠다.

2009. 1. 7 부동산 시장 예측, 내년(2010년)에 진짜 바닥 올 수도

이번 부동산 하락이 국내요인에 의한 것이 아니란 점에서 필연적으로 다시 하락할 수밖에 없다. 따라서 비관적인 입장은 상반기에 가바닥을 치고 상승했다가 하반기나 내년 초에 진바닥에 이를 수 있다.

2008. 12. 28 부동산 가격, 내년에 급등할 수도 있다

내년(2009년)에는 부동산 가격이 바닥이나 바닥에 가깝다.

2008. 12. 10 부동산 대폭락할 수 있다

부동산은 대폭락할 수 있다. 상투에서의 최고가에서 50% 이상 하락하는 것을 대폭락이라고 할 수 있다.

2008. 10. 27 부동산은 분명히 하락한다

부동산 상승은 2012년에서 2013년부터 이루어진다. 하지만 매수자의 입장에서는 바닥이 2008년 하반기나 2009년 하반기 사이에 이뤄지므로 (심하면 2010년에 바닥이 올 수도 있다.) 매수 조건이 성립하면 이 기간 중 매수하라. 또한 2012년이나 2013년에 시작될 상승은 바닥 가격의 2~3배 상승하고서 끝날 것이다.

2008. 10. 5 부동산은 절대 폭락하지 않는다

부동산은 하락은 있으되 폭락은 없다. 전국적으로는 조정기일 뿐이다.

위 글을 읽는 사람들의 심정은 어떨까? 마치 롤러코스터를 타는 기분이 들 것이다. 정확하게 지난 1년간의 주요 칼럼의 제목을 모아 놓은 것인데, 필자는 이 글들을 정리하면서 받은 충격이 상당했다. 경험지식의 박약함이나 논리적 비약은 그렇다 치더라도 수시로 뒤바뀌는 주장은 필자를 아주 당혹스럽게 만들었다. 참고로 위 논지들은 당시의 기사 내용과 정확히 괘를 같이 한다. 결국 신문기사에 맞춰 그때그때의 편의에 따라 말을 바꿔가며 전문가 칼럼이 작성된 것이라 할 수밖에 없다는 결론에 도달한다.

위의 칼럼이 실린 부동산 포털은 우리나라의 여론을 선도하는 대표적인 중앙일간지에서 운영하는 사이트이다. 따라서 순진한 독자들은 여기에 실린 전문가의 말 한마디 한마디에 무한한 신뢰를 보냈다. 그런데 여기에 실린 전문가의 칼럼이 이와 같다면, 이제 독자들은 누구의 말을 믿고 따라야 할까? 여기에 실린 기사가 이러한데, 다른 언론은 새삼 말할 필요가 없다는 생각마저 든다.

왜 이처럼 언론도, 전문가도 믿기 어렵게 되었을까? 그것은 《경제독해》의 저자인 세일러의 말마따나 그들이 통념 수준에 머무르기 때문이 아닐까? 그런데 이것이 평상시에는 별탈없이 통용됐지만, 지금 같은 경제위기 상황하에서는 더 이상 통할 수 없기 때문이다. 그만큼 경제를 지배하는 변수가 복잡해졌기 때문이다. 따라서 밑천이 모두 떨어진 그들이 할 수 있는 것은 흘러간 레퍼토리를 계속 읊조리거나 다른 전문가의 힘을 빌려와야 하는 것이다.

그런데 여기서 문제가 생겼다. 특히 부동산 전문가에게는 그렇다. 왜냐하면 지금의 경제상황을 설명하고 예측하려면 폭넓은 금융지식과 경제원리에 대해 잘 알고 있어야 하는데, 그 밑천이 떨어졌기 때문이다. 그리고 이는 논리적 허결로 그대로 연결되어 문맥마다 드러난다. 근거 없는 주장은 허황된 논리일 뿐이다. 마치 용한 점쟁이의 예언으로 일관하는 그들의 태도 또한 못마땅하기는 마찬가지이다. 흥미로운 사실은 말해야 할 시점에는 침묵하고, 반대로 말을 아끼면서 상황전개를 지켜보아야 할 때에는 거침없는 말을 쏟아붓는 그들의 행동 패턴이다. 지금처럼 경제의 한 치 앞을 내다볼 수 없을 때는 더 그러하다. 하지만 그들은 더 많은 말들을 쏟아내며, 언제 그랬냐는 듯이 말 바꾸기로 일관한다.

그렇다면 우리는 어떤 기준으로 전문가들을 판단해야 할까. 우리에게 도움을 주는 전문가는 어떤 사람들일까. 소위 전문가라 함은 무엇보다 자기 논리가 확실하고 견고해야 한다. 전문가의 한마디 한마디는 자기 확신으로 꽉 차 있어야 한다. 그렇다고 단순히 지식만을 뽐내는 것은 곤란하며, 항상 일관되고 균일한 논리를 펼칠 수 있어야 한다. 그때그때 상황에 따라 편리하게 말을 뒤집는 행위는 기만행위와 같다. 또한 자신과 대립되는 사고나 비판에 대해 겸허한 자세로 수용할 수 있어야 한다. 그리고 충분히 그럴 수 있다는 관점에서 거듭 생각해보고 충분히 납득시킬 수 있을 때 비로소 참된 논리로 거듭나는 것이다.

● 근본원리로 되돌아가 생각한다

그렇기 때문에 전문가는 단순히 비판에만 머물러서는 안 된다. 항상 대안을 생각하고 방향을 제시할 수 있어야 한다. 대안 없는 비판은 공허하며, 대안 없는 이론은 허결하다. 그리고 그 대안은 다수가 공감하고 다수의 지지를 받을 수 있어야 한다. 그만큼 전문가의 한마디 한마디는 사려 깊고 신중해야 하며 더불어 사는 세상을 항상 생각해야 한다. 이는 공평무사한 생각을 근저에 두고 있어야 함을 뜻한다. 항상 자신의 말에 책임질 준비가 되어 있으며, 자신의 생각이 틀렸을 경우 이를 사과하고 반성하는 데 인색하지 않아야 한다. 보통 사람들의 입장에서는 그들의 말이 항상 옳은 것은 아니라는 점을 명심해야 한다. 누구 말마따나 '예측은 신의 영역' 이기 때문이다.

과거에는 '정보의 비대칭성', 즉 정보의 폐쇄성으로 인한 왜곡이 문제가 되었지만, 지금은 무분별한 정보나 지식이 범람함으로써 발생하는 왜곡, 즉 정보의 진위부재가 우리를 더욱더 혼란스럽게 만들어버렸다. 세일러의 말대로 지금 같은 위기 상황에서는 전문가나 언론이 제공하는 정보에만 의지해서 판단을 내리면 안 된다. 어디까지나 스스로 판단을 내리고 행동해야 한다. 언론에 실리는 전문가들의 전망에 의지할 것이 아니라 경제원리와 경제지표에 의지해서 스스로 판단을 내려야 한다.

따라서 이제부터 익혀야 할 것은 경제의 근본원리이다. 근본원리로 돌아가

무장해야 경제위기 상황에 제대로 대처할 수 있기 때문이다. 경제의 근본원리를 익히고 충분히 이해하고 나서, 그 이치에 근거해서 판단해야 한다.

우리는 좋든 싫든 수많은 정보와 전문지식을 만지고 받아들이면서 살아가고 있다. 중요한 것은 전문가든, 언론이든 상관없이 우리가 참고할 수밖에 없다는 사실이다. 여기서 '참고'라는 말이 중요하다. 그들이 쏟아내는 것들을 두루두루 참고는 하되, 어디까지나 최종 판단은 본인 스스로에 달려 있다. 따라서 참된 정보와 지식과 전문가를 구분할 수 있는 변별력을 길러야 한다. 이역시 기본부터 다시 생각해야 한다.

미래학자 다니엘 핑크는 그의 저서 《미래가 온다(A hole next mind)》에서 "텍스트(text, 자구)에만 매몰되는 가치(좌뇌)보다, 콘텍스트(context, 맥락)를 감지하는 우뇌를 활성화해야 한다"라고 말했다. 이는 전체를 아우르고, 숲을 볼 줄 아는 혜안을 길러야 한다는 뜻도 된다. 지식은 남으로부터 빌려올 수 있지만, 지혜는 절대 그럴 수 없다. 지식을 쌓는 것이 중요한 게 아니라 옳고 그른 것을 구분할 줄 아는 지혜를 기르는 것이 더 중요하다. 그것이 오늘을 살아가는 이치이다.

05

통계자료,
어디까지 믿어야 하나

우리는 매일 수많은 부동산 관련 뉴스를 접하며 살아간다. 그 가운데에서도 특히 통계로 정리된 정보들은 우리로 하여금 기사의 핵심을 쉽고 빠르게 이해할 수 있도록 해준다. 통계가 과학적인 것이라고 생각하는 우리는, 통계수치로 가공된 정보를 쉽게 '진실' 이라고 믿어버린다. 그만큼 숫자는 '객관적인 증거' 혹은 '주장의 근거' 로서 힘을 가지고 있기 때문인데, 많은 부동산 관련 신문기사의 통계를 근거로 내놓는 이유가 바로 여기에 있다.

문제는 우리가 매일 접하고 있는 부동산 관련 뉴스나 기사의 통계에 상당 부분의 오류가 발생하고 있다는 점이다. 그리고 이를 그대로 믿고 투자에 임하는 우리를 때론 곤혹스럽게 만든다. 하지만 그에 따른 책임은 정부당국이나 언론이 잘못 작성하고 인용한 통계자료를 곧이곧대로 믿고 받아들인 우리 몫으로 돌아간다. 불합리성의 합리성이라고 해야 할까, 아니면 모순의 부조리라고 해야 할까?

그렇다면 경제, 특히 부동산에 있어 통계는 어떤 의미이며 또 어떤 관계를 가질까? 경제학은 인간의 행위를 대상으로 하는 '사회적' 현상을 '과학적'으로 분석하는 학문이다. 이 경우 사회적 현상이란 '1+1=2'처럼 확정적일 수 없고, 따라서 이를 과학적으로 분석한다는 것은 반복적으로 발생하는 현상에 대한 일련의 확률적 검증 과정이 중요한 전제가 된다. 즉, 경제적으로 반복되는 일련의 자료를 수집하고, 이들 자료를 근거로 경제변수들 사이의 상관관계를 규정하는 것이 바로 통계이다.

통계는 다시 '기술적 통계'와 '통계적 추론'으로 구분된다. 기술(記述)적 통계란 자료를 모으고 그 자료의 특성을 기술하는 것을 말하는데, 이를 어떻게 하면 효과적으로 제시할 수 있는가가 관건이다. 통계적 추론은 표본의 특성으로부터 모집단의 특성을 찾아내거나 여러 변수들 사이의 관계를 찾아내 이를 객관화시키는 고난도의 작업이다. 부동산의 경우 기술적 통계에 대한 정확한 이해만으로도 충분하다.

여기서 생각해볼 것이 바로 자료에 대한 이해이다. 이는 '정량적 자료'와 '정성적 자료'로 구분된다. 정량적 자료는 숫자화시킬 수 있는 자료로, 대부분의 자료가 여기에 해당된다. 정성적 자료는 자료의 특성이나 특질 등 숫자로 표기될 수 없는 자료를 일컫는다. 부동산의 경우, 이를 둘러싼 제반지표나 자료 가운데 정량적인 요인뿐만 아니라 투자심리 등의 정성적 요인에도 크게 영향을 받는다.

따라서 부동산 통계자료는 그 자체가 확정적인 상관관계를 보여주기보다는 확률적인 개연성을 갖기 때문에, 어떻게 제시하는가에 따라 전혀 다른 결과가 나온다. 특히 비교시점이나 비교대상을 어떻게 잡는가에 따라 그것이 뜻하는 의미와 결과가 전혀 달라질 수 있다.

예를 들어 모의원의 2006년 국회 발표 자료에 따르면, 전국 아파트 가격 시가총액이 2002년말 715조원에서 2005년말 1,105조원으로 2002년말 대비 390조원, 약 54.5% 상승했다고 하는데, 이를 옳게 봐야 할까?

물론 아파트 가격의 시가 총액이 큰 폭으로 늘어난 것은 맞지만, 같은 기간 동안 아파트는 신축 아파트의 증가로 465만호에서 557만호로 100만호 가까이 늘어났기 때문에, 이것을 고려할 경우 지난 3년간(2003~2005년) 아파트값 실제상승률은 15.3%가 된다. 이처럼 비교대상을 정확히 잡지 않을 경우 통계치는 큰 폭으로 달라질 수 있다.

이렇듯, 통계자료에 대한 표본을 바르게 추출하지 못해서 생기는 통계분석의 오류가 너무 많다. 그것이 정량적인 자료든, 정성적인 자료든 관계없이 말이다. 다음 기사를 통해 설명을 해보겠다.

기사 1 주택대출 규제에 강남권 재건축 상승세 주춤

서울 강남권(강남, 서초, 송파구) 재건축 아파트값 상승세가 한풀 꺾였다. 상승폭이 줄었고 일부 단지에서는 호가가 떨어지기도 했다. 정부가 재건축 구입자의 자금출처 조사에 나섰고 대출 규제가 강화될 것으로 예상되기 때문이다. 실제로 7일부터 대출 규제 강화 시행이 발표되면서 앞으로 서울, 수도권 집값은 다시 약세로 돌아서지 않겠느냐는 전망도 나온다. 중앙일보조인스랜드와 한국부동산정보협회 조사에 따르면 지난주 서울 아파트값은 평균 0.35% 올랐다.

중앙일보, 2009. 9. 7

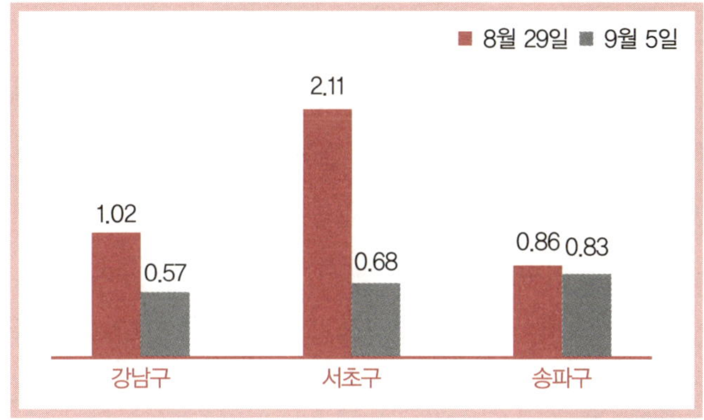

기사 2 삼성전자 주식이 강남 부동산보다 낫다

동양종합금융증권은 장기적으로 삼성전자가 강남 부동산보다 투자에 적합할 것으로 전망했다. 강남 부동산 투자는 인구가 증가하지 않는 한, 토지(부동산)가격의 상승세는 제한될 수밖에 없기 때문이다. ○○○ 애널리스트는 "삼성전자가 강남 부동산보다 장기투자에 적합하다며 모멘텀 투자가 아닌 장기투자에 대해 고민해야 할 시간"이라고 전했다. 이와 함께 이 연구원은 "한국의 인구증가율뿐 아니라 서울의 인구증가율도 정체되는 현상을 보이고 있다"며 "결국 주택가격 상승요인으로 남는 것은 교육에 대한 열정과 투기적 수요"라고 지적했다. 그는 "이것은 펀더멘털로 측정하기 어려운 요인이다"며 "인구 감소에 따른 펀더멘털적 요인으로 보면 삼성전자 투자가 강남 부동산에 비해 유효하다"고 말했다.

한국재경신문, 2009. 9. 6

먼저 〈기사 1〉을 보자. 최근 신문기사를 꼼꼼히 읽은 사람들이라면 정부의 금융규제로 강남 재건축 아파트값이 하락세로 돌아서고 있다는 기사를 많이 접했을 것이다. 그렇더라도 위 기사의 그림을 그대로 믿어 강남 재건축 아파트값이 한풀 꺾였다고 쉽사리 단정 지을 수 있을까?

〈자료 1〉을 보면, 우선 표본집단에 대한 설명이 전혀 없다. 예를 들어 8월 29일과 9월 5일의 집값 변동 폭이 동일 아파트를 대상으로 한 조사인지, 아닌지 여부를 파악할 수 없다. 그것도 같은 평형대, 같은 조건의 아파트를 비교해야 하는데, 강남3구의 재건축 아파트를 대상으로 한 조사인지 알 수 없으며, 또한 실제로도 이들 3구의 재건축 아파트 조건은 각기 다르다. 서초구의 하락폭이 가장 큰 것으로 나와 있는데, 이 또한 단정 지을 수 없다. 예를 들어 만일 강남이나 송파구의 경우 모집단 10가구를 대상으로 한 반면, 서초의 경우 1가구를 대상으로 한 하락폭이었다면, 이것은 통계자료로서 전혀 신뢰할 수 없기 때문이다. 따라서 위의 자료를 가지고는 강남권 재건축 아파트의 하락폭이 그만큼 컸는지, 또 서초구의 하락폭이 강남이나 송파보다 컸는지 단정할 수 없다.

〈기사 2〉 역시 마찬가지이다. 통계적인 고려는 그렇다 치더라도, 글을 읽다 보면 도무지 무슨 얘긴지 모르겠다. 해서 다른 모든 관점은 젖혀놓고, 여기서 말하는 '펀더멘털'이라는 관점에 국한해서 생각해보자.

경제에 있어 펀더멘털이란 그 경제를 지탱하는 기초여건, 즉 '견실성'의 정도를 일컫는다. 그렇더라도 이는 같은 경제주체를 대상으로 파악함이 옳지, 서로 다른 경제주체를 동일 선상에서 파악하기란 여간 어려운 일이 아니다. 하물며, 그것이 정성적인 요인에 의할 경우에는 더욱 그러하다. 위의 분석 결과를 요약하면, "강남 부동산값은 인구감소 요인에 따라 펀더멘털이 약화되어, 그 결과 장기적인 관점에서 볼 때 삼성전자보다 투자수익성이 적다"라는 것인데, 이것을 어떻게 해석해야 할까?

우선, 삼성전자 주식과 강남 부동산값과의 상관관계를 찾아볼 객관적인 자료가 없다. 즉, 주가와 부동산값과는 별도의 각기 다른 독립변인이며, 이에 영향을 주는 종속변인 역시 다르다. 그 결과, 주가와 부동산 가격은 당연히 따로 놀 수밖에 없다. 무엇보다 위의 분석에는 '리스크'에 대한 고려가 전혀 없다. 특히 기업의 영속성에 따른 리스크를 전혀 고려하지 않았다. 예를 들어 지난 100년 동안의 우리 기업사에서 지금까지 존속하고 있는 기업이 극소수임에 비춰볼 때, 이는 기업 활동이 영속되기가 그만큼 어려움을 뜻한다. 따라서 삼성전자 역시 앞으로도 계속해서 살아남을 것이라 보장할 수는 없으며, 또한 지난 10년 동안처럼 높은 수익을 올릴 것이라는 확신은 어느 누구도 쉽사리 단정할 수 없다.

다시 말해 삼성전자의 존속성에 따른 리스크는 여전히 강남 부동산보다 높다는 것이다. 그런데 어떻게 무슨 근거로 삼성전자에 대한 투자가 강남 부동산에 대한 투자보다 유효하다고 단정할 수 있겠는가? 더군다나 위의 기사는 통계(비록 정성적인 통계라 할지라도)에 대한 어떠한 객관적인 자료도 제시하지 못하고 있다.

실제 이와는 다른 것을 확인할 수 있는 근거는 많다. 한 예로, 삼성전자의 경우 길어야 3년 만기의 회사채를 발행하게 되는데, 만일 5년 이상의 회사채를 발행할 경우 이것이 시장에서 선뜻 받아들여질 수 있을까? 장기간의 회사 존속에는 그만큼 위험성이 따르기 때문이다. 반면, 부동산 모기지론의 경우에는 15~30년 정도의 장기인 경우가 대부분이다. 이는 그만큼 부동산 대출이 안전함을 뜻한다.

⬤ 중요한 것은 통계적 지식이 아닌 통찰력

이처럼 통계자료를 이용해 어떤 분석을 시도하거나, 통계를 이용해 분석된 결론에 도달하기 위해서는 이를 명확히 객관화할 수 있는 판단의 '준거틀(frame)'을 가지고 있어야 한다. 그렇지 않으면 오류가 발생하거나 예측이 빗나갈 수도 있다. 특히 신뢰할 수 있는 기관이나 전문가의 입에서 내놓는 경제지표는 더욱 그러하다. 예를 들어 우리나라의 주택경기에 큰 영향을 미치는 국민은행의 아파트 시세정보가 실제 집값과 큰 차이를 보이고 있는데, 이는 다음 이유에서이다.

국민은행의 '전국 주택가격 동향 조사'와 '주간 아파트가격 동향 조사'는 정부의 공식 통계로 활용되고, 주택 시세는 은행의 담보대출, 국세청의 주택 양도가격 조회 및 세금부과 자료로 이용되는 중요한 통계자료이다. 하지만 실제 국민은행이 정기적으로 발표하는 아파트 시세가 시장 상황을 정확히 반영하지 못하는 경우가 자주 발생하게 된다.

이는 국민은행이 수천 개에 달하는 해당 지역의 중개업소에서 매주 제공하는 가격을 토대로 시세 및 매매가를 작성하는데, 바로 여기에서 심각한 오류가 발생하기 때문이다. 즉, 표본집단인 해당 지역 중개업소에서 가격담합이나 가격 부풀리기 등 그때그때의 상황에 따라 가격을 조작·왜곡하는 경우, 또는 소수의 거래량을 마치 이것이 전체인 양 이를 호가 위주로 그대로 발표할 경우에, 이를 걸러내고 검증할 아무런 장치 없이 그대로 믿어 발표하기 때문이다.

이 은행에서 매월 발표하는 월간 주택가격 지수 또한 그렇다. 이 지수는 실제 거래여부와 관계없이 전체 주택가격 변동을 나타내는데, 그 결과 이것이 실제 거래가격 변동을 반영하는 데는 한계가 있고, 변동 폭도 작다. 따라서 이것을 가지고 실시간으로 주택가격 동향을 살피기에는 한계가 있다.

정부나 신뢰할 수 있는 유력한 기관에서 내놓는 분석 자료가 그러한데, 하물며 신문이나 일반 사설 부동산연구소, 부동산포털 등에서 내놓는 각종 통계자료는 어떠하겠는가? 그때그때의 시류에 따라 여론을 호도할 뿐이다. 또한 증권사나 은행 등의 경제연구소나 부동산팀에서 내놓는 각종 통계자료는 어떠할까? 앞의 기사에서 예로 든 것처럼, 자신의 업종에 유리한 방향으로 끌어다 맞춰 변용할 뿐이다. 거듭 말하거니와, 신문은 신문대로, 은행은 은행대로, 증권회사는 증권회사대로, 또한 부동산포털은 포털대로 자기의 이해관계에 충실할 뿐이다.

따라서 어디까지나 그런 것들에 현혹되지 말아야 한다. 이를 위해서는 경제지식은 물론 통계적 지식을 쌓아야 한다. 그렇더라도 부동산을 이해하는 데 있어 통계지식을 꿰뚫고 있을 필요는 없다. 통계의 기초 개념 정도를 이해하는 것만으로도 충분하다. 문제는 통계를 통해 나타난 제반 자료에 대해, 이를 객관적이고 보편타당한 시각으로 꿰뚫어 볼 수 있는 혜안이 있어야 한다는 것이다. 이 혜안으로 세상을 읽고 변화의 흐름을 읽어내는 통찰력이라고 한다면, 이는 그만큼의 경험과 노력을 필요로 한다.

현실적으로 그나마 우리가 믿고 적용할 수 있는 통계자료는 통계청이나 국토해양부, 한국은행 등에서 생성한 자료에 국한된다. 단, 비교시점이나 비교대상 등 객관적인 판단의 기준이 정확히 일치해야 한다. 이것만 살펴도 통계적 오류에서 어느 정도 벗어날 수 있다.

06

족집게식 경제 예측을
경계해야 하는 이유

기사 "미네르바 인터뷰 보자" 온·오프라인 광풍

역시 미네르바였다. 한마디로 광클(미친 듯한 클릭)이었다. 온라인 경제대통령 미네르바가 30일자 일간스포츠를 통해 "이제부터 할 말은 하고, 쓸 건 쓰겠다"고 선언했다. 지난 1월초 절필 선언 이후 6개월 만이다. 그가 본지와의 단독 인터뷰를 통해 주식과 부동산 시장, 유가와 환율 흐름 등 한국 경제에 대해 전망하자 온·오프라인에서 큰 관심을 불러 일으켰다. 미네르바의 이 같은 경제전망은 핫 이슈로 등장했다. 주식이나 부동산에 관심이 많은 30~40대나 온라인에 친숙한 10대까지도 "미네르바가 입을 열었대" "미네르바가 새 경제전망을 내놨다더라" "4/4 환율은 1,350원이더래" 등 온통 미네르바 이야기였다.

일간스포츠, 2009.6.30

위 내용은 일간스포츠에 실린 기사내용 중 일부이다. 연예오락 신문에 이

런 내용의 기사가 실린 것도 황당하거니와 이를 커다란 기사거리로 다루는 우리나라의 언론 수준은 도무지 상식 밖이다. 하긴 족집게식의 역술코너는 스포츠신문의 고정 코너이기는 하지만 말이다.

언제부턴가 우리 사회는 이성적인 판단보다는 지극히 감성적이면서도 상황논리에 휩쓸리는 경향이 뚜렷해졌다. 나라가 불황이고 어수선할수록 주술적이면서도 예언적인 말에 귀가 솔깃해지는 것은 일정 부분 어쩔 수 없는 현상이지만, 그렇더라도 지금의 상황은 분명 그 도가 지나친 감이 있다. 때문에 왜 이렇듯이 소위 경제전문가 내지는 부동산 전문가들이 족집게식 예언적 경제전망으로 일관하는지 한번쯤은 생각해볼 필요가 있다.

같은 신문에서 미네르바가 한 말을 보면, "3/4분기 주식시장에 대해 1350~1400P의 박스권 횡보를 보일 것이지만 정부 세수의 대부분을 투입한 경기부양 효과가 가시화되지 않을 경우 하반기 주가는 1200선 후반대로 밀릴 수도 있다. 또 4/4분기 환율은 1,350원대에서 움직일 것이다. 또한 정부의 정책적 금융 규제 해제로 인해 강남권 및 수도권 남부의 가격 동반상승으로 이어질 것이며 수도권과 비수도권의 양극화가 심화될 것"이라고 한다. 그리고 이를 보도하는 언론은 무척 흥분된 어조를 보이기까지 했다. 마치 "드디어 그분이 다시 오셨다"하는 식이다.

위 내용을 하나하나 인터넷에서 검색해보기 바란다. 이미 여러 경제연구소나 신문사에서 다 진단하고 예측을 내린 상식 수준의 내용들이다. 심지어는 업계에 종사하는 사람들 입에서 쉽게 오르내리는 수준이다. 왜 이것을 가지고 열광하는지 필자는 도무지 알 수가 없다. 속된 말로 순진한 대다수 사람들을 광신도 집단으로 몰고 가는 느낌마저 든다.

주가지수 예측만 하더라도 그렇다. 주가지수 예측은 일반 개인 단위의 예측 범위가 아니다. 오죽하면 투자의 귀재인 워런 버핏도 "주가 예측은 신의 영역이다"라고 말했겠는가? 삼성경제연구소 등 최고급 인재집단에서 머리를 맞대고 싸매가며 예측하고 판단하여 내놓는 것이 주가전망인데, 이 역시 정확히 들어맞는 경우가 흔치 않다. 그럼에도 불구하고 일반 개인이 단정적이고도 확신에 찬 어조로 예언하는 현상과 이를 맹목적으로 받아들이는 다수의 국민을 보면서 허탈한 마음이 드는 것은 필자만의 오해일까?

그 결과, 2009년 9월말(3/4분기말) 상황은 바뀌었다. 즉, 코스피 주가는 1600선을 넘어섰고, 환율은 1200원대 밑에서 하향 안정화 추세를 보이고 있다. 미네르바가 2/4분기 말인 6월 30일자 예측한 시점과 불과 3개월밖에 차이가 나지 않았음에도 현실은 이렇게 다르게 나타난 것이다. 거듭 말하거니와, 경제의 단기예측은 이제 예측의 범주를 벗어날 만큼 복잡하며 또 어려워졌다. 특히 지금처럼 경제의 불확실성과 불투명성이 상존할 경우에는 더욱 그러하다. 따라서 여기에는 어떠한 확신과 단정이 들어설 소지가 불분명하다. 조심스런 전망만 있을 뿐이다. 그리고 언제부턴가 미네르바의 고정 경제코너는 슬그머니 사라져버렸다.

○ 여론을 부추기는 언론

예언과 예측은 분명 다르다. 예언은 그만큼 단정적이고 일방적이다. 그 일이 왜, 어떻게 해서 그렇게 되는지에 대한 설명은 없고, 머리와 꼬리, 즉 결과만 가지고 얘기한다. 그야말로 아니면 말고라는 식이다. 그리하여 맞추면 영웅이 되는 거고, 틀리면 그만이다. 이들이 하는 말은 항상 주어와 동사밖에 없는 단답식 문장이다. 왜, 언제, 어떻게 등 보어와 목적어는 일체 생략된다. 거기까지는 생각해보지 않았으니까.

하지만 예측은 전혀 다르다. 구체적이고도 분명해야 한다. 발생할 수 있는 모든 변수들을 놓고 하나하나를 짚어보고 이를 객관화시킬 수 있어야 한다. 그리고 각 변수가 발생할 수 있는 개연성과, 그럴 경우에 이것이 미치는 영향에 대해 있는 그대로를 설명하고, 이에 대한 판단은 전적으로 이를 받아들이는 자의 몫으로 남겨야 한다. 왜냐하면 어떻게 해석하고 받아들이느냐에 따라 전혀 다른 결과를 가져오기 때문이다.

그런데도 왜 우리는 30대 초반의 책상머리 공부로 무장한 사람의 말과 행동에 그처럼 빠져들어 열광하고 있는 것일까? 작금의 경제현상이나 사회현상은 단순한 경제상식으로는 도저히 설명할 수 없을 만큼 복잡다단해졌음에도 불구하고 말이다.

미네르바식의 여론몰이를 부추기는 언론 역시 문제이다. 그 깊이의 얕음은 제외해 놓더라도 일반 다중을 선동하고 판단을 흐리게 하는 언론은 정화되어야 한다. 이를 위해서는 투자자가 좀 더 현명하고 똑똑해져야 한다.

우리 경제의 앞날을 섣불리 예측하고 짐작할 수 없는 현 시점에서 한 가지 분명한 사실은 그 누구도, 그 어떤 뛰어난 전문가라 할지라도 우리 경제의 앞날을, 단기적인 관점에서 예측하고 판단하기 어렵다. 하물며 그것이 예언자가 하는 주술이라면 어설픈 점쟁이에게 자신의 운명을 맡기는 것과 다를 바 없다. 그야말로 초록은 동색일지니.

07

익숙한 것들과의
결별

행동경제학(behavioral economics)에서 자주 등장하는 용어 중에 '휴리스틱(heuristics)' 이란 것이 있다. 처음 행동경제학 책을 접했을 때 우리말로 어떻게 표현해야 옳을지 답답했는데, 서울대 이준구 교수의 최근 저서 《36.5℃ 인간의 경제학》에서 이것이 명쾌하게 정의되었다. 이를 인용하여 설명하면 다음과 같다.

휴리스틱 : 현실의 상황을 판단하는 일이 무척 복잡하기 때문에 이를 단순화하기 위해 사용하는 주먹구구식 원칙. 지적 능력과 정보의 부족함을 메워주는 긍정적인 측면과 더불어, 사물에 대한 객관적 인식을 방해하는 부정적인 측면을 동시에 갖고 있다.

한 마디로 복잡한 현실을 살아가고 있는 바쁜 현대인들에게 나타나는 대표적 특성 중 하나가 바로 휴리스틱이다. 우리말로 '주먹구구' 에 해당하는 판단 방식으로, 이것저것 꼼꼼히 따져가며 판단하고 의사결정을 내리기보다는 자신이 잘 알고 있거나 과거의 선험적 경험에 따라 대충 판단하고 결정을 내리는 것이다.

이 같은 일은 우리 주변에서 흔히 일어난다. 예를 들어 부동산(아파트)에 투자할 경우, 사람들은 앞으로의 집값 변동에 영향을 주는 각종 경제지표나 지역 내 아파트의 가격 변동 등에 관심을 기울인다. 그리고는 지역내 부동산사무소에 찾아가서 일일이 확인하고, 필요하면 전문가에게 도움을 얻기도 한다.

하지만 정작 아파트를 살 때는 이러한 것들이 무용지물이 되는 경우가 흔하다. 이러한 판단의 기준이 되는 자료나 전문가의 충고는 뒤로 한 채, 다른 방식으로 고르는 사람들이 많다. 예를 들어, 단순히 그 아파트 단지내에 있는 아담한 공원이 맘에 들어서라든지, 지인들과 가깝게 살면 급한 볼일이 있을 때 안심하고 자녀들을 잠시 맡길 수 있겠다는 단순한 생각이 의사결정의 주된 요인으로 작용한다. 다시 말해 저마다의 주관적인 판단에 따라 의사결정을 내린다.

물론 이런 것들이 중요하기는 하다. 그리고 이제까지의 부동산 투자에 있어 그다지 큰 문제가 되지 않았다. 지역이나 주어진 조건을 불문하고 집값이 계속해서 올랐기 때문에 그다지 큰 문제가 아니었다. 앞으로도 그럴까? 이를 위해 또 다른 예를 들어 보자.

재건축 아파트에 투자하는 경우, 막상 계약을 쓸 단계에 오면 방향이 서향입네, 층(層)이 꼭대기 층입네 하면서 주저한다. 머지않아 재건축되면, 본인의 의사와 관계없이 방향과 층이 배정되는데도 불구하고 이것에 집착하는 현상이 바로 휴리스틱이다. 정작 큰 의사결정을 내릴 때에는 객관적이고 냉철한 판단의 준거틀에 따르는 것이 아니라, 어디까지나 자신이 익숙하거나 편한 방식 뒤로 숨어버리는 것이다.

중요한 것은 이 아파트가 재건축 이후에 어느 정도의 투자수익을 올릴 수 있을 것인가를 판단하는 일인데, 이것이 대단히 복잡하고 또 판단을 내릴 능력도 갖고 있지 않다고 생각하거나, 이러한 능력이 있어도 귀찮다는 이유로 따르지 않는다.

● 부동산의 심리적 요인

휴리스틱 현상에 대해 서울 강남권에 거주하는 사람들과 강북권에 거주하는 사람들로 나누어 간단한 구두실험을 해본 적이 있다. 만약 여유가 있어 전원주택을 장만할 예정이라면 경기도 인근 지역 수동, 가평지역과 여주, 이천, 양평지역 중에서 어느 곳을 택할 것인가를 물었다. 단, 투자가치는 엇비슷하다고 전제했다.

결과는 매우 흥미로웠다. 서울 강북권에 거주하는 사람들의 상당수는 수도권 북부의 수동, 가평지역을 선호했으며, 반면에 강남권 인근지역(분당, 평촌 포함)에 거주하는 사람들은 절대적으로 수도권 남부의 여주, 이천, 양평지역을 택했다. 심지어는 다소 손해를 보더라도 수동, 가평지역은 고려하지 않겠다고 말한 강남권 사람도 많았다. 어디까지나 자신이 지금 살고 있는 반경 거리내에 있는 부동산에 투자하겠다고 했다. 시간적 거리의 개념보다는 심리적인 거리감이 많이 작용한 결과이다.

이는 익숙한 것을 더 선호하고 이에 집착하는 사람들의 성향을 대변해준다. 일종의 '가용성 휴리스틱(availability heurostics)'이라고도 볼 수 있다. 사용할 수 있는 기억, 다시 말해 자신의 기억에 떠오르는 사건이나 상황을 고려해 판단한다는 것이다.

이것을 부동산 투자에 끌어와 보자. 사람들은 일단 어느 한 지역에 둥지를 틀게 되면, 그 지역을 벗어나려고 하지 않는다. 특히 자녀교육이 큰 비중을 차지하기 때문에 자녀가 초등학교 입학한 후부터는 그러한 경향이 더욱 짙게 나타난다. 이것이 유독 서울 강남지역만 휴리스틱에 관계없이 선호되고 있는 이유이기도 하다.

어쨌든 이 점에 있어서도 흥미로운 결과가 나왔다. 예를 들어 주변의 친구나 지인들을 보면, 서울 강남권이나 분당 등의 신도시에서 신혼생활을 출발한 경우에는 40대 중반이 넘어선 지금 대부분이 강남 또는 분당지역내의 중대형 평형의 아파트를 소유하고 있다. 반면에 중계동, 일산 등의 강북권에서 시작한 친구들의 상당수는 그 지역내의 중대형 아파트를 소유하고 있다. 그렇다면 현재 시점의 재산상의 가치는 어떻게 변했을까?

우리의 가치판단은 주먹구구식으로 편할 대로 생각하는 경향이 있으며, 이는 부동산 투자에 있어서도 예외 없이 적용된다. 특히 예전부터 자기가 살고 있는 지역을 고수하려는 경향이 높은데, 이는 투자수익을 전혀 고려하지 않는 행위가 될 수도 있다. 그 지역이 향후 집값 상승이 기대되지 않는 지역이라면 더욱 그렇다. 따라서 이러한 휴리스틱에서 벗어나 보다 폭넓은 시각으로 투자를 하고, 경제현상을 바라보는 자세가 요구된다. 부동산 투자를 할 때에는 때로 우리에게 익숙한 것으로부터 벗어나려는 자세가 필요하다. 알을 깨고 나오는 《데미안》의 싱클레어처럼.

평소 부동산 투자에 관심 있는 투자자가 다음 기사를 접한 심정은 어떨까? 지금 이 글을 읽는 우리의 맥박을 임계수치까지 기어코 올려놓는다. 그리곤 이렇게 말할 사람들이 여럿 있을 듯하다. "진작 강남 재건축 아파트 사둘걸……" "지금 사면 혹 상투 잡는 건 아닐까?"라고…….

기사 규제완화 착시… 강남 재건축 "사자" 열풍, 집값 新버블 논란

"환매한 펀드 10개 가운데 6개는 강남권 집 사는 데 썼어요." 최근 서울 강남 재건축 아파트에 돈이 몰리면서 '신(新) 버블' 우려가 커지고 있다. 규제완화에 대한 기대감과 늘어난 유동성으로 투자자들이 다시 아파트 시장을 찾고 있는 것이다. 그러나 부동산 전문가들은 '이상 과열'이라며 투자주의보를 내놓고 있다. '강남 3구' 투기지역 해제에 적극 나섰던 정부도 한 발짝 물러났다.

서울신문, 2009. 4. 14

사례 1

(재건축 급등) "개발호재지역으로 확산 가능성 있다" 이데일리, 2009. 4. 14, 양해근 우리투자증권 부동산팀장

(재건축 급등) "확산 가능성은 낮다" 이데일리, 2009. 4. 14, 김희선 부동산114 전무

사례 2 강남 재건축 관련기사 헤드라인(매일경제)

2009. 4. 14 부동산 버블론 다시 고개… 전문가 "시장이 흥분상태"

2009. 4. 13 강남3구등 일부지역… 부동산 新버블논쟁

2009. 4. 2　강남 재건축, 금융위기 직전 시세 회복

2009. 3. 31　개포 재건축 2006년 고점의 90%까지 회복

2009. 3. 16　개포 · 고덕주공 재건축… 최고 30층대까지 가능

2009. 2. 27　재건축 아파트값 고공행진중… 두 달 연속 상승

2009. 2. 1　강남 재건축 호가 뚝… 급등세 '제동'

2009. 2. 1　재건축 소형의무비율 폐지

2009. 1. 30　강남 재건축 주춤

2009. 1. 22　강남권 재건축 한 달만에 시가 2조원 증가

2009. 1. 9　규제 확 푼 강남 재건축 기지개 펴나

2008. 12. 23　강남3구 재건축 호가, 다시 약보합세

2008. 12. 15　강남 재건축 하락폭 심화, 석 달새 시총 7조 증발

2008. 12. 11　재건축 용적률 상한선까지 푼다.

2008. 11. 20　강남 재건축 다시 급매물, 정부 대책 약발 보름천하

2008. 11. 10　재건축 규제완화에도 "대박 없을듯"

2008. 11. 7　재건축 규제완화, 시장선 기대반 우려반

2008. 11. 7　재건축 3대 핵심규제완화됐다.

2008. 11. 4　강남 재건축 매수세 없고 호가만 급등세

2008. 11. 2　'규제완화' 예고에 강남권 재건축값 급등

2008. 10. 24　가격 뚝 떨어진 강남 재건축 매력 있나

2008. 10. 23　강남 재건축 아파트 올 들어 10% 하락

　위의 두 가지 사례를 읽고 난 후에도 쉬 그런 마음이 들 수 있을까? 먼저 〈사례 1〉을 보자. 같은 날 이데일리에 실린 기사의 헤드라인이다. 둘 다 재건축 아파트

값이 급등하고 있음을 언급하고 있다. 하지만 한 전문가는 본격적인 대세상승기가 주변지역으로 확산될 것임을 예고하고, 또 한 전문가는 그렇지 않을 것이라고 전망하고 있다. 여러분들은 이 두 기사의 제목을 읽고 앞서 언급한 기사내용처럼 '新버블' 양상으로 진행될 것이라 확신할 수 있을까?

이어서 〈사례 2〉를 살펴보자. 매일경제신문에 실린 강남 재건축 규제완화 직전부터 현재 시점까지의 강남 재건축과 관련한 기사의 헤드라인만을 모은 것이다. 기사를 보면 한두 달 상관으로 강남 재건축 아파트값이 하락 → 급등 → 하락 → 증가함을 알 수 있다. 마치 그날그날의 주식시황을 보는 듯하다. 특히 밑줄 친 부분에 주목해보기 바란다. 불과 보름 전 기사에는 급등세가 꺾였다는 기사를 실어 놓고선, 두 달 연속 상승중이라는 어처구니없는 기사를 연이어 내놓고 있다. 만일 강남 재건축에 투자할 생각이 있다면 위 기사를 읽고 부동산의 매입시점을 쉬 잡을 수 있겠는가.

기사는 챙기되, 맹신은 금물

투자에 관심을 갖는 사람들은 대부분 신문기사나 전문가의 한마디를 통해 정보를 얻는다. 따라서 기사에 나오는 한마디 한마디는 그만큼 막대한 영향력을 끼친다. 특히 신문기사는 전체적인 흐름을 짚어주는데다 새로운 정책이나 대책 등이 나오면 이를 발 빠르게 전달한다. 하지만 이것이 문제다. 신문기자들은 다른 신문들보다 더 빠르고 새로운 소식을 전해야 한다는 부담감을 갖고 있어, 부정확한 내용의 기사를 여과 없이 전달하기도 하고, 미완성된 정책을 취재해 기사화하기도 한다. 부동산 시황 또한 앞으로 일어날 것 같은 방향으로 지나치게 나아가는 예측성 기사를 날리기도 한다.

따라서 부동산 기사를 통해 시장의 흐름을 읽되, 기사내용에 쉽게 현혹되어서는 안 된다. 특히 정부의 정책이나 대책 직후 시장 반응을 전하거나 정책의 효과 등이 자칫 지나치게 포장하여 전달될 수 있으므로 주의해야 한다. 기사는 반드시 챙기되, 지나치게 의존하는 습관을 들이면 안 되는 이유가 여기에 있다.

바야흐로 정보의 홍수 시대이다. 저마다 전문가이고, 또 저마다 정확한 판단을 내린다며 목소리를 높이는 시대이다. 따라서 올바른 정보를 찾아내고 분별할 줄 아는 개개인의 판단능력이 다른 무엇보다 중요하다. 특히 다음 사항에 유의하면 서 기사를 읽고 판별해낼 수 있어야 한다.

첫째, 제목에만 의존해서 판단해서는 안 된다. 제목과는 정반대의 논지가 펼 쳐지는 기사도 많으니, 내용까지 꼼꼼하게 살펴야 한다. 또 제목이 미처 커버하 지 못하는 내용이 기사 가운데 들어 있을 수도 있으니 제목만 보고 미루어 짐작 하고 단정을 내리면 안 된다. 제목은 말 그대로 전체 내용을 아우르는 말이라 보 면 된다. 〈사례 1〉의 기사 제목만 보고 어느 쪽이 더 설득력이 있다고 판단을 내 릴 수 있겠는가.

둘째, 전망 기사를 읽을 때에는 전망 결과 자체보다는 논거에 주목해서 살펴야 한다. 전문가들의 전망 기사는 예측 시점의 시장 분위기에 영향을 받는 경우가 많 다. 하지만 부동산 투자는 장기투자인 만큼 장기적인 관점에서 판단하는 것이 더 중요하다. 따라서 이들이 내놓는 전망 결과 자체보다는 어떠한 논거에 의해 쓰였는 가에 대한 진위성이나 타당성 여부 등을 살피는 것이 무엇보다 중요하다. 논리적으 로 허결하고 논리적 타당성이 떨어지는 전문가의 논거는 우리가 생각하는 것 이상 으로 많다. 특히 족집게 예언식의 전망 기사는 색안경을 끼고 보아도 무방하다.

그런 점에서 삼성경제연구소 등의 대기업 산하 연구기관, 한국경제연구원 등 의 국책연구기관 등에서 내놓는 전망자료는 그만큼 정확하고 장기적 관점을 가 지고 있기 때문에 매우 유용하다. 한두 곳의 홈페이지를 북마크 해두고 정기적으로 방문하면서 향후 부동산 전망이나 동향 등을 체크하는 것이 좋다.

셋째, 통계 수치나 가격 동향을 맹신해서는 안 된다. 정확히 말한다면 부동산 시장을 전망하는 데 통계를 사용하는 것 자체가 무리이다. 그만큼 정확하지 않고 심리적 요소가 많이 작용하는 것이 바로 부동산 시장이기 때문이다. 여기에 기사에 나오는 각종 통계자료나 지표는 더욱 큰 몫을 한다.

우선 기사를 읽다보면 특정 지역 시세가 폭락했거나 폭등했다는 얘기를 종종 접하게 된다. 앞서 예로 든 강남 재건축 아파트 폭등 · 폭락 기사가 그것이다. 하지만 현장에 가보면 이와 다른 경우가 많다. 전체 강남권 가운데 한두 군데만 오르거나 떨어져도 이 같은 기사가 바로 올라간다. 통계자료 역시 그렇다. 예를 들어 연간 집값 상승률, 하락률 조사의 경우에도 신문기사마다 제각각이다. 기준이 다르고 표본에 차이가 나기 때문이다. 이 역시 통계청 등 정부기관이 제시하는 자료나 신뢰할 수 있는 민간 경제연구소에서 제공하는 통계자료, 공신력 있는 금융기관에서 제공하는 가격 동향 등을 직접 확인하는 것이 좋다.

만일 어떤 지역의 투자에 관심이 있다면 해당 지역주민이나 부동산중개사무실을 방문하여 확인해야 한다. 특히 가격이나 매매 동향 등이 크게 차이날 수 있으므로 반드시 현장을 찾아 비교해야 한다.

넷째, 반드시 크로스 체크하는 습관을 들인다. 요즘 신문은 보수지와 진보지의 두 타입이 있다. 문제는 이들이 내놓는 전망 기사의 논조가 너무 큰 차이를 보여 이를 접하는 독자들을 큰 혼란에 빠지게 한다는 데 있다. 2009년 논란이 되었던 부재지주 비업무용 부동산 중과세 해제를 예로 들어 보자. 한쪽에서는 조세의 형평성을 위해 잘한 조치라고 했고, 다른 한쪽에서는 부자들만을 위한 조치로 해제해서는 안 된다는 방향으로 연일 기사화했으며, 심지어는 여당 내부에서도 반대가 심하여 국회통과가 어려울 것이라 했다. 이 두 가지를 놓고 독자는 어떤 판단을 내릴 수 있을까?

결국 판단은 독자의 몫이다. 신문기사의 논조를 읽고 꼼꼼히 따져가며 나름의 판단을 내리지 않으면 그저 시류에 끌려다니는 꼴이 되고 실패로 연결될 수밖에 없다. 가능하다면 상반되는 논조를 읽되, 정확한 판단을 내릴 수 있어야 한다. 여기에는 부동산 지식이 중요한 게 아니라, 기사를 읽고 정확히 판단하는 지혜를 기르는 일이 보다 중요하다.

시간의 흐름 속에서 파악해야

다섯째, 시간의 흐름을 가지고 지속적으로 살펴야 한다. 기사는 항상 시점을 파악해야 한다. 때로는 시점을 놓치는 경우가 종종 발생하기 때문이다. 만일 한 물간 기사 내용을 그대로 믿어 투자했을 경우 이에 대한 책임은 전적으로 이를 믿은 투자자 몫이다. 오죽하면 신문에 실린 기사는 더 이상 투자정보로서의 가치가 없다고 했을까. 이는 그만큼 생생한 정보가 중요하단 얘기다.

하지만 이 또한 문제가 될 수 있다. 신문사 간의 경쟁이 심한 현 상황에서 자칫 확인되지 않은 내용을 미루어 짐작하여 기사화하거나, 잔뜩 부풀려 기사화하는 경우도 배제할 수 없기 때문이다. 이른바 오보성, 과장성 기사가 그것이다.

그런데 이보다 더 큰 문제는 정부에서 내놓은 정책이 시간의 흐름을 역행하거나 그 과정에서 축소되는 경우이다. 한반도 대운하 공약이 그 대표적인 예이다. 당시 기사를 그대로 믿어 투자한 투자자들은 막대한 손실을 보았다. 당시의 기사를 살펴보면 대운하 공사를 긍정하는 기사와, 이를 비판하는 기사가 시차를 두고 엎치락뒤치락하며 실렸다. 그 결과는 다 아는 바와 같다. 이처럼 대선공약, 정부와 지자체의 선심성 개발계획, 정책의 그 진위성 여부를 철저히 따져봐야 한다. 거듭 말하지만 기사는 그때그때의 시점에 충실할 뿐이다. 우리가 시간의 흐름을 갖고 지속적으로 관심의 끈을 놓지 않아야 하는 이유가 여기 있다.

여섯째, 특히 '기획성 기사'에 낚이지 말아야 한다. 기획성 기사에는 두 가지가 있다. 신문사에서 내놓는 것과 이른바 기획부동산 등에서 내놓는 인포머셜 광고가 그것이다. 신문사에서 정기적으로 쏟아내는 기획기사는 먼저 일정한 방향을 설정한 다음 이어서 여러 명의 기자가 각자 맡은 분야를 취재해서 시리즈로 내는 경우가 대부분이다. 읽는 입장에서야 크게 문제될 것은 없지만, 심층적으로 들어가다 보면 자칫 객관성을 잃거나, 시점에 맞지 않는 경우가 많다. 특히 주간지나 월간지들은 발행날짜에 한참을 앞서 계획되고 편집되기 때문에 시점에 맞지 않는 경우가 많다. 따라서 이를 그대로 믿을 경우 자칫 낭패를 볼 수 있다.

이보다 문제가 되는 것이 바로 기획부동산 등에서 신문에 내는 광고성 기사, 이른바 인포머셜 기사이다. 3천만원으로 대박상가 투자입네, 2천만원으로 수도권 노른자 땅을 구입할 마지막 기회입네 하면서 온갖 재료란 재료는 다 갖다 버무려 마치 그럴듯한 개발기사로 둔갑시킨다. 또 그때그때의 관련 기사와 연동시켜 보는 이들을 더욱 현혹시킨다. 따라서 이를 구분하여 피할 수 있어야 하는데, 이는 어려운 문제가 아니다. 여기에 쉽게 눈이 가고 마음이 현혹되는 것이 문제이다.

결국 기사는 새로운 정보를 얻는 한편, 전체적인 흐름과 투자체계를 잡는 데 필수이다. 갈수록 정보화되는 현대사회에서 그 중요성이 점점 더 커지고 있다. 그런데 기사는 그와는 반대 방향으로 나가고 있다. 갈수록 권력화되고, 때론 무분별하고 일방적인 정보전달 체계로 흐르고 있기 때문이다. 따라서 이를 활용하고, 투자로 연결시키는 일련의 과정에서 이를 취하고 받아들이는 개개인의 역량이 그만큼 중요하다.

REAL ESTATE

PART 3

일관성 있는 부동산 정책의 중요성

정부의 무분별한 정책 남발과 이에 기초한 정부 개입은 시장을 더욱 악화시켜
부동산값을 가파르게 올렸을 뿐이다. 그 결과 정부정책에 대한 불신으로 이어져,
시장참여자 누구도 정부의 말을 곧이곧대로 듣지 않는 상황으로까지 발전하게 되었다.

규제의 역설

규제는 때론 의도한 목적을 달성하지도 못하고, 심지어는 의도한 것과 전혀 반대의 결과를 가져오기도 한다. 또한 심각한 부작용을 낳기도 한다. 부동산과 관련된 규제가 그 대표적인데, 그동안 역대 정부의 부동산 정책은 규제와 이어지는 규제완화의 일련의 과정이라고 해도 과언이 아니다. 그리고 그 과정에서 부동산 가격은 언제나 요동쳤다.

지난 노무현 정부 때가 특히 그러했는데, 집권 기간 내내 부동산 규제와의 전쟁이었다고 해도 과언이 아니다. 정부정책은 먹혀들지 않았고, 그때마다 투자자들은 발빠르게 행보했다. 이는 마치 토끼와 거북을 보는 것 같았다. 거북인 정부가 토끼인 투자자들을 뒤쫓을 수밖에 없는 그런 상황을 만들어 놓았다.

이는 그동안의 정부정책이 만들어 놓은 학습효과에서 비롯된 것으로밖에 볼 수 없다. 정부의 무분별한 정책 남발과 이에 기초한 정부 개입은 시장을 더욱 악화시켜 부동산값을 가파르게 올렸을 뿐이다. 그 결과 정부정책에 대한 불신으로 이어져, 시장참여자 누구도 정부의 말을 곧이곧대로 듣지 않는 상황으로까지 발전하게 되었다. 즉, 정책의 실패가 시장의 실패(market failure)로 이어졌다.

문제는 그 과정에서 지불해야 하는 엄청난 사회적 비용과 부담은 언제나

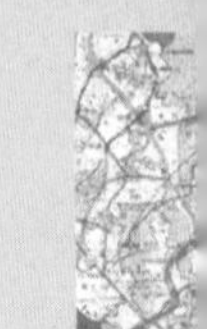

사회적 약자의 몫으로 돌아간다는 점이다. 왜냐하면 정부 말을 그대로 믿어서 당하는 쪽은 항상 순진한 서민이기 때문이다. 여기서도 '정보의 비대칭성' 위력은 유감없이 발휘되며, 이는 언제나 가진 자의 편에 선다. 그리고 부의 양극화현상을 갈수록 심화시키는 반면, 사회적 통합을 그만큼 약화시킨다. 그 중심에 부동산과 부동산 정책이 있다.

우리가 살아가고 있는 세상의 대부분은 '보이지 않는 손'이 지배하는 시장 원리에 따라 움직인다. 이는 궁극적으로는 항상 옳은 방향으로 진행된다. 부동산 시장 또한 그렇다. 그런데 여기에 정부는 '보이는 손'이란 규제를 가해 이를 인위적으로 조작하려 든다. 마치 그것이 정부의 역할이라는 듯이 말이다.

시장은 이것이 옳지 않다는 것을 언제나 결과로 보여줬는데, 이를 망각하는 것은 정부이고 정책이다. 그런데도 정부는 시장이 실패했기 때문에 규제하는 것이라고 강변할 뿐이다. 그리고 그 결과는 참혹했다. 규제완화 역시 그렇다. "적의 또 다른 적은 친구"라는 말이 있듯, 규제가 만들어 놓은 불합리와 부조리를 타파한다는 목적으로 만든 규제완화가 또 다른 규제가 되어 부메랑이 되어 돌아올 뿐이다. 이른바 규제의 역설이다. 그 과정에서 피해를 보는 것은 이전에 그 규제를 믿고 따른 또 다른 순진한 투자자들이다. 언제나 그러했듯이. ■

01

주택공급 확대냐, 투기수요 억제냐

우리나라는 약 10년을 주기로 주택가격이 급등해왔는데, 그럴 때마다 정부는 강력한 수요억제책을 쏟아부어가며 주택가격을 잡기 위해 안간힘을 썼다. 하지만 정부의 기대와는 달리 집값 오름세는 오랫동안 그치지 않고, 급기야 조바심이 난 일반 투자자들까지 가세하면서부터 말 그대로 투기시장으로 변질되었다.

이후 정부정책이 약발을 받고, 주택공급이 확대되어 시장이 안정될 조짐을 보이면 이후 부동산 시장은 급격히 위축된다. 그때부터 집값은 다시 폭락하고 정부는 부랴부랴 주택경기 활성화대책을 연이어 쏟아낸다. 이처럼 집값은 왜 정부정책에 계속 엇박자를 보이는 것일까. 그 이유에 대해 꼼꼼히 따져보자.

⊙ 주택문제를 바라보는 상반된 시각

주택정책을 둘러싼 시각은 크게 두 가지로 볼 수 있다. 시장기능을 중시하는 측과 정부개입의 당위성을 역설하는 측이 그것이다.

시장주의는 주택 역시 상품, 재화의 일종이므로 상품으로서 거래의 대상이 되며, 완전경쟁시장하에서 수요자와 공급자 간의 자유로운 계약에 의해 가격이 결정되어야 한다는 입장이다. 반면 정부주의는 주택은 인간의 생활을 유지하기 위한 기본 필수품이기 때문에 공공재적 성격을 띠는데, 주택시장이 불안정한 것은 독점·담합행위 등의 투기성 수요 때문이며, 이러한 불공정한 거래행위를 정부가 나서 강력히 규제할 필요가 있다는 입장이다.

그 결과 주택정책이 실패하는 근본적인 이유 역시 시각차이가 있다. 즉, 시장주의 입장에서는 정부의 지나친 시장개입에 따른 시장의 왜곡이 주택정책의 실패를 가져오는, 즉 '정부의 실패(government failure)'를 주된 원인으로 보고 있다. 그들에 따르면 그동안 우리 정부는 주택정책에 너무 깊숙이 개입하여 주택 수요와 공급을 간섭해왔는데 이 과정에서 주택가격이 왜곡되었고, 여기에 주택건설을 경기조절의 수단으로 사용함으로써 시장기능을 더욱 왜곡했으며, 이것이 결국 시장실패로 이어진 것이다.

반면, 정부개입론자들은 투기적 가수요 등에 따른 소유의 편중으로 인해 부익부 빈익빈 현상이 심화되면서, 이것이 시장 자체의 왜곡을 가져오는 이른바 '시장실패(market failure)'에 따른 결과라고 보고 있다. 따라서 주택시장을 근본적으로 불완전경쟁시장으로 간주하고 분양가규제 같은 가격규제를 통해서만이 독점, 담합에 의한 가격상승을 억제할 수 있다고 보기 때문에 이것을 시장기능에만 맡길 수 없다는 것이 정부개입주의자들의 시각이다.

주택거래 행위가 투기냐, 투기가 아니냐에 대해서도 상반된 입장을 보이고 있다. 먼저 시장주의자들의 입장에서 보면 주택투기 행위가 반드시 부정적이지만은 않다. 주택거래를 통해 시세차익을 얻는 것은 자연스러운 행위이며, 장기적인 관점에서 투자행위와 투기행위를 구분할 수 있는 객관적인 기준은 없다는 것이 지배적인 시각이다. 그리고 이에 따른 소득에 대해서는 적절한 과세장치만 보완하면 시세차익에 따른 과다이익은 자연스럽게 해결될 수 있다는 입장이다.

반면 정부론자들은 투기행위란 주택가격을 폭등시키는 주범이고 서민의 주거안정을 위협하는 사회악이며, 빈부격차를 유발하는 반시장적 행위이기 때문에 반드시 근절시켜야 할 대상으로 보고 있다. 따라서 가능한 적극적인 과세를 함으로써 불로소득을 전부 회수해야 한다는 입장이다.

따라서 주택문제를 바라보는 경제학자들의 견해 역시 상이한데 굳이 이를 구분하자면 다음과 같다. 즉, 시장의 조정기능을 중시하며 정부개입을 최소화해야 한다고 주장하는 신고전학파(시카고학파)는 시장주의 입장에서, 시장의 실패를 인정하고 조절자로서의 정부의 적극적인 개입을 요구하는 수정자본주의, 즉 케인즈학파는 정부주의 입장에서 주택정책의 방향을 잡아나가고 있다고 보면 된다.

최근 감세정책과 정부의 규제완화를 기치로 내건 '신자유주의'는 정부가 세금을 줄여 시중의 유동성을 풍부하게 하면, 이것이 소비를 늘려 기업의 공급을 늘리고, 이에 따라 경제가 성장한다는 극단의 시장친화적 경제체제를 지향한다. 이는 밀턴 프리드먼 교수를 필두로 한 시카고학파의 '작은 정부론'에서부터 출발하여 1980년대 이후 미국 경제의 이론적 토대가 되며, 현 이명박 정부의 정책과도 일맥상통한다.

◉ 집값 급등 원인에 대한 인식의 차이

우선 서울 강남 등 일부지역에서 집값이 급등한 원인에 대한 진단부터가 다르다. 시장론자들은 주택수급상의 불일치가 집값을 상승시켰다고 보고 있다. 즉, 소득향상 등으로 주택수요가 상당 부분 중대형 고급아파트로 옮겨갔는데, 이들 아파트의 공급이 제때 이루어지지 않은 것이 이전 노무현 정부 시절의 강남 집값의 폭등을 불렀다고 보고 있다. 그리고 이는 소형주택 공급비율 의무화, 분양가 규제 등 정부의 지나친 규제로 건설사의 주택공급 의지가 저하된 것도 원인으로 보고 있다. 이처럼 시장론자들의 입장에서 보면 집값 폭등은 시장 기능상의 문제 때문이며, 주택공급 대책도 수요가 많은 중대형 아파트 공급확대 중심으로 이루어져야 한다고 주장한다.

반면 정부개입론자들은 다주택보유자의 투기적인 수요가 강남 집값의 폭등을 불렀다고 본다. 부동산 대책의 초점도 당연히 투기행위를 엄격히 규제하고 세금 중과 등을 통해 주택수요를 줄이는 데 맞춰야 한다는 입장이다. 특히 다주택 보유를 투기행위로 간주하고 이에 따른 부담을 대폭 증가시켜 불로소득을 환수해야 한다는 입장이다.

지역 간 집값 차이를 바라보는 시각 또한 차이가 난다. 예를 들어 시장주의자들은 서울 강북지역과 강남지역 간의 집값 차이는 시장에서 결정된 것이기 때문에 그럴 만한 개연성이 있는 당연한 결과이며, 이를 정부가 개입해서 인위적으로 해결할 경우 오히려 역효과만 낳을 뿐이라는 생각이다.

반면 정부론자들은 교육, 주거, 교통시설 등 집값에 가장 큰 영향을 미치는 제반 환경적 요인에 있어서의 차이가 집값 차등현상을 가져온 것이며, 이는 같은 세금을 내는 국민 입장에서 볼 때 차별적 대우를 하는 것이기 때문에,

정부가 앞장서 해결하여 집값 평준화를 이뤄내야 한다는 생각이다.

고급주택을 바라보는 시각 또한 다르다. 시장론자들은 이 역시 시장기능에 맡기면 될 뿐이라고 생각하지만, 정부론자들은 고급주택의 가격이 상승하면 서민주택 가격도 따라서 움직이는 가격전의 효과가 크기 때문에 정부가 개입해서 이를 사전에 차단해야 한다고 생각한다.

이처럼 시장론자나 정부론자 양측의 주택정책을 보는 인식에 큰 차이를 보임에도 불구하고, 우리나라의 경제여건과 국민정서 등을 감안하여 어느 정도의 의견접근을 보이는 것도 있다. 즉, 저소득층에 대한 주택공급의 지속 확대, 보유세 강화를 통한 다주택 보유의 일정부분 제한, 주택거래에서 발생하는 불로소득에 대한 환수문제 등이 그것이다. 이 역시 양측 모두 바람직한 정책방향이라고 동의하고 있기는 하지만, 그 본질적인 부분에 들어가서는 확연한 차이를 나타낸다. 다시 말해 주택공급확대와 투기억제책이 함께 시행되어야 정책의 실효성을 기대할 수 있다는 생각에는 양측 모두 공감하지만, 근저는 어디까지나 상반된 입장에 근거한다.

◉ 이명박 정부의 주택정책 기조

노무현 정부 정부개입 중시 / 투기 반드시 잡아야 / 과세정책, 규제강화 / 투기적 가수요 억제 → 결과 : 정부 실패로 집값폭등

이명박 정부 시장기능 중시 / 어느 정도의 투기는 용인 / 감세정책, 규제완화 / 공급확대 → 결과 : 시장 실패?

이명박 정부정책의 기조는 시장기능 중시의 신자유주의적 성향을 띤다. 따라서 부동산 정책 역시 기본적인 궤를 같이 한다. 즉, 부동산 가격 상승의 주된 원인을 수요·공급 불일치에 따른 현상으로 보고 특히 수도권과 서울 도심 재건축·뉴타운 등을 통해 지속적으로 물량을 공급해야 한다는 입장이다.

정부는 주택공급을 확대하기 위해서 노무현 정부가 만든 과도한 규제를 철폐해야 한다는 입장이다. 이에 따라 전매제한 및 분양가상한제 폐지, 재건축 평형 규제 및 임대주택 의무화 완화, 다주택 및 고가주택에 대한 세제완화 등 대부분이 규제에서 완화되거나 해제된 상태이다.

여기서 문제가 되는 것이 바로 정책논리에 대한 인식 부재 내지는 무계획성이다. 이전 노무현 정부의 규제 실패론에 대한 무조건적인 반발과 이에 따른 '거꾸로 가기' 정책이 그것인데, 보유세 강화 및 개발이익 환수정책을 포기함으로써 스스로 부동산 거래의 선진화에 역행하는 결과를 초래한 것이 그 예가 된다. 이는 시장주의론자나 정부개입론자 모두 동의하는 부분이다.

특히 앞서 언급한 핵심 쟁점 중의 하나인 다주택자의 주택거래에 따른 초과이익을 어떻게 환수하여 거래의 공정성과 부의 형평성을 기하느냐가 문제이다. 이는 세제정책으로 일정 부분이 실현가능하며, 이 경우 보유세는 가장 강력하면서도 효율적인 정책수단이 된다. 보유세를 강화하는 반면, 이에 대한 보완으로 거래세를 완화하는 정책은 시장질서를 위해 그만큼 중요하고 또 일관성 있게 추진되어야 하는데도 불구하고 정부가 이를 스스로 포기한 것이다.

주택공급 측면에서도 생각해볼 여지가 있다. 주택이 언제나 부족하기 때문에 공급만 충분하면 집값을 잡을 수 있다는 생각은 현실과는 다소 거리가 있어 보인다. 우리나라 전세수요를 선진 임대수요로 전환시키기 위해 필요한 주택공급은 논외로 할 때, 지금 문제가 되는 것은 일부 지역 간, 평형대별 수급불균형이지 주택보급률 자체가 아니기 때문이다.

이 점에서 볼 때 정부가 강남 재건축 아파트 시장을 어떻게 해결하느냐에 따라 현 정부의 부동산정책 성패가 달렸다 해도 과언이 아닐 정도로 강남 재건축 문제는 매우 중요한 사안이다. 재건축 규제완화로 집값 상승 움직임이 심상치 않고, 이후 이것이 집값 폭등을 견인할 경우 이명박 정부 역시 부동산정책에 있어서 결코 자유롭지 못할 것이다. 결과적으로 앞서 언급한 보유세 규제완화는 적절치 못한 정책이었음이 드러난 셈이다.

◎ 주택정책의 일관성 부재가 집값 폭등의 원인

그동안 우리나라의 부동산 정책은 선진국처럼 시장기능 중시자와 정부개입 중시자들 간의 정책적 기조가 명확히 구분되어 그것이 정책에 반영되지 못하고, 그때그때의 상황에 따라 부동산 규제책과 활성화책의 냉탕온탕식 정책의 반복으로 일관되어 온 것이 사실이다. 그리고 이는 정부정책의 일관성 부재와 이로 인한 집값 급등과 급락이라는 악순환의 반복을 가져왔다.

정부가 일련의 정책을 시행하면 그것이 시장에 반영되기까지에는 일정 시차가 발생한다. 만일 경기호황으로 소득이 늘어 주택수요도 덩달아 늘면 주택가격도 상승한다. 이에 정부는 경기안정책을 내놓고 주택건설을 억제하게 되는데, 이것이 실물에 반영되기까지는 적어도 2~3년간의 시차가 발생한다. 문제는 이 기간 동안 집값이 계속 상승한다는 데 있다.

반대로 경기불황으로 주택수요가 줄면 정부는 주택수요를 늘리기 위한 일련의 주택공급정책을 내놓는다. 하지만 이러한 수요를 증가시키기 위한 정책과 제도가 시장에 반영되기까지 2~3년간의 시차가 발생한다. 실제 노무현 정부가 집권한 2003년 이후부터 쏟아낸 일련의 부동산 규제책이 시장에 반영되어 이후 부동산 오름세가 꺾이기 시작한 것은 정책 발표 당시가 아닌 2006년 이후부터였다.

이것이 의미하는 것은 무엇일까? 이제부터 주택공급 확대정책을 펼치더라도 그 주택이 실제로 공급될 때까지 집값 상승을 피할 수 없을 것이고, 이후 집값은 공급과잉으로 자칫 하락세를 가져올 수도 있다. 즉, 분양시점의 수요 초과에 따른 집값 상승과 입주시점부터의 공급과잉으로 인한 집값 하락이 그 것인데, 지금 뉴타운이다, 재개발·재건축이다 하여 한참 진행중인 주택공급이 다 끝난 이후를 한 번쯤은 생각해볼 필요가 있다.

문제는 그 시기가 정권교체시기와 맞물려 있다는 점이다. 만일 그 시점에서 정권교체와 함께 정책기조가 바뀔 경우(집값 과열을 안정시키고자 이전 노무현 정부 때처럼 보유세 강화 카드 등의 강력한 억제책을 꺼내 들 경우) 이후 집값이 급락할 것은 불을 보듯 명확해진다.

이렇듯 요는 주택에 대한 과세의 본질이 감세정책이냐, 과세정책이냐가 문제되는 것이 아니라, 그 일관성 부재가 주택수급 간의 시차 발생 문제와 맞물려 계속 엇박자를 보인다는 데 있다. 이 과정에서 피해를 보는 것은 다름 아닌 서민들이다.

우리나라 주택정책은 정책적 기조 그 자체보다는 시류에 따라 그때그때 변하는 일관성 부재가 더 큰 문제이다. 그리고 이는 '공급의 비탄력성', '가격의 하방경직성' 등 주택정책 고유의 특성으로 인해 가격급등과 폭락의 반복현상으로 이어진다. 엄밀히 말하면 큰 폭 상승과 상대적으로 적은 폭 하락이 반복되면서 집값이 계속 상승하는 것처럼 보이는 것인데, 그나마 주택의 내재가치가 이미 온전히 반영되어 앞으로는 큰 폭 상승이 기대되지 않는다.

따라서 집값을 안정시키기 위해서는 주택공급을 확대하는 것이 먼저인가, 투기수요부터 억제하는 것이 먼저인가를 따져보는 것이 관건이 아니라, 과연 정권이 바뀌어도 그 정책이 일관되게 유지되고 추진될 수 있는지를 고려하는 것이 더 중요하다. 부동산 투자는 그만큼 긴 시간을 요하는 장기투자이기에 그렇다.

02
정부의 부동산 시장 개입, 어디까지가 적정한가?

○ 시장이 실패하는 네 가지 경우

시장이 어떤 구조적 원인으로 인해 자원의 효율적인 배분에 실패하는 현상을 '시장의 실패(market failure)'라고 한다. 시장의 실패 현상이 부동산 시장에 대한 정부개입을 정당화하는 명분이 되기도 하는데, 시장의 실패를 초래하는 원인은 시장이 독과점일 때, 정보가 비대칭적일 때, 외부성이 있을 때, 공공재일 때, 이상 네 가지이다.

그중 외부성 또는 외부효과(external effect)는 어떤 경제주체의 경제활동이 다른 경제주체의 경제활동에 미치는 효과를 말하며, 외부효과를 받는 쪽에게 이익이 된다면 '외부경제', 손해가 된다면 '외부불경제'라고 한다. 따라서 외부효과는 가격이나 시장을 통하지 않는 효과라고 볼 수 있다. 특히 쓰레기소각장, 화장터, 원자력발전소, 기타 혐오시설로 이용되는 토지의 외부효과를 둘러싼 이해당사자 간의 갈등은 정부가 시장에 개입하는 이유가 된다.

공공재(public goods)의 경우 역시 우리 생활에 꼭 필요한 재화임에도 불구하고 소비에 대하여 대가를 지불하지 않으려는 수혜자와 비용부담자 간의 '무임승차의 문제(free rider's problem)'가 발생하게 된다. 이에 따라 시장을 통해 원만히 공급되지 못하므로 부득이 정부가 나서서 직접 공급할 수밖에 없다. 경찰서, 학교, 병원, 공원 등이 여기에 해당된다.

외부성이나 공공재의 경우 자원의 효율적 자원배분을 명분으로 한 정부의 시장개입을 불러오지만, 이는 불완전경쟁으로 인한 부동산 시장의 실패 문제보다는 효율성과 형평성이라는 명분에 의해 합리화된다. 그 결과 정부의 시장개입으로 인한 토지이용 규제는 그다지 큰 문제가 되지 않고 오히려 정당한 정책적 기능으로 수용될 수 있다.

문제가 되는 것은 시장이 독과점이거나 정보가 비대칭적일 때이다. 이 경우에는 정부가 시장개입을 가급적 자제해야 하는데, 이는 우리나라의 부동산 정책 역사에서 정부가 개입하여 성공한 사례가 거의 없었고 오히려 그때마다 집값을 상승시킨 결과를 가져왔기 때문이다.

그 실례로 아파트분양가상한제, 분양가연동제를 통한 가격규제를 들 수 있다. 완전경쟁시장하에서 균형가격은 수요곡선과 공급곡선이 교차하는 점에서 결정된다. 따라서 이론적으로 초과이윤은 존재하지 않는다. 단기적으로는 불균형을 이룰지 몰라도 장기적으로는 균형가격으로 수렴되기 때문이다. 하지만 원가공개나 분양가상한제 주장에는 이른바 '초과이윤'이 존재한다는 가정으로부터 출발하는데, 즉 시장가격이 원가에 공급자의 적정 이윤을 더한 수준을 초과하는 부분이 존재함을 뜻한다.

시장에서의 초과이윤이 존재하려면 독과점 또는 담합 같은 공급자 요인에 의해 시장가격이 일방적으로 높게 형성되는 경우이거나, 공급이 수요를 충족시키지 못할 경우에 국한된다. 만일 전자일 경우 이는 정부의 가격억제 정책을 통해 초과이윤을 제거하는 것이 유효한 가격안정 정책이 될 수 있다. 하지만 실제 부동산 시장에서의 독점적이고도 우월적인 지위는 토지주택공사 등의 정부에서 행사하고 있으며, 이 때문에 시민단체로부터 정부가 땅장사를 한다는 지적을 끊임없이 받고 있다. 이는 정부가 앞장서서 시장 질서를 교란시키는 것으로, 정부가 제 역할에 충실하지 못한 이른바 '정부의 실패'에 해당된다.

후자의 경우가 더 큰 문제이다. 예를 들어 분양가연동제는 아파트건설회사가 분양가를 높이 책정해 과다한 초과이윤을 추구함으로써 이것이 결과적으로 아파트값을 끌어올렸다는 인식에서 출발하는데, 이에 따라 아파트값 제한을 통해 공급자, 즉 아파트건설회사의 초과이윤을 제거함으로써 아파트값을 안정시킬 수 있다는 논리이다.

하지만 정부의 이러한 인위적인 가격제한으로 공급은 축소되는 반면, 수요는 여전히 줄지 않고 초과수요가 되어 가격상승을 부추긴다. 그 결과 신규공급 가격은 공급곡선상에서 고정된 반면, 판매가격은 수요곡선이 우상향함으로써 그만큼의 초과이윤은 공급자에게서 최초 구매자로 전가된다. 즉, 아파트값 폭등이다.

실제 분양가상한제가 처음 도입되었던 1980년대에는 주택이 204만호 공급되었는데, 이것이 완화된 1990년대에 공급된 주택 412만호의 절반에도 미치지 못했고, 이는 1990년대 초반 부동산값을 폭등시킨 원인이 되었다. 또한 고급주택에 대한 늘어나는 수요에 맞춰 대형주택 공급 역시 시장원리에 맞춰 함께 늘어나야 하는데, 분양가상한제는 이에 따른 공급을 억제하여 고급아파트

품귀현상을 빚었고, 이를 반영한 것이 2009년 한남뉴타운 고급임대아파트 청약 과열현상이다.

이처럼 부동산공급업체들의 초과이윤 박탈을 위한 정부의 가격제한 정책은 유효한 정책이 되지 못하며, 장기적인 가격안정을 달성할 가능성보다는 주택시장의 수급을 교란시키는 요인으로 작용한다. '정책의 실패'가 '시장의 실패'를 가져오는 대표적인 경우가 여기에 해당된다.

○ 정부개입의 효과와 한계

부동산 시장에 정부가 개임함으로써 얻게 되는 정(正)의 효과가 없는 것은 아니다. 우선은 '정보의 비대칭성'으로 인한 문제를 해결할 수 있다. 부동산 시장의 경우 시장을 불완전하게 만드는 요인 중 하나인 정보의 비대칭성을 시장에 그대로 맡겨놓을 경우 형평성에 맞지 않기 때문에 이를 정부에서 직접 나서면 보다 효율적으로 관리하고 통제할 수 있다.

앞서 말한 외부불경제가 발생했을 경우 정부가 직접 나서서 규제 또는 통제함으로써 토지의 효율적인 이용을 규제하는 경우에도 정부개입은 유용하다. 소비재의 '비경합성'과 '비배제성'으로 인해 시장에서 원활한 공급이 어려운 공공재 역시 '비용편익분석'에 의거하여 원활하게 공급되어야 하며, 이 경우에도 정부개입의 당위성은 설득력을 얻는다. 공공임대주택, 보금자리주택 등 저소득층을 위한 정책을 위해 정부가 시장에 개입하는 것 역시 긍정적인 측면이 있다. 그만큼 소득을 재분배하는 효과가 있기 때문이다.

이처럼 정부가 형평성 제고 등을 위해 시장에 적극적으로 개입해야 한다는 주장은 일정 측면에 있어서 매우 긍정적이다. 하지만 문제는 이를 위한 효과적인 수단을 찾아내고 이를 정책으로 수렴시키기가 어렵다는 사실이다. 그 결과 장기적이고 거시적인 안목으로 접근하기보다는 정치논리에 따라 그때그때마다 즉시적으로 나타날 결과만을 선호하는 졸속을 낳았다. 그리고 이제까지의 부동산 정책은 이러한 주장을 충분히 뒷받침했으며, 부동산값은 그때마다 어김없이 폭등했다.

● 부동산 정책을 위한 올바른 방향

정부가 부동산 대책을 강도 있게 내놓을 때마다 부동산 가격은 급등했는데, 이는 정부정책의 강도가 약해서가 아니라 시장원리에 맞지 않는 정책 때문이다. 분양가 원가공개 등의 가격규제 정책은 정부개입을 정당화한 무분별한 시장개입일 뿐, 결국 '정부의 실패'라는 결과를 가져왔기 때문이다. 그 결과 정부의 개입으로 시장의 실패가 교정되기는커녕 오히려 자원배분의 비효율성과 불공정성을 심화시켜, 이것이 부동산값 급등으로 이어진 것이다. 당장의 분양가 상승이 주택공급자에 의한 부당한 초과이윤 추구의 결과인 것처럼 보이더라도, 이를 가격제한 정책으로 박탈하는 것은 장기적인 주택가격 안정에 아무런 도움이 되지 않는다는 것이 정부의 부동산 정책으로 실증된 셈이다.

따라서 정부는 가격규제를 통해서 집값 안정을 도모할 것이 아니라, 공급업자들이 손쉽게 시장에 참여하여 경쟁이 촉진될 수 있도록 진입장벽을 낮추는데 역점을 두는 한편, 공급을 늘리는 데 장애가 되는 요인들을 제거해야 한다. 공급자에 대한 지원을 통해 공급이 지속적으로 확대되어야 주택가격이 장기적으로 안정될 수 있다.

또한 가수요 등의 투기적 수요를 억제하는 정책 역시 장기적인 관점에서 지속적이고 일관되게 추진되어야 한다. 개발이익 환수제도 등이 이에 해당하는데, 결국 정부의 정책이라는 것이 주택수급은 시장원리에 맡기되, 꼭 필요한 부분에 한해서만 형평성·공공성을 고려해서 지속적으로 시행되어야 한다. 이 역시 정책시행에 따른 부작용이 있을 것으로 예상되는 경우에는 차라리 개입 자체를 자제하는 것이 대책이 될 수 있다. 그야말로 무대책이 대책이다. 적어도 부동산 정책에 있어서는 그렇다.

03

분양가상한제가
수급불균형을 심화

다음 자료는 우리 경제가 침체기에서 벗어나지 못하고, 집값이 하락세를 면치 못했던 2009년 2월 무렵에 작성된 것이다. 내용을 수정하지 않고 그대로 실은 이유는 당시의 상황을 이해하고, 현재 어떻게 달라졌는가를 파악하기 위함이다. 그래야만이 강남 집값의 오름세를 제대로 파악할 수 있을 것이다.

기사 용산 '한남더힐' 최고 51 대 1

국내 최고가 임대주택으로 관심을 모으고 있는 서울 용산구 한남동의 고급 민간임대 '한남더힐'이 평균 4대 1이 넘는 높은 청약경쟁률을 기록하면서 전 주택형이 청약기간에 마감됐다. 이 중 12가구를 모집한 펜트하우스 332㎡는 616명이 청약해 무려 51대 1의 239만 7,000~429만 1,000원을 부담하는 고급 임대아파트여서 수요층이 극소수 부유층에만 한정돼 높은 청약률을 기대하긴 어려울 것이란 분석이 지배적이었으나 예상을 뒤집은 결과라는 평이다. 파이낸셜뉴스, 2009. 2. 19

같은 시기에 분양됐던 고급 주상복합 아파트들과 면적, 공급량 등은 비슷한 수준이지만 청약 결과는 희비가 엇갈렸다. 다른 주상복합과 달리 임대형식을 택해 2년 반 동안 살아본 뒤 분양 여부를 선택할 수 있다는 점이 큰 메리트로 작용했기 때문이다. 입주 후 5년이 지나야 감정가를 평가받아 분양전환이 이루어지므로 집값이 크게 하락하면 안 사도 되고 반대로 오르면 우선권을 가질 수 있다. 물론 분양전환 받을 때 감정가가 임대보증금보다 높아지면 추가로 부담을 져야 하므로 임대기간 동안의 집값상승에 따른 시세차익은 볼 수 없다. 그럼에도 불구하고 이렇듯 높은 청약률을 기록한 이유는 무엇일까?

전문가들은 한남더힐의 성공적인 분양 요인으로 입지와 희소성을 들고 있다. '최고 입지'라는 프리미엄에다가 '도심 한복판에 있는 타운하우스형 고급 주거단지'란 희소성이 부유층을 끌어들인 것으로 보고 있다. 그 결과, 이제까지 고급주택은 주로 타워팰리스나 삼성동 아이파크와 같은 초고층 주상복합으로 인정받아 왔는데, 한남더힐은 '고가아파트는 초고층 주상복합'이라는 상식을 깬 사례가 됐다.

◯ 수급불균형과 풍선효과가 나은 강남 집값 상승

한남더힐이 최고의 입지조건을 갖췄다고 보기에는 다소 무리가 있다. 한강 조망권을 갖춘 것도 아니고, 교통, 교육 등의 기반여건이 강남 등의 여타지역에 비해 뛰어난 것도 아니기 때문이다. 입지조건만 놓고 본다면 같은 시기에 분양된 뚝섬지역도 못지않다. 이보다는 고급주택에 대한 수요와 희소가치에서 그 원인을 찾는 게 보다 현실적인데, 이는 정부의 '분양가상한제'라는 反

시장정책에서 비롯된 결과물이라고 볼 수 있다. 분양가상한제가 고급주택의 수요와 공급에 어떤 영향을 미쳤는지에 대해 살펴보자.

노무현 정부는 아파트값을 잡는다는 명목으로 2007년 1월 분양가격상한제 도입을 발표했다. 이는 분양가상한폭을 제한해 신규아파트 공급가격을 규제하면 기존 아파트 가격 또한 저절로 내려갈 것이라는 순진한 발상에서부터 출발했다. 하지만 정부의 일률적인 아파트건축비 책정 등을 통한 분양가상한제 시행은 결과적으로 건설경기 침체와 미분양 아파트 양산이라는 부작용만을 낳았다.

정부가 분양가상한제를 골자로 하는 부동산대책을 발표한 때가 2007년 1월이었다. 이때부터 민간 건설사들은 분양가상한제가 시행되는 9월 이전에 미리 사업승인을 받기 위해 아파트 건설수주에 전력을 다했다. 그 결과 2007년 1월 9.7% 수준이었던 건설수주 증가율은 같은 해 2월 이후에는 40.1%까지 증가하였으며, 대부분의 건설사들이 분양가상한제가 실시되는 9월 이전까지 신규 공급 예정 아파트 물량에 대한 사업승인을 완료했다.

하지만 이는 이후 건설경기를 침체에 빠뜨린 주된 원인이 되었다. 가장 큰 이유가 바로 수요와 공급 간의 미스매치인데, 이는 서울과 지방 간, 서울 강남과 강북 간의 아파트 수요 · 공급 간의 불균형에서 출발한다. 이것이 엇박자나는 정책과 맞물려 수요 · 공급의 심한 왜곡을 일으킨 것이 2009년의 상황이다.

우선 서울지역은 아파트 신규공급이 제한적일 수밖에 없는데, 이에 따라 나온 것이 강북 재개발, 뉴타운건설 등의 도시재정비사업을 통한 아파트 공급 물량 확대정책이다. 그 결과 강북지역 집값, 땅값은 큰 폭으로 올랐다. 반면 강남지역은 주로 재건축을 통해서 아파트 신규공급이 가능해지는데, 이는

2009년 1월 강남 재건축 규제완화대책 발표 이전까지 규제로 꽁꽁 묶여 있었다. 이에 따라 강북과 강남 간의 아파트값은 그 격차가 상당히 좁아졌다.

보다 심각한 것이 수도권이나 지방의 아파트 공급물량이다. 분양가상한제 시행 이전에 사업승인을 받아 놓은 엄청난 물량이 혁신도시, 기업도시 등의 지방화정책 추진과 맞물려 일시에 쏟아지기 시작했다. 그런데 중·대형 평수 위주로 건설되어, 이후 경기침체와 맞물려 대량의 미분양사태를 촉발했다. 이 것이 지금의 건설업계가 처한 위기의 실체이다. 분양가상한제 같은 정부의 인 위적인 가격통제 정책이 건설사 등 민간 경제주체들의 의사결정에 직접적인 영향을 미칠 뿐만 아니라, 어떻게 경기침체 같은 부작용을 가져오는지를 설명 해주는 좋은 예이다.

◯ 소득증가와 희소가치는 정비례한다

다시 강남지역으로 관심을 돌려보자. 소득이 늘면 주거환경이 쾌적하고 교 육기반 등 사회기반시설이 잘 갖춰진 고급주택지역에 대한 수요가 늘어난다. 바로 강남이 그런 지역이다. 통계청에 따르면 2007년 우리나라의 억대연봉자 수가 10만 명을 넘어섰으며, 근로, 사업, 이자, 임대소득 등을 합친 종합소득 금액이 5억원을 초과하는 고액소득자는 8,626명으로 2006년(6,758명)에 비해 27.6% 증가했다.

고소득자가 늘어날수록 그들이 살고 싶어하는 대형주택·고급주택의 수요 도 늘어난다. 따라서 이들 주택의 공급도 시장의 원리에 맞춰 늘어나야 한다. 하지만 그동안의 부동산 정책은 강남지역 주택공급은 무시한 채, 신도시다 뉴타운이다 해서 강북지역과 수도권 주택공급만 늘리는 결과를 초래했다. 그 결과가 초래한 예 중에 하나가 바로 수도권의 로또라고 불리던 판교신도시의 미분양이다. 물론 경기침체가 원인이 되었지만, 그것만으로는 한남더힐 청약 성공을 설명하기에 설득력이 떨어진다.

왜냐하면 분양가상한제의 적용으로 인한 강남 중대형 고급아파트 공급부족이 분양가상한제의 적용을 받지 않는 한남더힐의 분양 대박을 낳은 것이며, 고급 아파트에 대한 공급이 부족한 것 외에는 달리 설명할 방법이 없기 때문이다. 돈 많은 부자가 원하는 아파트는 분양가상한제에 적용받아 지은 판교신도시 내의 일반아파트가 아니라, 이에 적용받지 않는 고급아파트이고, 이에 따른 기대감이 결집된 곳이 바로 강남이다.

민간이 분양하는 아파트 역시 분양가상한제의 적용을 받아 건축해야 하므로 민간 택지 아파트 품질은 뛰어날 수 없으며, 고소득계층이 이를 선호할 가능성은 매우 희박하다. 이를 뛰어난 입지여건을 갖춘 강남지역 아파트에 적용하기에도 무리가 따른다. 따라서 강남지역 재건축 아파트는 이미 발표된 용적률 규제완화와 함께 분양가상한제 폐지라는 호재가 이어졌을 때부터 경기침체와 상관없이 급등할 것이며, 희소가치를 발휘할 것이다.

이상을 정리하면 다음과 같다. 먼저, 서울과 수도권, 서울 강남과 강북 간의 아파트 공급은 정부의 분양가상한제 등의 규제와 맞물려 '수급불균형'을 가져왔다. 이는 강력한 부동산 정책을 사용하여 특정지역(강남지역) 부동산 가격을 억제하면 그 외 지역(수도권 신도시와 서울 강북지역 뉴타운)의 부동산 가격이 오르는 이른바 '풍선효과'*를 가져왔으며, 이것이 그동안 이들 지역 아파트값이 오른 주된 이유가 되었다.

최근 경기침체와 함께 이들 지역의 아파트값이 크게 떨어지고 있지만, 강남지역은 소폭 하락한데 그친 것이 이를 반증한다. 따라서 만일 그동안의 집값 상승이 거품이었다면, 강북지역 아파트값만 더 떨어질 것이고, 거품이 아니라면 이전 가격 폭으로 회기하려는 작용으로 강남지역 아파트값이 오를 것이다.

2009년 초부터 숨가쁘게 진행된 일련의 강남 재건축 규제완화 발표와 함께 강남지역의 집값만 상승하고 있는데, 이는 이후 민간주택분양가상한제 폐지가 시행된다면 경기침체 여부와 관계없이 그 기대심리만으로도 큰 폭으로 오를 가능성이 다분하다.* '소득증가'와 함께 강남 수요를 대체할 아파트 공급은 현실적으로 극히 제한적일 수밖에 없기 때문이다. 요컨대 수요는 꾸준히 증가하는데 비해 공급은 제한적이라는 말이다. 이번 한남더힐 청약 성공은 이를 시사하는 좋은 실례가 된다. 입지여건이 뛰어나면서 희소가치까지 갖춘 고급아파트는 앞으로도 많지 않을 것이며, 그 정점에 강남 재건축 아파트가 있다.

만일 강남 재건축 아파트가 완료될 때까지 기다리는 것이 싫다면 송파나 서초의 대단지 재건축 아파트를 눈여겨보는 것도 좋다. 경기침체 여파로 타 지역에 비해 자산가치가 저평가된 상태로, 앞으로 이 정도의 입지와 희소성을 갖춘 아파트가 공급되기 쉽지 않기 때문이다.

이 모든 것을 고려하더라도 이점만은 확실하다. 강남권 아파트 저가매수 시점은 아직도 유동적이다.** 단, 지금이 일반인이 갈아 탈 수 있는 마지막 기회가 될 공산이 크다.

◎ 분양가상한제를 통해 습득할 수 있는 경제지식

시장에서 가격은 수요와 공급에 따라 결정된다. 그리고 이는 수요와 공급이 같아지는 균형점에서 형성된다. 하지만 최고가격제(분양가상한제)는 시장 외부의 힘을 통해 균형가격 아래, 다시 말해 수요와 공급이 만나는 점 아래에 고정되도록 가격을 인위적으로 통제하는 제도이다. 이렇게 되면 물건을 사려는 수요는 늘어나는 반면, 이에 따른 공급은 줄어들게 된다. 그 결과 시장이 왜곡되는 등의 비효율이 발생하게 된다. 주택 공급량이 줄어들면서 발생하는 분양 프리미엄 등이 그것이다.

이처럼 수요를 무시한 채 공급가격을 인위적으로 조절한다고 부동산값이 잡힌다는 발상의 잘못된 점은 경제학의 기초지식에서도 쉽게 확인할 수 있다. 현대 미시경제학의 창시자 알프레드 마셜은 시장에서 가격이 결정되는 과정을 '가위의 양날'에 비유했다.

"상품가치가 효용에 따라 결정되는지, 생산비용에 따라 결정되는지 논쟁하는 것은 종이를 자르는 것이 과연 가위의 윗날이냐 아랫날이냐를 따지려 드는 것과 다를 바 없다."

이를 바꿔 말해보자. 부동산 가격은 수요와 관계없이 생산비용에 따라 결정되므로 생산원가를 공개하여 가격을 통제하면 부동산값이 내려갈 수 있을 것이라는 주장에 의거, 시장논리를 무시한 채 밀어제친 정책의 하나가 바로

* 이 글이 2009년 2월에 쓰여진 것임을 감안하기 바라며, 이후 규제완화 발표에 따른 기대감으로 집값은 급등했다. 따라서 저가매수 시점은 다음 하락기까지는 물 건너간 셈이다.
** 강남 재건축의 3대 규제 중 용적률은 상한선까지 완화되었지만, '소형평형 의무비율+임대주택건설 의무비율'의 합계 완화 규정이 서울시 조례로 다시 묶였다. 여기에 분양가상한제 폐지 역시 국회통과가 지연되어 결국 2010년으로 넘어갔다. 이는 강남 재건축 규제완화와 이에 따른 기대감 등으로 지난 2009년 4월초부터 10월초까지의 수개월 동안 강남 집값이 큰 폭으로 오른데 따른 우려에서이다. 이처럼 정부정책은 불규칙적이다.

분양가상한제이다. 하지만 가격은 수요와 공급에 따라 결정되는 것이지 어느 일방에 의해 결정되는 것이 아니다. 따라서 이것이 마셜이 말한 가위의 윗날이냐 아랫날이냐를 따지는 논리와 무엇이 다르겠는가.

04

신자유주의 경제체제하에서 살아남는 지혜

외환위기 이후(엄밀하게 따지면 90년대 중반 김영삼 정부가 들어서면서부터) 우리나라의 경제체제는 신자유주의적 구조로 변화되었다. 신자유주의의 기본 특징은 저성장, 저투자, 고용불안이라는 특징을 지닌 금융자본주의 체제이다.

이 금융자본주의는 경제 성장을 그다지 달가워하지 않는다. 성장보다는 경기안정을 통해 인플레(물가상승률)를 낮춰야 투자한 자금에 대한 자본이득이 더 커지는 반면, 경제성장을 위한 투자는 그만큼 리스크를 안아야 하기 때문이다. 따라서 금융자본주의는 장기적인 관점에서 하는 투자에는 관심이 없다.

◎ 부의 양극화현상은 갈수록 심화된다

기업이 투자를 해야 고용이 발생하고 내수가 증가하며, 경제가 성장하게 된다. 그런데 만일 투자가 많이 이루어지면 노동력 수요와 원자재 수요 등이 일어나 물가가 인상될 가능성이 크다. 이 경우 명목이자율이 동일하다면 물가 상승률은 실질이자율 등 실질적인 금융투자 수익률을 하락시키기 때문에 금융자본에는 손해가 된다.* 이것이 금융자본주의가 투자를 꺼리는 이유이다.

이처럼 신자유주의 경제체제하에서의 저성장은 피할 수 없는 구조적인 문제가 되었고, 이 과정에서 가장 큰 피해를 보는 집단은 노동자와 서민들이며, 반대로 가장 큰 이익을 챙기는 집단은 금융자본과 외국인 투자자들이다. 최근 경제위기의 회복조짐에도 불구하고 고용률이 여전히 바닥이고, 좀처럼 내수가 살아나지 않고 있는 점이 바로 신자유주의 경제체제에 따른 결과 때문이기도 하다.

부동산과 관련한 얘기를 하다 신자유주의 경제체제를 말하니까 일견 뜬금 없는 소리처럼 들릴 수도 있겠지만, 그렇지 않다.

우선 생각해봐야 할 것이, 갈수록 크게 벌어지고 있는 소득 양극화현상의 근본적인 원인이 바로 1990년대 초반부터 시작된 신자유주의적 세계화와 이에 따른 경제체제의 변화로 인한 것이라는 점이다. 세계화 이후 수출의존도 심화, 내수부진, 투자부진이라는 우리 경제의 가장 큰 구조적인 문제를 낳았다.

물론 수출 부분에서 일부 대기업의 투자가 활발하여 우리 경제를 지탱하는 버팀목이 되고는 있지만, 그 이면을 생각하지 않을 수 없다. 우리 경제가 전체적으로 고르게 발전하지 못한 채 소수의 대기업에 대한 의존도를 지나치게 높여 성장 고용의 불균형 심화는 물론, 수출과 내수의 양극화를 구조화시키는 등 우리 경제를 상당히 취약한 구조로 만들었다.

그 결과, 우리나라 경제의 대외의존도가 지나치게 높아져 세계 경제의 조그마한 출렁거림에도 큰 홍역을 치르고 있다. 이것이 극단적으로 표출된 것이 바로 1997년말의 외환위기이며, 그때부터 중산층은 급격히 무너지고 빈부격차의 폭도 커지는 등 양극화현상이 보다 심화됐다. 이는 앞으로 경제침체와 회복의 반복이 보다 잦을 것이며, 소득불균형과 불평등이 더욱더 심화될 것으로 보인다.

여기서 또 하나 문제가 되는 것이 금융권의 대출패턴의 변화이다. 즉, 신자유주의 경제체제 이후, 특히 외환위기 이후 변화된 것이 바로 금융권의 대출이 기업대출에서 가계대출로 전환된 점이다. 다시 말해 금융자금이 기업의 투자자금으로 흘러 이것이 실물경제로 이어져야 하는데, 그것이 단절된 것이다.

이것이 바로 최근의 주택담보대출 등의 급증과 이로 인한 가계부채의 증가현상이다. 금융권이 나서서 부동산 투기 붐을 조장하는 형국이 된 것이다. 지금의 풍부한 유동성이 단기의 투기자금화로 변질된 배경 역시 신자유주의적 금융자본주의에 따른 부분이 상당하다.

지난 2007년 이후 미국의 경제침체는 부동산 투자의 과열에서 촉발된 사태이며, 이 역시 미국식 금융자본주의, 즉 신자유주의 경제체제의 문제점을 그대로 나타낸 것이라 하겠다. 그리고 이를 우리나라에 그대로 적용할 경우, 앞으로 우리 부동산 시장이 어떤 방향으로 흐를 것이라는 짐작은 어느 정도 하고 있어야 한다.

○ 자산을 지키는 데 힘을 쏟아야 한다

우리 경제는 본격적인 저성장시대에 돌입했으며, 갈수록 빈부격차가 커지는 금융자본주의 시대를 살아갈 수밖에 없는 불행한 현실에 직면했다. 이 과정에서 다수의 중산층은 몰락하여 빈곤층으로 주저앉게 되고, 소수의 금융자본가와 부유층만이 부를 독점하는 부의 양극화는 갈수록 심화되고 있다. 그리고 우리 경제가 출렁거릴 때마다 부의 쏠림현상은 더해질 것이다. 다수의 가난한 자들의 소중한 재산이 갈수록 줄어들고, 소수의 가진 자 쪽으로 이동하는 머니 쉬프트(money shift) 현상 말이다.

따라서 이제부터는 자산을 늘리는 것보다는, 자산을 지키는 데에 힘을 쏟아야 한다. 그만큼 자산시장은 이른 바 '제로 섬' 게임이 되었다. 전체 자산 규모에는 변동이 없지만, 자산의 쏠림현상에 따른 부의 감소는 이제 피할 수 없게 되었다. 따라서 남의 것을 빼앗아 내 것으로 만드는 것이 아니라, 그나마 있는 내 것을 온전히 지켜내는 지혜가 필요하다.

이제 국가, 정부의 역할은 보다 중요해졌다. 다수의 중산층이 빈곤층으로 전락한 지금, 고용안정 및 사회보장 문제는 국가의 정체성을 뒤흔들 만큼 심각해졌으니 말이다. 다행히 우리나라의 복지정책은 아직까지는 희망적이다. 이 점에서 볼 때 우리나라는 아직은 살 만한 나라다.

일례로 이전 노무현 정부 당시 유시민 씨가 보건복지부장관으로 재직하고 있을 때 추진한 의료급여제도의 혁신이 바로 그것이다. 그중에서도 노인요양보험을 눈여겨볼 필요가 있는데, 이것은 65세 이후의 노인을 대상으로 한 혁신적인 요양보험이다. 일일이 설명할 필요성은 못 느끼지만, 이 보험의 시행으로 길거리에 내몰린 수많은 노인들이 혜택을 받았고, 현대판 고려장을 해결하는 데 기틀을 마련했다. 갈수록 고령화사회로 진행되어 가는 우리나라의 현실에서, 이마저도 없었다면 어땠을까?

주택문제 역시 그렇다. 양극화가 심화된 현실에서 절대 빈곤층을 위한 주택보급이 심각한 사회문제가 된 지 오래다. 최저생계비에도 못 미치는 절대빈곤층에게 있어 주택보급률 100%는 무의미하다. 그만큼 현실과는 동떨어진 얘기다. 따라서 이들에게 필요한 집은 정부가 나서서 마련해줄 수밖에 없다. 최근 중앙정부와 서울시 등의 지자체가 나서서 서민용 보금자리주택, 장기임대주택의 공급 확대에 주력하는 이유가 여기 있다.

문제는 이 과정에서 필연적으로 발생할 수밖에 없는 부작용을 어떻게 최소화할 것인가이지, 정책추진에 대한 맹목적인 반대가 아니다. 적어도 주택정책에 있어서만큼은 정부정책의 추진이 옳은 방향으로 진행되고 있으며, 또 옳다고 믿을 수밖에 없다.

일례로 노태우 정부 당시 신도시 건설을 통한 주택 200만호 공급시에도 야당과 시민단체 등의 거센 저항과 반발에 부닥친 적이 있었는데, 그 결과는 어땠는가? 만일 정부가 거센 반발에 굴복하여 추진을 중단했다면, 더욱 큰 사회적 문제로 증폭됐을 거라는 점을 되새겨볼 필요가 있다. 다시 말해 적어도 정부정책은 비록 그 추진과정에서 여러 문제점을 낳을 수 있지만, 전체적으로는 우리가 우려하는 것만큼 항상 잘못된 방향으로 진행되는 것은 아니다.

⊙ 똑똑한 집 한 채로 노후대책 마련할 수 있다

　얘기를 다시 원점으로 돌려 주택문제에 국한해서 생각해보자. 이제부터의 집 없는 서민을 위한 주택 보급은 정부가 사회복지 차원에서 해결할 몫이다. 그것 외에는 달리 방법이 없다. 또한 일부 집 많고 돈 많은 소수의 부자들을 욕할 필요도 없다. 그들도 엄연한 대한민국 국민이고, 사유재산권을 침해할 권리는 없다. 물론 이들에 대한 세금은 엄격한 잣대를 들이대야 할 것이다. 특히 불로소득에 대한 부분 말이다. 이것도 정부가 나서서 해결해야 할 몫이다. 그래야 사회적 공감대와 형평성 문제라는 두 마리 토끼를 잡을 수가 있다.

　당장에 문제가 되는 것은, 이제껏 힘겹게 일해서 집이라고 달랑 한 채 마련했는데, 벌써 은퇴가 눈앞이라는 암담한 현실에 부딪친 40대 후반~50대 중반의 중산층이다. 이제부터 베이비붐 세대의 본격적인 은퇴가 시작되기에 더 그렇다. 만의 하나 일부 비관론자의 말처럼 우리나라 집값이 일본처럼 폭락하는 날에는 그야말로 벼랑 끝으로 몰리는 형국이 된다.

　이는 우리 경제가 깊은 장기침체, 즉 일본처럼 디플레이션 상황으로 접어드는 것을 뜻하는데, 이 같은 가정은 논외로 하고 생각해보자. 무엇보다 똑똑한 집 한 채에 집중해야 한다. 수도권의 외곽보다는 서울, 서울 강북보다는 강남권으로 집중하여 경기변동에 따른 집값 하락 여파를 가장 덜 받을 주택을 보유하는 것이 그것이다. 물론 집값 상승여력은 그만큼 더 높다.

　그리고 주택에 대한 생각의 관점을 바꿔야 한다. 어디까지나 자기 자신과 부부의 인생이 마감될 때까지의 주거안정과 소득원으로서 생각할 것이지, 자식들에게 바리바리 물려주겠다는 생각을 버려야 한다. 더군다나 은퇴 시기는 갈수록 짧아지는 반면, 인간수명은 갈수록 길어져 이렇다할 소득 없이 살아가야 할 날이 많이 남아 있다. 그렇다고 자식에게 소홀히 하라는 말은 아니지만, 열심히 공부시켜 훌륭한 사회 구성원으로 만들었다면 그것으로 부모의 역할은 충분하다.

이렇듯 생각의 관점만 바꾼다면 남은 삶에 대한 질적 수준과 은퇴 이후의 생계걱정으로 인한 막연한 불안으로부터 어느 정도는 벗어날 수 있다. 그리고 이 역시 정부가 나서서 해결방안을 모색하고 있다. 주택연금(역모기지론)의 시행이 그것이다.

2005년부터 정부는 민간 역모기지에 대한 문제점을 인식하고 고령친화산업 활성화 방안의 핵심전략 중 하나로서 '역모기지의 활성화'를 선정했다. 그리고 검토를 거듭한 끝에 관련 법규와 제도를 마련하고 한국주택금융공사를 설립하였으며, 2007년 7월 주택연금 상품을 출시했다.

이는 고령자가 자신이 소유한 주택을 담보로 노후생활자금을 연금방식으로 대출받는 주택담보 대출상품으로, 정부가 공적 보증(주택연금 보증)하는 형태이다. 평생 동안 자신의 주택에서 거주하면서 안정된 노후 설계가 가능한 종신거주, 종신지급형 연금상품으로 가입요건은 60세 이상이면서 9억 이하의 주택을 소유한 사람이면 가능하다. 부부 사망시 그 효력이 소멸되는데, 이때 조기 사망이나 집값이 오르는 등으로 인해 집값보다 대출잔액이 적은 경우 자식에게 그 차액이 지급되며, 반면 집값 하락 등에 따른 부족분 발생시에 그 차액은 정부가 부담한다.

주택연금은 일본 등의 선진국에서도 쉽사리 시행되지 못하는 획기적인 제도로(일본은 잦은 지진 발생 등의 문제로 역모기지론이 활성화되지 못했다), 사회보장 차원에서 정부가 나서서 시행하는 제도이다. 따라서 은퇴 이후 남은 삶에 대한 최소한의 생계대책을 정부가 나서서 만들어 준 셈이다. 적어도 주택을 보유하고 있는 계층에 국한하지만 말이다. 그렇더라도 60세 이상의 고령자층을 대상으로 하고 있기 때문에 어떻게 해서든지 그때까지 안정적인 직장이나 직업을 갖고 소득을 만들어내야 한다. 이것은 개인의 문제이기도 하지만 무엇보다 정부가 나서서 할 일이다. 고용확대는 물론 정년 연장이 그것이다.

따라서 부동산 투자를 통해 남은 노후생활의 경제적 여유를 가지려면 가장 먼저 해야 할 것이 똑똑한 집 한 채를 제대로 장만하는 일이다. 노후에 부득이 그 집을 생활의 방편으로 삼아야 한다면, 그때 가서 그 집을 처분하여 작은 집을 장만하여 그것으로 주택연금에 가입하고, 나머지 금액을 자식들에게 나눠주면 그것으로 족하다. 무엇이 문제인가?

강남 재건축 해법 ; 형평성이냐, 재산권 보장이냐

이명박 정부 들어 강남 재건축과 관련한 규제 대부분이 철폐되었음에도 불구하고 여전히 재건축 속도는 붙지 않은 채 집값만 크게 꿈틀거리고 있다. 최근의 전세가격 급등현상이나 강남 집값 상승세의 이면에 강남 중대형 아파트 공급부족이 크게 작용하고 있다. 따라서 기왕에 재건축을 할 거라면, 하루라도 빨리 끝내야 집값을 안정시킬 수 있는데, 문제는 이것이 간단치 않다는 점에 있다.

규제는 풀되, 개발이익은 환수해야

강남 재건축 규제의 핵심은 임대주택 의무건립, 소형주택의무비율, 용적률 제한인데, 현재 규제가 대부분 풀린 상태이다. 하지만 최근 서울시가 조례로 되살린 소형주택의무비율규제가 재건축 추진의 발목을 잡고 있는 요인이 되고 있다.

당초 전용면적 60㎡ 이하 아파트는 20% 이상, 60~85㎡ 이하 아파트는 40% 이상 짓도록 했다. 이후 이것을 전용 85㎡ 이하 아파트를 전체 가구수의 60% 이상

짓는 방향으로 규제를 완화했지만, 2009년 서울시에서 조례를 개정해 종전 기준을 되살려 놓았다. 이에 따라 조합원 간의 이해관계가 복잡하게 얽혀들어 재건축이 지연되고 있는 것이다.

이는 그리 간단한 문제가 아니다. 왜냐하면 대치 은마나 압구정 현대 등 소형 평형이 없이 중대형 평형으로 이루어진 아파트의 경우에 자칫하면 작은 평형을 배정받는 사태까지도 생길 수 있기 때문이다. 여기에 분양가상한제까지 묶여 조합원 부담을 더하고 있다. 이것이 지금의 재건축 아파트 사업 추진의 가장 큰 걸림돌로 작용하고 있다.

물론 서울시의 입장을 생각하면 이해는 간다. 이 소형평형의무비율마저 푼다면 아파트 공급은 빨라지겠지만, 집값은 더욱 오를 수밖에 없다. 이는 수긍할 만한데, 그렇더라도 생각해야 할 것이 있다. 재건축에 대한 기대심리만을 잔뜩 키우는 반면, 실수요자를 위한 공급은 원활치 않게 되어 강남 재건축 아파트값을 끌어올리는 지금의 상황이다. 어찌됐거나 강남 재건축을 통한 중대형 아파트의 공급은 더 이상 미룰 수 없는 시점까지 도달했다.

따라서 재건축 사업의 속도를 높이기 위해서는 과감하게 규제를 푸는 대신 이에 상응하는 보완책을 내놓는 것이 보다 현실적이다. 예를 들어 개발이익의 환수조치가 그것이다. 이것으로 서민들을 위한 공공주택을 공급하면 형평성에도 부합된다. 하지만 이는 또 다른 문제를 낳는다. 개인의 재산권을 지나치게 침해하는 사태가 발생하기 때문이다. 그리고 환수한다고 하더라도 어느 정도까지 할 것인가가 문제이다.

그럼에도 불구하고 지금의 집값과 전세가격 파동을 진정시키려면 강남 재건축 아파트가 하루라도 빨리 시행에 들어가는 것 외에는 별다른 방법이 없다. 강남의 아파트 공급은 재건축을 통한 방법 외에는 달리 방법이 없기 때문이다. 지금으로서는 그것만이 최상은 아니지만 차선의 방법이다.

결국 형평성과 개인의 재산권 보장 간의 문제를 슬기롭게 풀 것인가가 관건인데, 이 경우 규제를 과감히 풀고 개발이익 환수비율을 높인다고 해서 재건축이 생각처럼 원활하게 추진될 것이라는 보장 또한 확신할 수 없다. 왜냐하면 조합원 중에는 실수요자나 실거주자가 아닌, 투기 목적의 소유가 많아 개발이익 환수를 반대하는 등으로 사업추진에 제동을 걸 수 있기 때문이다. 그만큼 이들은 느긋하며, 재건축 추진에 관계없이 집값만 오르면 그만이기 때문이다.

종부세가 대안이다

또 다시 보유세인 종합부동산세 문제를 생각하지 않을 수 없다. 이 경우 1가구 소유자를 적용대상으로 하는 것이 아닌, 다주택자 소유자를 대상으로 하는 보유세 강화 말이다. 물론 부동산에 물리는 세금의 일부는 수요자(세입자 또는 주택 구입자)에게 전가되기 마련이지만, 적어도 강남 재건축 아파트에서만큼은 보유세만큼 확실한 대안은 없다.

즉, 지금 강남 재건축 아파트를 실거주 목적이 아닌 투자 목적으로 소유한 사람들 중 상당수가 늘어나는 세금을 못 이겨 집을 내놓거나, 세금 문제에 지레 겁을 먹고 집 살 엄두를 못 내도록 하는 등으로 투기적 가수요를 차단하는 한편, 재건축이 원활하게 진행될 수 있도록 하는 일련의 대책을 내놓는다면 형평성과 재산권 보장 문제를 함께 아우르는 솔로몬의 지혜를 발휘할 수도 있을 듯하다.

그런 점에서 이명박 정부의 종합부동산세 폐지는 두고두고 아쉬움으로 남는다. 종부세로 인한 효과가 막 발휘되고 있는 시점에 그친 점에서 더욱 그러하다. 만약 종부세 시행이 단절되지 않고 지속되었다면 강남 집값 급등을 억제하는 데 큰 역할을 했을 것이다. 즉, 종부세는 수정 · 보완의 문제였지, 폐지가 문제의 해결책은 아니었다.

결국 강남 재건축의 조기 사업추진을 통한 주택공급을 위해서는 재건축 규제는 과감히 풀되, 이에 따른 개발이익은 일정 부분 환수해야 한다. 아울러 분양가 상한제 등 조합원에 부담이 되는 정책은 해제하여 시장에 맡기고, 보유세 강화로 투기적 가수요를 차단하는 일련의 정책에서 그 합의점을 찾아야 하지 않을까?

2009년 재건축 규제 얼마나 풀렸나

구 분	종 전	완 화
용적별	자치단체 조례수준 이하(서울 정비계획 용적률 2종 190%, 3종 210~230%)	국토계획법상 최고 용적률(300%)까지 허용
임대주택 의무비율	늘어나는 용적률의 25%를 의무적으로 임대주택으로 건립	정비계획 용적률 초과분의 30~50%를 보금자리주택으로 건립
중소형주택 의무비율	전용면적 60㎡ 이하 20% 이상, 60~85㎡ 40% 이상, 85㎡ 초과 40% 미만	전용면적 85㎡ 이하 60% 이상, 85㎡ 초과 40% 미만(서울시는 종전 기준 적용)
층수 제한	2종 16층 이하(3종에선 사실상 35층 이하)	2종 평균 18층(3종 층수제한 폐지)
조합원 명의변경	2004년 이후 조합 설립된 단지에서 조합원 명의변경 금지	허용
안전진단	예비 안전진단과 정밀 안전진단 2단계	1회로 줄이고 평가기준 완화
재건축 후분양제	수도권 과밀억제권역내 투기과열지구내 공정 80% 이상에서 일반분양	폐지(착공 때 선분양 가능)

출처 : 국토해양부

PART 4

부동산 경기 예측이 어려운 이유

정부정책의 실효성 여부를 정확히 판단하는 일이 무엇보다 중요하다.
예를 들어 지난해 발표한 보금자리주택 공급계획의 경우,
이는 실효성이 무척 높고 실행시기도 빨라질 것으로 예측할 수 있어야 한다.

나비효과와 베블런효과

　'나비효과'란 브라질에 있는 나비의 날갯짓이 미국 텍사스에 토네이도를 발생시킬 수도 있다는 과학이론이다. 이른바 작은 변화가 결과적으로 엄청난 변화를 초래할 수 있는 경우를 표현한 것이다.

　지금 우리나라의 경제상황을 이 같은 나비효과로 설명할 수 있다. 한국 경제가 안고 있는 가장 큰 위험요인으로 세계 경제의 재침체(더블딥, double dip) 가능성을 들 수 있는데, 수출 의존도가 매우 높은 우리나라가 가장 큰 타격을 받을 수 있기 때문이다. 즉, 미국이나 중국이 재채기를 하면, 일본은 폐렴, 우리나라는 그 이상이 올 수 있다.

　특히 갈수록 중국시장에 대한 의존도가 커지고 있는 현실에서 우리나라 경제가 중국에 지나치게 의존하다가는 걱정스러운 사태를 맞이할 수도 있다. 따라서 우리나라는 무엇보다 미국이나 중국에 지나치게 의존하는 수출을 다변화시켜야 성장할 수 있다.

　또한 중산층 중심의 내수시장을 확대하고 기업의 투자효율성을 높여야 하는데, 이를 위해서는 노동시장의 유연성, 가계와 중소기업의 빚 부담 경감, 금융, 의료, 교육 등 서비스 부분의 생산성 향상, 강력한 기업 구조조정 등 다양한 대책이 마련되어야 한다.

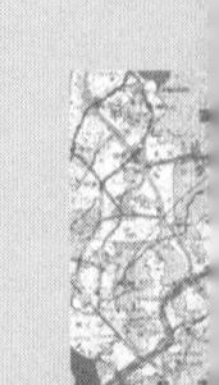

'베블런효과' 란 상품가격이 오르는데도 일부 계층의 과시욕이나 허영심으로 수요가 줄지 않거나 오히려 증가하는 '현시적 소비(conspicuous consumption)' 행위를 말한다. 일반적으로 사회를 구성하는 각 계층은 자신보다 상위계층의 생활양식을 지향하는 경향이 있다. 따라서 갈수록 양극화가 심해지고 있는 현실에서 절대적 빈곤보다는 상대적 빈곤이 심리적 박탈감을 조장하게 된다.

이를 부동산에 대입할 경우, 물질적 풍요가 늘어나면서 특정계층으로의 모방심리나 현시적 소비 역시 늘게 되는데, 이것이 강남지역 중대형 고급아파트 선호를 부채질하여 가격을 올리는 요인 중의 하나로 볼 수 있다. 그 한 예가 도곡동 타워펠리스인데, 연예인이나 고소득 전문직들만 거주하는 명품 주상복합아파트라는 소문이 나면서 단번에 최고가를 경신한 바 있다.

지금 정치권 일각에서는 분양권상한제 폐지 법안처리 문제를 놓고 갑론을박을 벌이고 있다. 이것을 '베블런효과' 차원에서 놓고 본다면, 분양가상한제 규제는 고급아파트 공급을 줄여, 그 희소성이 베블런효과와 동반 상승 작용하고 이것이 다시 가격을 높이는 악순환을 일으키게 된다. 따라서 어떠한 사회적 현상이 곧바로 사회적 수요로 이어지는 현실을 감안할 때, 분양가상한제의 폐지를 결정했다면 하루라도 빨리 시행되어야 한다. 더군다나 이는 시장의 원리에도 위배된다.

이렇듯 나비효과와 베블런효과를 언급하는 것은 시대적 흐름을 반영한 일련의 사회적 현상이 거시적인 현상이든, 미시적인 현상이든 상관없이 개연성 높은 인과관계를 갖기 때문이다. 이는 실물경제에까지도 깊은 영향을 미치게 된다. 지금 우리나라의 경제가 그러하다. ■

주택 수급불균형이 집값에 미치는 영향

지역별 집값 차별화 현상은 심화된다.

경제학에서는 농산물 가격의 폭락과 폭등이 반복되는 현상을 '거미집 이론(Cobweb Theorem)'으로 설명한다. 농산물 수요량은 가격에 즉각 반응하는데 반해, 공급량은 이를 따라가지 못하는데, 이는 수확기간이 길어서 공급량을 제때 조절하기 어렵기 때문이다.

예를 들어 올해 예기치 않은 풍년으로 수확량이 크게 늘었다고 가정해볼 때, 가격 급락을 막기 위해서는 공급량을 줄여야 하지만, 농산물의 경우 쉬운 일이 아니다.

이미 다 키웠거나 수확한 농산물을 달리 처리할 방법이 없어서 유통시키기 때문이다. 올해의 가격 급락은 농민들로 하여금 내년의 농산물 생산을 크게 축소하도록 작용하는데,

|자료 1| 발산적 변동

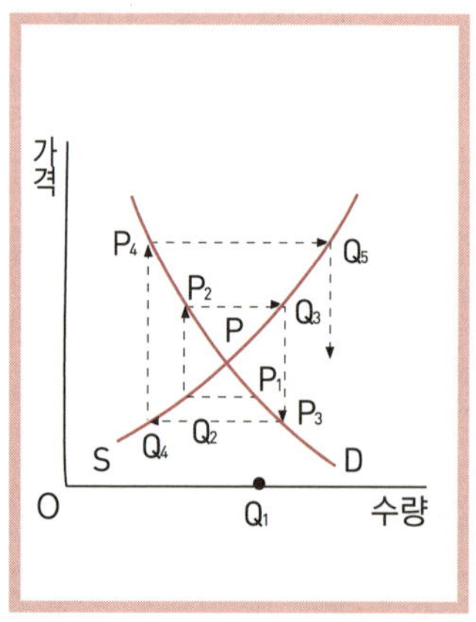

그렇게 되면 내년에는 공급량이 많이 부족해 가격이 급등할 가능성이 커지게 된다.

이와 같이 초과공급과 초과수요가 반복되면서 가격의 폭락과 폭등이 주기적으로 나타난다는 것이 1934년 미국의 경제학자 레온티에프 등에 의해 정식화된 '거미집 이론'의 핵심이다. 농산물의 가격과 산출량이 시차를 두고 움직여 나가는 과정을 수요·공급곡선 그래프로 표시하면 거미집과 같은 모양으로 나타난다고 해서 이런 이름이 붙여졌다.*

예를 들어 농산물의 경우 "단기에는 공급량이 고정되어 있지만 장기에는 신축적이다. 단기 공급이 고정된 상황에서 수요가 급증하면 공급이 수요를 따라가지 못해 가격이 급등한다. 하지만 시간이 흐르면 공급량은 변하고 가격변동은 심해진다"는 것이 거미집 이론의 핵심이다. 이는 주택가격과 공급량의 주기적 변동을 부동산 시장에도 그대로 적용할 수 있다.

주택공급은 단기에는 제한적일 수밖에 없다. 주택을 짓는 데는 그만큼의 시간이 걸리기 때문이다. 보통 2~3년의 시차를 두고 늘어나지만, 주택수요는 이와는 달리 단기적으로 즉각 반응하며, 여기에는 투기적 심리도 작용하기 때문에 그만큼 빠르다.

그 결과, 주택수요와 공급 간의 수급불균형으로 부동산 가격은 오르는데, 이는 투기심리가 가세함에 따라 거래량이 급증하면서 가파른 상승곡선을 그린다. 하지만 주택공급은 원활하게 이루어지지 않아 거래가 끊긴 상황에서 호가만 높은 상태가 한동안 지속된다. 그러다가 주택건설이 완료되면서 풍부한 물량이 공급되기 시작하면 이때부터 가격이 떨어지기 시작한다.

이 이론을 현재 상황에 대입할 경우 향후 집값 동향은 어떠할까. 2009년 9월

* 출처 : 조선일보

말 기준 전국의 미분양 아파트는 약 13만호에 이른다.* 여기에 더해 정부는 앞으로 수도권에 300만 가구, 지방에 200만 가구를 짓겠다는 계획이다. 이에 따라 가뜩이나 미분양 아파트가 많은 현 상황에서 이 같은 대규모 공급계획을 추진하는 것은 결국에는 주택 공급과잉을 야기해, 집값 폭락을 부추길 거라는 우려를 낳고 있다.

◎ 주택공급물량을 줄이면 반드시 집값상승이 유발된다

주택공급 과잉은 당연히 집값을 떨어뜨리는데, 작금의 미분양 아파트 사태는 2007년 분양가상한제 시행을 앞두고 건설업체들이 앞다퉈 물량을 쏟아낸데에 따른 결과이다. 그 결과 2007년 아파트 공급물량은 약 56만호로 2006년에 비해 10만호 이상 증가하였다. 하지만 이후 건설경기 침체에 따른 여파로 아파트 공급물량이 현저히 줄어들었다.

문제는 과거를 돌이켜볼 때, 강력한 경기억제책 등으로 주택공급을 줄이면 일정한 시간이 흐른 뒤 반드시 집값 폭등사태가 벌어졌다는 역사적 경험을 반복해왔다는 점이다. 재미있는 것은 상승폭은 큰데 비해 일단 오르고 나면 실제 떨어지는 가격 폭은 그렇지 않다는 점이다. 실제 2001년 이후의 부동산값 폭등사례를 통해 이를 확인할 수 있으며, 또 2003년까지의 주택 건설 실적을 보면 확연히 드러난다.

* 이는 최근의 경제회복 조짐과 이에 따라 아파트 청약시장이 되살아나면서 상당 부분 해소된 결과이다. 그 결과 2009년 8월말 미분양주택은 133,779호 규모로, 이는 2009년 3월(165,641호) 대비 19.2% 감소했다. 미분양 주택의 주요 특징은 ① 지방 미분양 전체 비중이 전체의 82.5% ② 민간주택의 미분양 비중이 99.5% ③ 85㎡ 초과 비중 56.8%(98년말 25.7%에서 31.1% 증가) 등이다.

1999년에 건설된 아파트는 24만여 가구, 2001년에 건설된 아파트는 39만여 가구로 이는 이후 매년 4~5십만호의 아파트가 건설된데 비해 상당히 적은 규모이다. 이후 2001년 신축주택의 양도세 면제조치 등을 주요 내용으로 한 5.23조치로 가수요를 불러와 저금리 등의 영향으로 풍부해진 유동성과 동반 작용하여 집값 상승의 도화선이 되었다. 2002년 이후 아파트공급이 크게 늘어난 이유 중 하나가 이것이다.

그러자 정부는 연이어서 부동산 규제책을 발표하였지만, 집값은 오랫동안 급등세를 멈출 줄 몰랐다. 풍부한 유동성과 주택공급 부족이 동반 작용하여 아파트 공급이 충분히 이루어질 때까지 장기간에 걸쳐 상승한 데 따른 결과로 수차례에 걸친 억제책을 무력화시킨 이유가 여기에 있다.

주목할 것은 2007년 이후의 아파트 공급물량이다. 정부의 고강도 규제책으로 2006년을 정점으로 아파트값은 하락하기 시작했고, 아파트 공급 역시 줄었어야 했다. 그럼에도 불구하고 2007년 아파트 공급이 늘었는데(서울·수도권이 아닌, 지방의 경우이다. 서울은 뉴타운이다, 재개발이다 하여 한참 진행중이다), 그 이유는 앞서 말한 분양가상한제의 시행 때문이다. 그 결과 공급 과잉분만큼이 그대로 미분양으로 남게 되었고, 이는 실물경제가 본격적으로 하강국면을 맞이하면서 상당 기간 장기화될 조짐까지 보이고 있다.

따라서 아파트 공급과잉으로 인해 앞으로도 오랫동안 집값이 하락할 것이라고 일각에서 제기하는 논리는 다분히 설득력이 있다.* 앞으로도 500만호를 더 짓겠다고 하니 우려하는 것은 당연하다. 경기침체를 주택건설 등의 토목공사로 돌파하려는 현 정부의 정책이 무모하기까지 하다는 것이 주변의 시각이다.

* 그럴더라도 지방에 한한다.

○지역별 아파트값 차등화현상은 심화된다

여기서 고려해야 할 중요한 사항이 빠졌다. 먼저 2008년 이후의 공급물량 축소가 그것인데, 이는 건설업체의 부실과 함께 상당 기간 지속될 전망이다. 그렇게 되면 주택수급 불균형으로 인한 집값 급등현상이 다시 일어날 개연성을 배제할 수 없다.

혹자는 미분양 아파트가 많은데 뭐가 문제냐고 할 수 있다. 하지만 그 내용이 다르다. 지금의 미분양 아파트는 서울보다 수도권과 지방, 지방아파트의 소형평형보다는 대형평형 위주로 구성되어 있어서, 실제 수요와 공급 간의 불균형이 문제가 되고 있다.* 그 결과 이들 아파트는 앞으로도 상당 기간 미분양사태가 지속될 가능성을 배제할 수 없다.

문제가 되는 것이 바로 서울, 그것도 강남과 주요 신도시 중대형 아파트 공급물량 부족이다. 물론 판교신도시만 해도 1만가구가 공급되는 등 꾸준한 물량공급 확대가 이어질 예정이지만 이 역시 조만간 모두 소진될 것이다. 이후 계속해서 신도시 개발 확대를 통해 아파트를 공급하기는 어려울 것이고, 실제 국토부장관이 이를 실토한 바 있다. 강남 중대형 고급아파트 공급물량 부족은 더욱 심각한 문제가 될 수 있다. 최근 일련의 재건축 규제완화로 신규공급에 대한 기대감은 높아졌지만, 소득증가 등으로 인해 늘어난 신규수요를 감당하기에는 역부족이기 때문이다.

따라서 적어도 강남 재건축 아파트의 경우에 있어서 초과공급은 없다. 초과수요만 있을 뿐이다. 거미집 이론의 예에서 볼 수 있듯 부동산 가격이 균형

* 2009년 8월말 현재 ① 지방 미분양주택 적체비중은 전체 물량의 82.5%인 110,417호, ② 민간주택의 미분양 비중은 전체의 99.5%, ③ 85㎡ 초과 비중은 전체의 56.8%로 1998년 12월말 25.7%에 비해 두 배 이상 증가했다.

가격으로 수렴되지 않고 발산하는 이유는 가격변화에 따른 공급의 탄력성이 수요의 탄력성보다 훨씬 크기 때문이다. 그리고 이는 장기에 걸쳐서도 탄력적이거나 신축적이지 못하다. 발산은 곧 가격급등을 의미하는데, 이에 따라 집값의 지역별 차등화현상은 갈수록 심화될 것이다.

02

늘어나는 주택담보대출,
거품으로 봐야 하나

최근 우리나라 가계대출이 주택담보대출을 중심으로 크게 증가하고 있다. 2009년 8월말 은행권 주택담보대출 잔액은 340조원을 돌파하였는데, 이는 2008년 8월말 307.5조원보다 무려 32.5조원 늘어난 금액이다. 불과 1년 사이에 매달 약 2.7조원씩 늘어난 셈이다.

금융감독원이 국회에 제출한 자료에 따르면, 2008년과 2009년 4월말까지 가계대출 증가액의 91%가 주택담보대출이었고 주택담보대출 증가액의 77%가 수도권에 집중된 것으로 나타났다. 이는 최근 집값 상승이 수도권 지역에 국한된 것에 비춰볼 때, 주택거래량 증가와 집값 상승의 배경에는 주택담보대출의 증가와 무관하지 않다는 것을 나타낸다.

주택가격 대폭락론을 주장하는 쪽에서 이유로 제시하는 것 중 하나가 주택담보대출액의 증가이다. 즉, 주택담보대출 과다 → 가계파산 → 금융기관 부실화 → 경제침체 → 집값폭락이라는 도식으로 이어질 수밖에 없다. 그리고 지금의 집값에 거품이 낀 원인으로 주택대출을 떼어 놓고는 설명할 수 없으며, 정부가 부동산 대출규제를 강화하면 집값은 다시 하락세로 돌아설 수밖에 없다(선대인 저, 《위험한 경제학―부동산의 비밀》에서 인용).

|자료 2| 은행권 주택담보대출 추이

(단위 : 십억원)

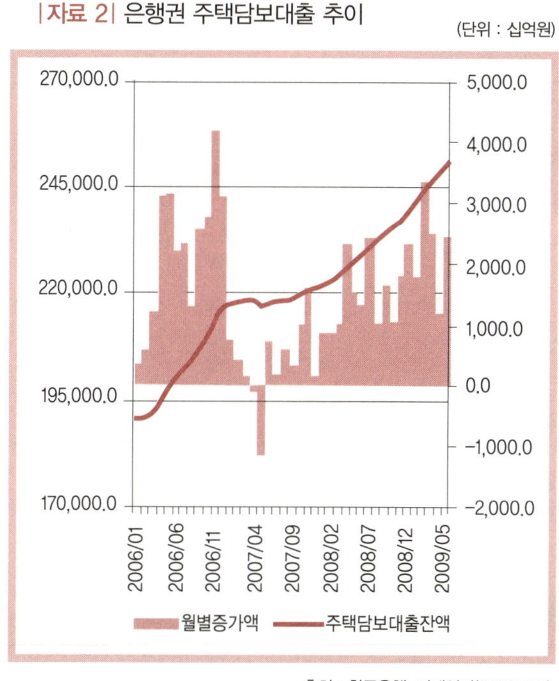

출처 : 한국은행, 이데일리(2009.7.15)

따라서 위의 주장이 옳은지를 판단하려면 최근 급격히 늘고 있는 주택담보대출이 집값 거품을 유발했는지 여부와, 이것이 향후 집값 붕괴를 유발하는 우려할 수준에까지 이르렀는지 여부를 파악하는 일은 중요한 사안이다. 이를 가계부채 총액과는 별도로 순수하게 주택담보대출만을 고려한 경우에 한정해서 살펴보면 다음과 같다.

◉ 주택담보대출의 적정성

먼저 생각해봐야 할 것이 주택담보대출 총액의 적정성 여부이다. 이는 현 주택가격의 과대평가 여부를 떠나, 주택담보대출이 적정 담보가치로서의 여력을 지녔는지, 아닌지를 파악하는 기준이 된다.

|자료 3| 우리나라의 주택담보대출 증가추이

구 분		1996	1998	2000	2004	2006	2008.8	2009.8
주택담보 대출잔액(조원)	대출잔액	36.4	44.2	51.5	240.2	298.8	307.5	340.0
	증가액	–	7.8	7.3	188.7	58.6	8.7	32.5
	증가율	–	21.4%	16.5%	366.4%	24.4%	2.9%	10.6%
명목GDP (조원)	GDP	448.6	484.1	578.7	779.4	847.9	847.9	–
	a/b	8.1%	9.1%	8.9%	30.8%	35.2%	36.2%	–

출처 : 부동산 시장의 장기추이, 손재영

*2008년 8월말 명목 GDP는 2006년말 현재의 명목GDP를 그대로 반영한 추정치이다.

|자료 4| 주요 국가별 주택담보대출규모 비교　(한국은 2006년말, 다른 나라는 2005년말 기준)

구 분	한국	미국	영국	독일	프랑스	EU25	일본
GDP대비(%)	35	71	80	52	29	48	32
대출잔액(조원)	298	9,108	1,802	1,481	642	6,547	1,495
1인당 대출액(만원)	633	3,071	3,002	1,795	1,060	1,429	1,745
변동금리대출비율(%)	93.8 (2007. 4)	31	72	16	32 (2004)	46 (2004)	N/A

출처 : 김인규 · 권태율, 2007

〈자료 3〉과 〈자료 4〉를 살펴보면, 우리나라 명목GDP 대비 주택담보대출 잔액의 비율은 일본보다는 조금 높지만, 미국 등 선진국에 비해서는 아직도 낮은 상태이다. 이는 미국 등 선진국과 우리나라, 일본의 주택대출의 질적 내용에서 차이가 나기 때문이다. 즉, 미국의 주택대출은 장기 고정금리형 모기지론의 형태인데 비해, 우리나라는 단기 변동금리형의 일시상환대출이 주종을 이루고 있다.

그러므로 위의 표를 가지고 미국과 비교하기에는 다소 무리가 있으며, 일본의 그것과 비교하는 것이 더 현실성이 있다. 이에 따를 경우 우리나라의 명목GDP 대비 주택담보대출 잔액 비율이 일본보다 그다지 높지 않은데, 주택대출총액이 일부 거품론자의 우려와는 달리 아직까지는 크게 우려할 만한 상황은 아니라는 뜻으로도 볼 수 있다.

우리가 주목할 것이 바로 〈자료 4〉의 1인당 담보대출액이다. 물론 나라마다 주택가격지수가 각기 달라 비교하기에는 무리가 따른다. 그렇더라도 일본 집값과 우리나라의 중심지 아파트값을 어림잡아 볼 때 대략 2~3배 정도의 차이가 나는데, 표에서 볼 수 있듯이 1인당 대출액 역시 대략 그 정도 차이를 보인다. 즉, 주택가격의 자산 가치 대비 우리나라의 1인당 담보대출액은 일본 수준과 거의 엇비슷하기 때문에, 이 역시 아직까지는 크게 우려할 만한 상황은 아니다(물론 2~3년 전의 자료이지만, 크게 다르지 않다).

그러나 위의 비교에는 분명 무리가 따른다. 왜냐하면 비교시점인 2006년 무렵 우리나라는 집값이 한참 고점인 시점이며, 반대로 2005년 무렵의 일본은 집값이 저점까지 하락한 시점이기 때문이다. 일본의 경우 1991년 최고점 대비 2005년 동경 주택지가격은 41.6%까지 떨어졌다. 따라서 1991년 시점의 GDP 대비 주택담보대출 비율은 2005년 시점의 32%보다는 훨씬 높았을 것으로 추정된다. 왜냐하면 집값이 폭락하면서 주택담보대출 총액도 하락했을 것으로 봐야 하기 때문이다.

이상을 고려할 때, 우리나라의 2006년말 무렵의 집값 고점 상황과 일본의 1991년 전후의 고점 상황을 동일선상에 놓고 비교함이 옳을 듯하다. 이렇게 놓고 볼 때, 2005년 일본의 GDP 대비 주택담보대출 비율 32%는 거품이 꺼진 이후의 주택대출비율이어서, 이를 우리나라의 현재 시점 35%와 비교할 때 아직까지 우려할 만한 상황이 아니다. 즉, GDP대비 주택담보대출의 총액 규모는 적어도 지금까지는 괜찮은 것으로 봐도 무리가 없다.

참고로 1998년과 2007년 우리나라와 일본의 GDP 증가율을 살펴보자. 먼저, 우리나라의 경우 98년말 GDP 총액은 3천4백억달러에서 2007년말 1조달러로 증가했다. 일본은 98년말 3조 8천4백억달러(한국의 11배)에서 2007년말 4조 4천억달러(한국의 4.4배)로 증가했다. 이는 외환위기 이후 지난 10년간 우리나라의 GDP 상승률은 매우 높았으며, 그 결과 2000년 이후 급증하기 시작한 주택담보대출을 커버할 수 있을 정도로 경제력과 자산이 늘어났다는 뜻도 된다.

따라서 주택담보대출 총규모만을 놓고 볼 때는 비록 최근 증가세가 뚜렷하지만, 아직까지는 크게 우려할 사항은 아니다. 하지만 이것이 가계의 위험부담이 없다는 뜻은 아니다. 어디까지나 주택대출 총액에 따른 우리나라 전체의 국가적 리스크를 의미하는 것이지, 가계 개개인의 리스크는 아니다. 이제부터 이것을 살필 차례이다.

|자료 5| 국내 은행권 주택담보대출 현황

구 분	2003	2004	2005	2006	2007
3년 이하 만기대출비율	–	60.1%	43.9%	30.0%	24.6%
일시상환대출비율	86.0%	76.8%	63.7%	47.6%	40.8%
변동금리대출비율	–	–	–	94.8%	91.7%
평균LTV	60.2%	56.4%	53.4%	49.5%	–

출처 : 부동산 시장의 장기추이, 손재영

|자료 6| 우리나라와 주요 선진국의 가계부채 및 주택담보대출 비교

구 분		한 국	주요 선진국(미국 중심)
가계부채	증가속도	상승세 지속	하락 또는 정체
	수준 (가계부채/개인가처분소득)	한국 〉미국	
주택담보 대출	변동금리 비중	높음(90% 이상)	낮음(미국 · 프랑스 30%)
	만기구조	주로 10년 이내	주로 20~30년
	LTV	낮음(40~60%)	높음(60~100%)
	유동화 비율	낮음(3~4%)	높음(60% 이상)
	유동화 구조	단순 유동화(MBS)	다단계 유동화(서브프라임)

출처 : SERI '늘어나는 가계부채, 문제없나' (정영식 수석연구원 외, 2009.8.19)

◉ 변동금리 · 단기대출 · 만기일시상환

먼저 주택담보대출 자체가 갖고 있는 위험성을 살펴보자. 무엇보다 변동금리형 단기대출이 절대적인 비중을 차지하고 있어 경제침체에 아주 취약한 것이 문제가 된다. 이미 우리에게는 1998년 외환위기 때 상당수의 주택이 급격히 늘어난 대출이자를 이겨내지 못하고 경매 등의 매물로 나온 경험이 있다. 또 지난 2007년말 이후의 세계 경제 불황에 따른 국내 경제침체시에 연체율이 급격히 늘어난 선례도 있다.

그때마다 은행권은 주택담보대출자의 입장이나 배려는 전혀 없이 일방적으로 대출이자율을 급격히 높여 대출자에게 손실을 전가시키는 정책을 취해 왔다. 이는 주택담보대출의 변동금리 비중이 매우 높으며, 그만큼 대출금리의 상승에 매우 취약한 구조적인 문제점을 안고 있다는 뜻이다. 최근 기준금리 인상 가능성이 높아지면서 주택담보대출이 금리의 기준이 되는 CD금리 또한 상승세를 나타냄에 따라 대출이자 부담에 대한 우려가 제기되기 시작했다. 참고로, 은행들의 주택담보대출 가산금리 2008년말의 1%대에서 2009년 8월말 2.97%로 급등했다. 가산금리란 은행이 주택담보대출시에 조달되는 CD금리에 덧붙이는 추가금리로서 가산금리가 높아질수록 그만큼 이자부담이 커진다. 따라서 정부가 나서서 주택담보대출 구조를 고정금리 및 장기구조로 선진화시킬 필요성이 강하게 대두된다.

주택담보대출 연체율은 상대적으로 안정적이다. 2009년 6월말 기준 우리나라 주택담보대출의 연체율은 0.43%로 전월말 대비 0.12% 낮아지는 등 안정적인 추세를 나타내고 있다. 또한 이는 2006년말 0.9% 수준에 비해 상당히 낮아진 수치이다. 미국의 경우에는 2007년 6월말 5.12%(2006년말 4.95%)로 우리나라에 비해 크게 높은 수준인데, 이는 최근까지도 상승세를 지속하고 있다. 특히 서브프라임 주택담보대출의 연체율이 2004년말 10.3%에서 2007년 6월말 14.8%로 가파르게 상승하였다. 이 모든 것을 고려할 때, 우리나라 주택담보대출 연체율은 아직까지는 우려할 만한 상황은 아니다.

무엇보다 우리나라의 주택담보대출의 평균 LTV(담보인정비율)은 주택가격 대비 50% 전후로, 주요 선진국보다 상대적으로 낮아 부실화의 가능성이 그만큼 낮다. 이는 주택가격 안정 및 금융기관의 건전성 유지를 위한 완충 역할을 하기에 그만큼 중요한데, 이에 따라 주택담보가치 하락에 따른 가계대출 상환 능력 감소에 잘 대처할 수가 있다.

주택담보대출의 유동화 비율이 낮은 것도 금융기관의 안전성과 건전성에 결정적인 역할을 한다. 우리나라 주택담보대출의 유동화 실적은 전체 잔액 대비 3~4%의 수준으로, 60% 이상이 유동화된 미국 등 선진국에 비해 크게 낮은 수준이다. 그 결과 부동산 등의 자산시장 폭락이 금융시장 전반의 부실로 파급되는 것을 막는 작용을 기대할 수 있다.

최근 주택담보대출이 급증하고 있어 우려되는 상황이기는 하지만, 급격한 경기침체로 자산가격이 폭락되는 경우를 제외할 경우, 여러 여건을 고려할 때 아직까지 위험한 상황은 아니다. 하지만 향후 주택담보대출 등을 포함한 가계부채 증가세가 지속될 경우, 시장금리 인상 등의 경제여건의 변화에 따라 가계부채의 부실화로 이어질 가능성 역시 상존한다. 더군다나 최근 경기침체에 따라 주요 선진국은 가계부채의 조정과정을 거치고 있는 반면, 우리나라의 경우에는 주택담보대출이 증가하고 있다.

⊙ 개별상환능력이 문제이다

이제부터는 가계의 부채규모와 채무상환 능력을 살펴보고, 만일에 발생할 수 있는 경제침체(또는 지금의 경제침체 지속 내지는 '더블딥' 현상 발생)시에 이 것이 가계에 어떻게 작용할지에 대해 알아보자. 만약 가계의 부채규모가 지나치게 높거나 채무상환 능력이 떨어진다면, 이는 이후의 경제침체시 가계는 물론 우리 경제를 그만큼 심각한 상황으로 몰고 갈 수 있기 때문이다.

우리나라의 개인 가처분소득 대비 금융부채 비율은 2008년 들어 미국(133.9%)보다 높은 수치를 기록하고 있으며, 또한 우리나라 가계의 부채 수준을 나타내는 명목GDP 대비 가계부채 비율 역시 2008년말 기준 78.3%로 전년보다 2.1% 상승(반면 미국은 전년보다 3.2% 하락한 98.7%)했다. 따라서 가계부채의 증가 속도와 수준면에서 우려할 만한 상황이다.

|자료 7| 가계 채무부담능력 추이

(단위 : %)

구 분	2002	2003	2004	2005	2006	2007	2008
금융부채/가처분소득	121.5	117.6	113.5	120.3	128.6	136.2	139.9
금융부채/명목GDP	68.9	67.8	65.6	69.5	73.7	76.2	78.3

출처 : 한국은행, SERI

2009년 2분기 기준 가계부채(주택담보대출 포함)는 697조원에 달했는데, 이는 3년 전보다 100조원 이상 증가한 수치이다. 한국은행 조사에 따르면 2008년 가계 금융부채는 가처분소득보다 1.4배 더 많으며, 지속적으로 증가하는 추세이다. 이는 같은 해 미국(1.34배)이나 일본(1.06배)보다 높은 수치인데, 특히 최근 주택대출 부실에 빠진 미국보다 높은 수준이라면 우려할 만하다.

특히 최근 개인의 소득증가율이 정체되고 있는 상황에 비춰볼 때 우리나라 가계의 금융부채 상환능력은 갈수록 나빠지고 있다. 만일 경제침체가 장기화됨에 따라 금융기관이 신용긴축 정책으로 돌아설 경우 이는 곧바로 대출축소와 이자율 증가로 이어져 가계에 심각한 타격을 가해 그만큼 가계대출의 부실화로 연결될 수 있다.

또한 우리나라의 가계자산 중에서 금융자산이 차지하는 비중은 2006년말 기준 23.3%로 미국(66.8%)이나 일본(61.0%)에 비해 크게 낮다. 그만큼 우리나라의 가계자산에서 부동산 자산이 차지하는 비중이 매우 높으며, 급격한 경제 침체시에 가계대출의 부실화를 막기가 어렵다는 뜻도 된다. 다시 말해 재산이라고는 달랑 집 한 채에 약간의 예금, 주식 등으로 이루어진 우리나라 가계의 실정에 비춰볼 때, 최근 급증하고 있는 가계부채의 증가는 가계의 유동성을 위협하기 때문에 문제가 있다.

이상을 종합할 때, 문제가 되는 것은 주택담보대출 등의 가계부채 총량이 아니라, 개개인별 상환능력이다. 즉, 경제가 위축되면 이것이 금융기관으로부터의 신용축소에 따른 대출금 상환 압력으로 작용하는 반면, 소득은 더욱 줄어들게 되어 결국 가계의 부실화로 이어진다. 이처럼 개인(가계) 부실화가 곧 가계의 자산 감소로 이어지는 것을 일본의 예를 통해 살펴보자.

일본의 GDP대비 개인부채 비율의 변화를 살펴보면, 개인부채 규모가 피크였던 1996년의 274%에서 최저 규모였던 2008년말 113%로 크게 감소했다. 이는 동경의 집값 하락분(60%)만큼과 정확히 일치한다. 당시 일본은 지금의 우리나라처럼 개인대출을 통해 부동산이나 일반 자산에 투자한 개인이 많았는데, 이 때문에 1996년 GDP대비 개인부채 규모가 최고조에 달했다. 그만큼 레버리지를 이용하여 주택을 구입한 것으로 볼 수 있다.

이 경우 지난 10여 년 동안의 개인 부채의 감소를 어떻게 볼 것인가? 원칙적으로는 같은 기간 동안 비록 자산가치가 60% 이상 감소했더라도, 금융권을 통한 대출 레버리지(대출원금)는 그대로 남아 있어야 한다. 하지만 이것 역시 같은 비율로 감소했으므로 일본의 GDP대비 개인부채 비율 축소는 90년대 거품경제 붕괴와 함께 개인의 디레버리지(대출상환 또는 주택포기에 따른 상계처리)가 발생한 요인으로 봐야 한다. 그리고 집값 폭락에 따른 자산가치의 감소분(대출금 상환액)만큼 가계의 부가 감소한 것이다. 물론 이것을 모두 합한 금액만큼이 국가 자산의 감소이다.

◉ 가계 부채의 증가가 시사하는 것

가계 부채의 급증이 우리에게 시사하는 바는 크다. 우선 우리가 생각해볼 수 있는 가정은 크게 다음 세 가지이다.

첫째, 만일 경제침체가 지속되어 우리 경제가 본격적으로 디플레이션에 진입할 경우, 자산가치의 하락 등으로 인한 집값 폭락시에 개인 또는 가계가 버틸 수 있는 여력이 상당히 제한적일 수밖에 없다. 이에 따라 거품 여부에 관계없이 가계의 채무부담 여력이 현저히 떨어질 경우(가계부채가 과도한 경우)에는 상당수의 대출자가 그대로 주택을 포기해야 하는 상태로까지 진전될 수도 있다.

다시 말해 우리나라의 1998년 외환위기 때와 같은 은행권의 대량 주택 압류·처분 사태를 말한다. 이는 일본의 거품 붕괴 때와는 경우가 다르지만, 지금처럼 개인 가처분 소득 대비 금융부채비율이 지나치게 높고 또한 명목

GDP대비 가계부채 비율 역시 지나치게 높은 점에 비춰볼 때, 개인으로서는 속수무책일 수밖에 없다.

둘째, 경제침체가 회복되지 않고 있음에도 불구하고 부동산 등의 자산가격이 이상 급등하는 경우이다. 이것이 최근의 경제회복에 대한 기대심리와 일부지역의 공급부족 등에 따라 주택수요가 늘고 주택담보대출이 급증하는 이유인데, 그만큼 현재 상황은 안심할 수 없는 상황이다.

아직까지 가계부채 수준이 위험하지는 않지만, 가계부채의 상환능력을 고려할 때 이는 분명 우려할 만한 수준에까지 도달한 것으로 판단된다. 따라서 이제부터는 정부나 금융기관이 나서 선제적이고 안정적으로 관리할 필요가 있으며, 개인 또한 레버리지를 빌어 주택에 투자하는 것을 심사숙고해야 한다. 즉, 상환여력을 무시한 레버리지는 분명 독이 될 수 있다.

셋째, 우리 경제가 본격적으로 회복되고 경제가 성장하여 GDP가 지속적으로 상승할 경우이다. 이는 주택 등의 자산가치도 GDP와 연동하여 그만큼 상승함을 뜻하지만, 이 때문에 개인의 주택대출 상환능력이 좋아진다는 의미는 아니다. 오히려 집값이 상승함에 따라 저소득층의 내 집 마련이 그만큼 더 어려워진다.

따라서 정부가 나서서 장기임대주택, 소형주택 등의 공급 확대에 주력해야 하는데, 최근 중앙정부나 지자체의 주택공급 정책이 이러한 방향으로 선회한 이유가 바로 여기 있다.

◐ 사회적 불평등은 심화된다

이상의 내용을 통해 은행권의 주택담보대출 총액의 적정성은 양호한 것으로 나타났지만, 가계부채가 급격히 늘어 우리나라가 다시금 경제위기가 닥칠 경우 이는 분명히 우려할 만한 상황으로 전개될 수 있다. 그 과정에서 부의 편중화현상도 더욱 심화될 것이다. 이를 좀 더 자세히 설명하면 다음과 같다.

첫째, 최근 주택담보대출의 증가세가 뚜렷하지만, 전체 총량 규모나 안정성 면에서는 생각하는 것처럼 걱정할 상황은 아니다. 즉, 구조적이고 거시적인 문제가 아니다. 이와는 별개로, 가계부채의 증가와 이로 인한 가계 채무상환 능력의 저하는 문제될 만한 상황이다. 따라서 가계 단위별로 선제적 대응이 필요하며, 주택 투자시에 보다 주의를 요한다.

둘째, 주택담보대출과 집값 거품을 연계해서 생각하는 것은 다소 무리가 따른다. 즉, 주택담보대출이 증가해서 집값에 거품이 꼈다고 판단을 내리면 안 된다. 거품붕괴 이후 일본의 GDP대비 주택담보대출과 현재 우리나라는 큰 차이가 나지 않기 때문이다. 적어도 아직까지는 GDP대비 주택담보대출의 비율은 그다지 큰 무리가 없는 상태이다.

물론 우리나라의 집값이 소득에 비해 턱없이 높은 것은 사실이지만, 이것을 두고 우리나라의 집값에 거품이 낀 것이라고 보는 것은 곤란하다. 이는 어디까지나 국가적인 특수성, 즉 부동산의 부증성(不增性)·제한성 등에 따른 요인이 상당 부분 작용한 결과이며, 따라서 만일 집값이 하락한다면 이보다는 다른 요인(인구감소나 공급과잉)이 더 크게 작용한 결과라고 유추할 수 있다.

경험했다시피 우리나라는 과거 1998년 외환위기와 2008년 경제침체라는 집값의 조정과정을 두 차례 거치면서 올랐다. 하지만 일본은 그러한 과정을 거치지 않은 채 깊은 경제침체를 맞이했으며, 그 결과 집값은 큰 폭으로 하락했고 지금까지 이어지고 있다. 물론 주택공급 과잉도 결정적인 한몫을 한 결과이기도 하다.

만일 그동안 집값의 상승세만을 놓고 본다면, 이제부터의 집값 상승은 그야말로 거품이 될 가능성이 높다. 왜냐하면 일본의 거품붕괴 직전 약 10년 동안의 집값 상승세와 비교할 때, 현재 우리나라 집값이 고점에 다달했을 가능성이 높기 때문이다.

셋째, 만일 우리나라 경제가 침체되고 가계부채의 상환능력이 문제가 될 경우, 누가 이득이고 손해를 볼 것인가 하는 문제이다. 은행권의 입장에서는 1인당 주택담보대출액이나 낮은 LTV 등을 고려할 때, 이것이 대출원금을 잠식할 정도의 부실로 이어질 가능성은 낮다. 게다가 대부분이 단기대출의 변동형금리여서 손실이 대출자에게 그대로 전가되는 구조이다. 따라서 은행권이 이로 인해 부실로 이어질 가능성은 낮다. 이것이 과거 외환위기 이후에 은행권이 기업대출에서 가계대출로 전환한 이유이다.

주택 담보대출의 증가는 국가적으로도 문제가 된다. 내수를 극도로 침체시키고 성장잠재력을 약화시켜 국가경쟁력을 위협하는 결정적 요인으로 작용하기 때문이다. 그 결과 그만큼의 국내 자산 잠식과 국가경쟁력 약화로 이어진다. 이제부터의 저성장 시대 도래에 비춰볼 때 더욱 그러하다.

보다 근본적인 문제는 부의 재분배를 통한 사회적 불균형·불평등이 갈수록 심화되고 있다는 사실이다. 이는 이미 우리가 이전의 외환위기 사태 직후에 경험한 그대로이다. 그 과정에서 '부익부 빈익빈' 현상은 확연히 뚜렷해졌으며, 경제침체에 따른 집값 폭락이 이어질 경우, 이 같은 현상은 더욱더 심화될 것이다.

이 같은 경우 피해는 우리 사회 전체의 몫으로 돌아간다. 가진 자나 못 가진 자나 다 같이 말이다. 상대적 좌절감, 박탈감과 사회적 갈등의 골이 그만큼 더 깊어져, 우리 사회를 더욱더 깊은 수렁으로 몰고 갈 것이기 때문이다. 따라서 이 같은 사태를 막으려면 우리나라의 경제가 앞으로도 지속적으로 성장하고, 가계소득도 증가하여 가계부채의 상환능력을 높이는 방법밖에 없다.

이는 국가와 국민 모두가 힘을 모아야 가능한 일이다. 그런데도 명쾌한 대안 제시나 명확한 논리 전개 없이, 그저 집값에 거품이 끼어 있어 곧 폭락할 것이라고 독설을 내뱉는 부동산 전문가의 말을 계속 믿을 것인가? 너무나 무책임하고, 상식 밖의 일이다. 어느 독설가가 신문마다 무책임하게 내뱉은 말 "집값, 몇 년이면 반 토막 날 것이다", 솔직히 상식 밖이다.

03

시장은 항상 옳은 방향으로 진행된다?

글로벌 금융위기를 계기로 '보이지 않는 손'이 항상 좋은 결과를 가져오는 것은 아니라는 사실이 입증됐다. 그동안 주류경제학으로서 세계 경제 질서를 지배해왔던 시카고학파의 시장중심적 경제관이 심각한 위기를 맞은 것이다. 특히 유진 파마 교수의 '효율적 시장의 가설(efficient market hypothesis)'이나 로버트 루카스 교수의 '합리적 기대 가설(rational expectation hypothesis)'이 글로벌 금융위기 이후 비판의 중심에 서 있다.

● 시장은 옳지만 시장참여자들은 합리적이지 않다

효율적 시장의 가설이란 시장의 모든 정보가 가격형성에 즉각적으로 신속, 정확, 충분하게 반영되는 완전시장을 의미한다. 그 결과 시장은 그때그때마다 자산가격을 정확하게 반영하는 균형가격을 형성하게 된다. 따라서 투자자가 시장의 적정가격 이상의 초과 수익을 얻는 것은 불가능하며, 이에 따라 거품은 발생하지 않는다.

합리적 기대이론 역시 시장 참여자들이 고도로 합리적이라고 가정한다. 이들은 언제나 정보를 완벽하게 입수하고 분석해 미래의 행위를 합리적으로 예측한다. 그리고 자신의 행동에 즉시 반영한다. 예를 들어 정부가 통화량을 늘리고 금리를 낮출 것임을 알게 되는 순간, 곧 인플레이션이 올 것임을 예측하고 여기에 맞춰 투자를 시작한다는 것이다.

합리적 기대이론에 따를 경우 정부가 펼치는 각종 금융정책은 무력해진다. 그 결과 경제 불황이 닥쳐 정부가 재정정책을 펼치고 통화량을 늘린다고 가정할 경우, 국민과 기업들은 정부의 경기부양 정책의 의도와 그에 따른 결과, 즉 인플레이션이 올 것이라는 것을 미리 알고 있기 때문에 투자와 소비를 줄이고 저축을 늘린다. 결국 미래에 대한 가계와 기업의 합리적인 기대가 정부정책을 무력화시키는 것이다.

효율적 시장의 가설이나 합리적 기대이론 등의 시장중심적 경제이론은 그 이론의 단순 명료성과 수학적 계량화 때문에 한때 엄청난 각광을 받았다. 그런데 지난 한 세기를 지배해오던 경제학 모델이 지금의 글로벌 경제위기 이후 비판의 중심에 서 있는 것이다.

가장 근본적인 문제는 경제주체인 인간이 전적으로 합리적이라는 가정 자체가 모순이라는 점이다. 만일 경제주체들이 항상 합리적이라면, 비합리적인 시장 반응인 거품은 결코 일어나지 않을 것이다. 하지만 거품은 일어나고 있지 않는가?

이를 두고 폴 크루그먼 교수는 "효율적 시장에 대한 맹목적인 믿음은 많은 사람들로 하여금 사상 최대의 금융 거품의 출현에 대해 눈을 멀게 만들었다"
고 말했다. 시카고학파의 대부이자 합리적 기대이론의 창시자인 로버트 루카
스 교수 역시 "경제학 모델로 모든 것을 예측할 수는 없다. 특히 자산가격의
급격한 변동 같은 것을 예측할 수는 없는 일이다"고 하여 이론의 문제점을 일
부 시인하였다.

이는 결국 시장경제 체제를 비판하는 로버트 쉴러 예일대 교수의 말처럼
"미래란 계량화할 수 있는 단순 반복이 아니어서 미래에 벌어질 수 있는 경제
적 사건들을 거의 알지 못한다. 따라서 근본적으로는 경제적 결정이란 자체가
모호한 세상 속에서 살고 있는 경제주체들이 항상 합리적인 결정을 내릴 수는
없다"는 결론에 도달하게 된다.

앞으로는 '보이는 손(정부)'의 역할이 중요한 시대가 될 것이라는 조순 전
경제부총리의 말에 유의할 필요가 있다. 그의 말에 따르면, 시장원리에 대한
과신이 금융위기를 낳았으며, 특히 금융업에 대한 규제완화가 문제시되었고,
부실 금융자산을 양산해 위기의 불씨가 됐다는 것이다. 따라서 금융부문은 시
장에만 맡겨두면 재앙을 불러올 수 있다고 말한다.

그러므로 "작금의 유동성 공급에 의존하다가 무너진 경제를 더 많은 유동
성을 공급해 살리겠다는 말 자체는 모순이고 상식적으로 믿을 수 없으며, 금
리인하와 재정확대에 의존한 세계 경제 회복세가 얼마나 지속될 수 있는지 의
문(한국경제 2009.9.19)"이라는 것이다

이는 우리에게 시사하는 바가 많다. 금리인하와 재정확대로 통화량이 급격
히 늘어난 현 경제상황에서 최근의 자산시장의 이상급등현상이 시장참여자들
의 합리적 기대에 따른 결과라고 한다면, 이것이 잘못됐다는 것은 지난 글로벌
경제위기 결과로 확인됐기 때문이다. 그런데 만일 이후의 세계 경제가 자칫 재

침체(더블딥)로 이어질 경우, 수출 의존도가 매우 높은 우리나라가 받게 되는 타격은 엄청나며, 이는 자산가격의 급락으로부터 시작될 것이기에 불안하다. 그리고 그 결과를 거품으로 봐도 좋다.

시장참여자들이 합리적일 거라는 가정 자체가 경제현실과 들어맞지 않으며, 시장은 우리가 생각하는 것처럼 완전하지 않다. 그 결과 거품, 즉 자산가격의 급등은 발생하게 되어 있다. 하지만 장기적인 시간의 흐름 속에서 시장의 기대가격은 항상 옳은 방향으로 수렴된다. 왜냐하면 이 역시 시장참여자들이 합리적이지 않기 때문이며, 이로 인해 거품 하락 역시 언젠가는 발생할 것이다.

● 지금은 자산가격의 조정기

위 사항을 전제로 아직 경기가 아직 회복되지 않았음에도 불구하고 최근 부동산 등의 자산가격이 급등하고 있는 현상과, 이것이 앞으로 가져 올 여파에 대해 살펴보자.

2000년 이후 은행이 기존의 기업대출 중심에서 가계대출로 전환하면서, 때마침 중앙은행의 금리인하를 통한 풍부한 유동성 공급이 이루어졌다. 이는 곧바로 자산시장(부동산 시장)에 영향을 미쳤다. 이것이 2000년 이후 집값이 급등한 이유인데, 특히 대출이 예금보다 많아지기 시작한 2005년 이후부터 정부의 강력한 투기억제책에도 아랑곳하지 않고 집값의 본격적인 대세상승이 다시 시작됐다.

이후 2007년에 후반기부터 경제침체의 여파로 신용수축이 일어나면서 이로 인해 통화량은 급격히 줄어들게 되고 대출증가세는 한풀 꺾였으며, 이에 따라 집값도 급격히 하락하기 시작했다. 하지만 이후 민간소비와 고용 등 실물이 회복되지 못했음에도 불구하고 정부의 재정지출 확대와 금리인하, 부동산 규제완화 등에 따라 주식, 부동산 등의 자산시장의 이상과열현상을 일으켰다. 즉, 통화량 팽창으로 풍부해진 자금이 다시 자산시장으로 옮겨 붙은 것이다. 여기에는 폴 플루그먼 교수의 말처럼 효율적 시장에 대한 맹목적인 믿음을 가진 투자자들의 비합리적인 기대심리가 한몫을 했다.

이것이 의미하는 바는 크다. 먼저 2000년 이후 집값은 급격한 인플레이션을 일으켰는데, 이 과정에서 저금리를 활용한 레버리지가 상당부분 작용했다. 이후의 조정과정(자산 리플레이션)을 거치면서 자산가격이 장기간 하향 안정되어야 했음에도 불구하고 충분치 못했다는 것이다. 더군다나 최근 다시 집값이 급격히 상승함에 따라 이후의 집값에 거품(집값의 상승폭이 큰 반면, 하락폭이 적어 이후부터 발생한 이전 집값과의 차이를 거품으로 볼 경우)으로 작용할 수 있다.

즉, 신용확대 → 충분한 수축 → 다시 확대(돈의 가치로 보면 인플레이션과 디플레이션의 교차 반복, 자산 가치로 보면 집값의 상승과 하락)이라는 일련의 사이클을 그리면서 자산가격이 GDP 등의 증감과 연동하여 서서히 상승 또는 하락해야 함에도 불구하고, 풍부한 유동성 → 계속적인 풍부한 유동성 공급이라는 비정상적인 과정에 의해 집값에 거품을 만든 것이다.

지금은 디플레이션의 진행에 따른 집값 하락과 연동하여 가계부채가 축소되는 조정기여야 함에도 불구하고, 다시 자산시장이 이상 과열되면서 가계부채가 더욱 늘어나는 상황이다. 그러므로 이후의 자산가격의 하락, 즉 디플레이션시에 크게 문제될 수가 있다. 특히 그동안 저금리정책을 오랫동안 유지함에 따라 자산가격이 조정될 기회를 잃었고, 오히려 경제침체를 벗어나기 위한 재정확대 정책이 유동성을 부추겨 자산가격의 하락을 막았을 뿐만 아니라, 추가적인 상승을 부추기고 있다. 이것이 경제가 회복되지 못한 상태에서 자산가격만 이상적으로 급등한 이유이다.

이는 아담 스미스가 말한 '보이지 않는 손'을 통한 시장의 자동 균형은 개별 자산시장에서뿐만 아니라 전체 시장까지도 장기적인 균형을 유도하여, 결국 균형가격(시장가격)에 도달한다는 경제학의 기본 이치에 위배된다. 즉, 장기적인 시간의 흐름에서 시장기능이 정상화되고, 시장가격이 적정 균형가격을 찾아가려면 자산가격에 일련의 조정과정을 거쳐야 하는데, 이것이 지금 왜곡되어 가격이 이상급등하면서 오히려 거품을 만들고 있는 것이다. 그리고 여기에 시장참여자들의 비뚤어진 마음이 더해진 결과이다. 이처럼 신자유주의의 시장중심적 경제체제는 지금도 여전히 진행중이다.

경제학의 아버지인 아담 스미스는 자유시장경제에 대해 강한 신념을 가졌지만, 그렇다고 신자유주의적인 극단적 개인주의까지 받아들인 것은 아니다. 아담 스미스가 주장한 이기심은 어디까지나 개인의 절제와 자기억제를 동반한 적절한 이기심이었다. 하지만 신자유주의적 경제관은 이를 극단적인 개인주의(인간은 지극히 합리적이다)로 확대 해석했다. 지금의 경제위기는 이러한 가정으로부터의 잘못된 출발 때문에 발생한 것이다. 그런데도 사람들은 탐욕에 여전히 눈이 멀어 있어 나만은 잘못되지 않을 거라는 강한 믿음을 가지고 있다.

보이지 않는 손에 의하든, 보이는 손에 따르든, 시장이 항상 옳은 방향으로 진행된다고 가정한다면, 지금의 자산가격 이상급등현상은 분명 비정상적이며, 언젠가는 반드시 자산가격 하락을 거치게 될 것이다. 투자에 앞서 투자시점에 대해 한번쯤 진지하게 고민해야 할 것이다.

지금까지의 설명을 통해 부동산 경제지표별로 우리가 고려해야 할 사항과 각각의 상관관계를 간략히 정리해보자.

1 정부정책

정부정책은 집값에 가장 큰 영향을 미친다. 문제는 그 시행시기를 가늠하기 어렵다는 것인데, 시행 발표 후 효력 발생까지 대략 6개월~1년 정도의 기간이 걸린다. 단, 주택공급계획 등의 발표는 발표 즉시 효력이 나타난다.

정부가 경기부양을 위한 일련의 부동산완화책을 쏟아낸 이후 이것이 경제회복 시점과 맞물리면서 집값은 큰 폭으로 오르기 시작하는데, 여기에 투자심리가 한 번 불붙기 시작하면 그때부터 정부의 대책은 무력화된다. 즉 경기과열에 따른 부동산 규제책에도 불구하고 집값은 쉽사리 꺼지지가 않는다. 이는 그만큼 시중에 유동성이 넘쳐나기 때문인데, 그럼에도 정부의 보다 강력한 투기억제책으로 결국 집값은 하락하기 시작한다. 분명 겉으로 보기에는 정부가 이긴 것 같지만 실제로는 시장이 균형을 잡아가는 것이다.

문제는 잦은 정부정책의 변화로 급등과 급락을 반복하면서 오르고, 갈수록 파동이 잦아지고 있다는 점이다. 따라서 이제부터는 부동산의 투자시점과 투자기간을 결정하는 데 가장 중요한 포인트 중의 하나가 되었다.

따라서 정부정책의 실효성 여부를 정확히 판단하는 일이 무엇보다 중요하다. 예를 들어 지난해 발표한 보금자리 주택 공급계획의 경우, 이는 실효성이 무척 높고 실행시기도 빨라질 것으로 예측할 수 있어야 한다. 여기서 읽어내야 할 것이, 최근 주택공급 부족에 따른 수도권 전세가격 급등이나 집값 상승현상이 보금자리

주택, 재건축·재개발 등에 따른 주택공급 시점과 맞물려 결국에는 안정될 것이라는 사실인데, 이는 앞으로 2~3년 이후부터 현실화될 것이다.

그러므로 주택 투자를 검토한다면 지금이라도 서두르거나, 아니면 그때 시점에서 다시 투자할 것을 고려해야 한다. 그런데 대부분의 투자자는 과열되는 어느 한 시점을 택해 투자한다.

이와는 반대로 강남 재건축 규제완화 중에서 소형평수의무비율 완화발표의 경우에는 이것이 계획대로 시행될 것인지, 아니면 진행과정에서 폐기되거나 변경·축소될 가능성은 없는지 여부를 정확히 가늠해야 한다. 실제 강남 재건축은 그것이 갖는 폭발성으로 인해 여론으로부터 강력한 저항을 받는 등으로 중도에 뒤바뀔 소지가 다분한데, 만일 이것을 그대로 믿어 앞뒤 재보지 않고 투자하면 이에 따른 손실은 온전히 투자자 몫으로 돌아가게 된다. 따라서 특별한 주의를 요한다.

부동산 투자에 있어 정부정책은 가장 큰 변수이기 때문에 특히 정책의 실효성 여부를 정확히 파악하는 것이 무엇보다 중요한데, 여기서 말하는 정책의 실효성은 목표한 투자기간내에 실행될 수 있겠는가 여부이다.

2 금리

부동산 투자에 있어 금리동향을 제때, 정확히 파악하는 일은 정부정책의 실효성 파악만큼 중요하다. 그만큼 부동산 투자에 절대적인 영향을 미치기 때문이다. 2000년 이후부터 부동산 시장에 나타난 확실한 현상 중 하나는, 부동산 가격의 상승이 공통적으로 저금리 기조에 가장 큰 영향을 받았다는 사실이다. 따라서 특히 다음 두 가지를 잘 살펴야 한다.

먼저 금리의 동향, 특히 기준금리의 인하시기와 인상시기를 잘 살펴야 한다.

이를 위해서는 기준금리가 신용공급여력, 즉 신용확대 또는 신용수축을 위한 정부의 통화량 조절 수단으로 사용됨을 이해할 수 있어야 한다. 신용팽창이 급격히 이루어지기 시작하면 이에 따라 이자율은 높아지고, 그 결과 정부(중앙은행)는 기준금리 인상을 단행한다.

여기서 생각해 볼 것이 있다. 신용팽창이 급격히 일어난다는 것은 시중에 유동성이 풍부해지고, 이에 따라 주식·부동산 등의 투자자산이 상승하기 시작한다는 뜻이다. 따라서 정부가 기준금리를 인상하는 시점(또는 정부가 기준금리 카드를 만지작하는 시점)부터는 그만큼 부동산 가격도 상승했음을 유추하여 판단내릴 수 있다.

반대로 기준금리를 인하하는 시점은 주식, 부동산 등의 투자자산 역시 하락하기 시작하는데, 이는 경제침체에 따른 신용수축이 진행되면서 자산가격도 동반하여 하락하기 때문이다. 이에 따라 정부는 유동성 확대를 위한 기준금리 인하를 단행하는 것이다.

이상을 통해 고려할 때, 기준금리의 인하와 인상은 때로 우리의 일반적인 상식과는 반대로 진행되고 있다. 우리는 그동안 금리가 내리면 집값은 오르고, 반대로 금리가 오르면 집값은 하락한다고 배웠다. 실제 정부는 집값이 하락세를 보이던 2008년부터 수차례에 걸쳐서 기준금리 인하를 단행했으며, 이후 2009년 2월부터 기준 금리를 2%로 동결했다. 그리고 이 기간 동안 경제는 침체되고 집값은 계속 하락했다. 금리를 단순히 돈 가치의 상승과 하락으로 보지 말고, 신용창조의 관점에서 보아야 하는 이유가 이 때문이다. 다시 말해 저금리 기조하에서는 금리가 조금만 인상하거나 인하해도 이것이 자산시장에 미치는 영향력은 갈수록 막강해지고 있다.

최근 자산시장의 이상 과열에 따라 정부가 이를 진정시키고자 금리인상 카드를 만지작거리고 있음에도 선뜻 인상을 못하는 이유는 실물경기가 회복되지 않아, 이것이 자칫 경제를 돌이킬 수 없는 침체로 몰고 갈 수도 있다는 우려 때문이다. 따라서 정상적인 경우라면, 주식, 부동산 등 자산시장이 이상 과열현상을 나타내기 시작한 2009년 중반 무렵부터는 기준금리가 다시 인상되었을 것이다. 이상을 고려할 때, 최근의 주택구입 적기는 부동산 경기 하락기의 한 시점, 즉 금리가 더 이상 내려가지 않는 상대로 일정 기간 횡보하던 시점인 2008~2009년초 무렵이 아니었나 싶다.

다음으로 고려해야 할 것이 바로 CD(양도성예금증서)금리의 동향이다. 은행권의 주택담보대출금리는 바로 이 CD금리와 연동되어 있기 때문에 만일 CD금리가 상승한다면 이는 그만큼 주택담보대출금리가 인상된다. 실제 2008년초부터 같은 해 10월 무렵까지 CD금리는 계속 상승했는데, 이에 따라 주택담보대출금리 역시 이와 연동하여 상승했다. 그만큼 CD금리는 은행의 3개월 변동 주택담보대출금리의 기준이 된다.

또한 지금 은행권의 가장 큰 수익원이 바로 주택자금대출인데, 만일 CD금리가 급격히 상승한다면 이는 은행의 자금에 뭔가 문제가 생겼을 수도 있다는 뜻이다. 은행의 급격한 자금악화로 CD금리가 급격히 상승했다면 이에 따라 은행은 서둘러 대출금을 회수할 것이고, 그 결과 대출금을 이기지 못해 담보된 주택이 다시 매물로 나오는 등으로 집값은 하락하게 된다.

2009년 우리나라 은행의 평균 예대율(예금잔액에 대한 대출잔액 비율, 즉 대출잔액÷예금잔액) 평균치가 무려 140%를 넘어섰다. 이는 그만큼 은행의 주택자금대출이 지나치게 많다는 것이고, 경우에 따라서는 자금확보를 위해 은행이 무자비하게 대출금을 회수할 수도 있음을 뜻한다. 그리고 이 경우 CD금리는 당연히 급등하게 되어 있다. 만일 레버리지를 통해 주택을 구입할 경우에는 이 점을 특히 고려해야 한다.

부동산 투자에 있어 금리동향을 살피는 것은 대단히 중요한데, 특히 정부의 기준금리 인하 · 인상 시점과 CD금리의 변동 추이를 주의 깊게 살펴야 한다. 통화량과 유동성 부분과 연동되기 때문에 그렇다. 단, 이는 어디까지나 2000년 이후 우리 경제가 저금리 기조로 돌아서고 통화량도 크게 늘어난 이후에 나타난 현상으로, 따라서 단순히 기준금리가 인상 또는 인하되는 시점이 신용공급여력에 크게 변동이 일어나며, 그 시점에 맞춰 부동산 가격의 하락 · 상승한다는 인과관계는 쉽사리 단정 지을 수는 없다. 어디까지나 참고사항일 뿐이다.

3 실물

부동산 투자에 있어 실물과 관련된 각종 제반지표의 추이를 살피는 일은 무척이나 번거롭고 또 어렵다. 더군다나 실물경제의 정도를 측정하는 주요 지표인 소비자물가지수와 실업률 등은 경기후행지표이기 때문에 무시해도 큰 상관없다. 따라서 실물지표는 어디까지나 개략적으로 파악하여 실물경제의 정도를 파악하는 수준, 즉 경기가 완연한 회복기로 접어들었다, 내지는 경기가 계속 침체중이다 등으로 이해해도 된다.

4 주택수급

주택수급 불균형은 집값 상승의 가장 확실한 요인이며, 이는 '투자심리' 내지는 '투기심리' 보다 더 근본적인 문제가 된다. 따라서 집값을 잡는 가장 확실하고 궁극적인 방법이 바로 수급불균형을 해소하는 일이다. 단, 이는 정부의 인위적인 정책에 따른 것이 아닌, 어디까지나 시장의 원리에 맡겨두는 정책에 따라야 한다. 특히, 강남 재건축과 관련한 수급불균형 문제가 그러하다.

과거의 경험적 사례에 비춰보면, 주택공급이 발표(분양)되는 시점부터 집값은 오르고, 공급이 완료(입주)되는 시점부터 집값은 하향 안정세를 유지한다. 이는 앞으로도 그렇게 될 것이다. 따라서 최근 일부지역의 극심한 수급불균형현상과 이에 따른 정부의 주택공급 발표가 향후 집값에 어떤 영향을 미칠 것이고, 또 공급이 완료된 이후에는 어떤 결과를 가져올 것인지를 가늠할 수 있어야 한다.

5 통화량과 유동성

유동성을 나타내는 통화관련 지표 역시 시간의 흐름을 가지고 장기적이고 규칙적으로 살펴보기 바란다. 어디까지나 개략적으로 통화량이 어떻게 풀리고 있는가를 파악하는 수준에서 살피며, 특히 M2(언제든지 현금화할 수 있는 광의 통화량), Lf(금융유동성의 수준을 파악하는 지표)를 중심으로 살펴보기 바란다.

만일 M2(시중통화량)가 늘었다면, 이는 그만큼 단기자금화되었다는 것이며, 경우에 따라 언제든지 주식, 부동산 등의 자산시장으로 돈이 몰릴 수도 있음을 뜻한다. 또한, Lf(총 유동성)가 증가했다면, 이는 그만큼 금융기관의 통화량이 팽창되고 있음을 나타내며, 그만큼 과도한 레버리지가 일어나고 있음을 뜻한다. Lf의 증가는 물가지수 상승에 선행하는 지표이기 때문에 인플레이션이나 디플레이션의 정도를 판단하는 데 있어서도 유용하다. 어디까지나 추세선을 중심으로 살펴보기 바란다. 통화량을 나타내는 지표는 한국은행 경제통계시스템에 들어가서 살펴보면 된다.

6 주가

주가와 부동산은 같은 방향으로 움직이다. 즉, 주가가 오르면 부동산도 오르고, 반대로 주가가 내리면 부동산도 하락한다. 최근에는 거의 같은 시점으로 동조화되어 움직이는 경향을 보이는데, 따라서 3~6개월(길게는 1년) 정도의 선행지표로 파악하기 바란다.

7 환율

부동산 투자에 있어 환율까지 고려한다면 얼마나 머리가 아플까? 따라서 어디까지나 급격한 변동, 즉 급등 가능성에 대해서만 고려하기 바란다. 경기가 극도로 나빠져 수출이 급락하고, 국내 금융기관의 유동성이 악화되어 통화량이 수축될 경우, 이는 곧바로 환율 급등으로 이어지며, 그 결과 집값은 폭락하게 된다. 즉, 환율급등에 따른 자산가치의 하락현상은 이를 구조적인 문제로 받아들이면 된다. 이는 나 개인에게만 한정되는 것이 아닌, 우리나라 국민 전체에 영향을 미치는 것이 문제이다.

오히려 환율이 안정적이거나 완만한 오름세나 내림세를 띤다면, 우리나라 경제가 잘 돌아가고 있다고 생각하면 된다. 이 경우 집값은 특별한 정책적 이슈 등이 없다면, 안정적인 추세를 보일 가능성이 높다. 그러나 환율이 1,100선 아래로 내려가는 것은 우리나라 수출전선에 차질을 빚게 되어 그만큼 경기회복이 더딜 수 있음을 생각해봐야 한다.

8 주택담보대출 잔액

은행을 통한 주택담보대출 증가는 외환위기 이후 은행이 기업대출에서 가계대출로 방향을 선회한 데에 따른 결과이다. 특히 2004년부터 대출이 예금보다 많아졌는데, 노무현 정부의 투기억제책으로 집값이 하향세를 띠던 것이 다시 상승하기 시작한 것도 이 무렵부터였다.

2009년 8월말 기준 약 400조원 이상의 돈이 주택담보대출금으로 풀렸는데, 특히 2009년 1월부터 8월말까지 8개월 동안만 약 28조원의 대출액이 증가하였다. 예대율은 140%를 넘어선 상황으로, 그만큼 시중에 주택대출과 관련하여 돈이 많이 풀렸음을 뜻한다.

주택담보대출 잔액의 증가는 이것이 현재 과다하다 하여, 결국에는 가계파산과 금융기관 부실로 이어지는 '거품론'의 출발점이기도 하다. 우선 주택담보대출 잔액 추이를 시간의 흐름을 가지고 주기적으로 체크해보자. 주택담보대출이 많이 풀린다는 것은 그만큼 주택수요가 많다는 뜻도 되기 때문이다.

정리하면, 주택담보대출금 잔액의 증가추이는 주택시장이 얼마만큼 과열되고 있는지를 나타내는 중요한 지표로서, 어디까지나 연체율 증가 추이와 연동하여 살펴보기 바란다.

9 부동산 관련 지표

부동산과 관련한 지표 역시 꼼꼼히 살펴봐야 한다. 특히 법원경매 낙찰률, 법원 재매각 건수, 아파트 실거래량, 주택건설 동향을 중심으로 살펴보기 바란다. 법원경매 낙찰률과 낙찰가격이 증가한다는 것은 그만큼 부동산이 호황 국면이라는 것이고, 반대인 경우에는 그만큼 부동산이 침체 국면이라는 뜻이다. 부동산이 고점이던 2006년의 낙찰률과 낙찰가율은 각각 40.8%, 91.0%였으며, 저점이던 2008년은 각각 32.3%, 84.0%였다.

법원 재매각 건수 역시 유심히 살필 필요가 있다. 법원의 재매각 건수가 증가한다는 것은 낙찰받은 사람이 낙찰잔금을 제때 납부하지 못해 낙찰물건을 법원에서 재매각한다는 뜻인데, 이는 그만큼 경제가 침체하고 부동산 시장이 가라앉고 있음을 뜻하기 때문이다.

아파트 거래량 역시 잘 살펴야 한다. 거래량이 증가하고 있다는 것은 그만큼 시장이 활발하게 움직이기 시작한다는 뜻이다. 단, 이때 바로 집값 상승기와 하락기의 추세가 다르다는 점을 유의해야 한다. 즉, 집값이 오를 때에는 매수자는 많은 반면, 매도자는 나서지 않는다. 반대로 집값이 내릴 때에는 매도자는 많은 반면, 매수자는 나타나지 않아, 결과적으로 집값 상승기에 매도자 우선시장이 되어 거래량은 적은 반면 집값 하락기에는 매수자 우선시장이 되어 거래량이 더 많아질 수 있다. 이처럼 매도자와 매수자 간의 균형이 어디로 움직이고 있는가에 대한 파악 역시 중요하다.

주택건설 동향을 파악하는 일도 중요하다. 주택건설과 관련한 선행지표인 주택건설 수주, 재건축 · 재개발 동향은 물론, 주택시장 동향 관련지표인 주택인허가실적, 분양 및 미분양 물량, 신규 입주물량 등을 파악하기 바란다.

위에서 언급한 부동산 관련 지표만 주기적으로 살펴도 부동산 경기가 어떻게 돌아가고 있는지를 개략적으로 파악할 수 있다. 적어도 신문의 기사낚시질에 낚여 현혹되는 일이 없도록 주의하고, 있는 그대로의 현상을 제대로 파악할 줄 알아야 한다.

10 기타 재화시장

채권가격 동향, 원자재 및 국제유가 동향 등 기타 재화시장의 가격 동향과 부동산 가격과의 상관관계는 그렇게 크지는 않다. 다만, 채권시장은 주식시장처럼 부동산 시장과 같은 방향으로 움직이는 경향을 보인다.

즉, 시중 금리가 오르면 일반적으로 주식과 채권가격은 하락하며, 부동산 가격 역시 궁극적으로는 하락세를 나타낸다. 따라서 주식과 채권과 부동산 투자를 한 바구니에 담는 것은 바람직한 투자가 아니다. 이 경우 각각의 투자기간과 투자시점을 달리하면 효과적으로 자산을 관리할 수 있다.

PART 5

갈수록 커지는 영향력, 금리

부동산을 매입할 때에는 금리의 동향과 장기전망에 항상 관심을 두어야 하며,
특히 2~3년간 금리를 예측할 수 있어야 한다.
특히 미국의 금리는 세계 각국의 금리 수준을 결정짓는 잣대가 되므로 주시해야 한다.

금리와 부동산의 상관관계

금리는 부동산 투자를 결정하는 가장 중요한 잣대이다. 금리가 높아지면 부동산 투자를 위한 은행으로부터의 부동산 담보대출 이자부담이 높아져 투자활동이 위축된다. 이에 따라 매수세가 꺾이게 되고 부동산 시장으로 돈이 유입되지 않아 결과적으로 부동산 가격의 약세를 가져오게 된다.

반대로 금리가 낮아지면 그만큼 이자부담이 낮아져 부동산 투자에 나설 수 있는 환경이 자연스럽게 조성된다. 금리가 내려가면 부동산 구입 기회비용이 낮아지기 때문에 저축으로 얻는 이익이 적어지는 반면, 부동산의 기대수익이 높아져 부동산에 대한 수요가 증가하여 가격도 오른다. 한마디로 너도나도 돈을 빌려 부동산에 묻을 가능성이 그만큼 높아진다. 이를 경제학적 관점에서 더 자세히 풀어보자.

부동산 가격은 다른 일반재화와 마찬가지로 수요와 공급에 의해 결정되는데, 이 수요와 공급은 부동산의 내재가치에 의해 결정된다. 부동산의 내재가치가 상승하면 내재가치에서 실제 가격을 뺀 차익만큼 자본이득을 얻을 수 있어 부동산을 사려는 사람들의 욕구가 커진다. 이는 수요 증가로 이어지고 부동산 가격이 오른다. 부동산의 내재가치는 부동산을 보유할 때 얻게 되는 장래수익과 이것을 현재가치로 환원할 때 사용되는 할인율에 의해 결정된다. 할

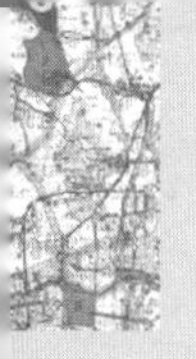

인율은 보유 부동산의 기회비용과 반비례한다. 할인율이 떨어지면 기회비용은 증가하며, 이에 따라 부동산의 내재가치는 올라간다. 이때 할인율로 바로 이 시중금리가 이용된다. 때문에 금리가 낮아지면 부동산의 내재가치가 올라가고, 이어서 내재가치와 실제 가격과의 갭을 조정하는 방향으로 부동산 가격은 오르게 된다.

실물경기가 호전되어도 부동산 가격은 오른다. 이 경우 장래수익이 높아지면서 이에 따라 부동산의 내재가치가 상승될 뿐만 아니라 목표한 기대성장률도 높아지기 때문에 그 결과 부동산 가격의 오름 폭으로 이어지기 때문이다. 이처럼 금리가 내리거나 경기가 호황일 때 부동산 가격은 오르게 된다. 그런데 정부의 강력한 투기억제책에도 불구하고 지난 수년간 부동산 가격이 상승한 이면에는 금리 하락에 따른 내재가치 상승이 반영된 부분이 적지 않다. 금리와 부동산 가격과의 관계는 IMF 이전까지는 그다지 뚜렷하지 않았지만, 최근 들어서 그 인과관계가 더욱 분명해지고 있는 추세이다.

일례로 부동산 가격이 천정부지로 치솟던 2003년 당시 국내 금리는 3년 만기 국고채 연 3.62%라는 사상 최저치를 기록하였다. 이처럼 부동산 시장에 큰 영향을 미치고 있는 풍부한 유동성의 이면에는 금리 인하를 통한 통화량 팽창이 원인이 되었다. 즉, 저금리가 지속되면서 시중의 통화량이 증가하여 특히 부동산 가격이 가장 크게 오른 것이다.

따라서 부동산을 매입할 때에는 금리의 동향과 장기전망에 항상 관심을 두어야 하며, 특히 2~3년간 금리를 예측할 수 있어야 한다. 특히 미국의 금리는 세계 각국의 금리 수준을 결정짓는 잣대가 되므로 주시해야 한다. 우리나라의 금리정책은 철저하게 미국의 금리 인하·인상 시기에 맞춰 움직이니 금리정책의 방향을 가늠하는 기준으로 활용하면 된다. ■

01

금리가 내렸는데도
집값이 오르지 않았던 이유

본장의 내용 역시 우리 경제가 침체되고 집값의 하락세가 지속되던 2008년부터 2009년초 무렵까지의 현상이다. 이러한 상황이 2009년 하반기 수개월 동안 갑작스럽게 반전되었다. 물론 부동산 경기에 한정할 때 그렇다. 우리가 깨달아야 할 것이 있다. 경제상황은 때론 우리가 생각하는 것처럼 움직이지 않으며, 더군다나 급격한 반전을 이룰 때도 생겨난다는 사실이다. 그렇더라도 이것을 정상적인 현상으로 보고 판단하는 것은 매우 위험한 일이다. 어디까지나 원칙에 입각하여 생각하고 판단해야 한다. 그리고 그때그때 경제상황의 변화에 따라 냉탕과 온탕을 왔다갔다 하다가 피해만 보는 '샤워실의 바보'는 되지 말자.*

---

* 위 글은 2009년초에 작성한 것으로, 이것을 통해 금리인상시 집값 움직임을 가늠해볼 것.

◉ 저금리의 풍부한 유동자금과 투기수요가 동반 작용할 때 집값은 오른다

금리와 집값은 부(否)의 관계이다. 금리가 오르면 집값이 내리고, 반대로 금리가 내리면 집값은 오른다. 집값에 있어서 금리의 작용은 유동성을 빼놓고 설명할 수 없다. 여기서 유동성이란 '현금화'가 가능한 정도를 말하며, 유동자금이란 보통 6개월 이내에 현금화할 수 있는 예금, 적금 등의 현금성자산, 예를 들어 MMF(머니마켓펀드), CMA(종합자산관리계좌) 등이 이에 해당된다.

투자자들은 금리가 높거나 장차 높아질 것으로 예측될 경우 이자수익을 기대하고 예금, 채권 등에 대한 투자 비중을 높인다. 반대로 금리가 낮아지거나 떨어지는 추세일 때는 이자수익도 떨어지기 때문에 다른 투자수단을 찾는데, 그중 하나가 부동산이다. 그런데 최근 부동산 시장의 움직임은 주식시장처럼 경기변화에 즉각적이고, 당장의 경기 상황에 따라 반응하는 경향이 높아졌다. 이는 투기수요를 동반하여 부동산값을 단기간에 급등시킨다. 이때 동원되는 것이 바로 저금리로 인한 풍부한 유동자금이다.

2000년대초 경기침체 속에서 시중 여유자금이 부동산과 주식시장으로 몰려 재테크 열풍을 일으킨 경우가 좋은 예이다. 당시 우리 경제는 해외 경기침체에 따른 수출부진으로 국내경기 역시 침체일로에 놓여 있었다. 이에 따라 한국은행은 기업투자를 늘릴 수 있도록 금리를 낮게 유지하는 정책을 지속했다.

그러다가 2001년 하반기 이후 수출경기가 되살아날 것이라는 밝은 전망과 함께 주식시장으로 투자가 몰렸고 몇 달 사이에 주식은 두 배로 뛰었다. 하지만 수출경기 회복은 예상보다 늦어졌고, 국내 경기회복 기대심리도 하락하여 이후 주가는 내내 부진을 면치 못했다.

부동산값 급등은 2002년 봄 주식시세가 고개를 숙일 무렵부터 시작됐다. 여기에는 2001년초부터 경기부양을 위한 각종 관련 규제완화와 이에 따른 상 승작용 효과도 작용했다. 강남 재건축 아파트값이 폭등한 때가 바로 이 시기 이다. 자금은 넘치는데 경기가 나빠 달리 투자할 곳이 없는 상황에서 부동산 규제가 풀리자 넘치는 자금이 흘러갈 곳은 부동산뿐이었다. 이후 투기가 심해 지고 부동산값이 폭등하자 정부는 서둘러 다시 부동산 규제책을 쏟아냈으며, 한 번 불붙은 투기 심리는 식을 줄 모르고 오랫동안 지속되었다.

◉ 유동성 함정이 실물경제를 더욱 침체시켜 집값 하락 유발

다시 한 번 2000년대초 무렵의 상황과 비교해보자. 물론 그때와 지금은 상 황이 다르지만 전반적인 상황은 흡사하다. 외환위기와 카드대란을 겪어 국내 경기가 극도로 위축된 상황과 지금의 그것이 비슷하기 때문이다. 그러면 과거 보다 금리가 더 낮음에도 불구하고 좀처럼 경제가 회복될 조짐을 보이지 않는 이유는 무엇일까? 이를 '유동성의 함정(Liquidity Trap)'으로 살펴보면 이해하 기 쉽다.

"유동성 함정이란 금리가 충분히 낮은데도 경기가 좋아지지 않아 마치 함 정에 빠진 것처럼 보이는 경제상태(곽해선, 《경제기사 궁금증 300문 300답》)"로 낮은 금리와 통화량 증가 → 기업투자, 가계소비 확대 → 경기확대로 이어지 는 일련의 과정이 공식대로 나타나지 않는 상태를 말한다.

경제가 유동성 함정에 빠지는 주된 이유는 가계, 기업 등 경제주체들이 경 기가 좋지 않을 것이라고 예측하여 소비나 생산에 돈을 쓰지 않기 때문이다.

그 결과 기업은 기업대로 투자를 꺼리고, 가계는 가계대로 소비를 하지 않아 경기는 더욱 나빠져 실물경제 침체를 가져 온다. 이것이 금리인하 효과가 실물경제에 반영되지 않는 현재의 상황이다.

금융위기에서 출발한 실물경기 위축은 2008년 말부터 본격적으로 시작되었다. 그리고 이것이 다시 회복되려면 최소한 2~3년 정도의 기간이 필요하다. 1997년 외환위기 이후 부동산값이 본격적으로 뛰기 시작한 것은 2001년 하반기 이후부터였다. 1998년을 최저점으로 보고 1999년부터 다시 회복되기 시작했다고 보더라도 실제 2~3년의 기간이 소요된 셈이다. 그러므로 그동안의 선험적 사례에 비춰볼 때 부동산 경기의 회복은 앞으로도 상당 기간을 요할 것으로 보인다.

따라서 최근 강남 재건축 규제완화에 힘입어 부동산 거래가 소폭 늘고 있는 지금, 이를 두고 부동산 경기가 본격 회복되는 시점이라고 말하는 것은 무리이다. 그보다는 강남권 진입을 노린 대기수요가 소진되는 과정으로 보는 것이 옳다. 그리고 이는 저금리와는 무관하게 시중 유동자금이 움직이는 국지적인 장세라 보아도 무방하다. 그렇다면 부동산은 언제쯤 대세 상승으로 돌아설까?

○ 유동성 장세는 언제 올까?

집값이 상승하려면 실물경제 회복과 함께 구매력을 가진 유효수요층이 움직여야 하며, 유효수요가 움직이려면 실질 시장금리가 내려야 한다. 그래야만 주택대출 등이 원활해져 구매수요가 유발된다. 현재 정책금리는 사상 최저치로 낮아졌지만 시장금리는 아직 크게 떨어지지 않았다. 은행의 신용확대가 이루어지지 않아 실물에 반영되지 못하고 있기 때문이다. 그 결과 정부의 금리 인하 조치와 재정지출 확대에도 불구하고 좀처럼 실물경제는 살아날 기미를 보이지 않고 있는 것이 2009년초의 상황이었다.

결국 실물경제 회복은 먼저 유동성 함정에서 벗어나 가계와 기업에 돈이 돌아야 가능하고, 실물경제 회복을 위한 금리인하 효과는 이때부터 작동하기 시작한다. 하지만 지금은 세계 경제 불황의 여파가 우리나라에도 직접적으로 미쳐 수출 감소와 내수침체가 본격화되고 있는 시점이다. 여기에 더해 외환 유동성 위기가 여전히 우리 경제의 발목잡는 악재로 작용하고 있어 유동성 함정은 앞으로도 상당 기간 지속될 것으로 보인다. 요컨대 2000년대 초반의 수출 감소에 따른 국내 경기침체와는 차원이 다르며, 2010년 상반기 무렵까지 경기가 본격적인 회복세로 돌아서기는 쉽지 않을 것으로 보인다.

하지만 정작 문제가 되는 것은 이후에 한꺼번에 일어날 폭발력이다. 이는 시중에 대기하고 있는 800조원에 이르는 부동자금이 투기심리와 함께 본격적으로 가세할 경우 또 한 차례의 부동산 폭등 가능성을 배제할 수 없음을 뜻한다. 더군다나 지금은 부동산과 관련된 대부분의 규제가 폐지된 시점이다. 과거의 예에서 그랬듯이, 실물경기 회복과 정책이 만나면 항상 폭등장세가 연출됐다. 이제 투자자들도 이 정도는 다 알고 있다.

그런 점에서 2000년대 초반의 경제학습 효과는 투자자를 조급하게 만든다. 언제 또 부동산값이 폭등할지 몰라 불안해하면서 여차하면 투기판에 뛰어들어야 뒤처지지 않을 것이라는 강박관념에 사로잡혀 있다. 이런 심리가 일부 강남지역에 반영된 것이 현재의 모습이다. 지금의 부동산은 마치 100m 경주를 앞둔 선수들처럼 팽팽하게 흐르는 긴장감 속에 있다. 이는 앞으로도 오랫동안 지속될 것이다. 실물경제 회복은 그만큼 더디게 진행될 것이기 때문이다. 이 과정에서 이를 참지 못하고 먼저 튀어나가는 사람도 있을 것이고, 뒤늦게 출발하는 사람도 있을 것이다. 둘 다 현명하거나, 둘 다 바보일 것이다. 밀턴 프리드먼 교수가 말한 '샤워실의 바보(fool in shower)'는 이를 두고 한 말인 듯하다.

여기서 질문 하나. 올해 강남 아파트로 갈아타는 사람은 바보일까, 아니면 현명한 투자자일까?

만일 금리가 다시 인상된다면?*

경제가 아직 본격적인 회복 국면으로 접어들지도 못하고, 이에 따라 아직까지 유동성장세로 이어지지 못한 현재의 상황에 대해서 생각해보자. 그런데도 부동산 가격은 규제가 모두 풀린 2009년 3월 이후부터 꿈틀거리기 시작하여 순식간에 2006년 고점 수준까지 회복했다. 물론, 서울 강남 등 일부지역에 국한된 것이지만. 경제순환의 기본 원칙이 무시된 채 비정상적으로 부동산이나 주식 등의 자산가격만 오른 것이다.

최근 금리인상 가능성에 대한 기대감 등으로 은행 주택담보대출의 기준이 되는 CD금리 역시 급등세를 보이고 있다. CD금리 상승으로 시중은행의 주택담보대출 최고금리는 2009년 9월말 연 6.5%를 넘었는데, 이는 주택담보대출 금리가 곧 이어서 상승될 수 있음을 의미한다.

이상을 종합해볼 때 머지않아 기준금리가 인상**되고 이에 따라 CD금리가 오르고, 그 결과 주택담보대출 금리도 오를 것이다. 이는 곧 이자부담을 늘려

* 여기서부터는 2009년말 시점으로 다시 돌아와 쓴 글이다.
** 그렇더라도 만일 2010년 상반기 중 금리인상 조치가 취해진다면, 소폭의 일회성에 그칠 가능성이 높다. 실물경제의 회복이 여전히 불투명하기 때문이다. 이 경우 기준금리는 현재의 2%P에서 1%P 정도 상승한 3%P 전후가 될 가능성이 높다.

가계를 압박할 것이다. 자산가격이 비정상적으로 크게 오른 상태에서 대출금리마저 오른다면 이것은 무엇을 의미하는 것일까? 금리인상과 함께 집값은 결국 하향세로 돌아설 수도 있음을 뜻한다.

본격적인 경제회복이 안 된 상태에서 단기간에 자산가격만 비정상적으로 급등한 지금의 상황은 투기적 요소 때문이라는 말밖에는 달리 설명할 길이 없다. 이는 그때그때 상황에 따라 급등과 급락을 반복하게 된다. 그렇더라도 그 부분만큼은 결국에는 꺼질 수밖에 없다. 이것이 불확실성 시대에 투자를 할 때 신중해야 하는 이유이다. 이처럼 최근의 경제를 둘러싼 제반 여건과 환경은 그만큼 불규칙하고 비전형적이어서 우리를 당혹케 한다. 마치 최근 들어 나타나는 잦은 기상이변처럼 말이다.

02

새로운 복병,
환율의 급등락

● 환율과 부동산 가격과의 상관관계

많은 경제지표 가운데 금리 다음으로 부동산값 변동에 영향을 주는 요인이 바로 환율이다. 일반적으로 환율과 부동산은 반대 방향으로 움직이는 경향, 즉 환율이 오르면 부동산 가격은 내리고, 환율이 내리면 부동산 가격은 올라간다. 우리나라의 환율변동을 통해 살펴보자.

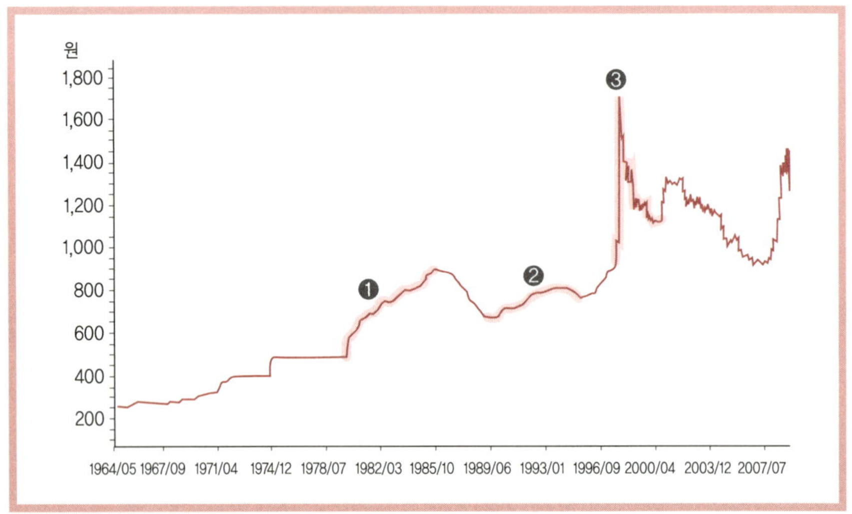

출처 : 한국은행

〈자료 1〉은 1964~2007년까지의 원/달러의 월별 평균 환율 그래프를 연결한 것이다. 〈자료 1〉에 의하면, ❶ 1982~1985년까지의 환율 상승이 이른바 '3저호황' 현상이다.* 이에 따라 수출이 전대미문의 호황으로 이어졌고 실질 GDP가 늘었으며, 이것이 90년대의 경제안정으로 이어졌다. 이 시기에는 적어도 환율상승으로 부동산 가격이 하락했다는 논리는 성립하지 않는다. 1982년 무렵부터 한 차례의 집값 상승을 겪었는데도 불구하고 환율은 올랐기 때문이다.

다음으로 생각해볼 것이 ❷ 1990년 전후의 환율 동향이다. 이는 환율이 소폭으로 하향 안정세를 유지하던 시기로, 이런저런 이유로 부동산값이 급등했

* 여기서 말하는 환율상승은 3저현상(저물가·저유가·저환율)과는 달리 설명된다. 그동안 우리나라의 환율이 너무 낮았던 것이 수출호황 등에 따른 경제발전으로 환율이 계속 오른 것을 말한다. 다시 말해 저환율이 수출호황의 한 요인이 되었으며, 그 결과 환율이 지속 상승한 것이다.

다. 하지만 이는 어디까지나 '3저호황'에 따른 풍부한 유동성과 주택공급 부족에 따른 결과이지, 환율효과에 따른 것은 아닌 듯하다. 이처럼 원/달러 환율이 1,000원 미만인 1990년 후반 무렵까지만 해도 환율과 부동산값과의 상관관계는 그다지 크지 않았다. 그동안 우리나라의 부동산 가격은 환율이 적당하게 오르면서 수출이 호조를 보이고, 내수가 안정되어 주택경기가 호황 국면일 때 오름세를 띠었다.

그러던 것이 ❸ 외환위기를 겪고부터는 환율이 부동산값에 큰 영향을 미치기 시작했다. 환율의 급등에 따라 부동산값이 곤두박질쳤는데, 이처럼 환율이 급격하게 상승하면 물가가 급등하여 가계의 실질소득은 크게 감소하고, 대출이자 역시 급등하면서 부동산 가격의 폭락현상을 가져왔다. 그런데 환율이 비정상적으로 폭등하는 이유는 무엇일까?

첫째, 우리나라 경제의 근간이 수출에 좌우되는 구조이기 때문에 환율에 크게 의존할 수밖에 없기 때문이다. 즉, 1997년말의 외환위기 때나 2008년 무렵의 세계 경제침체 등의 외환 유동성 위기 발생시에 우리 경제의 펀더멘털(기초경제여건, fundamentals)은 속수무책으로 약화될 수밖에 없으며, 그 결과 극도의 내수침체와 부동산값 폭락으로 이어졌다. 즉, 외환시장의 공급 불균형이 끊임없이 환율상승에 대한 압력으로 작용하게 되는 것이다.

둘째, 우리나라 금융기관의 구조적인 문제점을 들 수 있다. 우리나라의 은행들은 그동안 대출을 통한 자산 부풀리기 외형 확대 경쟁으로 예대율에 균형을 잃었는데(예금〈대출), 그 과정에서 외국 금융기관으로부터 부족한 자금을 CD·은행채 발행 등을 통해 단기로 조달해왔다. 즉, 가계자금대출 등에 지나칠 정도로 레버리지를 끌어다 쓴 것이다.

◎ 환율의 비정상적 급등락현상이 문제다

은행의 안정적이지 못한 유동성을 해결하려면 상당 기간이 필요하다. 만약 미국 경제침체가 오래 지속되고 미국 증시가 다시 폭락하는 사태가 온다면 수출급감과 은행의 유동위기 증가로 원/달러 환율은 다시 급상승할 수도 있다. 이 경우 은행은 외국으로부터의 차입을 줄이고자 무자비하게 유동성 확보(대출금 회수)에 나설 것이고, 이 과정에서 부동산값은 폭락할 것이다. 결과적으로 환율급등이 부동산 가격의 폭락을 일으킬 수 있는데, 이러한 환율 급등의 불안정성은 우리 경제에 상존하고 있다.

물론 외환위기 이후 국내 부동산 시장이 외국인 투자자에게도 개방된 것도 환율변동의 폭을 크게 한 원인 중에 하나이다. 그러나 어디까지나 외환 위기나 서브프라임 사태로 촉발된 급격한 경기침체에 따른 외환 유동성 악화로 환율이 급격하게 오른 경우에 국한된다. 외국인들의 국내 부동산 투자는 환율이 비정상적으로 높은 수준에 있고, 부동산 가격이 바닥 수준에 있을 때이기 때문이다.

이제까지의 상황을 정리해보자. 환율이 안정된다는 것은 그만큼 경제도 안정된다는 뜻이다. 환율이 완만하게 상승곡선이면 그만큼 수출도 잘 되고 우리 경제도 잘 돌아가 건설경기도 활발해지게 마련이다. 이 경우에는 시중 통화량은 늘어나고 그만큼 돈의 가치가 떨어지며, 그 결과 물가는 오른다. 이에 따라 통화량을 조절하고자 정부는 금리를 올리고, 실질소득은 감소하게 되어 그 결과 부동산 가격은 하락한다. 이와는 반대로 환율이 완만하게 하락곡선을 그리면 부동산 가격은 상승한다.

하지만 환율의 급격한 변동을 제외하고는 환율의 완만한 증감이 부동산 가격에 큰 영향을 미친다고 하기에는 무리가 있다. 특히 최근처럼 환율이 안정 기조를 유지하는 경우에는 부동산값에 그다지 영향을 미치지 못한다.

따라서 환율이 부동산값을 올리거나 내리는 직접적인 요인으로 간주하기보다는, 우리나라의 경제상황을 판단하는 잣대로 활용하는 것이 보다 현실적이다. 환율이 비정상적으로 높은 수준에서 일정 기간 횡보할 때 우리 경제가 가장 침체기에 접어든 시기로 볼 수 있는데, 이 시기에 부동산 가격이 바닥일 가능성이 높다. 앞장의 〈자료 1〉에서 볼 수 있듯, 1985년, 1997년, 2007년 말 무렵의 환율이 가장 높았던 시점의 부동산 가격은 저점이었다.

그런데 환율이 저점 무렵의 부동산 가격이 고점이었다는 것은 쉽사리 단정 지을 수 없다. 이는 다시 말해 환율의 급격한 변동 시기를 제외하고는, 환율이 부동산 가격을 견인하는 직접적인 동인(動因)으로 작용하지 않았음을 말해준다. 따라서 부동산 투자에 있어 우리가 눈여겨봐야 할 것은 환율의 장기 추이보다는 단기간의 급등락에 영향을 미치는 환율을 불안정하게 만들 수 있는 경제적, 경제외적 변인(變因)이다.

● 환율은 추세 파악이 중요하다

환율은 부동산값에 결정적인 영향을 주는 독립변수가 되기는 어렵다. 다만 어느 정도의 영향을 미치는 종속변수로서 상관관계를 갖는다. 즉, 환율이 완만하게 오르거나 내림세, 또는 안정적인 추세선에서는 어느 방향으로든지 경제는 그만큼 안정되고 있다고 시장이 보내오는 신호이며, 따라서 부동산값도 완만하게 안정적으로 움직인다.

하지만 우리 경제가 출렁거릴 때 환율(환율급등)은 결정적인 독립변수로서 작용한다. 이는 대부분 부동산값 하락으로 이어지는데, 그만큼 우리 경제가 바닥을 헤맨다는 얘기이다.

이상을 고려할 때, 지금처럼 환율이 안정기조로 완만한 하향추세를 그리는 데도 불구하고 집값이 오르는 현상을 어떻게 봐야 할까? 과거 경험에 의하면 환율의 이상급등현상이 안정될 때까지 집값은 저점에서 계속 상승한다. 그렇다면 최근의 환율 안정세는 집값이 고점에 다달했음을 뜻하는 걸까? 부동산 투자시 환율은 어디까지나 경제위기, 외환위기시의 비정상적인 파동에 국한하여 고려해도 큰 무리가 없을 것이다.

03

기대수익률에 대한 불편한 진실

⦿ 재건축 전후의 비교

기사 1 강남3구 아파트에 돈 몰리는 이유, 규제완화로 기대수익률↑

저금리 여파로 불어난 유동자금이 강남 아파트에 쏠리고 있다. 지난 6월에 이어 7월에도 개포 주공 1단지 등 재건축 아파트를 중심으로 사상 최고점을 기록하는 단지가 속출했다. 강남3구(강남, 서초, 송파) 아파트 거래건수도 지난 6월과 7월 두 달 연속으로 2,000건을 넘었다. 아파트 가격이 최고점에 육박했던 2006년 말과 비슷한 수준이다. 전문가들은 강남3구 아파트에 돈이 몰리는 이유 중 하나로 정부의 각종 규제완화로 기대수익률이 높아지면서 시중 자금이 부동산으로 쏠리고 있다고 분석한다. 이데일리, 2009. 8. 25

기대수익률은 '현재의 가격을 기준으로 미래에 얻게 될 예상수익률' 로서 투자결정 요소 가운데 하나이다. 만약 투자기간과 투자규모 등의 다른 투자 조건이 일정하다면, 가장 높은 기대수익률이 예상되는 투자 포트폴리오를 자연스럽게 선택하게 된다. 예를 들어 주식투자를 하는 사람들에게 예상하는 기대수익률을 물어보면, 연 20% 이상이라고 답하는 경우가 많은데, 이는 과거를 토대로 하여 투자자의 마음속에 담아 두고 있는 수치인 듯하다. 그런데 이는 투자에 따른 리스크를 전혀 고려하지 않은 수치이며, 그만큼 과한 수치이다.

그렇다면 부동산은 어느 정도일까? 위의 기사처럼 강남3구에 돈이 몰리는 이유가 규제완화 등으로 재건축 아파트에 대한 기대수익률이 높아진 때문이라는데, 정말일까?

|자료 2| 강남 재건축 전후 아파트의 시세 비교

(단위 : 원)

구 분		재건축 전			재건축 후		
		평형	시세	평당가	평형	예상가	평당가
재건축 전	개포주공(저층)	11평	7억	6.6천만	25평	9억+	3.6천만
		18평	13억	7.4천만	40평	17억+	4.2천만
					45평	19억+	4.2천만
	대치은마	31평	10억	3.3천만	40평	17억+	4.2천만
		34평	12억	3.9천만	45평	19억+	4.2천만
	대치청실	34평	12억	3.4천만	45평	19억+	4.2천만
재건축 후	대치센트레빌	45평	19억	4.1천만			
	대치아이파크	24평	8억	3.4천만			
	도곡렉슬	28평	7억	2.7천만			
		43평	18억	4.1천만			
	도곡롯데캐슬	31평	7.5억	2.4천만			

주변 아파트	개포우성 · 현대	48평	15억	3.2천만		
	개포현대	33평	10억	3.1천만		
	대치미도	46평	17억	3.7천만		
	도곡삼성	25평	6억	2.4천만		
	대치선경	32평	12억	3.8천만		

출처 : 부동산 114, 2009. 8. 25 시세

〈자료 2〉는 부동산 포털 '부동산114'의 2009년 8월 25일 시세를 가지고 정리한 것이다. 여기에서 볼 수 있듯이 재건축이 완료된 아파트의 경우, 대치동지역에 있는 아파트와 도곡동의 아파트 시세는 다소 차이가 나는 반면, 개포동과는 거의 비슷한 가격대를 형성하고 있다. 따라서 개포동과 대치동의 재건축 이전·이후의 아파트값이 유사할 것으로 가정하고 분석해보자.

이상을 고려할 때, 대치·개포동 재건축 대상 아파트가 재건축이 끝나고 분양될 경우 예상가격은 최근 재건축이 끝난 동부센트레빌이나 대치아이파크의 현재 시세에 일정기간 이후의 신규 아파트라는 프리미엄이 더해진 가격이라고 볼 수 있다. 만일 급격한 가격상승이 없을 것을 전제로 한다면, 이 경우 현재의 조건만을 놓고 고려할 때, 30평형 이하의 경우에는 평당 약 4천만원, 30평형 이상인 경우에는 평당 약 4천5백만원 선에서 형성될 것으로 보인다. 강남 재건축이 완료된 이후 시세가 안정될 것임을 고려하면 그렇다. 이제부터 이것을 떼어놓고 분석해보자.

|자료 3| 강남 재건축 아파트의 재건축 후에 예상되는 기대이익

구 분		시 세		기대이익			
				(+)	(−)	(−)	=
		전	후	차액	개발분담금	기회비용(5년)	기대이익
개포주공	11평	7억	10억(25평)	3억	–	2.1억	0.9억
	17평	13억	18억(40평)	5억	1억	4.0억	–
			20억(45평)	7억	1억	4.2억	1.8억
대치은마	31평	10억	18억(40평)	8억	2억	2.6억	3.4억
	34평	12억	20억(45평)	8억	2억	3.1억	2.9억

1 개발후 평당 가격을 4천5백만원으로 산정하였으며, 용적률 300%로 산정했을 때의 조합원 몫으로 돌아가는 아파트 평형이다.

2 재건축 초과이익 분담금(개발분담금)은 조합원 수익의 최고 50%를 세금으로 환수하는 조항이 그대로 존속할 경우의 예상 금액이다.

3 기회비용은 은행이자(4%)에 물가상승률(3%)을 더한 7%선으로 하여 5년 기간으로 잡았으며, 현 전세가를 제한 비용부분만을 고려했다(개포재건축 아파트 전세값이 매우 낮다).

◎ 기회비용을 고려한 투자를!

〈자료 3〉에서 알 수 있듯이, 기대수익률을 산정함에 있어 투자자들이 흔히 빠뜨리기 쉬운 것이 바로 '기회비용' 에 대한 개념이다. 기회비용이란 '어느 하나를 선택함으로써 포기해야 하는 것에 대한 가치' 를 말한다. 투자를 고려한다면, 적어도 은행이자에 물가상승률을 더한 금액만큼 정도는 고려해야 한다.

위에서 예로 든 강남 재건축 아파트가 건설되고 분양될 때까지는 못 잡아도 5년 정도의 기간이 소요되는데, 이를 기회비용으로 환산할 경우 자료에서 보는 것처럼 무시하지 못할 금액이다. 만약 재건축 기간이 길어지면 그 기간 동안의 기회비용은 그만큼 늘어난다. 만일, 그 기간 동안의 '기회비용 = 레버리지 코스트', 즉 전세를 끼고 대출받아 집을 살 때 드는 금융비용으로 보아도 무방하다. 왜냐하면 위에서 말한 은행이자(4%)에 물가상승률(3%)을 더한 7%선 정도에서 대출이자가 형성되고 있기 때문이다. 따라서 다음과 같은 결론에 도달한다.

첫째, 실거주를 목적으로 구입한다면 이는 적극 고려해볼 만하다. 왜냐하면 인플레이션 비용만큼을 헤징시킬 수 있고, 앞으로 재건축이 완료된 이후의 시세차익까지 고려할 수 있기 때문이다. 단, 그 기간 동안의 불편함은 감수해야 한다.

둘째, 강남 재건축 아파트값이 계속 오를 것이라 기대하고 대출 레버리지를 이용할 경우, 신중히 생각해야 한다. 어디까지나 기대하는 만큼 수익을 올릴 수 있을 거라 자신하는 투자자들만 덤벼야 한다.

셋째, 만일 자금 여력이 풍부하다면, 강남 재건축 아파트를 구입하여 전세를 놓고 나서 재건축이 완료될 때까지 기다려보자. 요즘 같은 때에 은행이자에 물가상승률을 더한 만큼의 수익을 올리는 것이 쉽지 않기 때문이다.

이상을 통해 알 수 있듯, 강남 재건축 아파트는 최근 재건축이 완료된 아파트 시세와 비교할 때, 이미 내재가치가 상당 부분 반영되었다. 따라서 아파트 구매에 소요되는 비용에 대한 기회비용을 고려할 경우 재건축이 끝난 이후 예상되는 기대수익률은 우리의 기대치 이하이다.

아울러 향후 예상되는 정부의 강남 재건축 정책이 규제는 풀어주되, 초과

이익 중 상당 부분을 재건축 부담금으로 환수할 것으로 보여, 이래저래 기대 이익은 이보다 훨씬 적을지도 모른다. 이러고도 강남3구 아파트에 돈이 몰리는 이유는 잘 몰라서일까, 확고한 신념에서일까? 만일 2000년초 무렵의 상황을 생각하면서 투자한다면, 충분히 재고할 필요가 있다.

◉ 누가 더 옳은 판단을 했을까?

규제완화에 대한 기대감 등으로 2009년 상반기 이후 강남 재건축 아파트 거래 물량이 늘었다고 하는데, 이것을 어떻게 해석해야 할까?

매물로 내놓은 사람이 많아졌기 때문에 그럴진데, 이 경우 충분히 고점에 이르렀다고 생각하고 내놓는 것은 아닐까? 그렇지 않다면, 굳이 매물로 내놓을 이유가 없지 않은가. 이것을 사들인 사람은 또 어떤 생각과 판단으로 내린 결정이었을까? 앞으로도 계속해서 오를 것이라 생각했을 텐데 말이다.

누가 더 현명한 판단을 했는지는 앞으로 두고 볼 일이다. 한 가지 분명한 사실은 누군가는 고점이라고 생각하고 팔며, 누군가는 저점이라고 판단하고 산다는 점이다.

04

투자수익률에 대한 올바른 이해

◉ 복리개념의 중요성

"부분이 전체를 호도(糊塗)한다"는 말이 있다. 다음 두 가지 사례는 투자와 수익률이 일반투자자들에게 어떻게 왜곡될 수 있는지를 보여준다.

기사 1 포트폴리오 "주식 투자수익률이 가장 높아 자산 50% 이상 운용할 것"

'가치투자 전도사'로 불리는 OOO한국OO자산운용 최고투자책임자(CIO · 전무)는 펀드매니저답게 '주식 예찬론'을 폈다. 그는 "주식, 부동산, 채권 등 모든 자산에는 이익률(yield)이 존재하는데 현재 주식의 이익률이 가장 높다"고 말했다. 그는 "현재 장기국채 이자율이 5%대인데 비해 한국 증시의 PER은 10~11배로 주식의 이익률은 9~10% 수준이다. 주식에 투자하면 채권에 투자했을 때보다 약 두 배의 이익이 나는 셈"이라고 설명했다. 강남 대치동 아파트의 경우 31

평형을 14억3,500만원에 매입한 후 3억9,000만원에 전세를 놓고 전세금은 은행에 넣어 1년에 1,755만원의 이자(이자율 4.5% 가정)를 받는다고 할 때 연간 이익률은 1.22%에 불과하다. 이에 따라 그는 '주식 50% 이상, 부동산 20% 이하, 해외펀드 10~15%, 현금유동성 10%, 금 5% 이하'의 포트폴리오를 제시했다.

이채원, 한국아이닷컴, 2006. 6

기사 21│ '고수의 부동산 팁 – "불황 이겨내는 1등주 투자가 장기적으로 수익률 가장 높아"

"97년 1월초에 자산을 매입했다는 가정 아래 현재까지 수익률을 계산해보면 주식투자가 가장 좋은 것으로 나타난다. 주식은 상대적으로 가격탄력성이 커서 위기시에는 상대적으로 더 하락하고 호경기에는 가치 이상으로 오르는 특성이 있다. 경제위기였던 97년 1월 3일 삼성전자 주가는 3만9,100원이었다. 2009년 1월3일 기준 주가는 49만원으로 절대 주가상승률은 1,196.9%, 배당 등을 감안한 총수익률은 1,815%이다. 압구정동 현대아파트는 97년 1월 109㎡(33평) 기준 가격이 2억8,000만원에서 현재는 14억원으로 400% 상승률을 기록했다. 결과적으로 위기시에는 상대적으로 주가변동폭이 큰 것이 사실이지만, 글로벌 1등주에 한 투자는 장기적으로 가장 높은 수익률을 기대할 수 있다."(이하 중략) 매일경제, 2009. 2. 6

이해를 돕기 위해 주식과 부동산 투자만을 놓고 생각해보자. 먼저 첫 번째 사례를 보면, 이른바 주식투자 전문가라는 사람들이 펼치는 궤변에 할 말을 잃는다. 부동산 투자 수익률에 있어 가장 큰 몫이 바로 투자기간 동안에 발생하는 자산가치 상승 부분인데, 이 부분은 떼어놓은 채 전세금을 은행이자로 묶어 이를 투자수익률로 둔갑시키는 해괴망측한 논리는 참으로 상식 밖의 일이다. 이는 투자의 기본 개념조차 이해하지 못한 것으로밖에 볼 수 없다. 전문가가 이를 몰라서 그랬을 리는 만무하고, 주식투자는 복잡하고 어려우니 전문가에 맡겨달라고 직설적으로 말하는 것이 차라리 솔직하다. 굳이 어려운 전문용어를 써가며 이치에 맞지 않는 논리를 펼치지 말고 말이다.

이번에는 개미들이 2007년 한 해 동안 올린 투자수익률을 살펴보자. 다음은 작년 한 신문의 기사 내용이다.

기사 3 주식시장의 개인투자자 비율은 4분의 1

2007년 시가총액 기준으로 투자자별 주식분포를 살펴보면 외국인이 30.9%로 가장 많았으며, 개인 25.3%, 일반법인 21.0%, 기관 20.0% 순으로 나타났다. 그리고 투자수익률은 외국인, 기관·법인, 개인순으로 나타났다.

《시골의사의 부자경제학》을 인용하면, 지난 20년간 한국사회에서 가장 유용했던 재테크 수단은 일반의 예상과는 달리 ① 복리예금, ② 채권투자, ③ 부동산 투자, ④ 주식투자 순서로 나타났다. 이를 상기 2007년 주식투자 결과와 묶으면, 개인투자자들이 주식투자로 올린 수익률은 훨씬 더 저조해진다.

예상을 뒤엎고 복리예금이 가장 큰 수익을 올렸듯이, 이와는 정반대로 개인투자자가 주식투자로 올린 수익률 역시 복리로 마이너스이다. 왜냐하면 재테크 수단 중에서 주식투자 수익률이 가장 낮은데 더해, 시가총액의 4분의3에 달하는 외국인이나 기관투자자들이 올린 수익률이 나머지 개인투자자들이 올린 수익률보다 훨씬 더 높으니, 결과적으로 마이너스에 마이너스를 합치면 그게 복리로 마이너스지 뭐가 다른가. 주변에 주식으로 망했다는 사람들은 여럿 봤어도, 주식으로 돈 벌었다는 사람을 별반 찾아볼 수 없음이 이를 반증하는 것 아닐까.

이제 두 번째 사례를 살펴보자. 이 역시 좀 더 자세히 들여다보자. 1997년 1월초 무렵이라면 한창 외환 위기의 소용돌이에 있을 무렵이었다. 한치 앞을 내다볼 수 없는 상황에서 그만큼의 투자리스크를 감안하고 과감하게 주식투자에 나설 개인투자자가 과연 몇이나 있었나. 물론 이 시기는 외환위기 여파로 주가 지수가 300선으로 곤두박질 친 상태에서 이후 경기회복과 함께 1,000선으로 랠리한, 우리나라 증시 역사상 전무후무한 시기였다. 이 시기에는 거의 모든 종목이 동반 상승한 시기였다.

◉ 자산의 안전가치도 투자수익률에 반영되어야

하지만 이런 호황 장세가 다시 올까? 과거의 특수상황을 가지고 앞으로도 그럴 것이라 대입하는 자체에 무리가 있다. 물론 가능성을 전혀 배제할 수는 없지만, 이는 너무나도 막연한 기대심리이다. 삼성전자나 포스코와 같은 특정 우량주 몇 종목을 가지고 주식투자가 부동산 투자보다 자산가격 수익률이 높다는 결과치도 합리적이지 못하다. 적어도 투자원금 보전을 위한 안전자산 투자를 고려하면 말이다. 기업의 흥망성쇠는 그만큼 가변적이고 불안정하다. 과거 10년 전 우량기업 중에 지금은 사라졌거나 기업가치가 폭락한 기업이 많이 있었으며, 이 때문에 주식투자로 손해를 본 투자자들이 한둘이 아니다.

80년대 후반 필자는 처음 직장에 들어가 당시에 가장 안전하다는 은행주와 보험주에 투자했다. 당시 전체 은행의 평균 주가는 대략 2~4만원대였다. 그랬던 것이 20년이 지난 지금 주가가 가장 높은 신한 · 국민은행이 4~5만원대,

은행통폐합 등의 극심한 진통을 겪었던 우리은행을 비롯한 여타 은행의 주가는 1만원대이다. 물가상승률을 감안한다면 20년 동안의 투자수익률은 엄청난 마이너스이다. 이자는커녕 원금조차 건질 수 없었다. 보험주 역시 별반 다르지 않다.

외환위기 여파로 한치 앞을 볼 수 없었던 당시에 삼성전자, 포스코가 글로벌 1등주가 될 것으로 믿어 장기투자한 사람이 과연 얼마나 될까? 물론 대박난 사람도 있을 것이다. 하지만 우리 주변에는 강남 아파트를 사서 재미를 봤다는 사람은 여럿 봤어도 삼성전자 주식으로 떼돈 벌었다는 사람은 별반 없었으니 이 무슨 조화란 말인가. 솔직히 말해 이들 주식에 투자해서 10년 동안 갖고 있을 자신도 없고, 또 그만큼의 수익률을 올릴 수 있을 것이란 기대도 안 한다. 그때까지 이들 기업이 여전히 1등 자리를 굳건히 지키고 있을 거란 확신도 안 선다.

중요한 것은 표준편차에서 벗어나는 구간을 신뢰구간으로 편입시키는 투자논리를 일반 투자자들에게까지 대입시키지 말아달라는 것이다. 그리고 분야별 전문가들 역시 아전인수식의 논리로 자신들의 이익을 옹호하지 않았으면 한다. 전문가들의 말을 그대로 믿어 투자에 임하는 우리네 불쌍한 개미들 입장을 조금이라도 생각한다면, 이제부터는 행동경제학적 관점에서 일반투자자들의 입장을 생각해 보다 현실적이고 안전한 투자방향을 제시해야 한다.

05
왜 부동산 경기 예측이 어려울까?

최근 전세가격 급등현상을 지켜보는 우리네 마음이 어둡다. 이로 인해 우리네 서민이 받을 고통에 더해, 집값이 폭등하지나 않을까 하는 염려에 시달리고 있으니 말이다. 또한 내 집 마련은 점점 더 우리의 가시권에서 멀어지고 있는 것 같아 안타깝기만 하다. 이제부터 과거의 선험적 사례를 통해 최근 과열되고 있는 집값의 폭이 얼마나, 언제까지 오를 것인지(아니면 다시 내릴 것인지)에 대해 살펴보려 한다. 우리가 살펴봐야 할 것은 두 가지이다.

첫째는 집값 상승의 폭과 기간을 예측하는 것이 어느 정도 가능하고 정확한가 하는 것이다. 둘째는 집값의 적정수준은 과연 어느 정도인가 하는 것이다. 만약 집값이 적정수준 이상으로 치솟을 경우, 이는 언젠가는 반드시 하락할 것이기 때문이다. 자칫 투자를 잘못하면 그대로 손실로 이어질 것이고, 이에 대한 피해는 고스란히 투자자 몫으로 남는다.

|자료 4| 과거 대세상승기의 상황 및 지표 비교

구 분		1990년 전후	2002년 전후	2009년 전후
이전상황		3저호황으로 소득증가 및 풍부한 유동성	IMF외환위기 이후 강력한 경기부양책	세계 경제침체 여파 탈출을 위한 강력한 재정확대
3대 지표	정책	• 경기부양책(88) 부동산 규제강화(90~) • 주택공급 확대 주택 200만호 건설	• 경기부양책(98) 부동산 규제강화(02~) • 주택공급 감소 투기적 가수요 강력차단	• 강력한 투기억제책(02~) 부동산 규제완화(08~) • 주택공급 확대 발표(09) 특히 수도권 소형주택 (보금자리주택 향후 4년간 60만호, 향후 10년간 총 300만호)
	금리	• 저금리 기준금리 7%+	• 저금리 기준금리 5%- (00년 5%에서 02년 4.25%, 05년 3.5%, 07년 5%대)	• 초저금리 기준금리 2%대 유지 (08년 5%→3%, 09년2월부터 2%동결)
	실물	• 투자지출 ↑ • 명목GDP 성장률 → $2,637억(90) • 1인당GNI(명목) ↑ • 경제성장률(실질) ↑ 고성장 지속 • 소비자물가지수 → • 실업률 ↓ ▶ 경제 성장 국면	• 투자지출 → (인위적부양×) • 명목GDP 성장률 ↗ 02년 $5,469억 06년 $7,913억 • 1인당GNI(명목) ↑ 02년 $12,100 06년 $19,722 • 경제성장률(실질) ↗→ 98년 −6.9% 02년 7.2% 06년 5.2% • 소비물가지수(05=100) → 98년 82.3 02년 90.8 04년 97.3 06년 102.2 • 실업률 → 98년 7.0% 02년 3.3% 06년 3.5% ▶ 경제 안정 국면	• 투자지출 : 재정확대↑ 실물에 반영× • 명목GDP 성장률 → 07년 $8,874억(07), 08년 $9,699억(08) • 1인당GNI(명목) ↘→ 07년 $21,695, 08년 $19,231 (08.4분기 저점 이후↑) • 경제성장률(실질) : ↘ 07년 5.1%, 08년 2.2%, (09년 3% 예상) • 소비물가지수(05=100) → 07년 104.8, 08년 109.7 (09년 103.0 기대) • 실업률 ↘↗ ▶ 경제 회복 국면 → 아직 실물 회복×

유동성	주택 담보 대출 잔액	• 96년 36.4조	• 00년 51.5조에서 04년 240조로 급증 04년부터 예금 〈 대출	• 06년 298.8조에서 09년 7월말 400조로 급증 09년 1~8월, 28조 증가
	통화량		• M1(협의통화)↑ 00년 183조에서 02년 265조, 05년 332조 • M2(광의통화) 00년 691조에서 02년 824조, 05년 994조	• M1↑ 07년 316조에서 08년 331조, 09년 5월 359조 • M2↑ 08년말 1,462조에서 09년 5월 1,396조
	유동성 지표		• Lf(금융기관유동성)↑ 00년 883조에서 02년 1,092조, 05년 1,349조 • L(광의유동성)↑ 00년 1,044조에서 02년 1,353조, 05년 1,653조	• Lf↑ 08년말 1,945조 • L↑ 08년말 2,268조
주택 수급	이전	• 공급 부족(주택보급률↓) 전국적 현상	• 공급 부족 특히, 서울 · 수도권 (신규공급 부족)	• 공급 부족 특히, 서울 (강남 재건축 공급부족 · 강북 재건축 멸실 수요)
	(전세값)	• 급등 집값급등과 동일 양상	• 비교적 안정 집값 상승폭만큼 오름세	• 최근 급등 얼마나 오를까?
	이후	• 초기 분양시점에 집값 급등 입주 이후 91년부터 집 값 안정	• 이후에도 집값은 계속 상승 정부의 강력한 억제책 에도 불구하고!	• 강남 및 버블세븐지역 은 06년 저점 수준까지 회복 앞으로는?
주가		• 상승	• 계속 상승세 02년 주가지수 628에 서 06년 1434	• 하락한 후 09년부터 급등 07년 1897에서 08년 1124, 09년 8월말 1600선
환율		• 상승세 600에서 800선까지 완만한 상승세 유지	• 하락 안정세 98년 1399, 00년 1130, 02년 1251, 04년 1144, 06년 955	• 급상승 후 하락 안정세 07년 929, 08년 1259, 09년 8월말 1250

투자심리		실수요 목적이 강함	투기적	다분히 투기적
결과 및 시사점	결과	• 87년부터 급등하여 90년 고점, 이후 92년 저점 급락하면서 안정 4년 급등 2년 급락 • 전국적으로 올랐다.	• 00년부터 급등하여 02년 고점, 이후 급락하여 04년 저점, 다시 급등하여 06년 고점하면서 상승 2년 급등 2년 급락, 다시 2년 급등 2년 급락 • 02~05년 : 특히 강남만 상승 • 06~07년 : 서울 전역이 상승	• 07년말부터 급락하여 08년 저점, 이후 09년초부터 상승 앞으로 얼마나, 언제까지 오를까? 2년 급락, 09년부터 몇년 급등? 이후 몇년 급락? • 09 상반기 : 강남만 상승 • 하반기 이후 : 수도권 전역?
	지수 변동	• 주택가격지수 88년 52.7 91년 73.2 • PIR : 4.0-	• 주택가격지수 02년 85.3 06년 97.0 • PIR 98년 4.2(서울 : 6.7)에서 00년 5.0(서울 : 7.9), 02년 5.5(서울 : 6.4), 04년 5.5(서울 : 7.2), 06년 6.4(서울 : 9.8)	• 주택가격지수 08년 103.1 09년 6월 99.4 • PIR 07년 6.6(서울 : 9.8)에서 08년 7.7(서울 : 10.5)
	원인 및 결과 요약	• 경제성장이 지속 • '3저호황'으로 소득 증가 • 베이비붐 세대의 주택수요 욕구 증가 • 집값이 전국적으로 상승 • 공급계획 발표 후 분양되기까지 3~4년 동안 집값 계속 상승 ▶ 절대수요부족 → 집값 상승	• 외환위기 대처 이후 경제가 안정 • 금리 하락 • 통화량 증가 • 주택담보대출 급증 • 은행으로부터 돈 빌려 높은 기대수익이 예상되는 강남권에 집중 투자 • 이후 06년부터는 버블 세븐지역으로 확대, 강북도 급증 ▶ 대출 레버리지 → 집값 상승	• 실물경제가 회복되지 않았음에도 불구하고, 초저금리로 돈은 넘쳐나는데 비해 마땅한 투자처가 없어, 단기유동자금으로 떠돌면서 투기자금화하고 여기에 재건축(강북)+공급부족(강남)으로 전세난까지 가세하여 집값 충동 • 더해서 09년 8월 보금자리주택 등 조기공급 발표 ▶ 투기자금화 → 집값 상승

1 수급불균형(수요 · 공급)만이 인과관계가 성립된다(수급불균형 ⇒ 집값 상승).

2 3대 지표(정책 · 금리 · 실물) + 환율 · 주가 등의 그 밖의 지표는 개연성의 관계이다

(지표 상승·하락 ⇒ 집값 상승·하락, or 지표 상승·하락≠집값 상승·하락).

3 집값상승은 서울·수도권에 국한된 문제이다(∵공급부족+기대가치). 그리고 주택공급이 완료(분양)되기까지 앞으로 2~3년이 문제다.

4 투기심리가 부동산값을 교란시킨다. 즉, 치고 빠진다. 최근 2년을 주기로 정부정책에 관계없이 등락하는 것과 일맥상통(중과세 회피).

5 과열시 금융정책(금리인상 + 대출규제)이 효과를 볼 것이다. 주택값이 너무 오른 상태여서 레버리지를 이용하지 않고 집 사기가 현실적으로 어렵다.

6 오르더라도, 이후 하락세로 빨리 꺾일 수 있다(즉, 빨리 뜨거워졌다가 빨리 식는다). 따라서 오름세를 띠더라도, 늦어도 2~3년 후 주택공급 시점과 맞물려 하락세로 돌아설 가능성이 높다.

◉ 부동산 경기예측 왜 어려울까?

앞의 〈자료 4〉는 과거 집값의 대세상승기와 최근의 상황을 정리한 것이다. 같은 기간 동안의 집값을 예측하는 데 필요한 제반지표의 변동을 간략하게 정리하였다. 이 글을 읽고 있는 여러분은 위 자료가 한눈에 들어오는가? 이것을 통해 앞으로 어느 정도, 언제까지 오를 것이지 쉽사리 예측할 수 있는가?

필자는 정리하고도 잘 모르겠다. 자신도 없다. 왜냐하면 주택수급 문제를 제외하고는 집값에 영향을 주는 제반지표와 집값 변동과의 상관관계가 잘 파악되지 않기 때문이다. 그렇다면 경제예측은 왜 어려울까?

"예측은 신의 영역이다"라는 말을 앞서 했다. 그만큼 미래를 정확히 예측한다는 것은 매우 어려운 일이다. 경제예측도 다를 바가 없다. 일반적으로 과거의 소비, 투자 등 제반 거시경제지표를 기초로 이를 모델화한 후, 여기에 시장 상황, 금리, 환율 등 대내외적 변수의 전망치를 집어넣어 경제주체를 예측한다.

그런데 이 예측치가 정확히 들어맞는 경우는 드물다. 예를 들어 주가예측의 경우, 차트기법이 마치 마법사라도 되는 양 자주 동원되는데, 실제 이것이 정확히 들어맞는 경우는 흔치 않다. 이는 주식 전문가들도 실토한 사실이다. 그렇다면 왜 경제예측을 정확히 맞추는 일이 어려울까? 한국은행에서 발간한 《알기 쉬운 경제이야기》의 내용을 요약해서 인용하면 다음과 같다.

우선, 우리나라의 대외의존도가 매우 높다는 데 있다. 이에 따라 세계 경제성장률, 환율, 국제유가 등에 대한 해외 기관의 예측치가 국내 경제예측을 할 때 커다란 영향을 미치게 되는데, 세계적 예측전문기관들은 예측하지 못한 상황이 발생할 때마다 주요 전망치를 수시로 수정하고 있다. 그리고 이를 토대로 국내 경제예측을 할 때 해외기관의 예측치가 빗나가 수정된다면 이에 기초한 국내 경제예측 역시 틀릴 수밖에 없는 것이다.

대내여건의 변화로 예측이 빗나갈 수도 있는데, 예를 들어 정치환경의 변화, 노사관계 불안 등 사전에 고려하기 어려운 일들이 빈번하게 일어나고 있는 것도 예측치 오차범위를 크게 한다. 예측기법의 한계 역시 문제가 된다. 즉, 예측을 할 때 활용하는 계량모형은 기본적으로 과거 경제변수의 움직임을 반영하고 있어 경제구조가 크게 달라질 경우에는 이를 조절하기가 어렵고, 또한 소수의 외생변수로 된 단순한 모형을 이용하기 때문에 결과적으로 예측력을 떨어뜨리는 요인으로 작용한다. 이와 같은 여러 제약요인으로 인해 경제예측을 정확히 한다는 것은 사실상 불가능하다.

부동산 경기예측 역시 예외가 될 수는 없다. 위의 자료에서 알 수 있듯이 부동산을 둘러싼 많은 경제지표 가운데 주택수급, 즉 주택의 수요와 공급 간의 불일치 때문에 발생하는 집값 변동 외에는 인과관계가 확실하게 성립되는 것은 없다. 심지어 부동산 변수 중 3대 지표라 할 수 있는 정책, 금리, 실물경제까지도 각기 독립적으로 집값에 영향을 미친다기보다는 일정한 종속변수로서 작용하고 있음이 앞의 자료 내용으로 확인된다.

그 한 예가 노무현 정부시절인 2002~2006년까지 집값이 급등한 경우이다. 일반적으로 정부의 부동산억제책이 이어질 경우 결국 집값은 하락세로 돌아선다. 하지만 당시 일련의 강력한 투기억제책을 쏟아부었음에도 불구하고 2004년 무렵 일시적으로 주춤했던 집값은 다시 뛰기 시작했고, 이후 종합부동산세 등의 강력한 세제정책을 쏟아붓고도 일정 시점이 지난 후인 2007년 무렵에야 비로소 집값이 진정되기 시작했다. 이는 결국 강력한 투기억제책보다는 한 번 불붙기 시작한 투기심리가 가속화되면서 집값 상승에 더 큰 영향으로 작용한 결과라 할 수 있다.

그런데도 시중에 나온 경제서적이나 신문기사를 살펴보면, 각각의 경제지표가 집값에 독립적으로 영향을 미치는 주된 요인인 것처럼 설명한다. 예를 들어, 2006년부터 2009년초 무렵까지의 환율 동향과, 같은 기간 서울의 한 재건축 아파트값 변동을 자료를 예로 들면서 집값과 환율은 반대로 움직이며, 따라서 원/달러환율이 급등했던 2008년이 집값의 저점이었다고 말한다.

물론 당시 주택가격이 저점이었던 것은 분명하다. 하지만 집값과 환율이 반드시 반대 방향으로 움직인다고 단정할 수는 없다. 물론 집값이 급등하던 2000~2006년 직전까지의 환율은 큰 변동 없이 소폭의 하락과 상승을 반복하면서 비교적 하향 안정세를 유지하였다. 하지만 집값이 크게 올랐던 1990년 전후의 시점 역시 수년에 걸쳐 환율은 600선에서 800선까지 완만하게 상승하였다. 즉, 집값은 급등했고 환율도 상향 안정세를 유지했다.

이상을 통해 살펴볼 때, 집값과 환율과의 인과관계가 확실하다고 볼 수 없다. 우리나라의 경우 환율이 완만하게 상승하면 수출도 잘 되고 소득도 덩달아 늘어나고 경제도 잘 돌아가 오히려 주택구매 수요가 늘어나는 패턴을 보이고 있다. 다만, 1997년 외환위기 이후나 2007년 세계 경제침체 여파로 우리나라 경제가 극도로 침체되고, 이에 따라 환율이 불안정하여 크게 치솟은 반면 집값은 크게 하락했다. 하지만 이는 경제침체에 따른 자산가격 하락현상이 주된 이유였지, 반드시 환율상승 때문이었다고 단정할 수는 없다. 환율급등은 자산가격 폭락을 일으킨 원인 중의 하나였을 뿐이다.

이처럼 부분적, 일시적, 종속적인 일치현상을 가지고 마치 부분이 전체적인 현상인 것처럼 단정해서는 안 된다. 이를 잘못 믿어 입게 되는 피해는 애꿎은 투자자 몫으로 돌아간다. 적어도 집값 예측에 있어서는 확실한 인과관계를 갖고 있는 주택수급 문제를 제외하고 어느 한두 가지 지표만을 가지고 미루어 단정 짓는 일은 없어야 한다.

◎ 굵고 크게 끊어서 살펴라!

그렇다면 왜 이처럼 단순 외생변수(각각의 경제지표)만을 가지고, 그것이 어떤 결과를 가져올 것이라는 확실한 단정으로 몰아가는 이유는 무엇일까? 그것은 주가지수를 산정할 때 사용되는 분석방식을 그대로 부동산에 적용하기 때문이다. 주지하다시피 주가지수를 산정할 때는 환율동향, 금리동향 등 개별지표별 변동 추이가 매우 중요하다. 왜냐하면 주가지수는 단기간, 그것도 6개월 미만의 짧은 기간 동안의 예측이 매우 중요하기 때문이다. 각각의 외생변수가 주가에 큰 영향을 미칠 수 있어 각각의 동향을 세밀하게 살피는 것이 중요하다. 즉, 개별지표만으로도 분석이 가능하다.

하지만 부동산은 그렇지 못하다. 적어도 2~3년의 중기적인 관점에서 분석하는 것이 중요하다. 왜냐하면 부동산은 한 번 구입하면, 세금에서 환금성 문제 등으로 인해 최소한 2년 이상 묶이는 경우가 대부분이다. 따라서 그 기간 동안 각 경제지표 변동 가능성이 높아 예측은 그만큼 어려워지며, 더군다나 정부정책의 실행시기도 그때그때의 경제여건에 크게 좌우되기 때문에 이를 더욱 어렵게 한다. 그리고 결국에는 개별 경제변수의 상관관계 내지는 인과관계에 따른 개연성을 크게 약화시킨다.

그러므로 시간의 흐름을 염두에 두고 굵게 끊어서 분석하는 것이 중요하다. 예를 들어 투자지출, GDP성장률, 경제성장률, 소비자물가지수, 실업률 등 실물경제의 정도를 알려주는 제반 경제지표의 부동산과의 상관관계를 일일이 살펴보는 일은 대단히 어렵다. 그런데 전체를 종합하여 이를 경제성장 국면, 안정국면, 회복국면 등으로 구분해서 가늠해도 크게 문제되지 않는다. 이를 개별적으로 하여 부동산과의 상관관계를 가늠하는 것은 현실적으로 매우 어려우며, 혼란만 가중시켜 결국에는 실패할 가능성이 높다.

부동산 경제지표를 분석하고 예측함에 있어 또 하나 생각해야 할 중요한 것이 바로 '투자심리'의 정도이다. 부동산은 우리의 생활과 밀접하여 투자심리에 크게 영향을 받는다. 권위 있는 주택가격지수인 '쉴러지수'의 창안자인 미국 경제학자 로버트 쉴러 예일대 교수는 그의 저서 《서브프라임 솔루션》(최근 《버블 경제학》이란 제목으로 국내 출간)에서 주택거품의 원인을 인간의 심리에서 찾으며, 그 핵심은 '시장심리의 전염성' 때문이라고 말한다.

집값이 오르다 보면 사람들은 집을 사는 데 주춤하는 게 아니라 추가상승에 대한 기대감을 품는다. 자신에게 찾아올 새로운 기회를 꿈꾸는 기대감은 스멀스멀 퍼져나간다. 집값 상승을 연일 보도하는 언론은 전염성을 더욱 높인다.

이것은 적어도 부동산 경기가 과열되어 대세상승기로 접어들면, 그때부터 투자자의 판단력이나 분석력은 극도의 제한적 상태로 바뀐다는 뜻이다. 즉, 투자자의 빗나간 기대심리와 행동으로 인해 합리적인 이해관계를 따져가며 정확한 판단을 내리기가 어렵다는 말이다.(이것을 쉴러교수는 '야성적 충동' 때문이라 한다. 조지 애커로프 교수와 공저한 《야성적 충동》 참조)

따라서 어디까지나 냉철함을 잃지 않는 자세가 필요하지만, 쉽지 않은 일이다. 하물며 여기에 더해 부동산을 둘러싼 각종 제반지표를 일일이 세세하게 분석하기란 정말 어렵다. 이 같은 이유 때문에서라도 부동산 투자를 고려할 때에는 이를 둘러싼 지표를 굵고 크게 끊어서 일련의 흐름을 분석해야 한다.

예를 들어, 실물 경제와 관련된 지표는 앞의 자료에서 볼 수 있듯이 전체를 하나로 묶어서 경기의 흐름상 어떤 시기에 있는지 파악하면 그것으로 족하다. 그래야만 나무만 보고, 숲을 보지 못하는 우를 범하지 않을 것이다.

각각의 개별지표는 234쪽 '부동산 경기 예측을 위한 주요 지표10'을 참조하기 바란다.

경제학에서 미래의 가치를 현재의 가치로 환산할 때 적용되는 비율을 '할인율(discount rate)' 이라고 한다. 할인율은 장래의 가치를 현재시점으로 끌어다 썼을 때의 이자율을 말한다. 즉, 장래에 받게 될 금액에 대한 현재가치가 얼마인가를 가리킬 때 쓰이는 용어이다. 만약 아파트를 1년 후에 3억3천만 원에 되팔기로 하고 3억원에 구입했다면, 이는 연간 10%의 비율로 할인해 현재가치를 평가한 셈이다. 즉, 현재가치가 3억원이고 할인율은 10%이다.

이를 산식으로 표현하면 3.3억원÷(1+10%)¹=3억원으로, 장래의 이자율을 현재 시점으로 붙들어오기 위해 이자가 붙는 과정을 거꾸로 뒤집어 놓은 것과 같다. 따라서 할인율이 높다는 것은 그만큼 현재가치가 작아짐을 뜻한다. 이것이 뜻하는 바가 무엇일까?

할인율을 낮춰야 높은 투자수익 기대

첫째, 할인율이 높다는 것은 기다림을 참지 못한다는 뜻이다. 사람들은 기다려서 얻게 되는 돈의 가치가 지금 당장 얻는 돈보다 작다고 느끼는 경향이 있다. 대표적인 예가 어음할인인데, 만기에 원금을 고스란히 얻게 됨에도 불구하고 비싼 선이자를 줘가며 이를 현금으로 즉시 융통하는 것이다. 따라서 기다림에 대한 참을성이 적다는 것은 그만큼 할인율이 높다는 뜻이다. 이것이 높은 이자에도 불구하고 사채업자들에게 손을 벌리는 이유이다.

둘째, 할인율이 높다는 것은 장래의 위험부담이 높다는 뜻이다. 이 점에서 볼 때 할인율은 기회비용과도 같다. 기회비용이란 어느 하나를 선택할 때, 다른 것을 포기함으로써 치러야 하는 비용인데, 할인율이 높다는 것은 그만큼 희생해야 할 것이 많다는 말이다. 그 결과 현재가치는 낮아지므로 높은 현재가치를 보장받기 위해서는 당연히 할인율을 낮춰야 한다. 즉, 기회비용이나 위험부담을 낮춰야 한다.

셋째, 할인율이 높다는 것은 먼 미래의 가치가 거의 제로의 수준으로 떨어진다는 뜻이다. 오늘날의 국민연금이 대표적인 예인데, 이는 연금의 현재가치 공식으로 구할 수 있다. 이를 위의 산식으로 극단적인 예를 들면, '3.3억원÷$(1+90\%)^1$ =1.7억원' 으로 1년 후에 3.3억원을 기대했음에도 불구하고 할인율이 높아 현재가치가 고작 1.7억원 수준으로 떨어진다(물론 이것이 '연금의 현가공식' 은 아니다). 여기에 'n=장기' 의 개념으로 놓을 경우 현재가치가 0에 가깝게 되는 것, 즉 연금이 고갈되는 것이다. 소시민 월급쟁이들이 미래에 대한 보장으로 꼬박꼬박 넣는 돈이 정작 이것을 타먹을 무렵에는 없어진다니 기가 막힐 노릇이다.

이러한 현상은 비단 국민연금만의 문제가 아니다. 예를 들어 지금 정부가 집행하는 막대한 재정비용 또한 할인율을 높여 우리 자식들에게 빚으로 남겨줄 것이다. 환경보존 문제도 이와 다를 바 없다. 진정으로 우리의 후손들을 위한다면, 무엇보다 낮은 할인율로 미래를 평가해야 한다.

그렇다면 이것이 부동산 투자와 무슨 관계가 있을까? 우선, 부동산 투자에 있어서는 다른 무엇보다 참을성이 중요하다는 지극히 평범하고도 위대한 진리를 항상 마음속에 새겨야 한다.

즉, 사람들은 참을성 정도에 크게 차이를 보이는데, 그렇기 때문에 미래와 관련한 선택을 할 때 각자 다른 할인율을 적용해서 의사결정을 하는 것이다. 참을성이 부족한 사람은 미래에 얻게 될 돈의 가치를 낮춰 평가하려 들 것이고, 하루라도 빨리 현금화하려 들 것이다. 그 결과 할인율이 높아진다. 부모로부터 받은 많은 부동산을 무작정 되팔아 날리는 경우가 그것이다.

반대로 참을성이 많은 사람들은 할인율을 낮춰 생각할 것이다. 이에 따라 먼 장래를 내다보고 느긋하게 기다릴 줄 아는 바람직한 태도이다. 부동산 투자에 있어 높은 투자수익을 올리는 사람들 중 상당수는 참을성이 아주 많은 사람들이다. 이들은 목표한 기간 동안의 부동산값의 출렁거림에 개의치 않고 꾹 참고 기다릴 줄 아는 현명한 투자자들이다.

언제 닥칠지 모르는 위험에 대한 고려 또한 중요한 부분이다. 위험이 높으면 높을수록 그만큼 현재가치는 낮아지니, 투자시에 이를 감안하여 할인율을 충분히 높여야 한다. 즉, 현재가치와 매입가격을 낮춰야 한다. 이 경우 '할인율=이자율+리스크 프리미엄'이 되는데, 리스크 프리미엄은 다시 '인플레이션+위험'으로 볼 수 있으므로, 최소한 '은행이자율(레버리지를 이용한 경우에는 대출이자율)+인플레이션+위험'의 수준에서 적정 할인율이 결정되어야 한다. 은행이자율 5%, 인플레이션 3%, 시장위험 12%로 가정하고 위의 예를 다시 들 경우, 3.3억원÷$(1+20\%)^1$=2.75억원으로, 1년 후에 3.3억원에 되팔려면 이를 2.75억원 미만의 가격으로 사야 한다는 뜻이다. 만약 위험을 고려하지 않고 3억원에 샀다면 2천5백만원의 손해가 날 수도 있다.

지금까지 할인율의 개념에 대해 간략히 살펴봤는데, 여기서 우리가 생각해야 할 것이 있다. 일반 투자자들이 복잡한 할인율의 공식을 부동산 투자에 적용하기란 분명 무리지만, 적어도 할인율의 개념을 명확히 알고 투자에 임해야 한다. 특히 장래의 위험부담 부분을 충분히 감안해야 하는데, 여기에는 목표한 투자기간 동안 기다림을 참지 못하고 앞서 처분하는데 따른 손해도 포함된다. 이는 은행에서 이른바 '조기상환 위험수수료'를 대출고객에게 전가하는 것과 일맥상통한다. 은행은 이것 역시 위험으로 간주한다.

이처럼 경제학적으로 활용되고 있는 할인율의 개념이 투자의 심리학적인 관점에서 있어서도 그대로 적용된다. 왜냐하면 결국 할인율이라는 것은 위험 요인을 어떻게 헤징(제거)시킬 것인가에 대한 문제이기도 하기 때문이다. 이 경우 지금처럼 우리 경제의 위험성이 아직까지 완전히 제거되지 않은 상태인 반면, 집값이 조정 내지는 박스권 횡보(점진적 상승)를 유지하는 현재 시점의 적정 할인율은 어느 정도일까?

할인율을 현실에 적용하면?

첫째, 할인율의 개념은 실제 현실에서 많이 적용된다. 예를 들어 조만간 보너스를 받는다거나, 공돈이 생길 일이 생겨 미리 댕겨서 맛있는 음식을 사먹고, 옷 사고, 돈을 헤프게 쓰다가 낭패를 본다. 누구든 한번쯤은 경험해봤을 것이다. 이것이 할인율이 높아지는 대표적인 예인데, 가령 도박이나 놀음 등으로 번 돈을 쉽게 흥청망청 쓰는 경우가 여기에 해당된다.

이러한 사항을 염두에 둘 경우, 부모가 바리바리 집 장만하고 돈 벌어 이것을 자식들에게 모두 주는 일은 매우 어리석은 행위이다. 미래의 불확실성에 투자하는 꼴이 되므로 당연히 할인율이 높아지기 때문이다. 그런 점에서 우리의 부모들은 아주 현명한 사람들이다. 무엇보다 교육에 투자하는, 다시 말해 낮은 할인율로 큰 미래가치를 얻는 슬기와 지혜를 가진 사람들이기 때문이다. (문제는 그놈의 사교육비가 지나치게 높다는 것!)

둘째, 할인율의 개념을 적용하면, 서울과 지방 간 주택가격 대비 전세가격의 차이에 대한 설명이 일정부분 가능하다. 현재 서울의 주택가격 대비 전세가격 비율은 약 40% 수준인데, 강원도 춘천, 전라남도 광주 등 몇몇 도시의 경우에는 이것이 약 60~70%에 이르는 곳도 있다.

할인율이 높다는 것은 이자율이 높고 그만큼 전·월세가격도 높으며, 현재가치가 낮아 미래가치도 그만큼 낮다는 뜻이기도 하다. 현재가치는 각 기간별 미래가치를 현재 시점으로 끌어당겨 계산한 가치의 합이기 때문이다.

어떤 주택의 할인율이 높다는 것은 장래의 가격 상승이 그다지 기대되지 않는 것과도 같다. 그렇기 때문에 세를 사는 사람은 사람대로 주택을 사고 싶은 마음이 생기지 않고, 언제든지 전세금을 현금화할 준비가 되어 있다. 반대로 집 주인은 집 주인대로 최대한 전세가격을 올려 받아야 주택을 소유할 이유 내지는 레버리지 비용을 낮출 수 있게 된다. 다시 말해 세입자에게 리스크를 전가시키는 행위인 것이다.

이것이 집값과 전세가격의 차이를 전적으로 설명한다고 말할 수는 없지만, 그럼에도 전세가격 비중이 높은 곳일수록 그동안의 집값 상승폭이 낮았다는 것은 생각해볼 여지가 있다. 단, 할인율의 개념을 놓고 생각해본 것이니, 이를 전적으로 신뢰해서는 안 될 것이다. 전세가격은 여러 요인에 의해 결정되는 것이니까. 예를 들어 수급 불안정에 따른 것인데 90년대초 무렵의 신혼부부용 소형 아파트의 매매가격 대비 전세가격 비중이 비정상적으로 높았던 것이 좋은 예가 될 것이다. 그렇더라도 이것은 어디까지나 서울의 경우이고, 지방은 사정이 다르다.

 아파트에 투자할 경우, 목표한 수익률을 얻기도 전에 그때그때의 상황에 따라 기다리지 못하고 던지는 행위는 할인율이 매우 높은 잘못된 투자행위이다. 주식투자의 경우도 마찬가지이다.

자산시장은 고점과 저점이 주기적으로 반복되면서 자산가치가 커지거나, 아니면 작아진다. 막차만 골라 타는 어리석은 개미가 되는 일은 없어야 할 것이다. 여기서도 할인율의 개념은 어김없이 적용된다.

PART 6

부동산 시장의 장기 전망

우리나라의 주택공급은 아직 부족한 상태이다.
그렇다면 주택가격이 떨어지지 않고 오히려 오를 것이라는 주장은
여전히 설득력을 가지고 있을까? 적어도 단기간에는 그럴지 몰라도
장기적인 관점에서 볼 때는 분명 무리다.

부동산 시장에 주목해야 할 변수

이 장에서는 몇 차례에 걸쳐 우리나라 부동산 시장에 변화를 가져 올 제반요인과 그 결과, 그리고 우리가 주목해야 할 주요 변수에 대해 살펴보고자 한다.

요즘 같은 불확실성 시대에 신문기사나 전문가의 말을 그대로 믿어 투자한다는 것이 얼마나 위험한가에 대해 이미 설명한 바 있다. 그리고 이로 인한 피해는 전적으로 투자자 개인의 몫으로 돌아간다. 우리가 부동산 시장의 변화에 주목해야 하는 이유가 여기 있다. 따라서 이를 살펴보고 미리미리 대비하는 안목과 지혜를 키워야 한다. 지금부터 우리가 주목해야 하는 핵심 아젠다는 다음과 같다.

1 인구구조의 변화가 향후 부동산 시장에 가져 올 여파

2 베이비부머 세대와 '88만원 세대' 의 등장 등 사회적 변화요인이 부동산 시장에 미칠 영향

3 양극화, 수도권 집중화현상의 심화가 부동산 시장에 가져 올 변화

4 자산시장의 구조적 변동이 몰고 올 부동산 포트폴리오 변화

5 저성장시대의 도래 등 경제적 변화가 부동산 시장에 몰고 올 변화

6 인플레이션과 디플레이션 가능성과 부동산 거품 논란

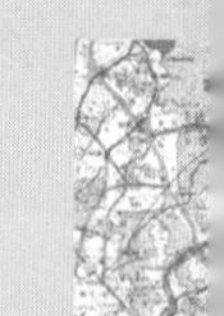

　이상의 핵심 아젠다를 중심으로 향후 부동산 시장의 전망과 전개 가능성, 그리고 올바른 부동산 투자법 등에 대해 살펴본다. 이는 신문기사, 전문가의 시각, 각종 연구단체의 보고서나 통계자료 등 시중에 무수히 떠돌고 있는 제 반자료들을 취합 정리하고, 이를 분석하여 단순한 미시적 사고뿐만 아니라, 거시적 안목을 기르는 데 그 목적이 있다. ■

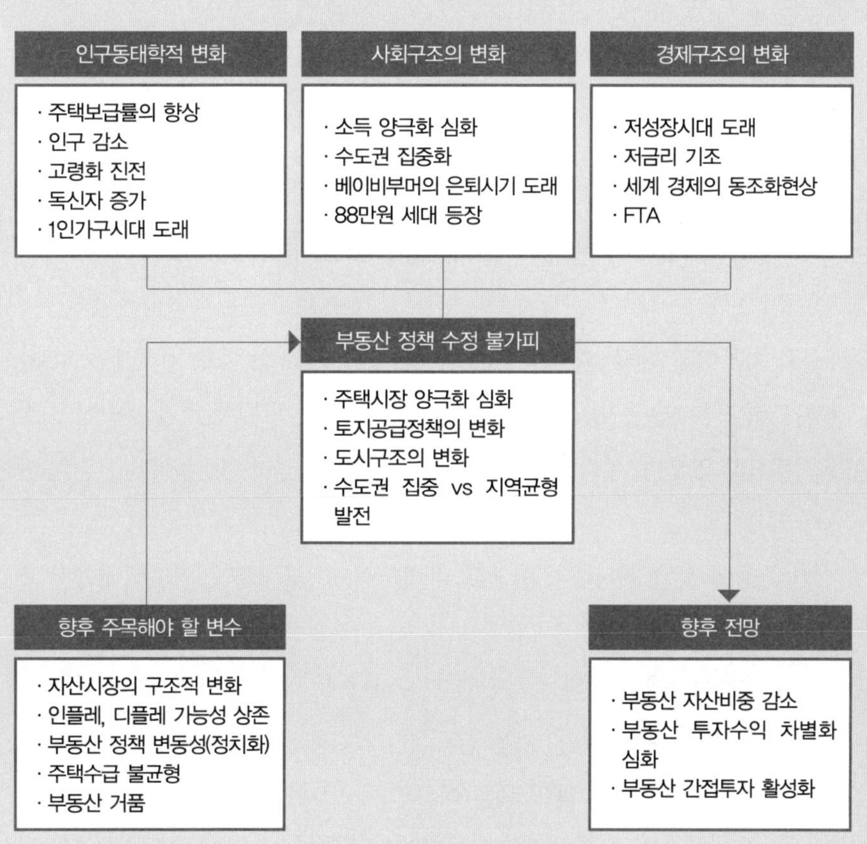

01

부동산 대폭락은
올 것인가?

◉ 부동산 대폭락 시대가 온다 vs 부동산 대폭락은 없다

서점에 가면 《부동산 대폭락 시대가 온다》와 《부동산 대폭락 시대는 없다》가 나란히 꽂혀 있다. 어느 때부터인가 이와 같은 상반된 논리가 부동산 시장을 지배하고 있으며, 우리가 부동산을 투자하는 데 있어 가장 큰 이슈 중의 하나가 되고 있다.

이 두 책의 상반되는 핵심 안건은 주택의 수요공급 측면, 인구생태학적 측면, 사회경제적 측면이다. 두 입장 모두 맞는 부분도 있고, 그렇지 않는 부분도 있다. 따라서 핵심이 되는 안건을 하나하나 분석함으로써 어떤 것이 옳은지를 살펴보는 일만 남았다. 이는 앞의 세 가지 핵심 안건에 더해, 부동산 경기순환론이 현 시점에서 과연 옳은 이론인가, 언제쯤 세계 경제가 회복될 수 있을 것인가, 수도권 집중논리와 지역균형 발전논리, 그리고 인플레이션과 디플레이션 가능성은 어떠한가 등을 따져보는 것이다.

특히 인플레이션과 디플레이션의 가능성에 대한 보다 정밀한 고찰이 필요하다. 왜냐하면 지금 문제 삼고 있는 '거품논쟁'은 그 본질상 거품 여부보다는 어느 정도이고 얼마만큼 부동산 자산이 고평가 또는 저평가되어 있는지를 살피는 게 보다 현실적이기 때문이다. 그리고 향후 닥쳐올지도 모를 인플레이션과 디플레이션 가능성에 따라 더욱 가파르게 상승하거나 하락할 수도 있기 때문이다. 이것이 바로 앞으로 문제가 되는 거품과 거품붕괴 가능성의 정도이다.

◎ 부동산 불패론과 폭락론, 어느 쪽이 우세할까?

2000년 이후에 나타난 공통점 중 하나가 전 세계적인 저금리현상이 세계 각국의 집값을 끌어올렸다는 점이다. 세계 각 나라는 경제호황을 유지하기 위해 저금리와 그에 따른 집값 급등을 용인한 셈인데, 이것이 주택의 과잉공급과 이에 따른 수요 감소, 그리고 주택대출의 파생금융상품화로 부실화되면서 금융위기를 일으켰다. 이것이 부동산發 금융위기와 이에 따른 전 세계적인 경제침체의 전말이다.

그 결과 지난 2008년부터의 집값 하락은 전 세계적으로 동조화되어 나타났다. 그럼에도 전 세계적으로 경제침체가 계속되고 집값이 아직까지 회복되지 못한 상황에서 유독 우리나라만이 비정상적으로 급등하는 이상현상을 보여왔다. 2009년초 무렵까지만 해도 집값이 하락세를 면치 못했던 것이 불과 수개월 만에 상승세로 돌아섰고, 이제는 거품을 걱정해야 하는 상황으로까지 진전됐기 때문이다. 이 현상을 어떻게 봐야 할까?

이런저런 이유로 지금 일각에서는 "부동산값이 대폭락한다" 혹은 "그렇지 않다"라는 극단적인 비관론과 낙관론이 팽팽하게 맞서고 있다. 부동산값 대폭락을 주장하는 측은, 우리나라 부동산 시장의 진전방향이 일본의 부동산 거품붕괴 시기의 여러 현상들과 너무나도 흡사하다는 데서 그 논리적 이유를 찾는다. 특히 2000년 이후부터 집값 급등에 거품이 끼었고, 이는 반드시 꺼질 수밖에 없다는 것이 그들의 논리이다.

반면 그렇지 않다고 주장하는 측은, 주택보급률이 100%를 넘고 경제성장률이나 인구성장이 우리나라보다 낮은 미국, 영국, 프랑스 등의 선진국에서도 지난 10년간 집값이 폭등했음을 예로 들고 있다. 우리나라 역시 앞으로도 상당 기간 집값 상승 여력은 충분하며, 이는 글로벌 경제침체를 벗어나기 위한 세계 각국의 강력한 경기부양책에 힘입어 2009년 하반기부터 서서히 회복세로 돌아설 것이고, 부동산값 역시 상승 국면으로 반등할 것이라는 견해를 펼치고 있다. 일본은 이보다 10년 전인 1990년초 무렵까지 집값이 급등했고, 10년을 간격으로 일본 → 미국 → 우리나라에 적용할 경우 10년 정도의 여유가 있다는 논리이다.

여러 차례에 걸쳐 말했듯 거품은 사후적으로나 확인 가능한 사안이기 때문에 거품논쟁을 하는 것은 그만큼 공허한 메아리일 수밖에 없다. 따라서 부동산은 그 본원적인 특성상 가격의 상승과 하락을 반복하면서 순환한다는 순환론과, 사회가 발전할수록 집값은 구조적으로 오를 수 없다는 구조론적인 접근 중에 어느 것 하나 단정 지을 수 없다.

다만 확실한 것은 주택공급이 충분히 이뤄지면서 결국에는 집값이 하향안정세로 돌아설 수밖에 없으며, 만일 실물경제가 좀처럼 살아나지 못하고 일본처럼 장기 복합불황으로 진행될 경우 집값은 급락할 수도 있다는 사실이다.

이 경우 실물이 회복되지 못하고 있음에도 불구하고 부동산 가격의 이상 급등 현상이 일어나고 있는 지금의 상황은 좋지 못한 상황으로까지 진행될 수도 있다. 현재 단계에서의 집값 폭락론과 불패론 간의 논쟁의 핵심을 정리해보면 다음과 같다.

⊙ 더블딥double dip은 올까?

더블딥(경기 일시회복 후 재침체)은 수출의 큰 폭 하락이나 내수의 급락에 의해 일어날 수 있다. 물론 이 두 변수가 동시에 부진해질 경우에는 확실하게 더블딥이 발생할 것이다. 지난 1년간 우리 경제는 다른 나라에 비해 큰 폭의 회복세를 보여왔지만, 최근 2010년 세계 경제의 더블딥 가능성에 대한 경고가 잇따르면서 우리나라 역시 다시 침체 상황을 맞을 수도 있다는 것이 전문가들의 주장이다.

2008년 하반기부터 2009년 상반기 동안 세계는 케인즈를 들먹이며 재정금융 확대에 전력을 기울여 왔는데, 우리나라 역시 2009년 초반에만 한 해 예산의 60% 이상을 쏟아부었다. 그 결과 금융부분은 살아나고 있으나, 실물은 여전히 침체에서 벗어나지 못하고 있다.

이 같은 상황에서 정부가 계속 재정금융을 풀고 저금리 기조가 지속될 경우, 실물이 활성화되기도 전에 인플레이션이 먼저 와서 우리 경제의 발목을 잡을 것이다. 반대로 치솟는 집값을 잡기 위해 재정(통화량)축소와 금리인상이라는 출구전략을 단행할 경우 자칫 실물이 위축되어, 이 역시 우리 경제의 발목을 잡을 것이다. 그야말로 이러지도 저러지도 못하는 상황이 지금의 상황이다.

결국 머지않아 금리는 인상될 것으로 보이는데, 이는 지금의 집값 급등현상이 그만큼 우려되는 상황임을 뜻한다. 이 경우 실물경제가 회복되지 못하고 자칫 일본의 '잃어버린 10년' 때처럼 장기 복합불황으로 진행된다면, 이는 집값 대폭락(자산 디플레이션)까지 생각해볼 수 있다. 이것을 일본형 거품붕괴와 유사하다고 한다면, 어느 정도는 그렇게 불러도 좋다. 하지만 현실적으로 수년간 그럴 가능성은 그다지 크지 않다. 왜냐하면 누차 말했듯이, 일본의 경제침체는 고령화, 인구감소, 저성장, 가계부채 급증 등의 복합적인 요소가 상호작용한 결과인데, 우리나라는 아직 그 정도까지 진행되지 않았기 때문이다.

하지만 우리 경제가 더블딥으로까지 진행 여부를 떠나, 지금처럼 강남 부동산의 가격 오름세가 꺼지지 않은 상태는 우려할 만하다. 경제침체가 지속될 경우 그만큼 하락할 가능성이 크기 때문이다. 따라서 이 같은 불확실성이 큰 지금의 경제상황에도 불구하고 용감하게 주택투자에 뛰어드는 사람들을 어떻게 봐야 할까?

앞으로도 집값은 한동안 계속 오름세를 띨 것이라는 의견이 여전히 지배적이다. 앞으로 있을 수 있는 우려의 상황에도 아랑곳하지 않고 말이다. 현실적으로도 그런 방향으로 진행되고 있다. 그렇다면 이 과정에서 주택투자로 이익을 볼 가능성은 어느 정도이고, 수익률은 몇 % 정도일까? 위험에 따른 기대가치를 충분히 반영한 만큼의 수익성을 기대할 수 있을까?

02

부동산 거품을 가늠하는 기준

부동산, 주식 등 자산의 실제 가치보다 시장에서 매겨진 가격이 높을 때를 보통 거품이 끼었다고 한다. 하지만 자산의 실제 가치를 재는 건 쉽지 않다. 실제 미국 중앙은행인 연방준비제도 이사회(FRB)의 벤 버넹키 의장도 "자산 가격에 거품이 끼었는지를 판단하는 것은 어렵다"고 시인한 바 있는데, 이는 그만큼 거품을 측정하는 데 정답이 없음을 뜻한다.

집값이 거품인지 아닌지를 가늠하는 잣대는 일반 통념으로 막연하게 표현되어 사용된 지 이미 오래이다. 예를 들어 이른바 투기수요 등이 작용하여 아파트값이 집값에 비해 가파르게 오르거나, 집값이 오르는 속도가 경기회복 속도보다 지나치게 높은 경우에 이를 "집값에 거품이 꼈다"고 말하는 것이다. 그 결과 서울 강남처럼 일부지역의 급등한 부동산값에 거품이 존재한다는 말을 부동산 비전문가조차 부담 없이 사용하고 있다.

문제는 거품인지 아닌지를 가늠하는 사회적 통념만 있을 뿐이지 이를 구분하는 기준과 잣대가 명확히 설정되어 있지 않아, 이를 작위적으로 해석하고 끌어다 쓴다는 것이다. 그리하여 이른바 '부동산순환론' 등을 잣대로 들이대면서, 과거 몇 년 동안 집값이 하락했으니 그것이 곧 거품하락을 반영한 것이고, 이제부터는 다시 상승할 것이라 말한다. 여기에 더해 구체적인 시점까지 알려주는 친절함까지 보이는 전문가들이 부쩍 늘었다. 과연 이것은 옳은 판단일까?

이를 알아내기 위해서는 최근까지 끊임없이 논란이 되고 있는 부동산 거품 논쟁에 앞서 이에 대한 실체를 파악하고 규정하는 일이 무엇보다 중요한 사안이 된다. 이를 위해 먼저 자산 가치, 즉 주택가격의 개념과 역할에 대해 살펴보는 것이 옳을 듯하다.

◎ 자산가치인 집값의 비정상적 급등만큼이 곧 거품

부동산이나 주식 등의 자산가격은 일반적으로 당해 자산의 장래 수익률을 할인한 가치(discount value)로 정의된다. 이는 시장이 효율적이고 규제 등에 따른 가격 왜곡이 없는 경우 생산성과 같은 기초경제여건(펀더멘털)을 충분히 반영하여 결정되며, 이때의 자산가격은 장래의 경제상황에 대한 유용한 정보를 제공하는 바로미터가 된다.

하지만 실제 자산가격 결정에는 많은 불확실성이 존재하며, 이에 따라 심한 변동성을 보인다. 이는 불완전한 시장구조와 가계, 기업 등 시장참가자들의 기대심리가 상반되는 등의 비기초적 여건이 많이 작용하기 때문이다. 특히 최근 들어 과도한 신용팽창, 저금리 기조, 정부의 잦은 정책변화, 투자심리의 동조화현상 등에 따른 시장참여자들의 집단화된 행동패턴과 단기이윤에 집착한 투기성향 등으로 인해 자산가격이 실물경제 여건을 반영한 적정 수준을 장기간 이탈하는 현상이 나타나는데, 이에 따라 가격이 비정상적으로 급등할 경우 이를 우리는 거품이라 부른다. 이를 국토해양부 발표 자료를 빌려 정리하면 다음과 같다.

우리나라는 1980년대 이후 지금까지 세 차례 땅값·집값이 상승과 하락을 반복하는 '부동산 경기 순환주기'가 있었으며, 이때마다 경기부양책과 투기억제책을 반복하는 부동산 정책과 조치를 내놓았다. 이 중 주택가격이 가장 많이 오른 시기는 1987년부터 시작된 3차부동산 순환기로, 국제수지 흑자와 88올림픽 이후 통화량 급증에 따른 물가 오름세 확산에 따라 최고 정점기인 1990년에는 전년대비 21.0%나 집값이 급등하는 투기 열풍이 일어났다.

반면 집값이 가장 안정됐던 시기는 1991년부터 1995년까지의 5년간으로, 이는 90년대초 주택 2백만호 신도시 건설 등에 따른 공급확대에 따른 결과이다. 이후 1997년 외환위기로 폭락했던 집값은 정부의 대대적인 건설 경기 부양과 부동산 규제 철폐로 1999년부터 상승세로 돌아서 2003년까지 5년 연속 상승세를 지속했다. 특히 월드컵이 열린 2002년에는 집값이 16.4%나 뛰어 2000년대 들어 최고 상승률을 기록했으며, 땅값도 9.0%나 급등했다.

이후 2003년부터의 잇따른 부동산 가격 안정대책 등으로 2004년 잠시 주춤하던 집값은 2005년부터 다시 상승세로 돌아서 2006년 11.6%의 상승률을 기록했지만, 이후 노무현 정부의 강력한 부동산 정책인 8.31 세제정책의 효과로 부동산값은 이후 하향세로 돌아섰고, 2007년 하반기부터 몰아닥친 세계 금융위기 여파로 부동산값은 본격적인 침체의 길로 접어들었다.

이상의 내용을 통해 알 수 있듯이 우리나라 부동산값 상승은 주택수급 불균형이 은행의 과도한 신용확대 등으로 인해 풍부해진 유동성과 동반 상승 작용하여 가격 급등을 일으키는 대세상승 국면과, 이를 막으려는 정부의 긴급 부동산억제책 발표로 이후 부동산값이 다시 급락하는 대세하락 국면이 반복되는 형태로 유형화되어 왔다. 그리고 그 과정에서 집값 급등은 두 자리수 이상을 기록한 반면, 하락은 한 자리수 이내에 머물면서 그만큼의 집값이 상승한 결과를 초래했다. 그 결과 2000년 이후 우리나라 집값은 대략 2배 정도 올랐으며, 특히 서울 강남지역의 경우에는 약 3배 이상까지도 오른 것으로 나타났다.

문제는 이처럼 그동안의 집값 상승폭이 지나치게 높다는 것이고, 이것을 지금 우리는 집값 거품이 꼈네, 아니네 하면서 갑론을박을 하고 있다는 점이다. 물론 집값 상승폭이 높다는 것이 본질적인 문제가 되는 것은 아니다. 왜냐하면 집값 상승은 그만큼의 자산가격 상승으로 이어져, 우리 가계나 경제에 그만큼의 부(富)의 효과를 낳은 것이기도 하기 때문이다.

따라서 집값에 거품 여부를 논하기 이전에 우리나라의 집값이 실질가치(현재가치+미래가치, 실질가치+기대가치) 이상으로 고평가되었는지, 아닌지를 살펴보는 것이 보다 현실적인 방법이다. 이를 위해서는 먼저 우리나라 부동산 가격 거품논쟁에 대한 핵심 쟁점을 뽑아보고, 이를 살피는 것이 올바른 순서이다.

◎ 우리나라 부동산 가격 거품논쟁에 대한 핵심 쟁점

쟁점 1 집값이 너무 올랐다? 그렇지 않다?

|자료 1-1| 주요 국가들의 10년간 주택가격변화(1997~2006)

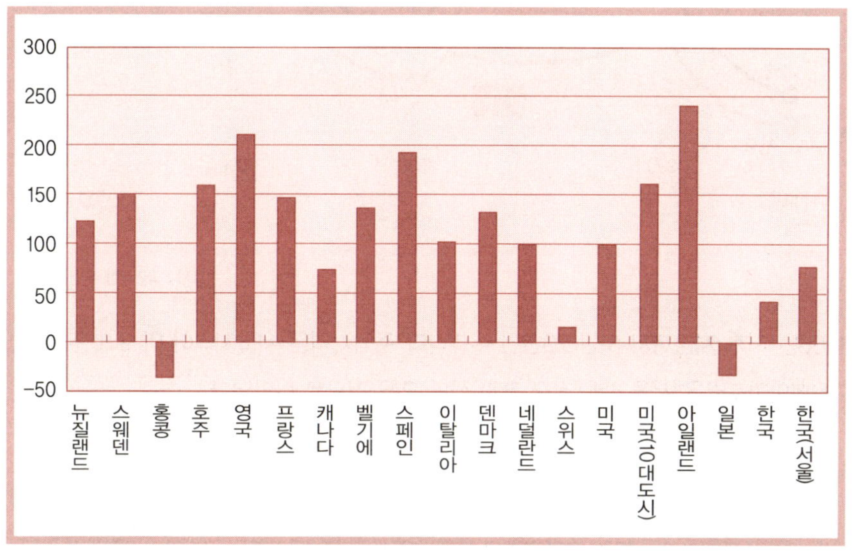

출처 : 이코노미스트

지난 10년간 우리나라의 주택가격상승률이 선진국에 비해 높지 않음을 나타낸다. 우리나라 부동산 가격에 거품이 끼지 않았다고 주장하는 측에서 자주 제시하는 자료이다.

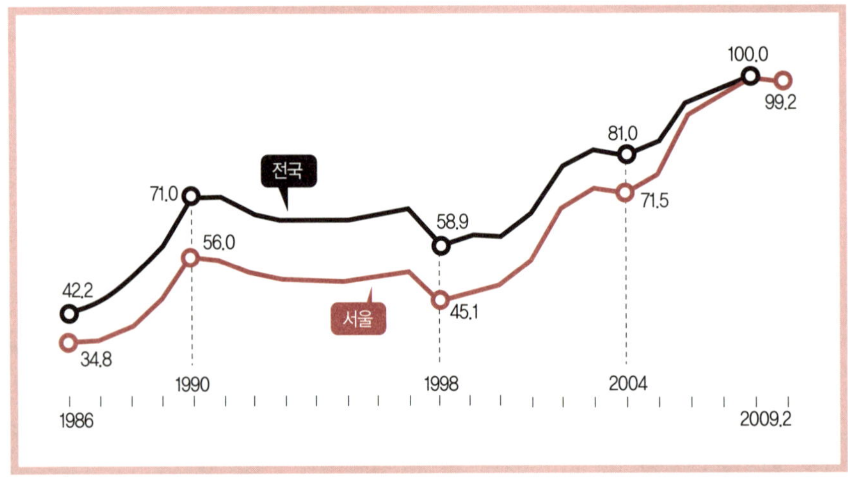

출처 : 국민은행 부동산연구소

1986년 이후 지금까지 지난 20년간 우리나라 주택가격은 서울지역이 약 3배, 전국 약 2.5배(아파트값은 서울 4배, 전국 3배) 정도 오른 것으로 나타났다.

|자료 1-3| 주택가격지수, 물가지수 및 가계소득의 연평균 변동률 (연말기준, 단위 : %)

구 분		1986~2006(20년 평균)	1991~2006(15년 평균)	2001~2006(5년 평균)
매매 가격 지수	전 국	4.09	1.78	7.11
	서 울	4.89	3.03	10.72
	강 남	6.69	4.50	13.92
	강 북	2.86	1.37	7.11
아파트 매매 가격	전 국	6.70	3.56	10.74
	서 울	7.94	5.27	14.93
	강 남	9.16	6.64	17.97
	강 북	5.56	2.98	10.01
소비자물가지수		4.74	3.95	3.01

| 도시근로자 가계소득 | 10.43 | 7.91 | 6.30 |
| 지가지수 | 5.58 | 1.43 | 4.42 |

출처 : 건대 부동산대학원 손재영 대학원장의 '주택시장 장기전망'에 수록된 통계청 자료

자료를 보면 과거 20년간 전국 주택가격 상승률은 물가상승률보다 낮았음을 알 수 있다. 즉, 전국 평균 주택 가격은 연평균 4.09% 상승하였는데, 이는 물가상승률 4.74%보다 낮으므로 주택 실질가격은 지난 20년간 하락하였다. 위의 자료에서 주목할 점은 전국 모든 지역과 모든 유형의 주택가격 상승이 같지 않았다는 것이다. 서울의 평균 주택가격은 연 4.89% 올랐고, 강남지역만 보면 연 6.69% 상승했다. 강남지역에서도 연평균 9.16%씩 올랐다. 또 기간별로 나누어볼 때, 지난 20년간의 평균 가격상승률과 10년간, 5년간 평균은 매우 다르다. 이 같은 현상은 시기적·지역적으로, 주택 유형별로 가격 상승이 편중된다는 사실을 잘 보여준다. 좋은 주거여건의 주택과 그렇지 못한 주택의 차별화가 더욱 거세게 진행될 수 있다.

이상의 통계자료를 살펴보면, 우리나라의 주택가격상승률은 많은 사람들이 일반적으로 생각하고 있는 수치와 전혀 다른 양상을 보이고 있다. 1980년대 이후 집값이 엄청나게 뛰었고 거품은 당연한 것이라고 생각했는데, 통계결과가 이렇게 나왔으니 그럴 법도 하다. 어째서 그런 결과가 나왔는지 이제부터 위의 자료를 하나하나 살펴보자.

우선 《부동산 대폭락 시대가 온다》에서는 부동산값에 거품이 꼈음을 보여주는 특별한 근거자료 제시 없이 정황적인 설명으로 대체하였다. 다만, 미국과 일본의 집값변동 추이 그래프를 제시하며, 이에 따라 우리나라 집값이 하락한다고 설명하였다. 하지만 이는 논리적 비약이 지나치다. 왜냐하면 어디까지나 인구감소, 특히 베이비붐 세대의 은퇴에 따른 구매력 저하 등이 집값 하락의 주된 요인으로 작용했다는 것을 뒷받침할 목적으로 작성된 자료이기 때

문이다. 따라서 이것을 그대로 집값 거품의 붕괴현상을 설명하는 근거자료로 삼는 것은 곤란하다.

앞의 자료는 모두 우리나라 집값에 거품이 끼지 않았다는 측에서 제시된 것이다. 이 중 〈자료 1-1〉은 《부동산 대폭락 시대는 없다》에서 우리나라 주택에 거품이 끼지 않았음을 증거로 제시하는 데 인용된 자료이다.

이 역시 신뢰성을 부여하기는 곤란하다. 비교대상이나 비교조건이 적절하지 못하기 때문이다. 무엇보다 각 나라의 상황이 제각기 다르기 때문에 집값 변동 반영 폭이 지난 10년 동안 같을 수가 없기 때문이다. 예를 들어 일본 집값은 1990년을 정점으로 이후 계속 하락한 반면, 미국은 2000년초부터 2006년까지 베이비붐 세대의 구매력이 확대되면서 집값이 급상승했다. 이 두 나라의 집값 상승 시기는 10년 정도의 편차가 있다. 따라서 어느 시점을 정해놓고 이후 일정기간 집값 상승폭을 단순 비교하는 것은 적절치 못하다.

또한 자료는 각 국가별 인플레이션 상승 · 하락폭, 실질GDP성장률 등을 감안하지 않은 단순 비교수치이기 때문에 실질 집값상승률이라 볼 수도 없다. 우리나라도 1980년대 초반 엄청난 집값상승률을 기록한 적이 있지 않은가. 이 모든 것을 고려할 때 〈자료 1-1〉을 가지고 우리나라 집값상승폭이 선진국의 그것보다 낮아 거품이 끼지 않았다는 논리는 설득력이 떨어진다.

눈여겨보아야 할 것은 〈자료 1-3〉이다. 우선은 통계청자료라 가장 신뢰할 수 있기 때문이다. 이것을 가지고 아파트값이 어느 정도 올랐는지 살펴보자.

자료에 의하면 과거 20년간 전국 평균 주택가격은 연평균 4.09% 상승한 반면, 물가상승률은 4.74%로 이보다 높다. 다시 말해 과거 20년 동안 주택가격은 214% 상승한데 비해 물가는 241% 올랐다. 한 마디로 집값이 인플레이션을 따라잡지 못했다는 뜻인데, 이런 이유로 집값에 거품이 끼지 않았다고 보는 것 역시 논리적 상관관계가 낮다.

|자료 1-4| 지역별 아파트값 상승률

구 분		1986~2006(20년 합계)	1991~2006(15년 합계)	2001~2006(5년 합계)
아파트 매매 가격	전 국	390%	175%	184%
	서 울	498%	227%	230%
	강 남	630%	280%	270%
	강 북	312%	160%	177%
소비자물가지수		264%	186%	119%

*〈자료 1-3〉을 가지고 1986년초, 1991년초, 2001년초를 각각 100%로 산정했을 경우의 상승률임.

|자료 1-5| 물가상승률을 뺀 실질 아파트값 상승률

구 분		1986~2006(20년 합계)	1991~2006(15년 합계)	2001~2006(5년 합계)
아파트 매매 가격	전 국	126%	−11%	65%
	서 울	234%	41%	111%
	강 남	366%	94%	151%
	강 북	48%	−26%	58%

*〈자료 1-4〉에서 같은 기간 동안의 소비자 물가지수 상승률을 뺀 상승률임.

〈자료 1-4, 5〉를 살펴보자. 우선은 지역적으로, 기간별로 상승폭이 다르다는 점이다. 아파트 매매가격만을 놓고 보았을 때, 지난 20년간 서울 강남의 아파트값은 강북보다 2배, 전국 평균보다 약 1.5배가량 올랐다.* 또 지난 5년간 아파트값 상승폭 역시 우리의 예상과는 달리 강남지역이 가장 큰 폭으로 오른

* 331쪽 〈자료 5-3〉의 서울 중계 경남아파트 31평이 약 4억 5천만원, 송파 장미 33평이 약 8억원인 점에 미루어 판단하면 그대로 들어맞는다.

것으로 나타났다. 알다시피 그 시기는 노무현 정부의 이른바 '강남 때려잡기'가 한창 진행중이었던 시기로, 이와는 반대로 강북은 뉴타운이다, 재개발이다 하여 집값 상승이 대세였던 시기였기 때문이다.

〈자료 1-5〉를 보면 지난 20년간 집값이 큰 폭으로 '상승 → 하락(외환위기) → 다시 상승' 하였음을 알 수 있는데, 특히 지난 2000~2006년의 상승폭이 컸음이 확인된다. 물가상승률보다 집값상승률이 높을 경우, 그만큼을 거품이라고 가정한다면, 우리나라의 집값은 주기적으로 적은 규모의 거품발생과 이후 이어지는 거품하락이 반복되고 있다. 이것만을 가정할 경우 서울 강남 등 일부지역을 제외하고는 2006년을 정점으로 20~30% 하락된 현 시점을 두고 거품이 잔뜩 끼었다고 볼 수 있을까? 최근 서울 강남지역은 2006년 고점 수준까지 회복됐다고 하는데, 이 역시 차근차근 살펴보자.

이제 위의 자료를 얼마만큼 신뢰할 수 있는지에 대해서 가늠해보자. 필자가 첫 사회생활을 한 시점이 1988년, 그러니까 이 시점부터의 아파트값 상승폭을 어림잡아 보았다.

먼저 상계신도시(서울 강북)가 들어선 1988년 15평형 고층 아파트값은 대략 5천5백만원선이었으며 2008년말 기준 시가는 1억 5천만원선, 따라서 이 아파트값의 상승률은 약 280%선이다. 서울 강남 은마아파트 32평형의 당시 시가는 대략 1억 5천만원 전후로 2008년말 시가는 10억원선, 따라서 상승률은 700%선이다. 같은 지역인 개포주공 저층 15평형의 당시 가격은 1억원 전후로 2008년말 시가는 9억원, 따라서 상승률은 900%선이다. 또 분당서현 삼성아파트 33평형 90년초 아파트 분양가는 1억 5천만원 전후로 2008년말 현재 시세는 약 6억원, 따라서 상승률은 400%이다. 지난 5년간의 아파트값 상승폭을 살펴보면, 예를 들어 강남 타워펠리스 33평형의 2000년 분양가는 약 4억원(평당 1,250만원)

으로 2008년말 현재 시가는 약 12~13억원, 따라서 약 300% 상승했다.

◉ 2000년 이후에 많이 올랐다

이 정도면 서울 강남 재건축 아파트값 상승폭이 통계자료 이상으로 높은 것을 빼놓고는 얼추 비슷하게 들어맞지 않은가? 결국 정부자료를 믿을 수밖에 없다는 결론에 도달하며, 그 결과 일부 특정지역 아파트를 빼고는 대부분이 일치한다.

그렇다면 왜 집값이 훨씬 가파르게 오른다고 생각하는 것일까? 서울 강남 등 일부지역의 아파트값이 통계상의 상승폭과 물가상승폭보다 가파르게 올랐는데, 일반인들의 기억 속에는 이 같은 특정지역의 단기간내 가격급등 기억이 장기간에 걸친 가격 안정세보다 훨씬 오래, 깊게, 선명하게 자리 잡아 쉽게 지워지지 않기 때문이다. 이른바 잔상효과인데, 그 결과 집값은 항상 크게 오르는 것으로 느껴진다. 실제 지난 1990년대 집값은 전국 평균 무려 24%나 하락한 반면, 이와는 반대로 물가는 180%나 올라서 실질주택 가치는 절반 아래로 뚝 떨어졌음에도 불구하고 이를 기억하는 사람들이 많지 않은 것도 이 같은 잔상효과로 볼 수밖에 없다.

이제 밖을 살펴보자. 지난 20년간 우리나라 집값에 거품이 끼었는지를 파악하는 한 방법으로 일본과 미국의 집값 하락 직전 일정기간 동안의 집값 상승폭을 살펴보는 것도 의미가 있다.

일본의 경우 1976년부터 1990년 거품붕괴 직전 15년간 동경주택 가격지수는 460%가 올랐는데, 특히 1984년~1990년 6년간 도시상업용지는 534%나 올랐다. 그러던 것이 거품붕괴 이후 2005년 동경 상업지가격은 고점인 1990년 대비 20%(5분의1), 주택지가격은 40%(5분의2) 수준으로 급락했다. 미국의 경우, 1988년부터 2006년까지의 집값 하락기 진입 직전 18년간 케이스쉴러주택 가격지수는 220% 증가했으며, 이후 2009년 1월 이 지수는 146.4%로 2006년 7월 고점 대비 29.1% 하락했다.

이상을 통해 일본의 거품 붕괴 직전 약 20년간의 주택가격 상승폭과 우리나라의 그것은 상당 부분 일치하며, 그것도 단기간에 급등했음을 알 수 있다. 만일 우리나라의 집값에 거품이 낀 것으로 볼 경우, 이는 그 거품이 붕괴될 경우 일본처럼 집값이 반토막(내지는 3분의 1토막) 날 가능성까지도 있음을 시사한다. 하지만 이는 앞서 설명했듯이, 우리나라 경제가 디플레이션 상황으로 진행되는 최악의 경우에만 그렇다는 얘기니 미리부터 겁먹을 필요는 없다.

물론 그동안의 물가상승률이 집값을 상회할 정도 이상의 폭으로 뛰었음을 부인하는 것은 아니지만, 2000년 이후의 우리나라 집값상승폭에서 물가상승폭을 제한 실질주택 가격상승률은 높으며, 특히 서울 강남지역은 평균의 2배 이상을 훨씬 뛰어넘는다. 집값상승폭과 물가상승률 간의 상관관계만 놓고 본다면 강남지역 등 특정지역 집값은 어느 정도는 거품이 낀 것으로 보아도 무방할 듯하다.

단순 실질주택 가격상승률만 놓고 보았을 때 2007년부터의 집값하락은 2000년초 무렵 집값과의 균형을 맞추려는 자연스런 현상이라 말하는 사람들이 많은데(이것을 일부 부동산 전문가들은 10년주기설, 5년주기설 등 ‘부동산경기순환론’ 의 일환 때문이라 한다. 또 거품론자들은 거품이 하락하는 과정으로 본다), 이보다는 실물경제 침체 때문으로 보는 것이 옳다.

그렇다면 실물경기 회복시에 이것이 유동성장세와 합세하여 집값 반등은 다시 시작될 것이고, 여기서부터를 진짜 거품으로 불러야 할 듯하다. 그 결과 이는 언젠가 반드시 집값 하락을 가져올 것인데, 이것을 거품폭락으로 봐야 하는지는 솔직히 잘 모르겠다. 왜냐하면 이는 현재시점의 부동산 실질가치에 앞으로 집값이 더 오르리라는 기대가치를 합한 금액이 현재의 아파트값과 일치한다고 가정했을 경우에만 성립될 수 있기 때문인데, 문제는 이것을 잘 모르겠다는 것이다. 적어도 지금까지의 설명만으로는 그렇다. 그리고 만일 이를 웃돈다면, 이는 분명히 거품이다.

쟁점 2 주택공급 과잉이다? 아니다?

이어서 살펴봐야 할 것이 주택보급률에 대한 부분이다. 하지만 주택보급률로 적정 주택수를 산정하는 것은 현실성이 다소 떨어진다. 그 이유를 살펴보면 다음과 같다.

|자료 2-1| 가구수 증감 추이와 적정 주택수

구 분		2008년	2018년		2030년		2008~2030
		수량	수량	증감	수량	증감	증감
총인구수		4,861만명	4,934만명	73	4,803만명	−131	−58만명
총가구수	총가구수(A)	1,667만가구	1,871만가구	204	1,987만가구	116	320만가구
	가구원수	2.8명	2.5명	−0.3	2.4명	−0.1	−0.4명
1인·부부 가구수	1인가구수	336만가구	398만가구	62	471만가구	73	135만가구
	부부가구수	246만가구	319만가구	73	411만가구	92	165만가구
주택보급률(B)		108%**			120%**		12%**
적정주택수(C = A × B)		1,800만호*			2,384만호**		
현 주택수(D)		1,400만호*					
주택부족분(E = D − C)		−400만호*					

인구 1,000명당 주택수	1,000명당 주택수	350호 (2006년말, 다가구 1주택, 1인가구 포함)			430호 (2006년말 미국·일본 수준)		
	전체주택수	1,700만호			2,065만호		365만호

1 회색 글자의 수치는 통계에 나와 있지 않은 추정주택수로, 총가구수에 주택보급률을 곱한 수치이다.

2 새로운 주택보급률로 산정할 경우 *는 틀린 수치이며, **는 수정해야 하는 수치이다.

3 빨간색 글자의 수치는 새로운 주택보급률을 감안했을 때의 전체 주택수 및 인구 1,000명당 적정주택수로, 이것이 올바른 추정치이다.

다소 자료가 복잡하지만 중요한 내용이니 인내심을 갖고 살펴보자. 자료를 보면 2008년말 국내 주택수는 약 1,400만호, 하지만 총가구수×주택보급률= 1,800만호가 되어야 한다. 이 차이 400만호가 바로 주택보급률에서 계상되지 않는 1인가구, 비혈연가구분(2008년 1인가구수 336만 가구+α-β) 등이다. 주택보급률이 108%임에도 불구하고 가구수에 훨씬 못 미치는 이유가 여기에 있다.

따라서 통계자료대로라면, 주택보급률 108%인 상태에서의 1인가구수를 포함시켰을 때의 2008년 적정 주택수는 1,400만호가 아닌 약 1,800만호가 되어야 한다. 하지만 이는 1인가구수를 제외하는 등 현실적으로 옳지 않은 수치이다.

국토부는 뒤늦게 이를 실토하고 2008년 12월 새로운 주택보급률 산정방안을 발표했는데, 여기에는 기존 주택보급률에는 반영되지 않았던 다가구주택을 1호로만 산정하고 또 최근 급증추세인 1인가구를 일반가구에 포함시켰다. 이를 통한 2007년 추계치는 전국(기존주택보급률 108.1% → 99.6%), 서울(91.8%

→93.2%), 수도권(96.9% → 95.0%), 지방(118.7% → 110.7%)로 수정됐다(자료 2-2 참조). 이에 따라 가구수는 2005년 기준 317만 가구가 증가했는데 이는 1인 가구 분을 반영한 것이라고 발표했다. 또한 다가구주택을 전국과 수도권은 가구수가 감소한 반면 서울은 증가했는데, 이는 서울이 그만큼 다가구주택 분포가 높기 때문이라고 한다.

따라서 2008년의 정확한 적정 주택수는 2007년 1,636만호에 2008년 당해년 주택공급분을 합한 약 1,700만호로 추산함이 옳으며, 이는 인구 1,000명당 약 350호 수준으로 통계청 자료와도 부합된다.

|자료 2-2| 새로운 주택보급률 산정에 따른 가구수 및 주택수(추계치)

구 분	전국	서울	수도권	6대광역시	지방
가구수(만호)	1,636	340	781	420	515
주택수(만가구)	1,629	317	742	419	570
보급률(%)	99.6	93.2	95.0	99.7	110.7

출처 : 국토부, 2007년

1 지방은 서울·수도권(경기, 인천 포함)을 제외한 5대 광역시 포함한 지역이다.
2 서울·수도권은 인구가 늘어나는 반면 주택보급률이 낮고, 지방의 경우 인구는 줄어드는 반면 주택보급률이 높다. 따라서 이 자료를 통해 지방 미분양 아파트 증가현상과 이명박 정부의 수도권 주택건설 정책 방향을 미루어 짐작할 수 있다.

이처럼 그동안의 주택보급률에는 1인가구수분만큼의 주택수가 빠져 있었으며, 반대로 다가구를 다주택으로 계상하여 혼선을 빚은 것만은 분명하다. 어찌됐건, 현재 주택보급률이 100%선에 달했음은 분명한 사실이며, 〈자료 2-1〉 통계청 자료대로 2030년 목표 가구보급률 120%를 달성하려면 2,384

만호가 되어야 하며, 지금보다 무려 684만호나 더 공급되어야 한다. 그리고 이는 인구에 1,000명당 약 500호 수준으로 미국, 일본 등의 선진국 수준을 상회하는 수치로, 자칫 무려 400만가구 분에 해당하는 공실이 발생할 수도 있음을 의미한다.*

그렇기 때문에 이는 적정 수치가 될 수 없으며, 2030년까지의 적정 주택수를 2006년 일본 수준(인구 1000명당 430호)인 약 2,065만호(가구당 주택수 : 1.04)로 끌어올리는 것이 적절하다. 이를 넘어설 경우, 그만큼의 공실을 뜻하며, 이후 주택공급이 양적공급에서 1인당 거주면적이나 주거환경 등을 개선하는 질적공급으로의 전환이 불가피함을 의미한다.

위에서 볼 수 있듯이 적정 주택수를 산정할 때 현재 우리나라에서 사용하고 있는 주택보급률의 개념보다는 인구 1,000명당 주택수의 개념을 채용하는 게 보다 현실적이며, 주거수준의 국제비교를 위해서도 그만큼 활용가치가 높다.

어찌됐거나 2018년까지 주택 300만호를 단계별로 공급하겠다는 것이 이명박 정부의 주택정책의 주된 골자인데, 이는 2008년 9월 19일 발표된 '국민주거 안정을 위한 도심 공급 활성화 및 서민 보금자리주택 활성화 방안'에 고스란히 반영되어 있다. 이에 따르면 정부는 2018년까지 보금자리주택 150만호, 중소형 분양주택 70만호, 10년 임대주택 20만호, 장기전세주택 10만호, 장기임대주택 50만호, 합 300만호를 공급할 예정이다. 그리고 이에 대한 실행방안으로 2008년 10월 국토이용체계 개편을 통한 국토이용 효율화 방안을 내놓았으며, 이어서 2009년 5월 이를 2020년 수도권 광역도시계획에 수정·반영시킨 것이다.

이로써 이명박 정부의 향후 주택공급은 소형평형의 서민용 공급 위주로 진

---

* 따라서 2030년까지 주택 500만호를 신규 건설한다는 국토해양부의 정책은 수정되어야 한다.

행될 것이며, 그것도 대부분 수도권에 집중될 것임이 분명해졌다. 그리고 이는 기존의 전세수요, 1인가구 수요 등을 수용하는 대체수요가 대부분일 것이며, 이는 앞으로의 신규수요가 서민용 소형주택 공급에 더해 재건축, 재개발, 뉴타운 개발 등을 통한 교체수요와 멸실수요를 대체하는 선에서 이루어질 것임을 내포한다.

따라서 향후 신도시개발을 통한 중대형 평형 위주의 주택공급은 현실성이 떨어지며, 만일 수도권 어디어디 땅에 3기 신도시 개발이 이루어질 것이라 하여 투자를 권유받으면 믿지 않는 것이 좋다. 적어도 이명박 정부하에서는 그렇다. 정종환 국토부장관은 "이미 결정한 신도시 계획은 그대로 진행하겠지만 새로운 신도시를 만드는 건 가급적 지양할 생각이다. 신도시와 서울 사이의 그린벨트 가운데 '비닐하우스'로 방치된 지역은 이미 생활기반시설이 형성되어 있는 데다 땅값도 저렴해 보금자리주택단지로 지정하기가 쉽다"고 말했는데, 이것이 의미하는 바가 무엇이겠는가.

이제 우리는 위의 자료에서 인구증감과 관계없이 2018년까지의 주택공급 부족분 중에서 300만호 건설이 단계별로 추진될 것이 분명하고, 이는 소형 평형 위주로 이루어질 것임을 확인했다. 그리고 적정주택수를 고려할 때 2030년까지의 공급 가능한 주택건설 물량은 약 365만호 정도에 불과하다는 것도 확인했다. 물론 1인당 주거면적 역시 2007년말 기준 26.2㎡에서 선진국 수준인 33㎡ 이상으로 끌어올려야 하는 과제도 있지만, 이 역시 가구 평균 70㎡ 정도로 현재의 국민주택 규모에 지나지 않기 때문에 특별히 고려하지 않아도 될 듯하다.

● 장기적 관점에서 집값 하락은 불가피

우리나라의 주택공급은 아직 부족한 상태이다. 그렇다면 주택가격이 떨어지지 않고 오히려 오를 것이라는 주장은 여전히 설득력을 가지고 있을까? 적어도 단기간에는 그럴지 몰라도 장기적인 관점에서 볼 때는 분명 무리다. 특히 첫 내 집 마련 수요계층인 30~40대가 2006년 1,675만 명을 정점으로 이미 감소세에 접어들었고, 그동안의 주택수요를 주도해온 베이비붐 세대가 향후 5~10년 사이에 은퇴하기 시작하는 것을 고려하면 더욱 그렇다.

여기서 우리가 감안해야 할 중요한 핵심 내용이 또 있다. 우선 우리나라의 주택 자가점유율이 전체의 55%에 지나지 않는다는 점이다. 특히 서울지역은 45%밖에 되지 않는다. 따라서 50% 수준에 달하는 무주택서민의 주택보유 여력이 크게 호전되기 전까지는 주택이 계속 공급되더라도 이것이 구매력으로 이어질지는 미지수이다. 특히 경제침체가 지속되고, 속칭 88만원 세대가 양산되고, 자발적 실업인구가 100만 명을 넘어선 현 시점에서 볼 때 더욱 그렇다. 2009년 3월말 기준 실업자와 구직단념자를 합친 실질적인 실업자는 344만 명에 이른다.

혹자는 본격적인 저금리시대에 진입했기 때문에 대출을 끼고 주택을 구입할 여력이 높아졌다고 할 수 있겠지만, 이것도 어느 정도 소득이 지속적으로 받쳐주는 경우에 한해서만 가능한 일이다. 실수요자의 구매력은 결국 고정적인 수입(임금)에서 나오는 것이기 때문에 실업률이 낮아지지 않는다면 주택구입 여력은 계속 줄어들고, 그 결과 주택시장은 결코 회복될 수 없다.

이 같은 점을 고려해서 정부는 85㎡ 미만의 소형 아파트 위주로 공급할 계획으로 있는데, 이는 올바른 방향이다. 하지만 국가에서 주택을 공급하는 비율이 낮은 우리나라의 경우 현재처럼 주택공급 대부분을 민간기업에 의존하면 자칫 건설업체의 부실만 키우는 결과가 초래하거나 대량의 미분양사태로 이어질 수도 있다.

따라서 이제부터는 정부가 직접 나서서 서민을 직접 챙겨야 한다. 그렇지 않으면 향후 공급되는 물량은 적정 주택공급 물량 여부를 떠나 그야말로 과잉공급이 될 수 있기 때문이다. 대량의 미분양 사태와 임대 공실이 그것이다.

이 역시 얼마 전 정부에서 그토록 홍보했던 '반값아파트(지분형 아파트)의 경우처럼 '눈 가리고 아웅하는 식'의 주택공급 정책이라면 지양해야 한다. 실거주자와 투자자, 즉 기업이나 정부가 절반 정도씩 부담하여 소유와 동시에 집값이 오른 만큼의 투자효과를 누릴 수 있다는 그럴듯한 논리인데, 만일 이와는 정반대의 상황이 연출된다면 이로 인한 피해는 온전히 이를 그대로 믿고 따른 가난한 서민의 몫으로 돌아갈 것이 분명하기 때문이다.

소형과 중대형 간의 수급 미스매치 문제와 서울 강남과 강북 간, 서울과 수도권, 서울과 지방 간의 수급상의 괴리 또한 고려해야 할 중요한 사안이다. 13만호에 달하는 지금까지의 미분양 아파트가 문제되는 것이 바로 다음 세 가지 이유 때문이다. 첫째, 1998년 외환위기 때에 비해 민간건설 비중이 79.0%에서 99.1%로 급증했고, 둘째, 중대형(85㎡초과) 아파트 비중이 25.7%에서 53.8%로 급증했으며, 셋째, 2008년 이후 수도권보다 지방에서의 중대형평형의 공급물량이 더 많기 때문이다.

그 결과 1인가구 증가, 고령화 등 급속한 인구구조의 변화에 따른 주택평형별 수급불균형의 심화와 인구의 자연감소에 따른 신규수요 감소가 동시에 진행되고 있는 지방지역에 공급된 중대형 평형은 자칫 앞으로도 오랫동안 미분양 상태로 남을 수도 있다. 그 한 예로 인구 3만5천 명의 조치원읍은 기존의 주택수 1만가구에서 2004~2005년 무려 6천가구의 아파트 물량이 한꺼번에 공급되었는데, 2008년 12월 입주가 끝난 이후에도 지금까지 상당부분 미분양 상태로 남아 있다(김원장, 《도시락 경제학》). 이 아파트를 공급한 지방의 중소 민간건설사는 지금까지 무사할까?

지금 지방 지자체에서 수도권 규제완화 반대 목소리를 높이고 있는 이유가 여기 있으며, 그만큼 인구유치 여부는 이제 가장 중요한 사안 중의 하나가 되었다. 이는 앞으로의 부동산 가격에 결정적인 역할을 할 전망이다. 이 점에서 볼 때 이명박 정부의 주택공급 확대정책이 향후 인구증가가 가장 높을 것으로 보이는 인천, 경기도 등 수도권지역과 아직도 주택보급률이 가장 낮은 서울지역에 집중되고 있음을 이해할 수 있을 것이다.

|자료 2-3| 소득 양극화

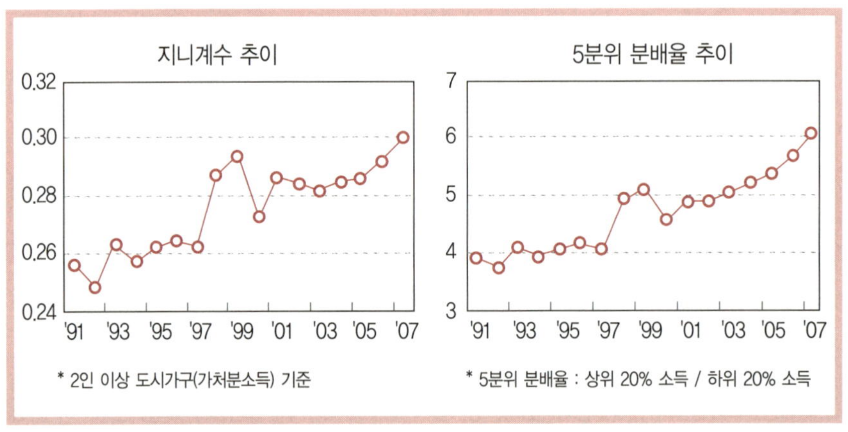

출처 : 통계청

312

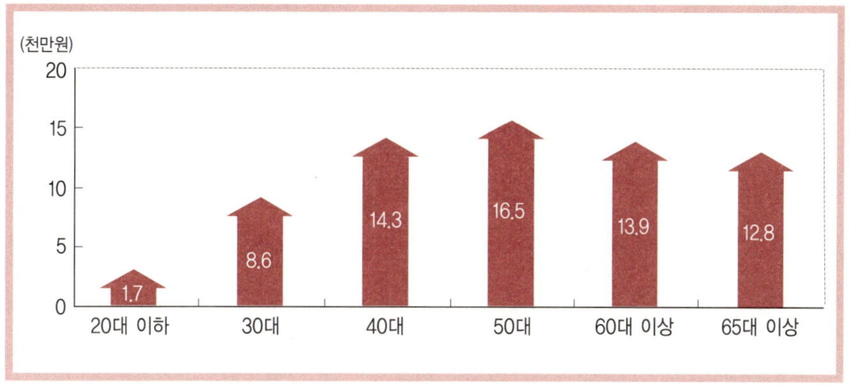

출처 : 통계청

● 소득 양극화 심화가 의미하는 것

〈자료 2-3〉을 보면 우리나라 소득 양극화현상이 갈수록 심화되고 있음을 짐작할 수 있다. 지니계수는 0과 1 사이의 값을 가지며 그 값이 클수록 더 불평등한 분배 상태를 뜻한다. 보통 0.4를 넘으면 '불평등한' 사회, 0.6을 넘으면 '매우 불평등한' 사회를 나타낸다. 이 지수는 임금소득뿐만 아니라 부동산, 금융 자산 등의 불평등 정도를 알아볼 때 많이 쓰이는데, 2004년 우리나라의 부동산자산과 금융자산의 지니계수는 각각 0.651, 0.820이며, 이들을 합한 총자산의 지니계수는 0.638이다. 이 지수는 현재 시점에서 보다 더 심화됐을 것이며, 우리나라의 부동산 등 자산보유에 따른 불평등의 정도가 매우 심각함을 알 수 있다. 적어도 개인별 보유자산에 있어서 우리나라는 매우 불평등한 사회이다.

〈자료 2-3〉의 오른쪽 자료는 5분위 분배율의 추이이다. 5분위 분배율은 상위 20%의 고소득가구의 소득점유율을 하위 20%의 저소득가구의 소득점유율로 나눈 것인데, 위의 자료를 보면 2007년 이들 계층의 소득차가 6배 이상 나는 것으로 나타나 매우 불평등함을 알 수 있다. 총자산가치의 지니계수와도 일치한다. 특히 2003년 이후부터 급격하게 불평등이 진행되었는데, 이는 집값 상승에 따른 자산가치 증가분의 수혜가 상위계층에 집중됐음을 뜻한다.

이정전 서울대 명예교수는 그의 저서 《FTA와 부동산 투기의 함수관계》에서 소득 5분위 분배율은 1997년 4.09, 1999년 5.13배, 2008년 8.67까지 높아졌다고 말했다. 이는 우리나라에서 가장 잘사는 20%의 소득이 가장 못사는 20% 소득의 약 9배에 이른다는 얘기이며, 특히 최근 들어 급격한 소득격차가 일어났음을 의미한다. 또한 2005년 우리나라의 재산 5분위 분배율은 19.5였는데, 이를 재산으로 따지면 상위 20% 부자는 하위 20% 가난뱅이에 비해 약 20배 부유하다는 뜻이다(프레시안 신문, 2009.8).

〈자료 2-4〉를 보면, 우리나라 4인 1가구의 평균 주택보유가액은 아무리 후하게 셈하여도 3억원을 넘지 못한다. 이는 우리나라의 전세율이 왜 50%에 육박하는지를 잘 설명해주며, 5분위 분배율과 연계해서 생각할 때 하위계층은 소형연립주택조차도 구매할 능력이 떨어진다. 결국 5분위 분배율과 평균 주택보유가액을 놓고 볼 때, 우리나라의 향후 주택공급정책이 왜 선진국처럼 정부가 장기임대주택 등을 싼 가격으로 공급해야 하는지 알 수 있을 것이다.

2008년 국세통계연감 조사자료에 따르면, 2007년말 기준 근로소득에다 기타 급여를 더한 총급여가 1억원 이상인 고소득자는 101,036명으로 집계됐는데, 이는 전년 대비 9.9% 증가한 수치이다. 또 5억원 이상의 소득을 올리는 고액소득자도 8,626명으로 1년 동안 27.6% 늘어난 것으로 집계됐다. 금융소득이 4천만원 이상인 고액자산가 역시 국세청 신고자료로 61,475명으로, 전년보다 71.1%(25,551명) 급증했다.

2007년 종합부동산세 신고인원을 지역별로 보면 서울 거주자가 263,000명으로 전체의 54.5%, 이어서 경기도 거주자가 145,000명으로 나타났다. 또 주택소유별로 보면 1주택보유자가 152,969명으로 전체의 40.1%를 차지했으며, 2주택자가 110,652명(29%), 6주택 이상 보유자가 50,265명(13.2%)으로 그 뒤를 이었다. 2008년 부동산, 골프장회원권 등을 양도하면서 1억원 이상의 차익을 남긴 사람도 7만 명을 넘었다.

이상을 모두 종합할 때 우리나라에서 연수입 1억원 이상인 고액소득자는 대략 20~25만 명 정도일 것으로 추산된다. 지난해 종합소득세를 납부한 사람이 약 40만 명을 가지고 위 수치와 함께 버무리면 얼추 계산이 나온다. 이 가운데 약 60%인 15만 명 정도가 서울거주자일 것으로 추산되며, 대부분 강남3구 거주자일 것이다.

이렇듯 사람과 숫자를 놓고 장황하게 설명하는 이유가 있다. 연수입 1억원 이상의 고액소득자 정도는 되어야 당장에 서울 강남의 40평형대 이상의 아파트를 구입할 능력이 된다는 말이다. 여기에 지난해 종합소득세를 납부한 고소득자를 구매가능 잠재고객군으로 포함시켜 계산할 경우 약 40~50만 명 정도가 대형 아파트를 보유할 여력이 있으며, 이 가운데서 약 25~30만 명이 서울 거주자이고, 그중에서 약 10~15만 명이 강남 거주자일 것으로 보인다.

다음 자료는 서울시 주택국 조사 통계자료를 토대로 정리한 2008년 12월 기준 강남4구의 40평형(132㎡) 이상 아파트 호수(세대수)이다. 이것을 통해 어림잡아 계산하면 현재 서울 강남3구의 40평형대 이상 아파트는 최근 재건축 물량을 포함시키더라도 약 7~8만호에 지나지 않을 것으로 보인다. 따라서 서울 강남3구의 중대형 아파트의 공급물량이 부족하다며 강남 집값이 오르는 이유가 바로 대형 아파트의 공급이 부족하기 때문이다.

|자료 2-5| 강남4구 공동주택 세대수 현황

구 분	층 별			평형별		
	5층 이하	6층 이상	계	40평 이하	40평 이상	계
강남구	15,730	91,180	106,910	83,400	23,510	106,910
서초구	5,240	55,690	60,930	41,020	19,910	60,930
송파구	5,710	84,860	90,570	66,930	23,640	90,570
강동구	13,800	47,190	60,990	57,290	3,700	60,990
강남4구 합계	40,480	278,920	319,400	248,640	70,760	319,400

출처 : 서울시 주택국

5층 이하는 연립주택이 다수 포함되어 있을 듯하여 구분한 것이며, 참고로 31~40평형 아파트 세대수는 강남구(34,250), 서초구(27,300), 송파구(45,870), 강동구(21,800)로 특히 송파구가 많은 것은 재건축에 따른 결과이다.

반면, 지방은 어떠한가? 지금 아파트 미분양 사태의 본질은 서울이나 수도권보다는 지방, 그것도 소형평형보다는 중대형평형의 미분양 아파트가 상당 부분이다. 대부분이 참여정부 시절부터 추진되었던 각종 지역균형개발사업에 의해 건설된 것으로, 수요기반이 취약한 낙후지역 및 지방도시에 집중된 결과이다. 그리고 지역균형발전 정책에 따라 서울 인구가 그 지역으로 내려가서 살 것을 가정하고 세운 계획이다. 여기에 더해 지방은 이미 인구가 감소추세에 있다. 지방 고액소득자가 이들 아파트를 전부 소화할 여력이 있을까?

◉ 본질은 수급불균형에 있다

집값 거품에 대해 살펴보다 뜻하지 않게 여기까지 왔는데, 이제부터 쟁점2 주택공급 과잉여부에 대해 정리해보자. 이상의 자료를 통해 다음과 같은 결론에 도달할 수 있다.

첫째, 장기적인 관점에서 보면 주택공급의 과잉이나 부족으로 집값이 떨어지거나 오른다는 말은 본질과는 다소 동떨어진 얘기가 될 수 있다. 특히 우리나라만의 독특한 전세제도하에서는 상당 부분 전세수요를 자가수요로 대체하는 데 사용될 수밖에 없기 때문이다. 그리고 갈수록 소득격차가 커지고 있는 반면, 2018년을 정점으로 인구가 계속 줄어들 것으로 예상되는 우리나라의 실정에서 비춰볼 때 더욱 그렇다.

앞으로 2030년까지 인구가 총가구수 대비 약 360만호 정도의 순수 신규물량의 추가 공급여력이 있다. 따라서 연간 16만5천호 정도의 신규공급 물량에다 멸실주택 등에 따른 추가공급까지 감안하면 대략 25만호 전후의 주택이 매년 계속해서 공급되어야 한다. 혹자는 1인가구수가 계속해서 증가 추세에 있기 때문에 주택공급은 계속 확대되고, 그 결과 집값은 오를 수밖에 없다고 말하지만, 2030년까지의 1인가구 증가분은 135만가구 정도로 연평균 6만5천호의 신규주택 공급에 그친다.

참고로 지난 10년 동안 아파트 분양실적이 가장 적었던 2008년의 분양실적은 24만호 정도이며, 이는 전년의 76% 수준에 불과한 수치이다. 연간 30만호의 신규공급이 필요하다는 정부 발표를 수용할 경우, 최근 몇 년간 아파트 공급물량이 줄어 당분간 집값이 오를 것이라는 논리는 받아들일 수 있다. 하지만 공급부족 때문에 집값이 계속해서 오를 수밖에 없다는 논리를 액면 그대로 받아들이는 것은 무리다.

즉, 서울과 수도권의 공급부족 역시 지역간, 평형간 주택수급불균형에 따라 일부 특정지역의 집값만 오르고, 그 밖의 지역은 오히려 떨어질 가능성이 크다. 강남 및 수도권 일부지역의 대형평형 아파트 공급부족(부자 시니어용)과 주거여건이 뛰어난 일부지역의 소형평형 공급부족(젊은 고소득자용), 그리고 저소득자를 위한 대량의 서민주택을 제외하고는 수급불균형은 상당 부분 해소된 것으로 보인다.

따라서 현 정부가 향후 추진하는 주택 300만호 건설이 완료되면 실질적인 주택공급 논란은 끝나야 한다. 이후부터 발생하는 공급물량은 멸실 등으로 인한 대체공급과 질적 업그레이드 공급물량에 한한다. 그리고 이 300만호는 강남 재건축 등 일부지역 부족물량을 제외하고 장기임대 아파트 등의 소형 평형 위주로 이루어질 것임은 눈 감고도 짐작할 수 있을 것이다. 이것이 과연 집값 상승을 주도할 수 있을까?

둘째, 본질은 수요공급 간의 불균형에 있다. 지역 간의 수급불균형, 평형대별 수급불균형이 그것이다. 단순한 수요에 따른 공급부족 문제 때문이 아니다. 한쪽은 공급과잉이고, 다른 한쪽은 공급부족인 상황, 그리고 이것이 집값을 끌어올리는 가장 큰 요인이 된다. 강남 집값이 계속 오르는 이유가 여기 있으며, 앞으로 서울 강남, 도심 역세권 등의 특정지역 집값과 다른 지역과의 가격차가 더 크게 벌어질 수도 있다.

말 그대로 지역별, 공급면적별, 특수 개발호재 등에 따른 집값 차별화현상은 갈수록 심화되는데, 따라서 이제부터의 집값 상승은 상당 부분 이로 인해 발생되는 주택 수급불균형에 따른 것이다.

셋째, 앞으로 우려되는 것 중 하나가 바로 수도권 및 지방 대도시에 짓고 있는 '2기신도시'의 집값 추세이다. 인구감소 문제, 소득양극화 심화현상 등을 고려할 때, 양주, 화성 등 서울에서 먼 거리에 있는 신도시 지역 아파트 중 특히 중대형평형은 수급불균형으로 인해 하락세를 면치 못할 듯하다. 그리고 이는 고령화사회로 접어들수록 도심 집중화와 회귀현상이 가속되는 일본의 경우에 비춰볼 때 더욱 그렇다.

넷째, 이제부터는 절대적인 양적 부족에 따른 대량공급시대에서 실제거주수요, 대체수요(단독주택·연립주택 → 아파트), 일반·공공투자수요(공공임대주택 등) 등으로 분산되는 질적 부족시대로의 전환이 불가피해졌다. 그 결과 장기적인 관점에서 볼 때, 서울 강남 등 특정지역이나 특별한 개발호재(국제중이나 자사고·자립고 등)가 있는 지역 집값은 계속 오를 것이고, 지방 중소도시나 수도권 원거리지역의 중대형 아파트값을 중심으로 한 집값의 하락세는 피할수 없을 것 같다.

다섯째, 앞으로 가장 심각하게 고려해야 할 것이 주택보유 여력이다. 앞으로 큰 문제가 될 이른바 88만원세대와 청년실업문제, 비정규직 근로자의 고용불안 등을 고려할 때 주택보유 능력이 떨어지는 가구가 갈수록 증가할 것이기 때문이다. 특히 저투자, 저성장, 고용불안의 3대 특징을 안고 가야 하는 신자유주의 경제체제하에서는 더욱 그렇다.

반면 성장률을 높이기 위해 정부가 나서서 무리하게 주택공급을 늘릴 경우, 실수요가 공급에 훨씬 못 미치는 현상이 야기될 가능성도 배제할 수 없다. 이 경우 집값이 어느 방향으로 흘러갈 것인가를 짐작하는 것은 그리 어렵지 않다. 이것이 정치권의 포퓰리즘(인기영합주의)에 의한 주택정책을 주의해야 하는 이유이다. 그런 점에 있어서, 서울에 인접한 보금자리주택에 대한 서민용 특별공급분이 실효를 거둘 수 있을지에 대해서는 여전히 의구심이 남는다.

평당 분양가가 1천만원 혹은 그 이상에 달하는 아파트를 영세민이 분양받아 지불할 여력이 있을까 하는 우려 때문이다.

 PIR이 높다? 아니다?

앞서 설명한 5분위 분배율과 비슷한 개념으로 PIR(Price Income Ratio, 연소득대비주택가격) 계산법이 있다. 이는 대출을 뺀 순수 소득만으로 주택을 구입할 수 있는 능력을 계산하는 방법으로, 평균주택가격을 연소득으로 나눈 값이다. 따라서 벌어들인 수입을 한 푼도 안 쓰고 몇 년을 모아야 집을 살 수 있는지를 알아볼 때 쓰이는데, 예를 들어 PIR이 10이라면 10년치 소득을 고스란히 모아야 집 한 채를 살 수 있다는 뜻이다.

통계자료에 따르면 2008년 PIR은 전국 평균 7.7배로(2007년 6.6배), 지역별로는 서울 10.5배, 강남 11.2배, 강북 9.8배, 6대광역시 9.1배, 5개신도시 8.5배 등으로 나타났다. 외국 주요 도시를 살펴보면, 뉴욕 9.3배, LA 10.4배, 샌프란시스코 9.5배, 동경 5.7배, 북경 9.4배이며, 세계 50대 주요도시 평균 5.0배 정도이다. 만약 서울에 집을 사려면 10년 이상의 소득을 꼬박 모아야 가능한데, 이는 미국 대도시와는 비슷하지만, 일본 동경보다는 훨씬 높은 수치이다.

여기서 우리가 눈여겨봐야 할 것은 일본의 거품이 꺼지기 시작할 무렵인 1990년 일본 PIR지수이다. 당시 일본의 PIR지수는 9.78배였는데, 이것이 거품이 꺼진 후 현재의 5.7배 수준까지 내려갔다. 혹자는 이것을 가지고 우리나라의 PIR지수가 비정상적으로 높아 거품이 끼었기 때문에 언젠가는 거품이 꺼질 수밖에 없다고 설명한다. 특히 그동안의 분양가 상승률은 소득증가분보다 가파르게 올랐기 때문에 집값이 올랐고, 이 부분만큼이 거품이라고 주장한다.

이 경우 다음을 가정해볼 수 있다. 즉, 일본처럼 주택보급률이 완료되어 멸실 재공급을 제외한 더 이상의 신규공급이 없을 정도로 서울의 주택공급이 완료되고, 또한 우리나라 경제의 저성장이 고착화될 경우에 PIR지수가 일본처럼 떨어질 수도 있다. 이 경우 이를 거품붕괴에 따른 주택가격 하락으로 봐야 할 것인지, 아니면 소득 증가에 따른 PIR 하락으로 봐야 할지 여부를 섣불리 단정질 수는 없다. 만일 주택가격 상승세는 정체되는데 반하여, 소득이 계속 오른다면 PIR은 낮아질 것이기 때문이다. 어찌됐거나 이 경우에도 현재 집값이 고점인 것을 증명하는 셈이 된다.

또 한 가지 고려해야 할 사항이 있다. 무엇보다도 도시화의 진행 정도를 고려해야 하는데, 문제는 국가 간에 이것을 비교하기가 어렵다는 데 있다. 우리나라의 대도시, 특히 서울은 단위 면적당 인구밀집도가 대단히 높기 때문에 주거면적당 주택가격 역시 높을 수밖에 없다. 그만큼 도시화가 상당히 진행됐다는 얘기인데, 실제 LA, 뉴욕, 북경 등 외국 주요 대도시와 비교할 때 수치상의 큰 차이를 보이지 않는다. 이런 이유로 우리나라의 상황이 일본과는 다르다는 반론이 있을 수 있지만, 그렇더라도 지나치게 높은 건 사실이다.

이상을 모두 고려해볼 때 단순히 PIR 지수만을 놓고서 거품이 끼었는지, 아닌지를 판단하기란 매우 어려운 일이다. 다만 일본의 예에서 볼 수 있듯이 장기침체에 따른 집값폭락시에 어느 정도까지 하락할 수 있을 것인지는 미루어 짐작할 수 있다. 따라서 PIR은 이 정도까지만 고려한다. 그렇더라도 갈수록 집을 장만하기가 어렵다는 점을 PIR을 통해 확인할 수는 있다.

쟁점 4 GDP대비 부동산 가격이 너무 높다? 아직까지는 괜찮다?

2008년 국내 자산가액은 총 6,500조원 정도로 추산되는데, 이중 토지자산이 3,300조원으로 총자산의 50% 정도이며, 건물 분을 포함할 경우의 총자산은 약 5,000조원 정도이다. 이는 총자산의 80% 이상이 부동산 자산이라는 의미로 일본, 미국의 50% 수준에 비해 지나치게 높다.

2008년 우리나라 GDP(국내총생산)는 약 1,000조원으로, GDP대비 부동산 가액은 5배 이상이다. 이는 세계 평균 GDP의 3배 정도에 비해 상당히 높은 수준이다. 참고로 2008년 미국은 GDP의 1.23배, 일본은 GDP의 약 3배 수준이다.

1990년 일본의 부동산 거품이 붕괴됐을 당시의 GDP는 약 500조엔으로, 지가총액은 약 2,500조엔, 따라서 GDP의 5배 수준에서 부동산 거품이 꺼지기 시작했다. 여기에 1990년을 기점으로 4%대의 성장에서 1% 미만의 저성장 내지는 성장정체가 지속되면서 경제의 성장 동력이 상실되었고 이는 10년 이상의 장기불황으로 이어졌다.

|자료 3| 명목 GDP성장률과 서울 아파트값 상승률 비교　(단위 : %)

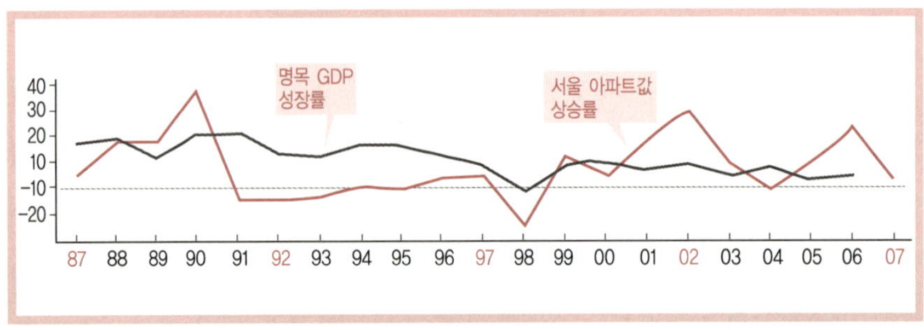

출처 : 매일경제 2007. 12. 19

1988년 이후 20년간 주택가격 상승률을 원화표시 명목 GDP경제성장률과 비교해 분석한 결과를 그림으로 나타낸 것(색깔로 표시한 연도는 대선이 치러진 연도임)으로, 집값이 급등한 시기(90년, 02년, 06년)의 명목　GDP대비 서울 아파트 가격 상승률이 지나치게 높음을 알 수 있다.

〈자료 3〉은 우리나라의 명목GDP성장률과 서울 아파트값 상승률을 비교한 것이다. 이를 살펴보면 1997년 외환위기가 우리 경제를 강타한 직후 경제 전반에 걸친 추락과 더불어 아파트값이 하락했음을 알 수 있다. 이후 2001년부터 주택시장은 다시 급속도로 가열되어 경기가 침체된 상황에서도 아파트값이 상승과 하락을 반복했는데, 이는 정부의 부양책과 억제책 등의 정책에 따른 결과이다.

위 자료에 의하면 우선 장기적인 관점에서 볼 때 GDP성장과 아파트값 상승은 같은 방향으로 수렴된다. 이 말은 국가경제력이 올라갈수록 부동산의 가치는 그만큼 상승한다는 뜻이다. 그러나 상승과 하강압력은 정부의 부동산 정책에 따라 좌우되는 경향이 높다. 우리나라의 아파트 부분만 떼어놓고 본다면 현재 시점에서 부동산 가격수준은 실질국민소득 대비 약 5만달러 수준이다.

우리나라 부동산 자산가액이 선진국에 비해 지나치게 높은 것은 분명하다. 따라서 GDP를 놓고 본다면 부동산 자산가액에 어느 정도의 거품이 낀 상태로 보는 것이 타당하다. 그리고 이를 일본과 단순 비교할 경우 약 50~80% 정도의 거품이 낀 것으로 볼 수 있다. 따라서 만일 우리나라가 일본처럼 장기침체에 들어갈 경우 집값은 현재 가격에서 30~50% 수준까지 더 하락할 가능성도 있다. 왜냐하면 2007년 이후 지금까지 약 20~30% 하락한 상태이기 때문인데, 이것도 일부지역은 최근 거의 다 회복됐다. 따라서 실제는 서울, 수도권 주요지역의 경우 50% 이상 하락할 수도 있다.

우리나라의 GDP성장률을 더 높여야 하는 이유가 여기에 있는데, 요즘 같은 저성장 시대에 쉽지 않은 일이며, 이것 또한 현재 우리나라가 처한 과제 중 하나이다. 참고로 자료를 보면 GDP성장률은 계속 완만한 감소세를 나타내, 현재 2~3%대로 진입했다.

가계 빚 상환능력이 사상 최악이다? 우려할 상황은 아니다?

2008년말 우리나라 가계의 전체 금융부채 규모는 802조원(가계신용 포함)으로 2007년(743조원) 대비 7.9% 증가했다.* 가계가 쓸 수 있는 가처분소득으로 금융부채를 나눈 배율은 1.40으로 2007년 1.36보다 더 높아졌다. 가계가 벌어들이는 소득보다 빚 규모가 1.4배나 많다는 것을 뜻하는데, 집값 상승기인 2002년 1.21배보다 더 높다. 현재 가계부채는 가구당 3,500만원 정도로, 97년 외환위기 때인 1,200만원보다 3배가 늘었다.

부동산 등 자산가격 변동을 감안한 실질금융부채는 2008년말 기준 538조 6천억원으로 2007년보다 13.6% 늘었다. 이에 따라 금융자산 대비 금융부채 비율이 2007년 43.3%에서 2008년말 47.8%로 올랐는데, 이는 우리 주택시장 담보대출 비율이 2008년 기준으로 집값의 약 48% 정도임을 뜻한다. 집값의 절반이 은행대출금으로 이루어졌다는 뜻이지만, 외국보다는 크게 낮은 수치이다.

이는 우리나라만의 독특한 전세제도와 2006년 이후 정부의 LTV규제 정책에 따른 것으로, 그 결과 LTV(담보인정비율)이 선진국에 비해 낮아(아파트의 경우, LTV산정시 방 칸수별 공제금액에다 전세금이 있으면 전세금까지 전부 공제한 후 여기에 LTV를 산정한다), 집값이 반토막 나도 집을 팔면 최소한 대출금을 갚을 수 있다. 그러나 집값이 하락하고 이자율이 상승하면 자산처분 없이 금융부채를 갚을 수 있는 능력은 크게 약화될 것이 분명하다.

* 2009년 3/4분기 우리나라 개인 부문의 금융부채 규모는 837조원으로 2008년말 대비 약 35조원이 늘었다.

가처분소득 대비 지급이자 비율도 9.8% 수준인데, 이는 가계소득에서 10% 가까이를 대출이자를 갚는 데 사용하며 그만큼 가계가 압박을 받는다는 뜻이다. 이를 반영이라도 하듯 가계소득 중 주택대출 상환 비중이 증가하면서 주택담보대출 연체율이 2008년말 0.47%에서 2009년 2월말 0.7%로 불과 2개월 사이에 약 1.5배나 증가했다. 다행인 것은 2009년 3월말 연체율은 0.56%로, 이것이 다시 6월말 현재 0.43%로 계속 감소세로 돌아서고 있다는 분석 결과인데, 이 역시 유동적이다.

연체율 상승은 그만큼 가계에 치명적이다. 특히 변동금리 가계대출이 전체의 약 90% 이상을 차지하고 있어 경기회복기에 금리가 인상되면 가계부담이 커질 수밖에 없고 자칫 가계부실은 물론 금융기관 부실로까지 이어질 수 있다.*

명목 국내총생산 대비 가계부채 비율은 2008년말 0.78배로, OECD 평균보다 다소 높은 것으로 25개 회원국 가운데 11위이다. 이는 우리나라의 주택가격이 그만큼 과대평가되었다는 것을 보여준다.

|자료 4| 금융자산 대비 금융부채 관련지표

(단위 : %)

구 분	2004년	2005년	2006년	2007년	2008년 6월
금융자산 증가율	6.8	13.3	8.6	10.4	3.4
금융부채 증가율	4.3	10.9	11.4	10.4	11.1
가처분소득대비 지급이자비율	6.3	7.8	9.3	9.4	9.8
금융자산대비 금융부채비율	43.9	42.9	44.0	43.3	45.0

출처 : 한국은행

* 미국 금융통계에 의하면 모기지 변동금리의 연체율은 고정금리에 비해 약 3배 정도 높은 것으로 나타났는데, 이는 우리나라의 경우도 이와 비슷할 것으로 보인다.

주택가격이 과대평가됐다는 점은 정부에서도 이미 실토한 바 있다. 2009년 4월 한국은행의 발표에 따르면, 서울지역의 주택가격이 과대평가되어 있다고 지적했는데, 2008년말 서울지역 주택가격 지수를 명목 GDP 지수로 나눈 배율은 2001년 저점 대비 61.2%로 나타났다. 이는 1995~2008년 평균에 비해 약 25% 가량 높은 수준이다. 미국의 경우 2008년말의 이 배율은 1997년 저점보다는 다소 높지만 1995~2008년 평균치에는 밑돌고 있다(미국의 경우, 2008년말에 집값이 곤두박질 친 것을 감안하여 우리나라와 비교해볼 것).

이 모든 것을 감안할 때 우리나라의 주택가격이 일정 부분 과대평가되어, 그 결과 어느 정도의 거품이 존재할 수도 있다는 결론을 도출할 수 있다. 하지만 이것보다는 금융부채증가율과 지급이자증가율을 더 걱정해야 한다. 특히 지난 2008년 하반기 이후부터 은행의 신속한 대출금회수로 가계대출 증가폭도 서서히 둔화된 듯했으나, 이것이 2009년초부터의 부동산 시장의 이상과열에 따른 주택담보대출 잔액 증가로 이어져 다시금 우려를 낳고 있다.

최근 정부는 부동산 시장의 과열을 언급하며 금리인상의 가능성을 시장에 계속해서 신호를 보내고 있는데, 이것이 시장에 선(先) 반영되어 나타난 것이 바로 가산금리(CD금리+은행이율)의 인상이다. 2009년 1~9월까지를 놓고 볼 때, CD금리는 최저수준을 기록하고 있는데 반해, 가계 대출의 가산금리는 3.07%로 10년 만에 가장 높은 수치로 치솟았다. 정책금리가 떨어졌음에도 가산금리가 올라 가계의 금융부담은 전혀 줄지 않은 반면, 이로 인해 은행만 배불린 셈이다. 이러자 정부는 2010년 상반기 중 주택담보대출 상품에 적용하는 기준금리를 한국은행이 매달 발표하는 예금은행 가중평균 수신금리를 보완 적용하기로 했다.

어찌됐거나 가산금리의 지속적인 인상에 따라 2009년 9월 중순 이후부터 부동산 가격의 상승이 둔화되는 움직임이 있고, 주택담보대출 증가 속도 역시 떨어지고 있는 추세를 보이고 있다. 하지만 경제 여건의 변화에 따라 언제든지 정부의 유동성 흡수조치는 이어질 수 있고, 이에 따라 금리가 인상될 경우 연체율은 다시 상승할 것이다. 따라서 주택대출로 인한 가계 빚은 이래저래 우리 경제를 발목 잡는 주된 요인이 될 것으로 보인다.

쟁점 6 집값-임대료 비율로 봤을 때 거품이다? 아니다?

|자료 5-1| 집값-임대료 비율

구 분	전국	서울	강북	강남	6개광역시
임대료 비율	52.4%	38.6%	41.3%	36.4%	61.7%
집값-임대료 비율	1.9	2.6	2.4	2.7	1.6

출처 : 한국은행, 2009. 3.

선진국에서는 주택가격이 적정 수준인지를 따질 때 집값-임대료비율(Price to Rent Ratio, 집값을 임대료로 나눈 비율로 소수나 %로 나타낸다)을 살펴본다. 이는 "집값은 그 집을 임대해 앞으로 받을 수 있는 모든 임대료를 현재가치로 환산한 것과 같다"는 자산가격이론에 따른 것이다.

경제개발협력기구(OECD)에서 발표한 자료에 따르면 2008년말 기준 거품이 가장 큰 나라는 스페인으로, 집값의 장기평균을 100으로 볼 때 집값-임대료 비율은 1.8로 장기평균보다 80%가 높다. 캐나다는 65%, 호주는 60% 높은 상태이고, 프랑스, 아일랜드가 56%, 덴마크, 스웨덴, 네덜란드가 54% 높다. 영국은 장기평균 수준보다 39% 높다. 주요 회원국 가운데 2008년말 집값에 견준 임대료 비율이 집값의 장기평균(100)보다 낮은 나라는 일본(68), 독일

(71), 스위스(85) 정도인 것으로 나타났다. 이들 국가의 공통점은 2000~2006년 사이 물가상승분을 제거한 실질 집값이 떨어졌거나, 상승률이 아주 낮았다(스위스 1.7%)는 점이다. 미국은 같은 기간 실질 집값이 연평균 5.4%, 유로지역은 4.5% 올랐다.

이 신문기사대로라면 우리나라의 집값-임대료 비율은 전국 평균 약 1.9 수준(2008년말 약 2.0)으로, 장기평균치에 견줘볼 때 90% 안팎 높은 수준이다. 〈자료 5-1〉대로라면 우리나라 주택가격에 약 90%의 거품(지금의 집값이 적정 주택가격의 약 2배 정도)이 낀 것이며, 일본이나 미국에 비해 상당히 높은 수준이다.

하지만 이는 전세가격을 지대(rent)로 보고, 매매가를 지가(land price)로 본 것이기 때문에 외국의 경우와는 달리 생각해야 하기 때문에 이를 그대로 적용하는 것은 분명 무리가 있다. 따라서 이를 우리나라의 관점에서 생각해보아야 한다. 다음은 《도시락 경제학》에서 인용한 내용이다.

일반적으로 집값(특히 아파트값)은 실질가치에 앞으로 집값이 더 오르리라는 기대가치(내재가치)를 더해 형성된다. 그래서 강남 재건축 아파트 집값이 비싼 것이다. 그런데 만일 아파트를 구입하지 않고 전세로 살 경우에는 집값 상승에 대한 기댓값은 0이 된다. 따라서 '전세가격 = 아파트값의 실질가치' 라는 가정을 이끌어낼 수 있다. 이 경우 전세가격이 높을수록 그 아파트의 실질가치가 높다는 뜻도 된다. 우리나라의 전세가격 대비 주택가격의 평균비율이 1대 1.99라고 하는데, 만약 전세가격이 3억원이라면 현재 집값은 5억 9천8백만원이어야 한다. 만약 아파트값이 10억원이라면 4억 2백만원의 거품이 숨어 있는 셈이고, 이 4억 2백만원은 집값이 더 오를 것이라고 기대하면서 투자한 집값에 대한 상

승 기댓값이 된다. 따라서 '아파트 시세 = (전세값×1.99)+집값 상승 기댓값' 이
라는 공식이 가능해진다.

○ 집값 – 전세가격의 상관관계는 약하다

집값–임대료 비율에 따른 거품 여부를 설명해보자. 이에 따르면 아파트값
과 전세값의 격차가 큰 아파트일수록 집값 상승 기댓값이 높다는 설명이 가능
하다 했는데, 이것을 강남 주요 아파트값에 대입하여 살펴보면 다음과 같다.

|자료 5–2| 강남 주요 아파트 평균 집값–전세값 비교

구 분	매매가	전세가	집값– 전세가	전세가 ×1.99	집값상승 기대값	평당 기대값
개포주공저층 15평(재건축전)	9억	0.9억	10%	1.8억	7.2억	48.0백만
대치은마 34평(전)	11억	2.8억	25%	5.8억	5.2억	15.3백만
압구정구현대 34평(전)	13.5억	2.5억	19%	5.0억	8.5억	25.0백만
도곡렉슬 34평(재건축 후)	13억	5억	38%	10.0억	3억	8.8백만
대치센트레빌 45평(후)	20억	7억	35%	13.9억	6.1억	13.5백만

* 2009년 10월말 현재 시세임   출처 : 부동산114

앞의 설명대로라면, 집값 상승 기대값만큼이 거품이 된다. 따라서 개포주공 15평의 경
우 적정 집값은 1억 8천만원, 대치은마 34평의 경우에는 5억 6천만원이 되어야 한다.

〈자료 5–2〉를 보면 강남지역 재건축이 끝난 아파트와 그렇지 않은 아파트
와의 전세가격차가 매우 큰데, 얼핏 보면 재건축에 따른 집값 상승 기대감 때

문인 것으로 보인다. 하지만 좀 더 자세히 들여다보면 꼭 그렇지만도 않다. 예를 들어 개포주공 저층 15평형이 재건축되었을 경우 고층 33평형, 대치은마 34평형은 45평형 정도 규모가 될 것이므로, 같은 강남내의 재건축 이후 아파트인 도곡렉슬 34평형, 대치 센트레빌 45평형과 각각 상호 비교해도 무방할 것이다. 물론 재건축이 완료될 때까지의 기간경과에 따른 장래의 기대가치 증가분은 제외할 경우이다.

따라서 재건축에 따른 분담금 등을 공제할 경우 개포주공 15평형은 약 1~2억원, 대치은마 34평형은 약 4~5억원 정도의 시세 차이가 난다.* 결국 집값 거품 논란 여부를 떠나 현재 시점에서 이들 아파트의 장래 기대가치는 이미 상당 부분 반영된 상태라고 볼 수밖에 없는데, 이처럼 시장가격은 보이지 않는 손에 의해 결정되고 있다. 그리고 그 차액만큼이 정부의 재건축 용적률 규제 등에 따른 현재시점에서의 가격차액 부분이며, 왜 강남 재건축 규제완화 문제 때문에 시끄러운지 알 수 있을 것이다. 그리고 만일 강남 재건축 아파트를 사야겠다고 결정했다면 표에서 보는 바와 같이 재건축 이후 평형대가 큰 것으로 갈아타는 것이 유리하다. 그만큼 큰 평형의 미래가치가 높은 것이 확인됐기 때문이다.

또한 재건축이 추진될 예정인 강남 아파트 전세가가 낮은 것은 열악한 주거여건이 반영된 것임을 위의 자료를 통해 알 수 있다. 낮은 전세가로 인한 차액 부분은 집주인이 자기 돈을 더 들여서 집을 샀거나, 은행 대출을 더 받은 이른바 레버리지 효과를 노리고 집을 구입한 것으로 보아야 하는데, 아무래도 후자의 경우가 더 많을 것 같다. 모든 것을 고려해볼 때, 강남지역의 아파트값

---

* 사실 이것도 무리이다. 왜냐하면 소형평형·임대주택의무비율 규정 등으로 예로든 각각의 34평, 45평형을 배정받을 가능성이 낮아, 그만큼 시세(매매가)가 낮아질 것이기 때문이다. 따라서 그만큼 장래 기대가치가 선반영된 것으로, 가격이 고점에 달했음을 알 수 있다.

이 다른 지역보다 집값상승 기대값, 즉 집값 상승여력이 더 높다는 것은 확실한데, 그 이유는 다음과 같다.

|자료 5-3| 수도권 주요지역 아파트 평균 집값-전세값 비교

구 분	매매가	전세가	집값/전세가	전세가×1.99	집값상승 기대값	평당 기대값
서울 송파 리센츠 33평(후)	9.5억	3.5억	37%	7.0억	2.5억	7.5백만
서울 송파 장미 33평(전)	8.0억	2.2억	27%	4.4억	3.6억	10.9백만
서울 중계 경남 31평	4.5억	1.8억	40%	3.6억	0.9억	2.9백만
서울 목동 극동 33평	5.5억	2.2억	40%	4.4억	1.1억	3.3백만
분당 서현 삼성 33평	6.0억	2.4억	40%	4.8억	1.2억	3.6백만
일산 백석 벽산 33평	3.7억	1.6억	43%	3.2억	0.5억	1.5백만

* 2009년 10월말 현재 시세임　　　　　　　　　　　　　　　　출처 : 부동산114

〈자료 5-3〉을 보면, 우리나라 아파트 전세가는 강남지역 등 일부 특정지역을 제외하고는 매매가 평균의 약 40% 정도이다. 따라서 외국에서 적용되는 집값-임대료 비율의 관점에서 놓고 보면 약 10% 정도의 편차가 있고, 왜 일치하지 않는지를 미루어 짐작할 수 있다. 임대료의 본질 자체가 다르기 때문에 '집값-임대료 비율'을 그대로 따다 우리나라의 경우에 인용한다는 것은 다소 무리가 따른다. 그리고 준공년수가 오래되어 재건축이 임박한 아파트의 경우는 강남 재건축 대상 아파트처럼 여지없이 전세가가 낮다. 이 역시 주거환경 때문으로 보아야 위 등식이 성립된다.

이제 '전세가격 = 아파트값의 실질가치'라는 등식이 맞는지를 검증해보자. 우선 '아파트 시세 = (전세값×1.99)+집값 상승 기댓값'이라는 공식 역시 옳다고 가정하자. 서울시정개발연구원에서 내놓은 수치인데, 설마 틀리기야 하겠는가(사실 의문이 든다).

〈자료 5-2〉와 〈자료 5-3〉을 보면 압구정 현대 33평형을 목동·분당 지역 내의 같은 평형대의 아파트 전세값과 비교할 경우 2.2~2.5억원으로 그다지 차이가 없다. 따라서 이 등식은 강남, 기타지역에 관계없이 성립된다.

하지만 이를 같은 평형대의 강남 도곡 렉슬아파트와 비교해보면 전혀 다른 양상을 보인다. 즉, 전세가가 5억원으로 무려 2배에 가까운 차이를 보이지만, 이 역시 전세가가 매매가의 40%에 이르는 수치로 여타지역 전세값 비중과 같다. 이를 어떻게 설명해야 할까. 이 역시 주거환경이 크게 개선되어 수요가 늘고 매매가격이 올라 전세가도 오른 것으로 온전히 설명할 수 있을까?

만일 이것이 긍정적일 경우 강남 재건축이 완료되어 주거환경이 크게 개선된 아파트값은 기타 지역(서울, 수도권 신도시 할 것 없이)의 그것보다 약 2배 정도 높으며, 재건축이 곧 추진될 아파트값 역시 미래의 기대가치가 그만큼 높아질 것이다. 왜냐하면 재건축이 된 후의 평형증가 등으로 동등한 값 이상으로 오르기 때문이다. 반면, 위 등식이 지역에 관계없이 균등하게 성립된다면 강남 재건축이 끝난 아파트값에 그만큼의 거품이 끼었다고 보아야 한다.

이를 놓고 KBS의 김원장 기자는 다음과 같이 정리했다. "아파트의 주거환경이 크게 개선된 정도보다 아파트가격이 더 올랐다면 이는 거품이다. 하지만 아파트가격과 함께 전세가격이 올랐다면, 이는 거품이 아니라 숨은 주거환경이 개선되어 수요가 늘고 가격이 오른 것이다." 그의 주장을 그대로 받아들인다면 강남 집값에는 거품이 끼지 않았으며, 장래의 기대가치가 반영되었을 뿐이다.

반면, 서울시정개발원은 강남4구의 아파트값이 거품이 끼었다고 했는데, 이는 김원장 기자의 '전세가격 = 아파트값의 실질가치' 라는 주장과는 앞뒤가

맞지 않는다. 대체 누구 말을 옳다고 믿어야 할까? 《도시락 경제학》을 다시
한번 읽어보자.

서울시정개발연구원이 2008년 상반기 주거환경을 기초로 강남 4개구의 전세가
격과 매매가격의 인상률을 비교했더니, 집값의 절반 정도는 거품이라는 분석이
나왔다. 이는 교통이나 교육여건, 환경 등 주거요인별 혜택을 반영한 전세가격을
토대로 '정상가격'을 계산한 뒤, 매매가격과 가격인상률을 비교하여 산출해낸
결과치이다. 그 결과 아파트값이 본격적으로 오른 2001년 2월부터 2008년 3월까
지 강남 4개구의 가격 상승분에서 거품이 차지하는 비중이 61~72%에 달했다.

○ 이미 오를 대로 올랐다

결과적으로는 강남 집값에 거품이 낀 것이 아니라, 장래의 기대가치가 선
반영된 결과라고 봐야 한다. 재건축이 아직 끝나지 않은 압구정현대, 대치 은
마아파트 전세가격과 재건축 이후의 렉슬아파트 전세가격과의 차이를 보면
알 수 있다. 즉, 강남 집값에 거품이 끼었다고 하기보다는 이들 지역 아파트가
격이 여타 지역보다 주거환경, 희소가치 등에서 2배 정도 차이가 난다. 그 결
과 재건축과 함께 앞으로 이러한 차이를 가져올 것으로 기대되어, 이것이 초
과수요를 불러와 이미 강남 집값을 끌어 올린 것으로 보아야 할 것 같다.

물론 투기적 수요 역시 동반 상승 작용을 일으킨 것은 부인할 수 없는 사실
이다. 그렇더라도 미래의 기대가치가 높아 앞으로 오를 가능성이 더 높은 아
파트에 투자하는 것은 당연한 이치이다. 그리고 렉슬 아파트값이 비싼 이유는

분양가자율화로 주택 품질이 크게 높아졌기 때문인데, 이 역시 주거환경의 개선 효과라고 보아야 한다.

혹자는 강남의 전세가격 비율과 전국의 전세가격 비율의 차이만큼이 바로 거품이라고 말한다. 그리고 매매가 대비 전세가 비율은 점점 떨어지고 있는 추세이며, 그 결과 강남 집값은 큰 폭으로 하락할 수밖에 없다고 한다(자료 5-1참조). 하지만 이는 현실과는 다름을 〈자료 5-2〉, 〈자료 5-3〉을 통해 확인할 수 있다. 즉, 강남 아파트 중 전세가 비율이 낮은 아파트는 개포주공, 대치은마 등 재건축에 임박한 극히 노후되고 주거환경이 열악한 아파트이며, 재건축이 추진될 경우 다른 지역 아파트보다 추가 상승여력이 높다 판단하여 은행에서 대출여력을 높인 점, 부자들의 높은 현금보유 여력 등에 따른 것으로 보아야 할 것이다

부동산 거품론자들이 자주 인용하여 주장하는 지역이 또 있다. 예를 들어, 광주, 춘천 등 지방 일부지역 아파트의 전세가격이 시세 대비 70~80%에 달하기 때문에 강남 집값은 20~30% 이상의 거품이 있으며, 결국에는 하락할 수밖에 없다고 주장한다. 참고로 춘천지역은 지난 수십 년간 아파트값의 변동이 거의 없었는데, 이는 이 지역의 아파트에 대한 투자가치가 떨어져, 주택소유를 기피하는 현상 때문으로 봐야 하지 않을까. 언제든지 전세금액을 뽑아 이를 현금화시킬 수 있도록 하는 것이 집을 사는 것보다는 유리하다는 생각에서 말이다. 결론적으로 이와 같은 주장은 설득력이 떨어진다.

위에서 말한 등식이 옳건 그르건 간에 '집값-임대료 비율'을 살펴보는 것은 흥미롭고 또 의미 있는 일이다. 재건축이 이미 완료되었건, 앞으로 추진될 것이든 관계없이 강남 아파트값이 다른 지역보다 대략 2배 정도 가치가 높지만, 기대가치가 이미 상당부분 반영되어 추가상승 여력은 그다지 높지 않다.*

---

* 그럼에도 향후 재건축이 완료되는 시점까지 기대가치분 상승여력은 여전히 남아 있고, 이는 다른 지역보다 높다.

그리고 이 경우 앞서 〈쟁점 1〉에서 말한 강남 아파트값이 비싼 이유는 거품이 아니라, 미래가치가 이미 편입된 실질가격이라 보아야 옳다.

 인구감소가 집값을 끌어내린다? 가구수는 계속 증가하기 때문에 실질수요는 계속 증가할 것이다?

앞서 설명한 〈쟁점 2〉에서 상당 부분 설명했으며, 뒷장의 '인구변화가 향후 부동산 시장에 몰고 올 여파'에서 자세히 설명하겠다.

 수도권 과밀화현상의 심화가 집값을 끌어올린다? 아니다?

이것도 중요한 내용이라 뒷장에서 별도 설명한다. 지금 말하고 있는 거품 논쟁의 핵심이 아니기 때문에 여기서는 제외시켜도 무방하다.

 부동산 순환주기상의 대세상승기다? 아니다?

|자료 6| 전국 주택가격 상승률의 순환변동치

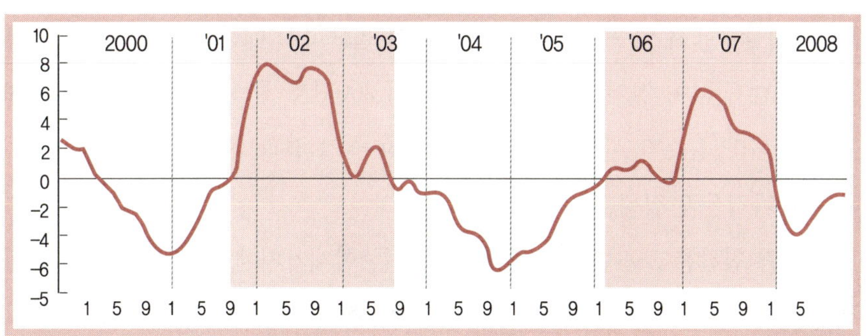

출처 : 삼성경제연구소

〈자료 6〉을 보면 최근 10년 동안 5년 주기로 2년 상승, 3년 하락이 반복되었음을 알 수 있다. 2000년대 이전에는 10년 주기로 상승과 하락을 반복하였는데, 2000년 이후에 들어와서 5년 주기로 반복된다 하여 '5년주기설'로 불린다. 거품과 관련된 얘기는 아니지만 말 나온 김에 한 번 살펴보자.

위와 같은 부동산경기 사이클의 관점에서 보면 늦어도 2010년 무렵부터는 부동산값이 다시 상승할 것으로 보이는데, 요즘처럼 때 이른 기대심리가 풍부한 유동성에 편승하여, 서울 강남 집값의 경우 2006년 고점 수준까지 회복되었다고 한다. 그래서 이를 굳게 믿는 부동산 전문가들은 지금까지의 부동산 하락침체기는 사이클상 내릴 만한 시점이었기 때문에 내린 것이고, 여기에 세계발 경기침체 여파로 좀 더 하락세가 두드러졌을 뿐이라고 말한다.

새삼 이 논리에 딴지를 걸고 싶은 생각은 없다. 단, 왜 이런 현상이 반복해서 일어나고 있는지에 대해 알아보자. 여러 가지 이유가 있겠지만, 모두 생략하고 정책상의 오류에 대해 설명하고자 한다.

정부는 집값을 낮추기 위해 끊임없이 주택공급 정책을 펼친다. 공급확대의 일차적인 목적은 집값을 떨어뜨려 가계안정을 꾀하기 위함인데, 공급확대를 통해서 가격하락 효과가 나타나기까지는 최소 2~3년 이상의 시간이 필요하다. 사업착수에서 입주까지 걸리는 기간이 필요하기 때문이다. 실제, 90년대 초반 강남 집값이 떨어진 것도 5개 신도시 200만호 주택건설에 착수한 1989년이 아니라 입주가 시작된 1991년부터였다. 그 결과 1991년부터 1997년까지 주택가격은 안정세를 가져왔다.

이처럼 집값은 2~3년 이후의 미래가치를 현재가치에 신속히 반영하게 되며, 집값도 입주시점이 아니라 주택공급계획이 확정되는 시점부터 오르기 시작한다. 그리고는 실제 입주시점에 이르면 반대로 집값은 떨어지기 시작한다. 이때부터 이른바 투기수요 등이 이탈하는 것도 그 원인이 된다.

◎ 경제순환은 더 이상 규칙적이지 않다

이제 정책결정자들의 입장에서 생각해보자. 야심차게 계획한 주택정책이 현실로 드러나기도 전에 가격부터 오르니 난감한 것은 당연하다. 이때 집값을 잡기 위한 투기억제정책은 아주 매력적인 선택이 된다. 당장 효과가 나타날 뿐만 아니라, 가진 자들을 두들긴다는 명분도 생긴다. 하지만 주택공급을 통한 확대정책은 발표시점과 실제 공급시점 간의 타임 갭으로 인해 집권 기간 동안에 공급되기가 어렵다. 따라서 정책당국자의 입장에서 보면 그다지 생색 날 것 같지도 않아 결국 시작만 요란한 용두사미 꼴일 뿐이다. 그 결과 공급확대는 없고 근본적인 주택 부족현상은 더욱 악화되어 간다.

이것이 이전 노무현 정부의 주택공급 정책인데, 실제 공급확대를 통한 집값 안정보다는 강력한 세제정책 등의 투기억제책으로 인해 2006년을 정점으로 집값이 떨어졌다. 그리고 지역균형발전을 통한 주택공급정책이라는 수급상의 미스매치로 지방 미분양 아파트를 양산했는데, 때마침 불어닥친 세계 경제침체는 집값을 더욱 떨어뜨리고 말았다.

문제는 2008년 이후 수도권보다 지방에서의 공급물량이 많아져, 수도권 지역은 공급부족, 지방은 공급과잉이라는 심각한 수급불균형으로 앞으로 수도권은 집값이 오르고, 반대로 지방은 집값이 계속 떨어질 수밖에 없는 현실에 있다. 이것을 단순히 부동산 순환주기에 따른 것이라고 설명하기에는 논리적 비약이 지나치다. 앞으로는 부동산 가격이 등락을 반복하면서 순환하더라도, 이것이 일정 주기를 가지면서 반복할 것이라는 단순 논리는 버려야 할 것이다.

결국 과거의 집값 추이를 볼 때 이전 정부에서 주택공급을 얼마나 많이 확대했느냐에 따라 가격상승과 안정이 결정되는 경향이 짙은데, 이 모든 것을 고려할 때 집값 상승과 하락은 부동산값이 일정 주기를 가지고 순환한다는 막연한 언급보다는 정부의 주택공급 확대정책이 어떻게 추진되고, 또 진행상황은 어떤지에 대한 구체적인 정황을 가지고 판단하고 예측해야 한다. 그리고 경제를 둘러싼 제반 요인이 이전보다 훨씬 더 복잡해졌고, 글로벌하게 엮어졌기 때문에 이 또한 충분히 고려해야 한다. 최근 글로벌 경기침체 여파로 전 세계 집값 하락의 동조화현상이 나타나고 있는 것이 이를 반증하고 있다.

부동산 경기는 앞으로 최근의 기상이변 현상처럼, 경제여건에 따라 그때마다 등락과 변동이 일어나는 불규칙적 양상을 띨 것이다. 그리고 이는 더욱더 복잡한 양상을 띨 것이다. 때문에 부동산 경기변동의 일정 순환은 그만큼 불규칙 바운드이다. 다시 말해 2000년 이후부터의 부동산 가격의 상승과 하락 현상에는 이러한 10년 주기설이 더 이상 통용되지 않는다. 이것을 경제학적 용어로 세련되게 표현하면 다음과 같다.

부동산의 공급은 시장의 수요변화에 발 빠르게 대응하기 어려운 이른바 '적응 지연의 문제'에 봉착하게 된다. 이는 부동산 시장의 단기적 불균형을 가져오는데, 특히 시간의 간격이 짧으면 짧을수록 더욱 일치하지 않는다. 그리고 이것이 주기적 유형(사이클 패턴)을 그리면서 순환 반복한다. 그런데 부동산 공급의 움직임과 이를 결정하는 장·단기간의 수요에 영향을 주는 요인들이 복잡다단해졌고, 또 경제상황이 글로벌하게 묶여 이에 크게 좌우되기 때문에 그만큼 순환 반복이 불규칙적으로 바뀌었다.

어찌됐거나 10년주기설, 5년주기설 운운하면서 이것 때문에 집값이 오르고 내린다는 말이 적어도 부동산 전문가라는 사람들의 입에서 오르내리는 것은 그다지 모양새가 좋지 않다. 그러니 이것을 부동산 거품에 연관시켜 설명하지 않았으면 하는 바람이다. 큰 의미를 부여할 당위성이 너무도 약하다. 한 가지 확실한 것은 2000년 이후 경제순환은 더 이상 규칙적으로 돌아가지 않는다는 사실이다.

쟁점 10 인플레이션 또는 디플레이션으로의 진행 가능성

우리 경제는 과잉유동성에 따른 인플레이션 가능성과 반대로 장기 경제침체에 따른 디플레이션 가능성 양쪽 모두 배제할 수 없는 상황에 돌입했다.

집값의 거품 여부를 떠나서 현재 집값이 고점인 것은 분명하다. 따라서 2006년 고점 수준까지 회복된 현 시점에서 볼 때, 이제부터의 집값 상승은 말 그대로 거품이 되어 언젠가는 반드시 떨어질 것이고, 만일 일본처럼 장기침체에 따른 디플레이션으로 진행될 경우에는 그야말로 집값이 대폭락하는 암울한 상황이 올 수도 있다. 따라서 부동산 투자는 그만큼 신중을 기해야 한다. 특히 앞으로 우리 경제가 더블딥 양상으로 전개될 경우, 이를 믿고 자칫 잘못 투자하여 상투라도 잡는 날에는 큰 문제가 아닐 수 없다.

위의 모든 것을 고려할 때 우리나라의 집값은 현재부터 미래까지의 사용가치를 모두 더한 '펀더멘털'이 이미 대부분 반영된 상태라고 볼 수 있다. 따라서 집값 상승은 특정 지역이나 특별한 개발호재를 제외하고는 펀더멘털을 벗어나서 지속적으로 상승하는 비정상적인 현상으로 보아도 된다. 그리고 이는 시장의 정상적인 작동에 따라 다시 펀더멘털에 수렴된다. 집값이 등락을 거듭하는 것은 시장이 제대로 작동하고 있다는 신호이며, 이를 정부가 나서서 인위적으로 왜곡시켰을 때 아주 심각한 문제가 야기될 수 있다.

언제나 그렇듯 정부의 역할이 매우 중요하다. 그리고 분명하다. 안정적인 기조하에서 경제를 계속 성장시킴으로써 실질GDP를 끌어올려, 그 결과 개인과 국가의 자산가치를 더욱 높이는 일이 곧 우리 경제의 펀더멘털을 상승시키는 것이기 때문이다. 이를 통한 집값 상승이 곧 자산가치의 상승으로 이어지며, 지금처럼 경제가 불확실한 시대에 접어든 시점에서 정부의 역할은 그만큼 중요하다. 자칫 정책실패 등으로 인플레이션이나 디플레이션을 일으켜 자산가치의 폭락사태를 가져온다면 이는 돌이킬 수 없는 파국을 초래할 수 있다.

문제는 펀더멘털의 본질이 무엇인지 명확하지 않다는 점이다. 그렇기 때문에 정부, 부동산 전문가, 개인투자자 할 것 없이 한편에서는 거품이다, 다른 한편에서는 그렇지 않다고 말하는 것이다. 따라서 이제부터라도 경제정책 운용의 직접 당사자인 정부는 거품을 형성하는 순환 매커니즘을 상시적으로 세심하게 관찰하고, 언제든지 선제적 대응을 할 수 있도록 모든 조치를 강구해야 할 것이다.

|자료 7| 부동산 거품논쟁에 대한 결론

쟁점	거품이다	거품이 아니다	검토의견
1	현재 시점은 집값이 너무 오른 상태이고, 집값에 거품이 꼈다.	우리나라 집값상승률은 OECD 국가 중 높지 않다. 따라서 거품이 아니다.	잘 모르겠지만, 고점인 것만은 분명해 보인다.
2	인구의 감소에 비해 주택보급률이 너무 높아 집값은 떨어질 수밖에 없다.	가구수는 계속 증가하기 때문에 주택은 계속 공급돼야 한다.	· 인구감소로 종국에는 집값은 떨어질 수밖에 없다. · 본질은 수급불균형에 있다. 따라서 일부 특정지역은 소폭이나마 오르거나 또는 안정세를 보이는 반면, 그 밖의 지역 집값은 떨어질 수밖에 없다.
3	PIR(연소득대비주택가격)이 높다.	PIR(연소득대비주택가격)이 높지 않다.	PIR을 가지고 거품을 논하기는 무리다. 그렇더라도 갈수록 집 장만하기는 어렵다.

4	GDP대비 부동산값이 너무 높기 때문에 거품이다.	아직까지는 괜찮다.	부동산가액이 선진국에 비해 높은 것은 사실이다. (30~50% 거품 가능성)
5	가계빚 상환능력이 최악이다.	아직까지는 우려할 상황이 아니다.	우려할 상황을 맞을 수 있다.
6	집값-임대료 비율로 볼 때 거품이다.		거품 여부를 떠나 집값이 더 이상의 추가상승 여력까지 오른 것 같다(즉, 고점이다).
7	부동산 순환주기상의 대세상승기이다.		거품논쟁과 관련 없다
8		곧 경기회복기에 접어들 것이므로 집값 하락은 없다.	· 하락 가능성 배제할 수 없다. · 큰 폭 하락(인플레이션 이후 일정 시점부터) · 대폭락(디플레이션으로 진행)

● 집값상승률이 물가상승률을 상회하는 지역에 집중

이쯤 되면 이런 질문이 당연히 나올 것이다. "도대체 아파트를 사라는 것일까, 사지 말라는 것일까?" 이 문제를 풀기 위해 〈쟁점 1〉을 다시 살펴보자.

지난 1986년부터 2006년까지 20년간 국내 주가는 792% 올랐지만, 이 기간 강남지역 아파트는 578% 오르는데 그쳤다는 점을 들어 부동산 투자보다 주식투자가 대세라고 말하는 주식논자들이 많다. 과연 이것을 곧이곧대로 받아들여야 할까?

위 사실은 몇 가지 관점에서 문제가 있다. 우선 삶의 질이 높아질수록 집의 사용가치가 높아지는 것은 당연한 이치인데, 이에 대한 고려가 전혀 없다. 만일 '전세가 = 집의 실질가치 = 집의 사용가치' 수준으로 이해할 경우, 위치나 주거환경이 좋고, 넓은 아파트에 사는 사람들은 그것이 자가주택이든, 전세주택이든 관계없이 그만큼의 가치를 하기 때문에 높은 비용을 기꺼이 지불하는 것이다.

자산의 안전성에 대한 담보 역시 전혀 고려하지 않았다. 이 책의 서문에서 "재테크에 따른 투자수익이 곧 리스크에 대한 보상의 정도"라고 말했다. 말인즉, 고위험·고수익을 추구할 것인가, 아니면 낮은 위험·낮은 수익을 따를 것인가는 전적으로 투자자의 성향이나 선호에 달렸다. 그리고 아직도 대부분의 투자자는 전자보다 후자를 더 선호한다.

다른 각도에서 생각해보자. 과거 10년 전부터 지금까지 존속하고 있는 기업은 얼마나 되고, 또 이들의 기업가치는 어떠했는가에 대해 굳이 지면을 할애하며 일일이 밝힐 이유도 없고, 또 그럴 마음도 없다. 그렇더라도 만일 자신이 투자한 기업이 부도로 사라졌다면, 그 주식을 산 투자자의 원금은 다 잃어버린 셈이다. 그리고 솔직히 주변에서 그런 기업들이 왕왕 있다. 이 글을 읽고 있는 여러분들의 솔직한 생각이 어떠한지 궁금하다.

그렇다고 투자하지 말고 현금을 갖고 있으라는 말은 아니다. 이는 가장 어리석은 행위이다. 말했듯이 물가는 복리로 불어나기 때문에 어지간한 투자를 제외하고는 물가상승률에도 못 미치는 것이 엄연한 현실이지만, 그렇더라도 리스크가 두려워서 투자를 하지 않는다면 이는 바보 같은 짓이다.

이제 관점을 달리 해서 생각해보자. 평생 열심히 일해서 은퇴시점인 55~60세까지 강남 아파트 한 채를 장만했다면, 이는 최소한 물가상승률에 육박하는 재테크를 한 셈이다. 여기에 그동안 누린 사용가치 등을 고려할 때 결과적으로 물가상승률을 훨씬 웃도는 가치를 누리고, 또 집값 상승효과도 누린 셈이다. 물론 원금은 하나도 안 까먹고 고스란히 남았다.

은퇴 이후 역모기지론 등을 통해 죽을 때까지 삶을 보장받을 수 있다면 재테크를 잘한 것 아닌가! 꼭 자식한테 물려주고 싶다면 은퇴시점에 살고 있는 아파트를 처분해서 일부는 자식들에게 주고, 나머지를 가지고 살면 된다. 조금은 불편해도 사는 데는 아무런 지장이 없다.

◎ 똑똑한 집 한 채에 집중하라

이제 눈치 빠른 사람들은 왜 블루칩 아파트에 투자해야 하는지 이해했을 것이다. 자료와 같이 강남아파트와 주변 아파트와는 그 수익률에 있어 근본적인 차이가 난다. 또 양질의 주거환경을 온전히 향유받는 사용가치가 높다. 집값상승률이 높고, 주거환경이 양호한 아파트에 투자해야 하는 것은 당연한 이치이다. 그러니 이제부터라도 똑똑한 놈 하나에 집중해야 한다. 이를 위해 정부가 마련한 여러 가지 제도적 장치가 있는데, 왜 올바로 사용하지 못하는지 이유를 모르겠다. 그리고 저금리, 저성장 시대에 아파트를 여러 채 가지고 높은 투자수익률을 올리려는 생각은 아무리 생각해도 실현성이 떨어지며 무계획적이다.

무주택자인 경우에는 지금부터라도 주택청약저축을 들어 재테크를 시작하고, 주인이 전세가격을 올려달라면 악착같이 올려주고(집 장만을 위한 종잣돈 역할을 톡톡히 하니, 그런 점에서 우리나라의 전세제도는 참으로 좋은 제도이다), 그리고 기회를 봐서 좀 더 좋은 아파트로 전세를 갈아타고, 차츰차츰 늘려 가면 된다.

특히 분당, 일산 등 신도시의 대형 아파트를 소유하고 있는 젊은층이라면 지금이라도 늦지 않았으니 서울의 블루칩 아파트로 갈아탈 것을 적극 권한다.

조금 평수를 줄여 가면 어떤가. 그 이상의 교육, 환경 등의 주거혜택이 따르는데 말이다. 이미 상당 부분 올랐지만, 다른 지역보다는 훨씬 좋은 여건이 앞으로도 지속될 것이다. 단, 여력이 되지 않는데 은행 돈을 무리해서 빌려 굳이 강남으로 가려고 하지는 말 것! 불확실성 시대의 레버리지 효과는 때론 독배를 드는 것과 같다.

그리고 기회비용을 고려할 때, 이것이 과연 앞으로 얻게 되는 투자수익률(집값 상승분)을 크게 웃돌 수 있을까? 거듭 말하거니와 앞으로 주택투자로 얻을 수 있는 기대수익률은 은행이자에 더해 물가상승률을 약간 웃도는 수준이면 충분하다. 문제는 이것 역시 쉽지 않고, 집을 잘못 사면 원금마저도 잃어버릴 가능성도 배제할 수 없다는 사실이다.

03

인구 변화가 향후
부동산 시장에 몰고 올 여파

특정 지역을 제외하고 집값은 하락할 수밖에 없다. 지방은 이미 진행중이다.

최근 인구구조가 급변하면서 우리 사회는 많은 문제점과 난관에 봉착하고 있다. 인구 저성장, 고령화, 독신화현상이 그것인데, 이에 따라 부동산 시장 역시 많은 변화가 불가피할 것으로 보인다. 예를 들어 1990년 일본 부동산 시장과 2006년 미국 부동산 시장의 거품 경험은 인구 구성의 변화가 한 원인이었는데, 실제 두 나라의 베이비붐 세대 간만큼의 차이인 약 15년의 시간차*를 두고 일어났다.

베이비부머의 시장진입 시기인 20세 후반~30세 초반에 부동산 시장은 호황기를 맞게 되며, 이들이 40대 중반에 이르면 최정점을 치닫게 된다. 이는 이들의 왕성한 구매력 때문이다. 그리고 이들이 60세를 전후하여 부동산 시장은 하강기를 맞게 된다. 이처럼 인구변화와 부동산 자산시장과의 관계는 밀접하다. 우리나라의 베이비부머 세대 등의 인구구조의 변화가 앞으로 부동산

* 일본 단카이세대 피크 1949년, 미국 베이비붐 세대 피크 1964년.

시장에 몰고 올 여파와 영향력에 대해 살펴보면 다음과 같다.

⦿ 인구 변화의 3대 키워드 저출산 · 고령화 · 독신화

지금 우리나라의 인구감소는 예상보다 빠르게 진행되고 있는데, 그 결과 앞으로 10년 후부터는 이에 따른 부동산 시장의 변화가 불가피할 것으로 보인다.

우리나라의 출산율은 1983년에 인구대체 최저선인 2.1명 이하로 하락한 이래 저출산 현상이 지속되고 있다. 그 결과 총인구는 10년 후인 2018년을 정점으로 감소할 전망이다. 15~64세의 생산가능인구 역시 2016년부터 감소할 전망인데, 노동력의 주축인 30~40대 인구는 이미 2006년부터 감소하기 시작했다.

|자료 8-1| 출산율 및 총인구 감소 추이

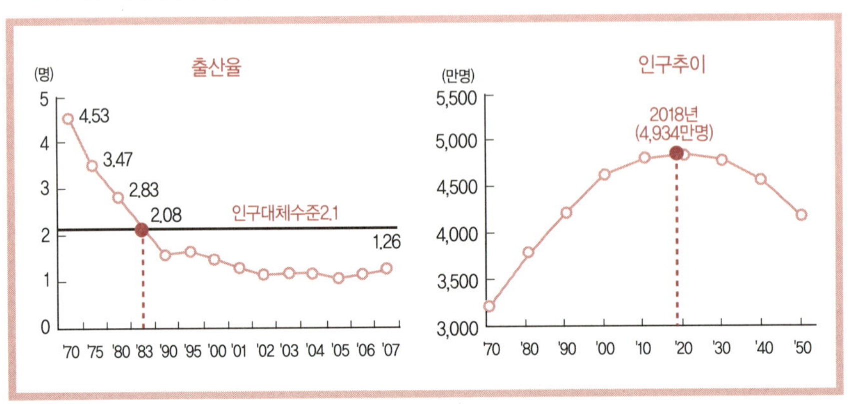

출처 : 통계청

특히 그동안 교육, 주택, 노동시장 등 각 부분에서 수요를 증폭시켰던 베이비붐 세대의 은퇴가 조만간 시작될 것이어서 부동산 시장은 새로운 국면에 접어들 전망이다. 베이비붐 세대는 2008년 총 1,650만 명으로 전체의 약 34%를 차지하는데, 이는 55~63년생의 1차 베이비붐 세대와 68~74년생의 2차 베이비붐 세대로 나눌 수 있다.

그중 1차 베이비붐 세대가 은퇴연령선인 60대에 진입하기까지는 앞으로 5~10년 정도 걸릴 것으로 보인다. 이들 세대는 현재 약 71%가 자가주택을 보유하고 있으며, 약 48%가 아파트에 거주하고 있다. 또한 전체 토지의 42% 가량을 보유하고 있으며, 건물 기준으로 전체 부동산의 절반이 넘는 58%를 갖고 있다.

인구감소와 함께 고령화의 진전 역시 불가피한데, 우리나라는 2000년부터 이미 고령화사회를 지나고 있다. 65세 이상 인구비율이 7% 이상일 때를 고령화사회, 14% 이상을 고령사회, 20% 이상을 초고령사회라 하는데, 이에 따르면 2018년부터는 전체 인구의 14.3%가 65세 이상인 고령사회, 2026년부터는 5명 중 1명꼴인 20.8%의 초고령사회로 변모할 것으로 전망된다. 이처럼 고령화가 세계에서 유례를 찾아볼 수 없을 정도로 빠른 속도로 진행되고 있는데, 특히 외환위기 이후 개인 저축률이 크게 감소됨에 따라 젊은 시절에 자산 형성이 부족했던 것이 노후생활의 불안 요소로 작용할 가능성이 높다.

이렇게 급격한 인구감소에도 불구하고 가구수는 계속 증가하고 있는데, 이는 급속한 고령화 진행속도, 독신자와 이혼율의 증가, 출산자녀수의 감소 등으로 1인가구수 및 부부가구수가 증가했기 때문이다. 부부가구는 자녀를 두지 않는 가구를 말한다. 가구원수를 기준으로 할 때 1인가구수와 부부가구수는 2018년에 전체 가구수의 약 40%에 달할 것으로 보이며, 이는 계속 증가 추세에 있다.

|자료 8-2| 1인 가구수 및 부부가구수 증가 추이

구 분	2000년	2008년	2018년	2030년
총인구(만명)	4,701	4,861	4,934	4,863
총가구(만가구)	1,451	1,667	1,871	1,987
가구원수(명)	3.1	2.8	2.5	2.4

|자료 8-3| 가구수 증가는 1인가구, 부부 가구 증가에 주로 기인

구 분	2000년	2008년	2018년	2030년
1인가구(만가구)	226(16%)	336(20%)	398(21%)	471(24%)
부부가구(만가구)	179(12%)	246(15%)	319(17%)	411(21%)

* 괄호 안에 숫자는 총가구 대비 비중이다.   출처 : 통계청

◉ 베이비붐 세대의 은퇴가 부동산 시장에 미치는 영향

인구구조의 변화 중 가장 주목할 부분이 바로 베이비붐 세대이다. 특히 1차 베이비붐 세대가 관건이다. 베이비붐 세대는 1955~1963년까지 9년 동안 태어난 6.25 전후세대를 지칭한다. 현대경제연구원 자료에 따르면 2010년 약 712만 명으로 총인구의 14.6%를 차지하는 거대 인구집단으로, 임금근로자인 311만 명의 55년생이 은퇴하기 시작하는 2010~2018년까지 9년에 걸쳐 은퇴할 것으로 추정된다. 매년 30~40만 명이 은퇴하는 셈이다.

이 세대는 그동안 다양한 모습으로 우리 사회를 주도해왔으며, 두 차례에 걸친 강력한 부동산 가격 상승을 유발했다. 우리나라뿐만 아니라 일본, 미국 등 선진국의 경우에도 같은 양상을 보이며, 이를 통해 베이비붐 세대의 라이프사이클별 부동산 가격의 변동을 미루어 짐작할 수 있다.

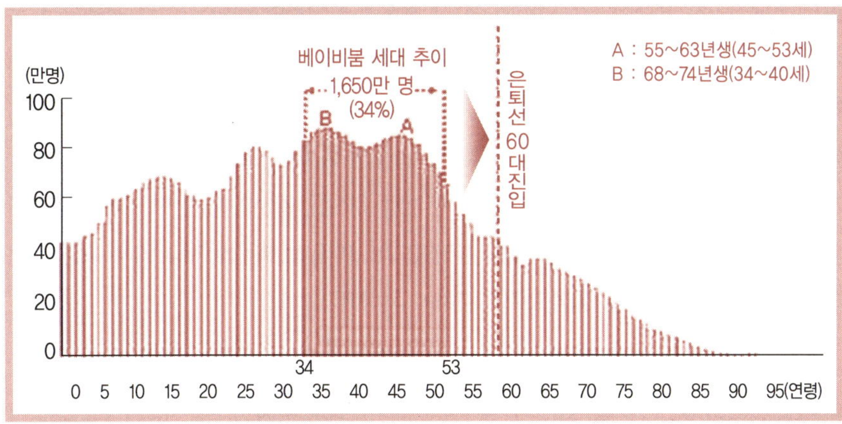

일본은 대동아전쟁 이후인 1930년대 이후부터 1차 베이비붐이 일어났다. 반면 미국은 제2차 세계대전이 끝난 이후부터 베이비붐이 시작됐다. 따라서 이 두 나라는 15년이라는 시차를 두고 인구 구성면에서 비슷한 양상을 나타냈는데, 두 나라 모두 베이비붐 세대가 성장해 경제활동에 참가하는 때부터 부동산 시장에 호황이 찾아왔다. 이는 심각한 물가불안 등을 야기했는데, 일본의 1960년대 초반의 물가와 부동산 가격 상승, 미국의 1980년대 초반의 인플레이션이 바로 베이비붐 세대의 사회 진출과 무관하지 않다. 베이비붐 세대가 40대 중반에 이르면서 부동산 시장은 또 한 번의 새로운 국면에 접어든다. 자녀가 성장하고 저축 등으로 자금여력이 생기면서 더 큰 집을 구입하려는 욕구가 발생한다. 이 시기에는 경제도 안정되어 인플레이션 압력도 낮아지고 금리도 떨어지는 등 부동산 투자 여건이 크게 호전된다. 이에 따라 대출 부담이 줄어들면서 부동산을 구입하려는 사람은 늘어난다. 그 결과 일본의 부동산 시장은 베이비붐 세대가 40대 중반에 도달한 1970년대부터 본격적인 호황기를 맞이했으며, 미국 역시 1990년대 후반부터 폭발적인 상승세를 나타냈다. 특히 일본의 경우 1948년 전후 갑작스럽게 출생률이 높아진 제2차 베이비붐 세대인 이른바 '단카이세대'의 사회진출과 맞물려 고도의 경제성장기를 맞이하였다.

하지만 베이비붐 세대가 은퇴연령인 60세 전후에 도달하면 상황은 다른 국면으로 접어든다. 소득은 점점 줄어드는 반면 지출은 좀처럼 줄지 않고, 오히려 대출이자 등의 부담은 가중되는 등 고생해서 마련한 주택 등 부동산이 점점 부담스러워지기 때문이다. 그 결과 상당수의 은퇴자들이 보유하던 집을 팔아 예금, 채권 등으로 갈아타는 등 자산시장의 변동이 일어난다. 실제 1990년부터 시작된 일본의 부동산 가격은 베이비붐 세대의 은퇴시기와 함께 하락하기 시작했으며, 미국의 부동산 가격 역시 이들 세대의 은퇴시점인 2006년을 정점으로 하강하기 시작했다.

다음 〈자료 8-5〉만을 놓고 보면 일본과 미국의 주택가격은 15년 터울을 두고 정점을 찍고 하락했음을 알 수 있는데, 결국 두 나라의 부동산 시장은 베이비붐 세대 간의 기간 차이만큼 부동산 가격의 주기변동이 발생하고 있다. 이를 좀 더 엄밀히 말해 베이비붐 세대의 은퇴시기와 맞물려 집값은 하락하고 있는데, 이것이 우리나라에도 그대로 적용될까?

특히 주택시장은 베이비붐 세대의 성장과 라이프스타일에 따라 등락을 거듭해 왔는데, 이는 우리나라에도 예외 없이 적용된다. 실제 이들의 사회진출과 결혼이 본격적으로 시작된 1980년대말 이후부터 주택수요가 급증해 그 결과 주택 200만호 건설이 추진되었으며, 이에 따라 신도시 아파트 건설붐을 촉발했다. 그리고 이들이 40대로 진입한 2000년대초 또 한 차례의 주택가격 급등 이유 중 하나가 바로 이들 계층의 주거소비 확대욕구가 큰 작용을 한 결과이다.

하지만 단순히 이들 베이비붐 세대의 은퇴만으로 우리나라의 집값이 대세하락으로 돌아설 것이라는 생각은 지나치다. 일본의 예에서 알 수 있듯이, 집값 거품이 꺼지면서 이것이 이후 지속적인 하락세를 보인 이유는 생산인구감소, 고령사회로의 진입 등 인구변화와 관계가 있다. 이렇듯 베이비붐 세대의 변화는 집값변동에 있어 중요한 원인 중의 하나일 뿐이다. 집값의 변동은 그만큼 여러 변수들이 복합적으로 작용하여 나타나는 것이며, 여기에는 인구변화가 가장 큰 요인으로 작용한다.

|자료 8-5| 베이비붐 세대의 은퇴와 지가변동 추이

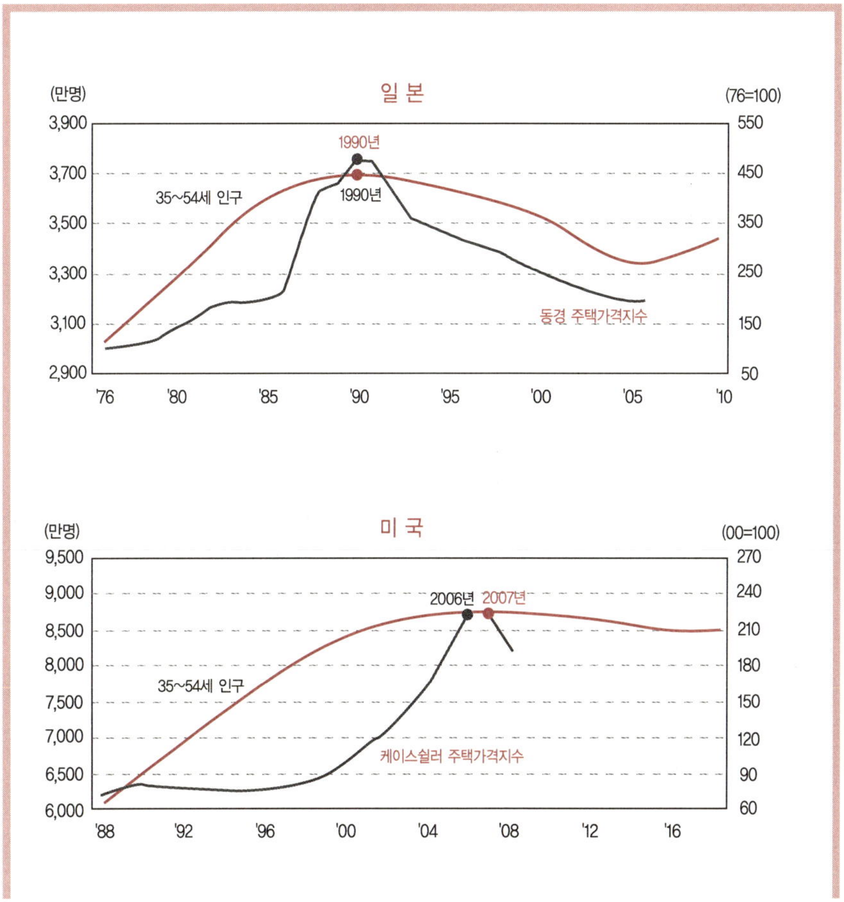

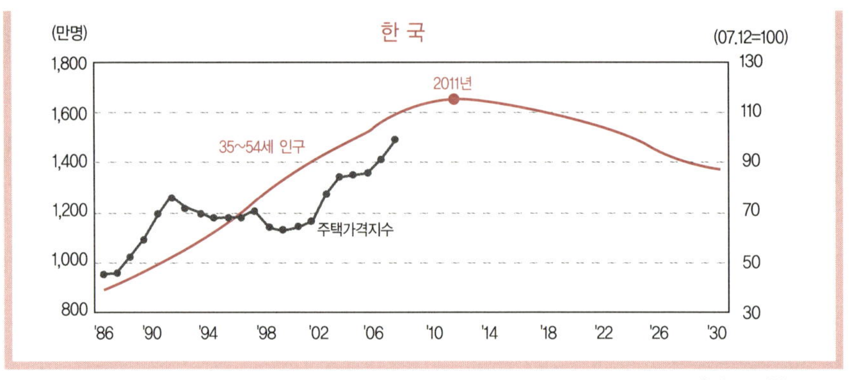

출처 : 통계청 2009.1

● 자산 조정이 필요하다

베이비붐 세대의 은퇴는 앞으로 약 5~10년 정도 남았는데, 은퇴에 따른 소득감소는 가계자산에 많은 변화를 가져올 것이다. 왜냐하면 이들이 은퇴 이후에 뚜렷한 임금소득을 기대할 수 없기 때문인데, 그만큼 은퇴 이후에 재취업을 기대하기가 어렵다는 점이다. 그리고 재취업에 성공했다고 하더라도 퇴직 전의 임금수준을 보장받는다는 것은 현실적으로 불가능하다. 피델리티자산운용에서 2008년에 발간한 《피델리티 은퇴백서》에 따르면, 우리나라 근로자가계의 은퇴 후 예상소득이 은퇴 전 소득에서 차지하는 비율(은퇴소득대체율)의 41%에 불과한데, 이는 월 500만원을 벌던 사람의 은퇴 이후의 실제소득이 200만원에 불과하다는 것이다. 그만큼 은퇴 이전만큼의 생활을 영위하기가 어렵다는 뜻이다.

현재 이들 세대가 보유한 자산 중 75% 이상이 부동산 등 실물자산이며, 금융자산은 20% 정도에 머무르고 있다. 이처럼 가계자산 중에서 주택 등 실물자산의 비중이 높다는 것은 그만큼 향후 처분 가능성이 높을 수도 있음을 뜻한다. 왜냐하면 은퇴 후 기존에 거주하고 있던 주택을 처분해서 여생을 살아가는 사람이 상당할 것으로 보이기 때문이다. 이는 앞으로 주택시장에 상당한 영향력을 미칠 것으로 보이는데, 이들 세대가 전체 인구에서 차지하는 비중과 주택시장에서 차지하는 비중 또한 높기 때문이다.

이들 베이비붐 세대가 주택을 매각하려는 시점은 이들이 본격적인 은퇴기에 돌입한 2018년 이후부터(1차 베이비붐 세대)와 2025년 이후부터(2차 베이비붐 세대)이다. 따라서 2018년 이후부터는 꾸준한 주택수요의 감소가 예상되는데, 특히 2016년을 정점으로 15~64세의 생산가능인구가 감소되기 시작함에 따라 주택수요 감소세는 더욱 두드러질 것이다. 따라서 주택보급률이 이미 100%를 넘어선 현 상황에서, 주택수요 감소추세와 함께 발생할 신규수요, 대체수요 등의 수요측면과 이로 인한 신규공급, 부동산 자산처분으로 인한 대체공급 등의 공급측면 간의 상관관계는 보다 중요한 고려요인이 될 것이다.

이수욱 국토연구원 연구위원의 〈부동산 시장의 환경변화에 대응한 정책방향 연구〉 보고서에 따르면, 베이비붐 세대의 은퇴가 본격화되는 2015년부터 그들 모두 60세 이상이 되는 2025년까지 약 10년 동안 연간 3~6만호의 주택 재분배와 그 결과 연평균 5만6천호의 주택 수요가 줄어들 것으로 내다보고 있다. 이에 따라 베이비붐 세대가 61세가 되는 시점인 2015년 전후, 64세 시점인 2018년 전후, 71세 시점인 2025년경 세 차례에 걸쳐 보유 주택의 매각에 나설 것이라고 전망하고 있다.

결국 이들 베이비붐 세대의 가계자산 구성 역시 상당 부분 선진국형으로 전환될 것으로 보이는데, 이는 과다하게 높은 부동산 비중은 축소되고 금융자산에 대한 선호도가 높아질 것임을 의미한다. 이와 함께 은퇴자와 고령자의 주거 및 노후생활 안정에 기여할 수 있도록 역모기지 시장이 활성화될 것으로 보인다. 따라서 중장기적인 관점에서 볼 때 부동산 가격의 하향 안정화 추세는 불가피할 것으로 보이며, 이는 특히 베이비붐 세대의 은퇴가 결정적인 역할을 할 것으로 보인다.

|자료 8-6| 한국 · 일본의 주택구입 관련 주요 지표의 변화 비교

구 분	베이비붐 세대의 주택구입			주요 인구지표의 변화		
	초기구입 (35세)	주택확대 (45세)	주택처분 (60세)	인구감소 시작	생산연령인구 감소 시작	고령사회 진입
일 본(47~49)	1981~83	1991~93	2006~08	2005	1995	1995
한 국(55~63)	1989~97	1999~07	2014~22	2018	2016	2018

1 일본은 1990년 이후부터 집값 거품이 꺼지고 이후 지속적인 하락을 보였는데, 이후의 집값 하락세의 지속에는 생산인구감소, 고령사회로의 진입 등 인구변화와 연관이 있다.

2 일본을 선험적 사례를 통해 유추할 경우, 우리나라는 ① 2000년 이후의 집값 상승은 베이비붐 세대의 주택확대시기와 맞물려 있으며, ② 주요 인구관련 지표가 본격적으로 변화되기 시작하는 2018년 전후 무렵부터는 일본처럼 주택가격의 하락세 지속 현상이 나타날 개연성이 높다.

3 일본 '단카이세대'의 주택 확대구입 시점에서 집값 거품의 붕괴는, 그만큼 1980년대 후반의 집값 급등에 거품이 존재했다는 반증이 된다. 즉, 주택의 확대이전 수요가 그만큼 빨랐다.

4 결국 우리나라의 집값은 베이비붐 세대의 은퇴시기와 맞물려 주택처분 수요는 늘어나는 반면, 인구는 감소하여 신규주택 수요가 줄어들고, 여기에 생산연령 인구가 감소하는 등으로 인해 경제가 본격적인 저성장 시기에 접어드는 시점부터 본격적인 하향 안정화 국면으로 접어들 것으로 보인다. 이 시점이 바로 2015~2018년 무렵이다.

⊙ 인구 변화가 부동산 시장의 구조를 바꾼다

우리나라 인구의 흐름은 일본보다 약 10~15년 정도 늦게 같은 방향으로 움직인다. 미국은 지금도 인구가 유입되고 있으므로 상호 비교하는데 적합하지 않다. 이는 15~64세의 생산활동인구의 변화에 따르면 2016년부터 생산활동인구가 감소할 것으로 전망된다. 특히 노동력의 주축인 30~40대는 2006년부터 감소가 시작됐는데, 이에 따라 경제성장의 탄력은 크게 떨어진 상태이다. 현대경제연구원은 베이비붐 세대가 약 10년에 걸쳐 은퇴하는 동안 15세 이상 인구 유입은 약 547만 명에 그쳐 생산가능인구에서 약 165만 명 정도가 부족해진다고 밝혔다.

이처럼 생산활동인구가 감소하고 있는 것은 출산율이 갈수록 낮아지고 있기 때문이다. 우리나라의 출산율은 빠른 속도로 하락하고 있는데, 그 결과 총인구는 앞으로 10년 후인 2018년을 정점으로 감소할 전망이다. 특히 베이비붐 세대가 아이를 적게 낳은 것이 주된 원인이 되고 있는데, 이는 여성의 경제활동 참여로 인한 출산시기 지연, 과도한 교육비 부담 등에 따른 출산 기피 현상 등이 복합적으로 작용한 결과이다.

그렇다면 생산활동인구의 감소가 의미하는 것은 무엇일까. 한국개발연구원(KDI)의 연구 자료에 따르면 생산활동인구가 1% 증가하면 경제성장률이 0.8% 올라간다고 한다. 이는 노동력 공급에 따른 생산량의 증가뿐만 아니라, 소비 또한 본격적으로 증가함으로써 경제 전체에 강력한 수요 증가를 일으켜 경제성장을 상승시키는 요인으로 작용하기 때문이다. 따라서 이를 뒤집어 보면 우리나라의 성장 감소세를 개략적으로 가늠할 수 있다. 그 결과 베이비붐 세대가 완전히 은퇴하는 2018년 이후 잠재성장률이 2%대 이하로 떨어질 수 있음을 경고하고 있는데, 이는 우리나라가 본격적인 저성장으로 진입함을 뜻한다.

일본의 경우 생산활동인구의 비중은 1955~1967년에 수직 상승해 고도성장의 직접적인 동력으로 작용했는데, 앞서 말한 '단카이세대'가 본격적으로 퇴진하는 2005년을 기점으로 노동인구는 눈에 띄게 감소하고 있다. 이렇게 생산노동인구가 급격한 감소를 보이는 가운데 부양해야 할 고령자 등의 종속인구는 무섭게 증가하고 있는데, 이것이 일본의 10년 불황을 가져온 가장 큰 원인 중의 하나이다. 〈자료 8-7〉는 90년대 이후 생산가능인구가 줄어들면서 성장률도 동반 하락하였음을 보여준다.

|자료 8-7| 생산가능인구 비중과 성장률 추이(일본)　　　(단위 : %)

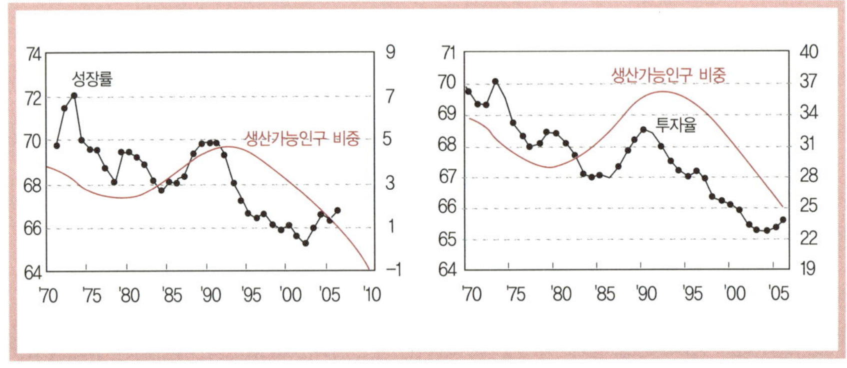

*5년 이동평균 성장률임　　　출처 : 통계청

이상을 통해 살펴볼 때, 앞으로 10년간 우리 경제는 비교적 안정세를 유지할 것이다. 생산활동인구가 적어도 2016년까지는 꾸준히 유지되면서, 안정적인 성장세가 지속될 것으로 보인다. 하지만 이는 생산활동인구가 감소되고 총인구도 감소되는 2016~2018년 이후부터 우리 경제는 일본의 경우처럼 침체

356

기로 접어들 가능성도 배제할 수 없음을 뜻한다. 그만큼 국가의 잠재적인 성장력은 일할 수 있는 생산인구와 노동량에 따라 좌우된다.

문제는 이 시기 이후부터 저출산에 의해 인구가 감소되는 시점과 베이비붐 세대의 은퇴시점이 겹친다는 점이다. 이는 자산시장의 구조를 근본적으로 뒤바꿔놓을 것으로 보인다. 특히 주택수요의 감소는 피할 수 없을 것으로 보이는데, 이에 따라 부동산 투자의 패러다임 역시 근본적인 수정이 불가피할 것이다.

◉ 은퇴 이후를 걱정할 때

고령화사회로의 진입 역시 눈여겨볼 필요가 있다. 우리나라는 2018년 전체 인구의 14% 이상이 65세 이상이 되는 본격적인 고령사회 진입을 눈앞에 두고 있다. 이 시기부터는 14세 미만의 유소년인구보다 노인인구가 더 많아진다. 이에 따라 사회 활력이 크게 저하되는 한편, 노인 관련 재정지출이 크게 늘어나는 등 사회적 부담이 급격히 증가된다. 경제활동인구의 노인부양비율 역시 2008년 7명당 1명꼴에서 2018년 5명당 1명, 2027년 3명당 1명, 2036년 2명당 1명꼴로 증가할 것이다. 특히 2016년부터 시작될 생산활동인구 비중의 축소는 이들 노령인구층을 흡수할 준비가 부족한 우리나라 재정에 상당한 부담으로 작용할 것으로 보여, 이에 대한 정부차원의 대책이 시급한 실정이다.

고령화사회로의 진입은 분명 부동산 가격을 끌어내리는 작용을 할 것이다. 특히 현재의 50대 연령층, 즉 베이비붐 세대가 은퇴 연령대에 진입하는 시기가 되면 더 이상 현재의 주택시장 가격을 유지하기가 힘들고, 일본처럼 장기

불황이라는 발목을 잡을 개연성도 배제할 수 없다. 적극적인 저출산 억제 대책과 함께 고령화 대책을 세워야 하는 이유가 여기에 있다.

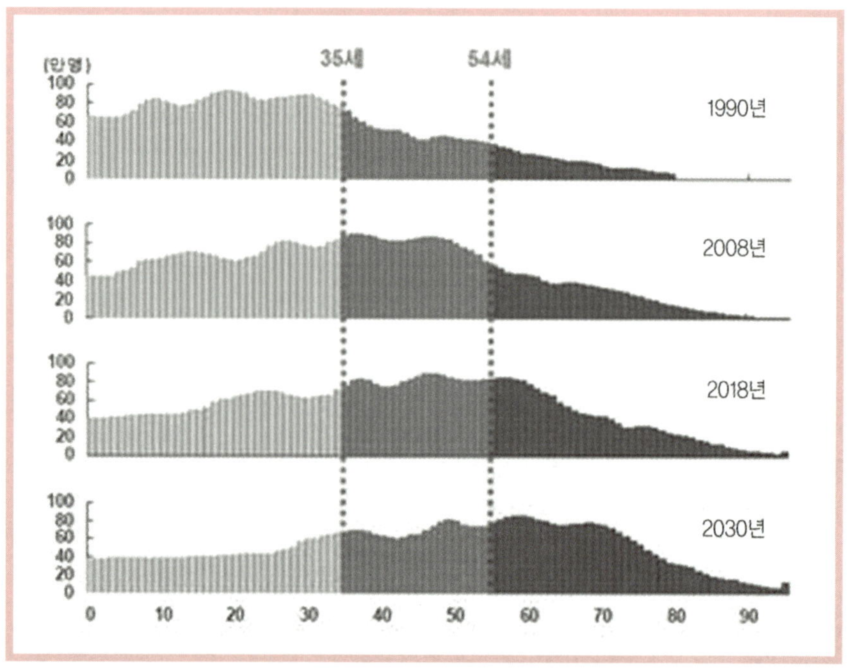

출처 : 통계청

이처럼 인구감소와 고령화가 우리 사회와 경제에 몰고 올 변화의 바람은 생각보다 훨씬 클 것이다. 〈자료 8-8〉을 보면 얼마나 섬뜩한가? 하지만 지금 당장의 얘기는 아니다. 최소한 앞으로 10년은 꾸준히 성장세가 지속될 것이고, 그 결과 그동안의 부동산 시장은 그런 대로 성장을 유지할 것으로 기대되기 때문이다. 하지만 낙관은 금물이다. 향후 인구변화가 우리 사회에 가져 올

358

후폭풍이 그만큼 클 것이기 때문이다.

정리하면, 2018년 이전까지 약 10년간 우리 경제는 비교적 안정세를 유지할 것으로 보인다. 비록 지금은 세계불황의 여파에 휩싸여 있지만. 따라서 이 기간 동안 자산 포트폴리오를 재구성할 필요가 있는데, 특히 베이비붐 세대의 주 자산원인 부동산 투자에 대한 전면적인 재검토가 요구된다.

따라서 앞으로 10년을 재테크에 어떻게 활용하느냐에 따라 은퇴 이후의 삶이 좌우된다는 것을 충분히 깨닫고, 앞으로 일어날 변화에 효과적으로 대처해야 한다. 지금이 바로 그 시점이며 앞으로 우리가 인구변화에 주목해야 하는 이유이다.

피터 드러커는 그의 명저 《넥스트 소사이어티》에서 이렇게 말했다.

"미래사회는 고령인구의 급속한 증가와 함께 진행되는 젊은 인구층의 급속한 감소로 인해 지금까지 어느 누구도 상상조차 할 수 없을 만큼 엄청나게 다른 사회가 될 것이다. (중략) 인구통계는 다음 사회에 있어 가장 중요한 요소일 뿐만 아니라, 가장 예측하기 어렵고 가장 통제하기 어려운 요소가 될 것이다."

04

수도권 집중화를
어떻게 볼 것인가

◉ 수도권의 현황

수도권은 전 국토면적의 12%, 인구의 48.6%를 차지하고 있는 지역으로 그만큼 우리나라 경제에서 차지하고 있는 비중이 높다. 수도권은 우리나라 100대 기업체 본사의 90%(이중 서울지역이 77% 차지), 공공기관수 85.1%를 차지하고 있으며, 제조업체의 52%, 서비스업의 47%가 집중되어 있다. 또한 전국 대학의 39%, 의료기관의 49%, 금융기관의 52%, 공공기관의 85%가 입지하고 있다. 또한 우리나라 전체 GRDP(지역내총생산)의 약 48%를 담당하고 있을 만큼 경제적 위상과 집중도가 매우 높다. 우리나라 전체 투자액 및 인력의 63% 이상을 차지하고 있어 그만큼 기술개발 및 성장잠재력도 크다.

이렇게 수도권은 우리나라 경제의 중심에 있으며, 수도권의 경쟁력은 곧 국가경쟁력과 직결된다. 결국 수도권 역량 강화와 잠재력 개발과 활용 없이는 우리나라의 경제성장은 불가능하다.

하지만 수도권을 세계 대도시권과 비교할 때 사정은 달라진다. 서울시정개발연구원의 〈수도권 광역경제권 정책의 추진방향에 관한 연구〉 보고서에 따르면, 서울의 구매력평가(PPP) 기준 1인당 GDP는 OECD 78개 대도시권 중 68위로 매우 낮은 것으로 나타났다. 또한 동경권, 북경권 등 동북아 대도시간 지역경쟁력을 비교할 때, 수도권은 1%의 면적에 GDP가 4% 수준으로 동경권 9%에 비해 경제력 집중이 떨어지며, 전체 GRDP와 1인당 GRDP를 비교할 때도 중국 대도시권보다는 높지만 도쿄, 오사카 등 일본 대도시권에 비해 상당히 떨어지는 것으로 나타났다.

|자료 9| 수도권 경쟁력 비교

구 분	인구 (백만명)	1인당 GDP (천달러)	GDP 대비 (%)	경제활동률 (%)	취업률 (%)	노동생산성 (천달러)
수도권	23.5	19.1	48.6	48.35	95.8	41.1
런던권	7.4	46.2	19.9	48.48	92.8	102.7
파리권	11.2	42.7	27.9	90.7	90.7	102.0
동경권	34.2	29.3	30.4	95.2	95.2	59.3

출처 : OECD(2006년), 경기개발연구원 〈수도권 경쟁력 강화전략, 2008년〉

〈자료 9〉를 보면 비록 수도권은 한국내에서는 가장 경쟁력이 높은 지역이지만, 여타 선진국에 비해서는 경쟁력이 매우 낮다는 것을 알 수 있다. 특히 1인당 GDP 수준과 노동생산성은 선진국에 비해 절반 정도 수준밖에 안 되는 심각한 상황이며, 이를 어떻게 끌어올리느냐가 핵심 관건이다.

결국 수도권의 위상은 동북아에서도 중위권, 즉 일본과 중국 대도시권의 중간 수준에 머물고 있으며, 특히 인적·지식자원, 경제구조, 공간인프라 자원 등 대부분의 지표에서 일본 대도시권에 상당히 뒤쳐져 있는 것으로 나타났다. 세계 5대 대도시권(뉴욕, 런던, 파리, 도쿄, 북경·상하이권)과의 경쟁력 평가에 있어서도 수도권은 북경권, 상하이권을 제외한 다른 권역에 비해 경제적 성장성 및 환경매력도 측면에서 낮은 수준을 보이고 있으며, 북경권, 상하이권과의 경쟁에서도 절대 우위를 확보하지 못한 것으로 나타났다. 이는 향후 동북아 경제중심지를 지향하는 수도권에 큰 위협요인으로 작용할 수도 있음을 뜻한다.

◉ 수도권 경쟁력을 높여야 하는 이유

세계화의 진전으로 경제력은 점차 국가 단위에서 대도시권역 간의 경쟁 양상으로 바뀌고 있다. 이는 국경을 넘나드는 자본의 자유로운 이동으로 인해 국가 간 경쟁이 도시지역 간 경쟁으로 급속히 바뀌고 있기 때문이다. 이에 따라 국경을 초월한 지역경제권이 형성되고, 그 지역내 대도시에 세계 자본이 집중되고 있어 도시 간의 경쟁은 갈수록 치열해지고 있다.

이처럼 대도시에 세계 자본이 집중되는 이유는 정보화사회의 도래와 무관하지 않다. 특히 오늘날의 지식기반경제시대에는 풍부한 인적·물적자원의 공급이 무엇보다 중요한데, 여기에 막강한 구매력까지 갖춘 대도시는 글로벌 경쟁시대의 경제발전을 선도하는 역할을 담당하기에 충분하다. 세계 각국은 국가경쟁력 강화를 위한 도시지역경제권을 키우기 위해 총력을 기울이고 있는데, 이에 따라 영국은 런던을 세계 중심지로 재도약시키기 위한 런던 대도시권 육성 방향으로 국가 정책을 선회했으며, 프랑스도 국토균형발전정책을 과감히 폐기하고 파리의 국제경쟁력을 강화하는 정책으로 전환했다. 일본 역시 수도권규제를 전면 철폐하고 일본의 도쿄화정책을 추진하는 등 대도시권 역화 정책으로 방향을 선회했다.

이렇듯 세계 각국이 자국의 대도시 경쟁력을 높이기 위해 전력을 기울이는데 비해 우리나라는 지역균형발전 논리와 수도권개발 논리 간에 소모전을 벌인 것이 사실이다. 그리고 그 중심에는 '세종시' 건설이 있다. 문제는 앞서 살펴봤듯이 수도권의 도시 간 대외 경쟁력이 그다지 높지 않다는 점이다. 이는 수도권이 우리나라의 성장 거점으로서의 역할을 제대로 하지 못했음을 의미하는데, 가장 큰 이유는 지난 30여 년 동안 지속되고 있는 수도권규제 때문이다. 그러나 국가균형발전이라는 명분으로 시행된 수도권 성장억제정책은 국가 전체의 경쟁력을 약화시키고, 지방 경제 역시 침체시키는 결과를 초래하고 말았다.

즉, 갈수록 경쟁이 심화되고 있는 글로벌 경제 환경하에서 국가 간의 경쟁보다는 도시 간 경쟁 양상을 보이고 있다. 이에 따라 수도권에 대한 강력한 규제에 따른 비용편익 효과는 지방도시가 아닌 해외 경쟁국 도시로 가게 된다. 실례로 덴마크의 세계적 완구기업 레고그룹이 1997년부터 경기도 이천지역에 20만평 규모의 세계적 테마파크를 세우려 했으나 수도권 입지규제로 결국 좌절된 후, 독일 뮌헨지역에 'Lego-Land'라는 이름으로 세워져 한해 130만 명이 찾는 유럽 명소가 되었다. 만일 이것이 우리나라에 유치됐다면 그 효과는 어떠했을까?

그동안 우리나라는 수도권과 지역 간 격차 해소라는 대내적인 문제에 집착하여 각종 규제와 과밀화 등의 문제를 야기했으며, 이것이 수도권의 대외 경쟁력을 약화시킨 요인으로 작용했음은 분명한 사실이다. 특히 수도권규제정책은 국내 기업과 공장의 해외이전을 가속화시키고, 외국기업의 국내 투자유치에 결정적인 걸림돌로 작용한 것은 수도권의 경쟁력을 약화시킨 가장 큰 요인이 되었다. 따라서 이러한 수도권 정책의 문제점을 되돌려놓는 것이 시급하며, 이를 수도권 광역경제권 정책의 기본 방향을 올바르게 설정하는 것에서부터 출발한다고 보는 것이 현 정부의 시각이다.

MB정부의 新수도권정책 ❶ '5+2광역경제권' 육성

이미 발표된 이명박 정부의 '5+2 광역경제권'을 굳이 설명할 필요는 없겠다. 관건이 되는 것은 현 정부의 광역경제권 구상에 대한 시각이다. 즉, 글로벌 경제체제하에서 우리나라의 경쟁력을 높이려면 광역경제권, 특히 수도권의 경쟁력을 높여야만 가능해지며, 이러한 수도권의 경쟁대상은 더 이상 비수도권이 아니라 유사규모의 외국 대도시이다.

정부는 이를 위해 무엇보다 수도권규제합리화를 통해 수도권의 국제경쟁력을 제고하고, 이에 따라 수도권을 동북아의 허브로 육성하는 전략적 로드맵을 설정 및 추진키로 했다. 그리고 이에 대한 정책의 기본 방향을 설정하고 초광역산업 클러스터 거점 및 혁신체계 구축, 수도권규제완화 및 성장관리체계 구축, 광역적 환경인프라 구축, 광역거버넌스(governance) 체제 구축 및 제도화를 분야별 주요 전략으로 채택했는데, 최근 수립된 수도권 규제완화에 대한 구체적인 실행계획이 바로 '2020 수도권 광역도시계획 수정계획'이다.

이처럼 정부는 수도권의 계획적인 성장관리 문제는 본질적으로 수도권 내부의 문제이므로 국가균형발전정책과는 분리하여 접근할 것임을 분명히 했으며, 수도권과 비수도권 지역격차 해소를 위한 별도의 계획을 수립 및 시행키로 했다. 이에 따라 나온 계획이 바로 'KTX 경제권 개발추진계획' 인데, 정부는 특히 KTX 역세권이 지역산업 전략과 연계되어 권역별 특성화 발전전략이 수립되고 고밀도 복합개발이 추진되는 등 광역경제권과 전국을 하나의 도시로 엮어 가는데 핵심거점 역할을 수행할 것으로 기대하고 있다.

광역경제권의 궁극적인 목표는 권역별 특성에 맞는 특화된 성장전략으로 규모의 경제를 달성하여 글로벌 국가경쟁력을 제고하는 데 있다. 특히 수도권의 지역별 비교우위 요인을 고려한 전략산업 육성을 목표로 한 수도권 초광역 산업클러스터 구축이 그 핵심이다. 이에 따라 수도권으로의 인구유입은 피할 수 없게 되었다. 인구가 감소되고 있는 중에도 경기도 지역만이 유독 인구가 증가하고 있는 이유가 여기 있다.

MB정부의 新수도권정책 ❷ 수도권 규제의 합리화

1970년대 이후 줄곧 수도권을 규제한 결과 인구집중 억제와 국토균형 발전이라는 소기의 목적을 달성하지도 못했으며, 국가경쟁력에도 심각한 걸림돌로 작용했다는 것이 현 정부의 시각이다. 따라서 광역경제권 구상을 실현하기 위해서는 수도권 규제완화가 반드시 이루어져야 하며, 특히 토지이용 부문에 대한 개혁이 반드시 필요하다는 입장이다.

수도권 규제를 위한 핵심적인 법률은 수도권정비계획법(이하 수정법)으로, 현재 3개 권역으로 구분하여 규제하고 있으며, 이른바 인구집중유발시설에 대한 입지규제가 그 핵심 장치이다. 수정법은 국토계획법 등 상위법과 그 밖의 하위법을 망론하고 최우선적으로 규제되는 강력한 특별법으로 수도권 공간정책의 비일관성과 공간구조의 심각한 왜곡을 가져오는 부작용을 유발했다. 이는 일본의 경우에도 우리와 비슷한데, 이를 살펴보면 다음과 같다.

일본은 1960년대초부터 '수도권 규제3법'이라는 국토의 균형발전정책을 펼쳐 왔다. 이는 우리나라의 수도권 규제법과 마찬가지로 도쿄, 오사카 등의 대도시에 대규모 공장과 대학설립을 금지하고 도시에서 지방으로 이전하는 기업에 보조금을 지급하고 우대금리를 적용하는 등의 정책을 포함한다. 문제는 이것이 다분히 정치적 논리로 만들어진 법이라는 점인데, 집권당인 자민당이 지방지역의 표를 의식해서 만든 법이기 때문이다. 국토의 균형발전 정책은 아이러니하게도 지방경제를 활성화시키거나 지방자립도를 높이지 못하고 경쟁력을 잃었으며, 국가 전체로도 대도시 공장의 해외 이전에 따른 제조업의 급격한 축소를 가져와 국가경제의 장기 침체로 이어졌다.

그 결과 1970년대초까지 세계 최대의 경제기적과 호황을 누려온 일본 경제는 1970년대 후반부터 지금까지 침체기로 접어든다. 그리고 일본 경제를 파탄으로 몰고 온 대표적인 악법의 하나로 결정 내리고 2002년 7월 '공업등의 제한법'의 폐지를 시작으로 2006년까지 '수도권3법'은 모두 폐지되었다. 그리고 이는 동경의 유명대학 교수들이 모여 수년간 연구한 끝에 2006년에 발간된 《도심회귀의 경제학》에서 "지난 십수 년간의 일본 장기침체의 원인이 경제적인 요인이 아닌, 규제 때문에 벌어진 일이다"는 말로 정리됐다. 현재 일본은 신균형정책으로 '전국토의 도쿄화' 논의가 진행중에 있다. 사람과 자금, 정보의 도쿄 집중현상이 지속되는 상황에서 일본 정부는 '일본의 도쿄화'를 추진하는 것이 현실적인 균형개발대책이라고 인식하고 있다.

문제가 된 것은 이 시기와 때를 같이하여 '달러쇼크'로 몸살을 앓고, 이를 바로잡기 위해 일본 정부는 금융완화정책을 시행했는데, 결과는 지가 폭등을 가져왔다는 점이다. 한 예로 1972년 동경 수도권지역 지가상승률은 전년 대비 36%

를 나타냈는데, 이때부터 '일하는 것보다 토지를 갖는 것이 최고' 라는 토지불패 신화를 만들어 이후 1990년부터 부동산 거품 폭락의 시발점이 되었다.

일본의 경우에서 알 수 있듯이 수도권 발전 억제를 통한 비수도권의 성장 유도라는 패러다임은 실효성이 없음이 인정되었고, 이는 우리나라의 경우에도 예외가 될 수 없다고 보는 것이 현 정부의 시각이다. 수도권 억제에 대한 일본 등 선진 외국의 공통된 경험은 규제 중심의 수도권 억제책이 당초 의도한 인구분산이나 지역균형발전을 이루지 못하고 오히려 국가경쟁력 저하를 초래했다는 것이다. 따라서 수도권 규제완화는 지금과 같은 글로벌 경제침체를 극복하기 위해 매우 적절하며, 한국의 경제구조 선진화를 위해서도 반드시 필요하다. 이것이 현 정부가 수도권 규제완화 조치를 취한 일련의 이유이자 당위성이다.

하지만 현실은 '수도권 vs 지방' 의 이분법적 논리가 여전히 지배하고 있다. 각 지역경제 주체별 이해관계가 상이해 좀처럼 타협점을 찾을 수 없는 상황으로 전개되고 있다. 따라서 이에 따른 문제점 해결과 방안을 동시에 강구해야 한다. 이를 위해서는 먼저 지방의 행정적, 재정적 분권화가 제대로 이루어져야 한다. 지금처럼 중앙정부가 예산을 움켜쥐고 일일이 간섭하면서 재원을 배분하는 방식으로는 결코 성공할 수 없다. 지방에 예산, 인사 등 모든 실질적인 권한을 넘겨주고, 비수도권(지방) 스스로가 경제적인 유인(誘引)을 제공하여 기업을 유치, 재정자립도를 높일 수 있도록 하는 법적·제도적 방안을 마련해야 한다. 이를 위해서는 지방의 자체재정 확충을 위한 전면적인 세제개혁과 법적·제도적 법령개정이 필요한데, 정부는 이를 위해 제도적·경제적 지원을 아끼지 말아야 한다.

결국 수도권 개발의 성패여부는 아이러니하게도 상대적으로 소외된 지방 경제를 어떻게 활성화시킬 것인가에 달려 있다고 해도 과언이 아니다. 그만큼 정치적으로 민감한 사안이고, 계속해서 논란거리가 될 것이 분명하다. 그리고 이는 노무현 정부의 혁신도시·기업도시의 경우처럼 정권이 바뀌면 정치논리에 의해 언제든지 뒤바뀔 수 있음을 의미한다.

◉ 수도권 집중화현상을 바라보는 시각

지금 우리나라는 국토개발에 따른 경제논리와 정치논리가 심각하게 충돌하고 있다. 이는 형평성의 원칙이라는 정치적 가치가 효율성을 지향하는 경제적 가치와 충돌하여 빚은 정치적 산물의 결과치이다. 그리고 이는 매번 정권이 바뀔 때마다 이른바 '정책의 실패'가 '시장의 실패'로 이어지는 현상으로 반복되고 있다. 이에 따라 지난 노무현 정부가 추진해온 국토균형발전, 즉 지방화사업의 유명무실화로 지방은 지방대로 멍들었으며 수도권은 수도권대로 피해의식을 강하게 호소하고 있다.

그 결과 이로 인한 피해는 고스란히 서민의 몫으로 남았다. 왜냐하면 수도권개발의 논리가 됐든, 지역균형발전 논리가 됐든 이것이 서민의 주거향상과 경제혜택으로 이어지는 것이 아니라, 자칫 땅값과 집값만 잔뜩 올려놓고 종국에는 이것을 국민에게 떠넘기는 논리만이 지배하기 때문이다. 항상 그래왔던 것처럼 말이다.

어찌됐건 수도권 규제완화를 통한 광역경제권화는 이제 피할 수 없는 대세가 되었다. 법적, 제도적 후속작업이 모두 마무리되었기 때문이다. 그리고 해외 사례를 통해 보더라도 이는 불가피한 것처럼 포장된다. 대도시를 중심으로 고급인력과 각종 기능·활동이 갈수록 집적되고 집중화되는 현 시점에서 광역경제권이 국가경제를 주도하게 될 것은 분명해보이기 때문이다. 그리고 이는 수도권이 세계 대도시권에 비해 아직 국제경쟁력이 상당히 취약한 실정이다.

그렇다고 수도권 개발에 따른 집중화현상이 국민의 생활향상을 의미하는 것은 아니다. 이제 수도권은 본격적인 개발과 함께 외연적인 확산과 맞물려 반경 40~50km까지 확산될 것이다. 과거 서울 중심지의 판자촌에 거주했던 서민이 성남, 안양 등지로 떠밀렸듯이, 이것이 다시 평택, 화성, 동두천 등의 외곽지역으로까지 밀리게 됐음을 뜻한다. 여기서 서울로 출퇴근하는 경우를 생각할 때 이래저래 서민의 삶은 더욱 고달파졌다. 하루 중 왕복 네다섯 시간을 꼼짝없이 길에서 보내야만 하는 피곤한 삶, 이것이 우리와 우리네 아들딸들 앞에 놓인 서글픈 현실이다.

수도권 공간구조를 다핵공간구조로 개편한 지역별 자족도시권 형성은 말의 성찬에 불과하다. 이는 자칫 베드타운형 신도시 개발에 따른 출퇴근거리의 장거리화로 지역내 공동화현상을 야기할 수도 있다. 이는 일본의 신도시 개발의 경우에서도 이미 확인되었다. 특히 1인가족사회, 고령화사회의 본격화와 함께 이들의 도심회귀현상은 불가피할 것으로 보인다.

따라서 수도권지역 부동산 투자는 보다 신중해야 한다. 어디까지나 교통문제를 떠나서는 절대로 고려할 수 없다. 거리상으로는 외곽순환도로 이내의 지역에 한정하되, 제2외곽순환도로 이내 범위의 지역은 교통요충지에 한정하여 투자할 것을 권한다. 그것도 역세권 인근지역 등 특정지역에 한정할 것을 주문한다. 시흥, 하남, 성남, 김포, 남양주, 그리고 인천 송도·청라 등이 여기에 해당한다.

그리고 하나 더! 일반투자자들이 투자시 '자산가치'의 상승 여력을 내다보고 들어가기에는 너무 어렵고 복잡하다. 경제상황 역시 여전히 불투명하다. 개발이익 역시 종국에는 기존 땅주인이나 국가의 몫(국가가 서민용 주택을 제대로 공급하는데 온전히 사용하길 하는 바람이다)으로 돌아갈 공산이 크다. 결국 수도권 규제완화와 이에 따른 수도권 개발로 인해 부의 양극화현상은 더욱더 심화되고 고착화될 것이다. 문제는 이것이다.

향후 유망한 수도권 개발지역과 고려할 점

    수도권규제완화와 광역경제권 육성 전략은 필연적으로 개발압력을 불러온다. 먼저 개발의 중심축을 살펴볼 필요가 있다. 이는 다음 관점에서 고려하면 보다 이해하기 쉽다. 첫째, 수도권 초광역 산업클러스터 구상전략, 둘째, 2020 수도권 광역도시계획 수정계획, 셋째, 수도권 광역교통계획이 그것이다.

    우선 수도권 초광역 산업클러스터 구상을 살펴보면, 우선 2015년까지 조성할 계획인 30만평 규모의 마곡 R&D시티와 상암 DMC를 인천경제자유구역내 송도, 김포 등과 연계한 전략적인 활용이 눈에 띤다. 따라서 이 두 지역을 눈여겨봐야 한다. 인천 청라지역은 향후 금융·비지니스의 중심도시로 육성되며, 송도지역은 바이오 중심지역으로 육성된다. 또한 인천, 평택항은 중국과의 교류를 위한 물류의 중심지로 육성된다. 향후 우리나라의 대외 비중에서 중국이 차지하는 비중이 갈수록 높아질 것임에 따라 평택항이 국제항으로서의 역할을 담당할 것이기 때문에 이를 특히 눈여겨볼 필요가 있다.

    2020년 수도권 광역도시계획은 사실상의 수도권 개발계획으로, 정부가 더는 지방의 눈치를 보지 않고 수도권을 국가의 성장동력이자 동북아의 중심도시로 육성하겠다는 의지를 피력한 것으로 보면 된다. 이것으로 1970년대 이후 계속되어 온 수도권 개발억제 방침은 공식적으로 폐기된 셈이다.

유망지역 서울 마곡·상암지구, 인천 청라·송도 경제자유구역, 평택항(어디까지나 교통여건이 빼어난 지역에 한정한다.)

    수정계획은 수도권 개발축을 종전의 경부고속도를 중심으로 한 '경부축'에서 '서남부축 및 동북부축'으로의 전환을 명시했다. 이는 과포화 상태에 있는 경부축 개발 대신에 서남부축과 동북부축을 집중 개발해 수도권 공간구조를 '다핵분산형'으로 재편하겠다는 구상이다. 그리고 이는 도시별로 구체적인 개발방향을 제시해 중점도시로 육성할 예정인데, 이에 따라 시흥시는 서남부지역의 성장거점도시, 과천은 수도권 중부지역의 친환경 주거중심도시, 하남은 동북부 상업·유통중심도시, 경인운하가 들어서는 김포는 물류·레저 중심도시로 거듭날 전망이다.

이와 함께 수도권 인근에 밀집한 개발제한구역을 대폭 해제하여 보금자리주택, 임대주택단지 등 대규모 주거단지 조성이 잇따를 것으로 보이는데, 벌써부터 해당지역 땅값이 오르는 등 과열조짐을 보이고 있다.

유망지역 수도권 인근 개발제한구역내 보금자리주택 예정지(특히 강남 세곡, 서초 우면, 고양 원흥, 하남 미사)와 한계농지, 각 권역별 중심지역(시흥, 과천, 김포, 하남, 남양주)

이와 함께 수도권의 국제경쟁력 강화를 위한 교통인프라 개선사업을 눈여겨볼 필요가 있다. 그중에서도 수도권 방사선축을 대심도 고속직행 철도망으로 구축하고, 순환축을 제2외곽순환고속도로로 연결하는 게 그 핵심이다.

'대심도 고속철도망' 구축은 서울 중심지와 수도권 광역거점 및 연계지역을 방사축으로 하여 논스톱으로 연결하는 교통망으로 현재보다 두 배 이상 빠른 깊이 40m 이상의 대심도 고속직행 철도망이다. 이에 따라 수도권 외곽 60km 범위에서 도심까지 30분내 주파가 가능해지는데, 구리~삼성 49분 → 9분, 부평~영등포 30분 → 12분, 동탄~삼성 70분 → 28분, 의정부~서울역 42분 → 15분으로 단축될 것으로 추정된다.

경기도는 2009년 3월부터 수도권 신개념 광역교통수단 도입 방안 연구용역을 수행중이며 결과가 나오는 대로 국토해양부와 협의에 착수할 계획인데, 타당성 조사를 마무리한 화성 동탄~서울 삼성 간 37.7km을 대상으로 국토부에 민간투자사업 제안서를 제출할 계획이다. 특히 대심도 광역전철은 단일노선으로는 경제성이 떨어지기 때문에 2~3개 이상의 연계노선이 추가적으로 제안될 것으로 예상된다. 따라서 이들 지역 중 교통결절지역과 추가 노선 역시 살펴볼 필요가 있다. 다만 현 시점이 추진 초기여서 노선이 확정되지 않은 점을 감안하여 보다 신중을 기해야 한다.

'서울지하철 9호선과 고속철도'의 연계 구축은 가장 큰 개발호재이다. 9호선은 향후 수도권의 중심축이 될 서남부 노선으로, 국제금융의 중심지와 강남지역을 통과하는 서울의 주요 경제축을 연결하는 황금노선이다. 그런데 이것이 대부분의 노선을 지하화한 2015년까지 건설계획인 수서~평택 간 제2중부고속철도와 9호선 종합운동장역에서 연계된다. 이에 따라 서울 강남권과 수도권 이용자의 김포공항과 인천국제공항 접근성 향상에 크게 기여할 것으로 보인다. 제2외곽순환도로와 경인운하사업으로 수혜를 보는 지역도 눈여겨볼 필요가 있다. 이 경우 해당지역을 반경 범위내로 한정해 고려해야 한다.

이 모든 것을 고려할 때, 결국 수도권에서 발전 가능성이 높은 지역은 도로·철도결절지역임을 알 수 있다. 왜냐하면 수도권 반경 범위가 중심에서 원거리에 위치할수록 교통 편의성이 가장 큰 요인이 되기 때문이다. 현 정부가 역세권 도시개발사업에 중점을 두는 이유가 여기 있다.

유망지역 철도역세권, 도로결절지역, 환승지역, 제2외곽순환도로 T/G 인접지역

도시용지의 공급 측면도 중요하다. 정부는 2006년 기준 6.2% 수준인 도시용지 비율을 2020년까지 9.2%로 확대할 계획이다. 현재 우리나라의 도시용지의 비율은 영국 13.0%, 일본 7.1%에 비해 적고, 따라서 매년 75㎢(2천2백만평, 여의도 면

적 2.9㎢의 25배)의 토지가 부족하기 때문에 이를 여하히 공급하느냐가 관건이라는 것이 정부의 생각이다.

문제는 수도권에 이처럼 대규모로 공급할 도시용지가 과연 얼마나, 어디에 있겠느냐 하는 것이다. 이는 대단히 중요한 의미가 있다. 왜냐하면 이를 통해 향후 주택공급 방향을 파악할 수 있기 때문이다. 이 경우 도시용지의 효율적 공급을 위한 토지의 계획적 활용방안이 관건이 되며, 그 결과가 2008년 10월 3일 발표된 용도지역제도의 통합·단순화와 농지·산지의 이용규제 개선 등을 담은 '국토이용의 효율화 방안'이다.

결국 수도권 규제완화를 통한 주택공급 정책은 토지이용 규제개선을 통한 도시용지의 공급확대와 도시재생 및 재정비 촉진, 그리고 신도시 개발의 세 가지 방법으로 추진될 수밖에 없는데, 이 가운데 추가 신도시개발을 통한 주택공급은 여건상 현 정부에서 추진되기 어렵다고 밝힌 바 있다.

여기서 또 하나 고려할 사항이 바로 주택공급제도의 질적인 개선 방향인데, 이는 크게 두 가지로 집약된다. 보금자리주택, 공공임대주택 건설 등을 통한 무주택자와 서민용 주택공급 확대와 분양가 상한제 적용 배제를 통한 고급 민간주택단지의 개발을 대폭 허용하는 방안이다. 따라서 앞으로의 주택공급은 수급상황 등을 고려할 때 소형 아파트와 대형 고급아파트로 집중될 것이며, 이는 공공-민간 합동방식이나 민간 주도로 이루어질 것임을 뜻한다.

도시용지 공급을 놓고 이처럼 자세히 설명하는 이유가 있다. 땅값이 아파트값의 50% 이상을 차지하고 있는 현실을 감안할 때, 아파트값을 내리기 위해서는 땅값을 내려야 하는데 수도권 규제완화는 자칫 땅값을 부추겨 그것이 고스란히 서민 몫으로 갈 수 있기 때문이다.

실제, 한국개발연구원(KDI)이 2009년 5월 발표한 연구자료에 따르면, 땅 주인이 주택사업자에게 땅을 팔아 거두는 수익률은 348.1%에 이르며, 주택사업자는 31.2%, 아파트 분양자는 입주시점에서 시가가 분양납입금 총액의 22.6% 수익을 올린 것으로 나타났는데, 만일 땅주인을 국가(토지주택공사)로 대입할 경우 이것이 무엇을 뜻하는지는 굳이 말하지 않아도 알 수 있을 것이다.

결국, 수도권 땅값이 올라도 국민이 부담할 것이고, 내려도 아파트값에 반영될 수 없는 현실에서 수도권 규제완화 문제를 놓고 막연히 우리 경제와 살림살이가 좋아질 것이라는 환상은 아무리 생각해도 어폐가 있다. 만일 우리 경제가 의도한 바대로 진행되지 않으면, 수도권 집중개발에 따른 집값 상승과 앞으로 이것이 만들게 될 거품만큼 양극화의 골은 더욱 깊게 패일 것이다. 이를 피해가는 혜안을 길러야 하는 것이 오늘을 살아가는 우리 투자자들에게 당면한 숙제이다.

01 거품을 판단하는 기준은 무엇인가? 얼마만큼 오르고, 내리는 것을 거품 또는 거품하락이라고 할 것인가?

거품논쟁은 주로 일본의 사례를 들어 설명한다. 일본 주택지역의 하락폭은 1990년대부터 약 10년 동안 60% 정도이며, 이후 다시 종전 가격으로 회복하지 못했다. 즉, 고점 대비 집값이 반토막이 난 것이다.

일본은 1990년대 이후 저성장이 고착화되면서 소비도 동반 침체하고, 이에 따른 집값 하락세가 지금까지도 그대로 유지되고 있다. 이것이 '잃어버린 10년' 이다. 참고로 일본은 1990년대 거품이 붕괴된 후 GDP성장률의 증가세가 확연히 떨어졌다. 즉, 본격적인 저성장시대에 돌입한 것이다.

따라서 우리나라의 경우 거품 논쟁을 떠나 앞으로 집값이 계속 오를 것인가, 정체 상태가 지속될 것인가, 아니면 하락세일 것인가 여부는 우리 경제의 성장에 달려 있다. 즉, 우리 경제가 앞으로도 계속 성장세를 유지하고 이에 따라 GDP성장률도 계속 상승한다면, 집값은 결국 오름세를 띨 것이다. 그렇지 않고 경제가 침체되는 저성장 국면이 지속된다면 이에 따라 소비도 위축되고 경제성장률도 둔화되는 등으로 인해 집값은 하락세를 면치 못할 것이다.

만일 정부 공약대로 현재 1인당 GDP 1만8천달러를 앞으로 수년 동안 3~4만 달러 수준으로 끌어올린다면 집값은 어떨까? 계속 오름세일까, 아니면 그럼에도 하락할까? 물론 여기서 말하는 것은 지가지수 누계치의 증

376

가세 여부이다.

다시 말해, 우리나라 집값의 거품 여부를 논하기 전에 앞으로도 우리 경제가 계속해서 침체되고 저성장 국면을 맞게 된다면 집값은 하락세나 정체로 돌아설 수밖에 없을 것이다. 반대로 우리 경제가 계속해서 성장한다면 집값은 오름세를 띨 것이지만, 그렇더라도 이는 점진적인 추세로 진행될 것이다.

또한 집값이 일시에 폭락한다면 이는 과거 외환위기 때처럼 경제침체의 충격이 한순간에 강타할 것인데, 이 경우에 집값은 반 토막으로까지도 하락할 수 있다. 현재 경제가 돌아가는 상황을 보면 그럴 가능성은 낮지만, '더블딥' 가능성을 우려하는 목소리가 여전히 흘러나오고 있다. 이 경우 집값은 2008년 저점 때로 다시 돌아갈 수도 있다.

장기적인 관점에서 본다면 인구의 지속적인 감소, 고령화사회로의 돌입, 경제활동인구의 감소 등으로 언젠가 우리 경제는 본격적인 저성장시대에 돌입할 것은 분명하다. 그런데 여기에 주택공급 역시 충분해질 경우 이에 따른 부동산 가격 하락이나 정체는 피할 수 없을 듯하다. 그렇더라도 이는 앞으로 최소 5~10년 이후의 현상으로 봐야 할 것인데, 문제는 지금 당장 부동산 거품입네, 아니네 하면서 우리를 헷갈리게 만드는 것들이다.

그리고 얼마만큼을 오르내리느냐를 거품 또는 거품 붕괴로 봐야 할 것인가가 아니라, 그것의 고착화 여부가 더 본질적인 문제이다. 결론을 말한다면, 극단적인 두 견해가 동시에 회자되는 경우에는 이를 그대로 무시해버리는 것이 상책일 수도 있다.

우리나라가 일본처럼 집값거품이 폭락한다는 얘기는 적어도 1997년 외환위기에 버금가는 경제위기에 봉착하여, 회복되지 못하고 침체기가 오래토록 지속되는 경우를 말한다. 이것을 전제로 우리나라의 경제를 가늠해보면 집값 거품과 거품폭락론에 대해 보다 쉽게 가늠될 것이다.

또한 일본의 부동산거품 붕괴는 저성장지속, 경제성장률 하락, 내수침체, 인구변화 등이 복합된 장기복합불황으로, 우리나라 역시 이처럼 전개되어가는 과정이기는 하지만 아직까지는 어느 정도의 시간적인 여유가 있다. 다만, 2000년대에 접어들어 저금리기조에 따른 유동성장세가 이어지면서 자산가격의 급격한 상승을 불러왔는데, 이 부분만큼을 거품으로 본다면 어느 정도는 긍정적이다. 그렇더라도 우리나라는 1998년 외환위기 때와 2008년 세계 경제 위기 때의 부동산 가격 급락으로 일정 부분 상쇄되었다고 봐야 할 것이다.

<table><tr><td>02</td><td>세계 경제침체 이후 세계 각국은 빚을 줄이는 이른바 '디레버리징'이 진행되었는데, 우리나라는 아직도 레버리징이 진행중에 있다는데 정말일까?</td></tr></table>

지금의 유동성 과잉이 자산가격을 끌어올린 것은 부인할 수 없는 사실이다. 그리고 이는 앞서 말했듯이, 2000년 이후의 저금리 기조에 따른 결과이다. 최근 수년 동안 세계 각국의 부동산 가격 상승은 이 같은 동조화현상으로 나타났다.

이에 따라 은행은 무차별적으로 주택담보대출을 풀었고, 가계는 레버리지를 이용하여 주택을 구입했으며, 그 결과 집값은 급등했다. 그리고 이것이 문제가 되어 나타난 것이 바로 미국의 부동산發 금융위기이다.

그 결과 2007년부터 전 세계는 전대미문의 경제침체에 돌입했고, 세계 각국은 가계 빚을 줄이는 '디레버리징'이 진행되었다. 이렇듯 부채를 과다하게 줄이는 결과로 나타난 것이 바로 극심한 경제침체이다. 다시 말해 가계의 주체가 빚을 갚기 위해 소비를 극도로 자제하는 반면, 예금을 늘린 결과이다.

하지만 우리나라는 경제 주체들이 처음에는 그러한 양상을 보이다가, 2009년 초 무렵 경제의 회복 조짐이 보이기 시작하면서부터 다시 가계 빚을 늘려 주식·부동산 등의 자산에 투자함으로써 레버리지를 키워왔다는 데 문제가 있다. 바로 이 부분만큼 거품을 키워왔다고 보는 것인데, 이 거품을 집값의 이상 급등이라고 본다면 이는 맞다. 실제 이 기간 동안 집값 상승폭은 컸으며 이를 뒤집어 말하면, 앞으로의 본격적인 경제회복이 오더라도 집값의 추가 상승 여력은 그만큼 떨어진다는 의미이다.

자산가격의 디플레이션은 통화량의 급격한 팽창으로 비정상적인 거품이 끼어있던 가격이 제자리를 찾아가는 과정이다. 그리고 이 가격이 충분히 조정되면 가격은 다시 경제회복과 함께 상승하게 된다. 그런데 가격이 충분히 조정되지 않은 상태에서 다시 레버리지를 이용한 자산가격 상승이 일어나고 있는 것이 현재 우리 경제의 실상이다.

만일 우리나라의 GDP성장률이 오르는 것을 보고 우리 경제가 회복기에 접어들었다고 한다면, 이는 한번쯤 생각해볼 필요가 있다. 왜냐하면 지금의 GDP성장은 과도한 재정정책에 따른 결과이기도 하기 때문이다. 여기서 GDP란 가계, 기업, 정부 등 각 경제주체 지출의 합계로, 정부의 재정지출이 커진다는 뜻은 그만큼을 가계·기업으로부터 이를 징수한다는 것이고, 다만 이를 미리 당겨서 쓰는 것일 뿐이다. 따라서 조만간 정부지출만큼의 가계의 지출과 기업의 투자감소가 이어질 것이고, 그 결과 경제는 침체하고 소비는 줄어 다시 GDP하락으로 이어지게 된다. 여기에 정부의 재정정책까지 실효를 거두고 있지 못할 경우, '더블딥'으로 진행될 것이다.

03 인플레이션과 디플레이션의 진입 가능성과 의미는?

지금 단계에서 우리나라는 일본처럼 장기 디플레이션으로의 진입 가능성은 낮다. 그렇더라도 다음 상황을 한번쯤은 생각해봐야 할 것이다.

지금 한창 자산 인플레이션이 진행중인데, 이는 가계자산의 실질가치가 하락됨을 의미한다. 그만큼 지금의 자산가치 상승은 부채 레버리지를 많이 사용한 결과인데, 문제는 자산의 인플레이션이 진행되는 동안 가계부채는 전혀 줄어들지 않는다는 사실이다.

지금처럼 정부가 실물경제 회복을 위해 재정지출을 대폭 늘려 통화량을 팽창시킬 경우, 이는 반드시 자산 인플레이션을 가져온다. 그러면 정부는 금리인상을 통한 통화량 흡수정책을 단행하게 되는데, 덩달아 주택담보대출 금리도 올라가게 된다. 하지만 부채 레버리지가 과도하게 사용된 현실에서 이는 가계부담을 더욱 늘려, 소비를 더욱 위축시키는 결과를 가져온다.

따라서 이처럼 비이성적으로 진행될 경우 자칫 '스태그플레이션'으로 진행될 가능성도 우려되는데, 이 경우 물가상승과 경기침체라는 이중고를 겪게 될지도 모른다. 이것이 실물과 연계되지 않은 통화량 증가가 가져올 수 있는 위험이다. 그리고 이 상황이 바로 우리 경제가 '더블딥' 상태로 빠져드는 경우이다. 정부가 '출구전략'의 시기 조절에 신경을 쓰는 이유가 바로 여기에 있다.

출구전략의 핵심은 과도하게 풀린 통화량을 실물침체 없이 거둬들이느냐 하는 것인데, 문제는 우리 경제가 스태그플레이션의 상황으로 전개될 경우, 자산거품의 붕괴로 이어진다는 점이다.

이상을 통해 말하고자 하는 것은 다음과 같다.

첫째, 이러한 상황에서 벗어나는 것은 전적으로 세계 경제의 회복 여부와 맞물려 있다. 따라서 적어도 2010년 하반기 무렵까지는 관심의 끈을 놓지 말고 지켜보아야 한다. 다시 말해, 부동산 등의 자산투자에 보다 신중을 기하고, 경제의 불투명이 어느 정도 해소된 이후에도 늦지 않는다는 얘기이다.

둘째, 금리인상 가능성은 적어도 2010년 1/4분기 무렵까지는 쉽지 않을 듯하다. 앞으로 경제여건이 호전되면 곧바로 정부가 금리인상을 단행하겠지만, 오르더라도 소폭에 그칠 것이다.

금리인상을 단행한다면 이후 집값이 하락세로 돌아설 가능성이 있고(물론 일본의 경우처럼 집값 대폭락을 뜻하는 것은 아니다), 만일 집값이 잡히지 않을 경우 정부가 나서서 무차별적인 규제를 가할 수도 있다.

결국 집값은 언젠가는 하락세로 돌아설 것이며, 생각보다 빨라질 수도 있다. 그런데도 지금 시점에서 많은 기대수익을 바라고 선뜻 주택에 투자할 용기가 나는가? 결론적으로 말하면, 금리인상은 위기가 끝났음을 알리는 중요한 시그널로 보아도 무방하다. 따라서 아직 위기가 끝나지 않은 현 시점에서 섣불리 금리인상을 단행하지는 않을 것이다.

또 하나 명심해야 할 것이 있다. 제로금리 상태에서는 통화량 증가가 물가에 영향을 주지 않는다는 점이다. 이는 폴 플루그먼 교수의 말처럼 지금 같은 통화확장 상태가 지속되더라도 물가가 오르지 않는다. 통화량 흡수정책이 시작되면 이는 물가가 오른다는 뜻이고, 이 경우 이미 자산가격이 인플레이션이 된 부분은 앞으로 크게 문제될 수가 있다. 이것이 금리 인상이 단행될 경우에 집값이 하락할 수 있다는 또 다른 근거이다.

앞으로 우리 경제에 인플레이션이 온다는 것은 경기부양책이 성공하여 경제가 회복된다는 얘기고, 반대로 디플레이션이 온다는 것은 경제정책이 실패하여 경제가 다시 곤두박질 친다는 뜻이다. 인플레이션이 오면 부동산 자산의 실질가치가 그만큼 하락하고, 디플레이션이 오면 부동산 가격이 폭락한다. 따라서 어느 쪽으로 진행되든, 그 파동을 최소화하는 것이 관건이다. 왜냐하면 지금 단계에서 부동산 가격이 인플레이션을 상회할 정도로 오를 것 같지는 않기 때문인데, 그럴 경우라면 인플레이션을 최소화시키는 것밖에는 달리 자산가치의 하락을 막을 방법이 없다. 이는 부동산 시장 '고위험 · 고수익(High Risk · Low Return)' 시장으로 진행되고 있음을 뜻한다.

04 금리인상 시기를 판단하는 기준은?

우리나라의 금리변동은 미국의 금리변동 시기와 맞물려 돌아간다. 과거의 경험을 돌이켜볼 때, 미국이 금리를 인상하면 이후 우리나라 역시 금리를 인상하게 되는데, 이는 그만큼 우리 경제가 미국 경제에 상당 부분 좌지우지된다는 말이다. 우리나라의 대미 수출비중을 생각하면 금방 이해되는 부분이다.

따라서 미국이 언제쯤 기준금리를 인상할 것인가에 대해 주의 깊게 살펴봐야 하는데, 이는 지금처럼 무차별적으로 풀린 유동성을 언제쯤 회수할 것인가에 대한 시기이다. 따라서 미국의 본격적인 경제회복이 언제쯤부터일 것인가를 반드시 살펴야 한다. 금리인상은 유동성 확대에 따른 인플레이션을 억제하여 경제를 안정시키기 위해서 취하는 조치이기 때문이다.

그런데 최근 미국의 경제현상을 보면 이상현상이 감지되고 있다. 즉, 시중에 유동성이 넘쳐나는 데도 인플레이션 우려가 거의 없다. 이는 집값 폭락 등으로 국민들의 불안감이 늘어 소비를 줄이고 예금을 늘리는 반면, 은행은 은행대로 살아남기 위해 대출금 회수에 박차를 가한 결과이다. 즉, 지금 우리나라에서 벌어지고 있는 '유동성 함정'이 미국에서도 그대로 벌어지고 있다.

다만 우리나라와는 다소 차이가 있다. 우리나라는 주식이나 부동산 등의 자산가격이 일제히 오르는 반면, 미국 부동산은 여전히 침체이지만 주가는 계속 오름세를 띤다는 것인데, 경기회복에 대한 기대감이 작용한 때문인지 여부는 생각해볼 여지가 있다.

어찌됐거나 미국은 현재 통화량을 급격히 팽창시켰음에도 불구하고 인플레이션 우려는 상당히 약한 반면, 실물은 여전히 회복조짐이 불투명하기 때문에 당분간 금리가 오르지는 않을 것이라는 의견이 지배적이다. 이것이 우리나라 역시 금리인상 가능성을 내비치면서도 선뜻 단행을 못하는 이유이다. 따라서 집값의 추가적인 급등현상만 없다면 당분간 금리인상 조치는 없을 듯하다.

결론적으로 향후 집값 오름세가 잡히지 않고 크게 상승하거나 미국의 향후 금리인상 조치가 이어질 경우에 한해서만 우리나라의 금리 인상 조치가 단행될 것이다. 따라서 이 두 가지만을 염두에 두면서 추이를 지켜봐도 크게 무리가 없을 것이다.

05 지금이라도 아파트를 구입하는 것이 좋을까?

실수요자라면 하루라도 빨리 아파트를 구입하는 것이 좋다. 이 경우 대출한도 제한규정에서 자유롭고, 시세차익을 얻을 수 있는 분양시장에 관심을 기울이는 것이 바람직하다. 그렇더라도 이는 어디까지나 앞으로의 집값 상승이 기대되는 지역에 국한해야 한다.

만일 2~3년 동안의 투자와 이에 따른 시세 차익을 노려 주택투자를 하는 것은 가장 어리석은 행동이다. 그만큼 신중을 기해야 한다는 뜻이다. 주식시장에서처럼 상투 잡는 꼴이 날 수도 있기 때문이다. 더군다나 여러 여건을 감안할 때, 향후 집값이 큰 폭의 상승세를 보이기는 어려울 듯하다.

① 적정 투자시기 : 다음 번 부동산 하락기의 한 시점 (어쩌면 마지막 큰 기회가 될 수도 있다.)

② 적정 매도시기 : 지금부터의 어느 한 시점(빠르면 빠를수록 좋다.)

※둘 다 실거주목적이 아닌, 투자목적인 경우에 한정한다.

06 어디에 투자하는 것이 좋을까?

신문은 매일매일 우리에게 투자할 곳을 친절하게 알려준다. 그러면 우리는 그 정보들을 가지고 부동산사무소들을 방문하여 일일이 확인하는 노력을 기울인다. 그렇더라도 이는 어디까지나 참고일 뿐, 그들의 말을 전적으로 믿어서는 안 된다. 우선 시간의 흐름을 가지고 일관되게 지켜봐야 한다. 왜냐하면 신문이나 전문가는 언제든지 상황에 따라 말을 바꾸기 때문이다.

투자상품, 투자지역, 투자기간, 투자금액(레버리지를 고려할 경우 상환능력), 투자수익률 등의 관련 변수를 모두 놓고 고려해야 한다. 만일 투자수익률을 노리는 투자라면, 목표 투자기간에 대해 충분히 생각하자.

07 무주택자가 집을 장만하려면?

무조건 청약저축(주택청약종합저축)부터 가입한다. 자식이 성인이 되면, 이것부터 만들어 주는 것이 좋다.

08 만일 집값이 다시 하락세로 돌아선다면 언제, 얼마만큼 빨리 진행될까?

일단 이것에 대한 예측은 대단히 어렵다. 그렇더라도 개인적으로는 2~3년 이내에 다시 집값이 하락세로 돌아설 수도 있다고 본다(만약 내년 우리 경제가 '더블딥'으로 간다면 그 즉시부터일 것이다).

왜냐하면 경기회복 여부를 떠나, 지금의 집값은 정상이 아니기 때문이다. 때문에 정부가 사생결단하여 집값을 잡으려 들 것이고, 이것이 정권교체기와 맞물리기도 하기 때문이다. 어느 정권이든 부동산값만 잔뜩 올리는 정권이라는 소리를 듣고 싶지 않을 것이다.

참고로 2000년 이후 집값은 2~3년 동안의 상승과 1~2년 정도의 급격한 하락이 있었다. 이 급격한 하락을 거품이 붕괴하는 현상으로 본다면, 그만큼 거품은 급격히 꺼진다고도 볼 수 있다. 여기서 유의해야 할 것은, 이 급격한 하락 시기에 불안심리가 극대화되면서 투매심리가 일시에 발생한다는 점이다. 이때를 잘 견뎌야 한다.

일정 기간 동안 집값은 오를 듯하지만, 우리나라 집값의 장기 동향을 볼 때 집값은 결국 하향안정세를 띨 것이다. 따라서 이를 지켜보는 투자자들의 마음은 조급할 것이니 그만큼 투자시점을 잘 잡아야 한다.

09 일본의 경험에서 우리가 깨달아야 할 것은 무엇인가?

첫째, 2015년까지 어느 정도의 부동산 재테크를 끝내야 한다. 이후부터는 이른바 자산가치의 방어에도 힘을 쏟아야 한다.

둘째, 절대로 도심을 떠나지 않는다. 서울이나 수도권의 경우 가급적 외곽순환도로 반경 이내의 범위에 집중한다. 제2외곽순환도로 반경 범위는 주의할 필요가 있다. 특히 분양시장의 경우에는 이것을 더욱 염두에 두고 투자해야 한다.

셋째, 일본의 경우를 곧이곧대로 받아들이는 비관적인 태도는 곤란하다. 어디까지나 참고자료일 뿐이며, 앞으로 어떻게 진행될지는 아무도 모른다.

10 강남 재건축 아파트값, 앞으로도 오를까?

앞으로도 한동안은 오를 것이다. 이는 특히 소형평형의무비율 규제완화 및 분양가상한제 폐지와 연동된다. 문제는 기대수익이 대부분 반영된 상태라, 앞으로 오른 부분만큼 다시 하락할 가능성도 배제할 수 없다. 소문난 잔치에 먹을 것이 더 없는 법이다.

11 재개발·뉴타운개발, 지금 들어가도 수익성 높을까?

구역지정 이전에 이미 오를 대로 다 올랐다. 이 역시 소문난 잔치에 기대할 것은 별로 없다.

12 부동산 전문가의 말을 어디까지 믿어야 할까?

어디까지나 참고는 하되, 전적으로 신뢰하지 않는 것이 좋다.

13 부동산 통계자료, 어디까지 신뢰할 수 있나?

이건 더욱 믿지 말 것! 특히 부동산 포털이 제시하는 자료는 더욱더 그러하며, 이 가운데서도 모집단을 밝히지 않은 자료는 신뢰도가 낮다. 예를 들어 둘 중 하나도 50%이고, 100에 50도 50%인데, 둘 중에 어느 것을 신뢰할 수 있겠는가? 매일매일 변죽을 울리는 '시황자료'는 그만큼 부적절하다.

14 신문의 경제면을 어떻게 해석해야 할까? 또 부동산 관련 지표 파악은 어떻게?

우선 경제면에는 일반인들이 언뜻 이해하기가 어려운 낯선 용어들이 자주 등장한다. 이것을 읽고 해석해내는 것은 어렵지만, 이보다 더 큰 문제는 경제면에 이해당사자의 생각이나 의중이 많이 고려되어 기사로 작성되는 경우가 많다는 점이다.

예를 들어, 어제까지 집값이 오름세라고 했다가 오늘은 하락세로 돌아섰다는 등으로 갑자기 돌변하는 경우를 적지 않게 목격했을 것이다. 이 경우 집을 팔 생각을 갖고 있던 사람들이라면 빨리 팔지 않은 것을 불안해 할 것이고, 반대로 집을 장만하려고 생각했던 사람들은 좀 더 기다렸다 사야 한다는 생각에 심정이 복잡할 것이다.

이처럼 판단에 따른 감정적 인식이 달리 나타나게 되는데, 이 경우 독자들은 어디까지가 사실이고 무엇이 진실인지 판단하기가 매우 어렵다. 진실은 이 기사의 기초를 제공하는 측이 부동산 관련업체나 관련분야에 종사하는 사람들이라는 사실이고, 그만큼 왜곡될 가능성도 높다.

보수지와 진보지 간에 경제를 읽어내고 이를 기사화하는 논조의 차이가 우리가 생각하는 것보다 훨씬 큰 점 또한 문제이다. 똑같은 사안을 놓고 한 날 한시에 정반대의 기사가 실리는 오늘날, 이것을 지켜봐야 하는 독자들은 얼마나 혼란스럽겠는가!

이러한 문제점을 무작정 피할 수는 없는데, 그렇더라도 객관성과 공평성을 잃지 않으려면 다음 사항을 지켜야 한다.

첫째, 어디까지나 시간의 흐름 속에서 파악해야 한다. 그때그때, 순간순간에 함몰되지 말고, 1주일, 보름, 한 달 간격으로 끊어서 판단한다. 보름, 한 달 늦는다고 세상은 달라지지 않는다.

둘째, 인터넷에 들어가 일정 검색어로 매일, 꾸준하게 검색하여 기사를 읽는다. 예를 들어 부동산, 주택, 재건축 등의 검색어를 입력하고, '뉴스' 면을 클릭하면, 보수지, 진보지, 지방지 할 것 없이 모든 종류의 신문기사 내용을 골고루 읽고 판단할 수 있게 된다. 주의할 것은, 여러 검색어를 클릭하는 게 아니라 한 가지 검색어라도 매일 꾸준하게 검색해야 한다는 점이다. 그래야 기사(이슈)의 흐름을 놓치지 않을 수 있다.

셋째, 경제 전체를 하나의 맥락에서 파악하고 이해하는 것이 중요하다. 부동산 관련 기사도 어디까지나 경제적인 맥락에서 이해하고 판단해야 한다. 이를 잘 훈련하면 경제뉴스가 보내는 신호를 효과적으로 파악할 수 있게 되는데, 이것을 판단의 자료로 삼으면 된다.

부동산 관련 지표는 크고 굵게, 그리고 어디까지나 시간의 흐름을 놓고 살핀다. 단, 정책변화, 금리변동, 실물의 흐름을 중점적으로 파악해야 한다. 그리고 경기가 저점이네, 고점이네 하는 전망은 언제나 유동적임을 명심해야 한다. 특히 어느 한 지표를 갖고서, 그것이 전체를 의미하는 양 판단해서는 곤란하다. 이는 환율을 예로 들어 누누이 설명했다.

참고로 앞으로 원/달러 환율의 하락 추세선을 유심히 지켜봐야 한다. 왜냐하면 수출의존도가 높은 우리나라에서 만약 원/달러 환율이 1,100원대 이하로 떨어질 경우 내수진작과 기업의 채산성에 심각한 타격을 줄 수 있기 때문이다. 이 경우 경기회복이 그만큼 더딜 것으로 판단하면 된다.

15 선거와 집값과의 상관관계는 어느 정도인가?

선거가 집값에 직접적인 영향을 미치는 근거는 약하다. 이보다는 오히려 지금까지의 선험적 사례를 통해 나타난 결과를 한번쯤 생각해야 한다. 즉, 정부정책 및 재정 남발 등으로 인해 정권이 끝나가는 무렵부터는 경제가 하강하고 집값이 하향세로 돌아서는 결과를 보여왔다는 점인데, 과연 이명박 정부의 임기가 끝나는 2012년 무렵은 어떠할까?

최근 주택청약시장이 과열되고 있는 가운데 한 가지 집고 넘어가야 할 것이 있다. 앞으로 신도시 주택가격이 어떠할 것인가가 그것인데, 다시 말해 1기신도시처럼 주거환경도 좋으면서 집값 상승여력도 뛰어난가의 여부이다.

신도시나 수도권 외곽지역 집값에 영향을 주는 가장 큰 요인 두 가지가 바로 직장과의 통근거리와 교육환경이다. 물론 수도권 외곽의 위성도시의 경우에도 수원, 아산, 파주처럼 도시 자체가 기업도시인 경우는 예외이지만, 대부분이 그러하다.

그렇다면 수도권은 어떠할까? 대부분이 서울로 출퇴근을 하고 있으며, 특히 여의도, 광화문, 강남지역이 직장 밀집지역이다. 따라서 이 지역으로부터 대략 1시간 이내의 신도시는 집값 상승 여력이 좋은 편이나, 이보다 먼 지역은 그렇지 않을 확률이 높다. 많은 시간을 들여가며 출퇴근하기가 쉽지 않기 때문인데, 이것이 분당, 일산 등 수도권1기 신도시와 안양, 시흥, 김포 인근에 건설중인 신도시가 양주, 의정부, 남양주 일대의 신도시보다 집값 상승여력이 높은 이유이다.

이는 일본의 신도시의 예에서도 본 바와 같이 우리에게 시사하는 바가 크다. 즉, 일본의 신도시는 젊은 사람들은 다 빠져나가 고령자만 남아 있는 베드타운으로 전락하고, 이에 따라 집값도 폭락했다. 다시 말해 신도시 집값 하락의 가장 큰 요인은 주변 환경이나 거주조건이 나빠서가 아니라, 직장창출에 실패했기 때문이다. 이 같은 점들을 고려할 때, 다음 사항을 생각해보자.

첫째, 최근 한강신도시의 주택청약이 저조한 것은 의외다. 김포한강신도시는 도로, 물, 접근성 등 모든 여건을 고루 갖춘 신도시이다. 특히 서울과의 접근성이 뛰어나며, 주변에 김포외고 등 교육환경도 비교적 양호하다. 따라서 앞으로의 집값 상승여력이 그만큼 뛰어나다.

둘째, 그렇다면 수도권 동북부지역, 의정부, 포천, 동두천 지역내에 건설중인 신도시는 앞으로 어떠할까? 서울과의 통근여건이 매우 열악하다. 따라서 대심철도, 전철 등 시간적 거리를 당겨줄 개발호재가 있더라도 역세권 인접지역으로 국한해서 생각해봐야 한다. 다시 말해 이들 지역은 교통편의성에 따라 집값에 큰 차이를 보일 것이다.

셋째, 흥미로운 것이 인천 송도, 청라지구 등 경제자유구역내의 신도시이다. 이는 경제자유구역내의 직장창출과 더불어 반드시 뛰어난 교육여건이 뒷받침되어야만 성공 가능하다. 그만큼 서울에서 벗어났기 때문에 자족도시로서 발전해야만 한다는 뜻이다. 따라서 먼저 살펴야 할 것이 바로 인천경제자유구역의 성공여부이다.

17 부동산 경기 예측을 위한 주요 지표와 보는 방법은?

미국의 경우에 부동산 경기 회복은 실물경제의 회복시기와 맞물려 있으며, 실물경제 회복은 실업률 증가세가 꺾여 뚜렷한 회복세를 보여야 한다. 이처럼 미국의 경우에 실물경제 회복을 판단하는 경제지표에 있어 실업률은 중요한 변인이 된다. 하지만 우리나라의 경우에는 좀 더 생각해볼 여지가 있다. 현재 우리나라의 실업률은 3%대로 이른바 '완전고용' 상태이다. 과연 그럴까?

여기서 생각해볼 것이 바로 '비경제활동인구의 증가' 이다. 이는 신규 일자리가 급격히 감소함에 따라 구직단념자를 포함한 비경제활동인구가 늘어나는 것인데, 이에 따라 취업자수가 급격하게 감소하고 있다. 즉, 완전고용 속의 고용대란, '고용구조의 양극화' 현상의 심화를 의미하며, 그 결과 실업률과 취업률이 완전히 따로 노는 것이다. 이것이 '실업률 감소가 취업률 증가' 로 이어지지 못하는 이유이다.

또 다른 문제는, 과연 우리나라의 취업률 및 실업률과 관련된 제반지표를 얼마만큼 신뢰할 수 있는가 여부이다. 여기에는 자영업자, 비정규직 등 고용의 개념이 선진 외국과 다소간의 차이를 보여 결과적으로 동등 비교하기가 쉽지 않다는 것도 추가된다.

신자유주의 경제체제하에서 우리나라의 고용창출력은 계속해서 떨어지고, 성장은 정체되는 추세로 진행되고 있음은 분명하다. 따라서 실업률 및 취업률 등의 고용과 관련된 지표는 우리 경제의 상황을 개략적으로 가늠하는 일반 지표로 낮춰서 생각하는 것이 좋을 듯하다.

18 앞으로의 관전 포인트는 무엇인가?

① 정부의 금리인상 조치는 언제?

② 미국 경제의 본격적인 회복은 언제? 중국의 거품과열이 언제까지?

→ 2010년 우리나라 경제는 상당 부분 미국의 '소비회복' 에 달려 있다.

③ 정부의 강남 재건축 규제완화 · 강화 가능성과 시점은?

→ 분양가상한제 폐지와 소형평형 · 임대주택 의무비율 완화

④ 주식시장의 향후 추이(대세상승인가, 조정장세가 오는가)

→ 만일 조정장세가 온다면 우리 경제가 제대로 조정을 받고 가는 것일 테고, 그것이 아니라면?

19 2010년 부동산 시장의 전망은?

솔직히 잘 모르겠다. 그렇더라도 최근(2009년 10월 전후) 정부의 금융규제(LTV·DTI 규제) 때문에 강남 집값이 잡혔다는 언론과 부동산 포털의 연이은 보도는 인정할 수 없다. 그보다는 소형평형의무비율 완화 규정이나 분양가상한제 폐지 등의 규제완화가 담보되어 그만큼 기대치가 뒤로 물러난 것으로 본다.

중요한 것은, 이렇게 많이 풀린 유동성이 주식시장이나 부동산 시장 외에는 딱히 흘러들어갈 곳이 없기 때문에 집값은 언제든지 오를 수 있음을 깨달아야 한다. 문제는 이후의 재하락에 있다는 것을 명심하라.

20 이명박 정부의 부동산 대응책을 평가한다면?

이명박 정부와 이전 노무현 정부의 부동산 대응책은 한마디로 프로와 아마추어와의 차이라고 보면 된다. 두 정부의 부동산 정책의 방향성을 새삼 논할 필요는 없겠고, 다만 그 대응과정만 본다면 이는 확연한 차이를 보인다. 노무현 정부는 시장에 맞서서 온갖 대응책을 쏟아 부으며 힘으로만 누르려고 한 반면, 이명박 정부는 어느 부분을 조여야 시장이 반응하는지를 분명히 알고 대처했다. 예를 들면 이렇다.

강남 재건축아파트 등 일반주택시장이 과열되는 반면, 미분양 아파트가 줄지 않는 등 분양시장에 이상 기류가 감지되자 곧바로 LTV·DTI 등의 금융 규제 카드를 꺼내 들었다. 여기서 눈여겨볼 것은 직접적인 부동산 규제카드를 꺼내들기보다는 주택담보대출의 대부분을 좌지우지하는 3대 시중은행을 압박하는 조치와 언론플레이를 통한 DTI규제 강화로 마치 집값이 내리고, 이에 적용받지 않는 분양시장으로 물꼬가 흘러들어간 것처럼 여론을 조성한 것 등이 그것이다. 이른바 '성동격서(聲東擊西)' 전략이다.

일련의 신문기사를 살펴보면, 정부의 2009년 9월 4일부터의 DTI규제 강화 이후 주택담보대출 축소로 집값이 하락세로 돌아섰다는 기사 일색인데, 2009년 12월 18일 한국은행이 내놓은 자료에 따르면 반드시 그렇지만은 않았음이 확인된다. 즉, 2009년 3/4분기 중 개인이 은행으로부터 받은 주택담보대출은 4조 8천억원으로 전분기(7조 1천억원)보다 2조 3천억원 급감했다. 반면 보험사 차입금은 2/4분기 450억원에서 12조 5천4백억원으로, 카드사 등 여신전문회사 차입금도 2천30억원에서 1조 5천8백억원으로 크게 늘었다.

이는 정부가 집값을 잡기 위해 DTI규제를 강화하면서 은행 문턱이 높아지자 제2금융권에서 돈을 빌리는 풍선효과가 나타난 것이다. 이처럼 DTI규제 강화로 집값이 하락했다는 언론 보도는 사실과는 차이가 있으니 이를 전적으로 믿어서는 안 된다. 그리고 정부의 DTI규제 강화는 시행일 이전부터 은행권을 통해 강력하게 전달되어 시장에 즉각적으로 반응한 것임을 미루어 짐작할 수 있다. 이것이 필자가 언론의 집값하락 호들갑 보도를 의심하는 이유 중의 하나이다. 참고로 정부는 2009년 10월 12일부터는 제2금융권의 수도권지역 주택담보대출에 대해서도 DTI 규제를 적용하고, 주택담보인정비율(LTV)도 기존 60~70%에서 50~60%로 낮췄다. 따라서 2010년초에 한국은행이 내놓는 2009년 4/4분기 자료를 보면 보다 확실히 알 수 있을 것이다.

　이처럼 이명박 정부의 부동산 대응책은 시장의 흐름을 꿰뚫고 보다 교묘한 방법으로 시장참여자 모두를 컨트롤하고 있는데, 이것이 계속 통할지는 두고 볼 일이다. 그렇더라도 돈의 흐름을 알고 돈줄을 죄는 방법과 언론플레이가 시장에 절대적인 영향을 미친다는 것을 현 정부정책 관계자들이 알고 있다는 점에서는 점수를 줄 만하다. 이만큼 부동산 정책은 이제 고도의 심리전이 되었으며, 그 때문에라도 부동산 투자는 더더욱 과학이 아니다.

사실 인구통계만큼 정확한 통계자료는 없다. 그리고 그 중심에 베이비붐 세대가 있는데, 이는 미국과 일본과 우리나라가 시차를 두고 그 궤적을 같이 하고 있다. 따라서 이것을 잘 살피면 우리나라의 향후 집값의 움직임과 동향을 미루어 짐작할 수 있다. 적어도 우리가 고민하는 부동산 문제에 대한 상당 부분의 실마리를 일본의 경험과 사례에서 찾을 수 있는데, 그 해답이 바로 인구감소, 고령화, 저출산에 따른 일본의 경제, 사회의 변화이기 때문이다. 특히 우리나라의 고령화 속도는 세계에서 유래를 찾아볼 수 없을 만큼 빠르다는 점에서 더 그렇다. 여기까지가 앞에서 살펴본 내용이다.

이제부터 좀더 깊게 파헤친 후 이를 토대로 우리나라의 부동산 시장이 어떤 방향으로 진행될 것인가, 그리고 이에 따른 바람직한 부동산 투자방안에는 어떤 것이 있을까에 대해 생각해보자. 그런 점에서 2009년에 노무라종합연구소에서 발표한 '2015년 일본 대예측(매일경제신문사, 2009년)' 은 우리에게 시사하는 바가 크다.

노무라보고서 '2015년 일본 대예측' 이 의미하는 것

노무라보고서에 따르면 일본의 앞날은 암울하다. 2004년을 기점으로 인구가 감소하고, 2015년을 기점으로는 가구수까지 감소하기 시작하여 내수시장의 축소를 더욱 부채질할 것으로 내다보고 있기 때문이다. 다음은 주요 내용을 요약·발췌한 것이다.

노무라보고서는 65세 이상을 '초기고령자', 75세 이상을 '후기고령자'라고 규정한다. 이에 따를 경우 진정한 의미에서 '고령사회'는 1947~49년생인 '단카이세대'가 75세 이상의 후기고령자 대열에 들어서는 2020년 이후에 본격적으로 시작된다. 이 경우 후기고령자의 비율은 가속적으로 증가하여 2015년에는 13%, 2020년에는 15%, 2025년에는 18%에 달할 것이라고 보고, 2015년 이후부터 그야말로 심각한 후기 고령사회를 맞을 것으로 내다봤다. 그 결과 경제활동인구(생산가능인구)는 1995년을 기점으로 지속적으로 감소하여 2015년에 770만 명, 2030년에는 1,000만 명 이상이 줄어들 것으로 내다보고 있다. 이는 일본 경제가 양적으로는 물론 질적으로도 둔화될 가능성이 크다는 것을 의미한다.

선진국들 사이에서 GDP의 상대적인 크기는 15~64세의 생산가능인구, 즉 근로자수(생산가능인구와 경제활동인구는 장기적으로 비슷한 움직임을 보여왔기 때문에, 생산가능인구를 경제활동인구로 생각해도 크게 무리없다)로 결정된다. 또 GDP성장률은 곧 경제성장률을 말하는 것이기 때문에, 결국 각국의 상대적인 경제성장률의 크기는 노동인구(생산가능인구)의 증감률로 결정된다고도 볼 수 있다. 지금 일본은 생산가능인구가 큰 폭으로 줄어들고 이에 따라 노동생산성은 크게 감소할 수밖에 없다. 따라서 일본 경제의 성장은 선진국들보다 낮아질 것이 거의 확실하다고 내다보고 있다.

이는 우리에게 시사하는 바가 크다. 실제 일본의 단카이세대와 우리나라의 베이비붐 세대 간만큼의 차이인 약 10~15년의 시간차를 두고 인구와 가구의 감소가 일어나고 있기 때문이다. 그 결과 우리나라는 2016년을 전후하여 인구의 자연감소가 시작되고, 2030년을 전후로 가구수 역시 감소하여 초고령화사회로 진입할 것으로 보인다.

특히 2015년을 주목할 필요가 있다. 일본은 2015년부터 경제활동 능력이 전혀 없는 75세 이상의 노인층이 13%에 달하는 후기 고령사회에 진입함과 동시에 가구수 또한 감소세로 돌아서는 시기인데, 우리나라 역시 인구수가 감소하고 생산활동인구도 감소세로 돌아서는 시기이다. 즉, 정확히 10~15년 터울로 같은 방향으로 진행되고 있다.

그러므로 일본이 1995년을 전후하여 내수가 위축되고 집값이 하락하기 시작한 것과 궤를 같이하여 우리나라 역시 2015년경 이후부터 내수가 위축되고 집값이 하락세로 돌아설 수도 있음을 산정해볼 수 있다(단, 어디까지나 가정이다). 그리고 10년 후인 2025년부터는 우리나라 역시 일본처럼 75세 이상의 경제활동 능력이 전혀 없는 노인층이 13%에 달하는 후기 고령사회에 진입할 것으로 예상할 수 있다. 우리나라의 진행 속도로 보면 이보다 더 빨라질 가능성이 높다. 따라서 노무라보고서에서 언급한 내용과 이제까지 일본의 경험을 통해 다음 두 가지를 심각히 고민해봐야 할 것이다.

앞으로 5~10년이 중요하다

첫째, 부동산 투자로 투자수익을 올리려면 적어도 2015년 이전까지 어느 정도를 마무리해야 한다. 일본의 경우가 우리나라에도 그대로 적용된다면, 2015년 이후부터는 부동산 가격이 하락세로 돌아설 가능성도 있기 때문이다. 물론 어디까지나 일본의 경우를 예로 들어 적용할 경우이다. 그렇더라도 2009년 유엔 미래포럼에서 내놓은 〈미리 가본 2018년 유엔 미래 보고서〉에서도 2015년부터 우리나라는 인구의 자연감소가 시작돼 부동산 가격이 하락할 것이라고 경고한 점에 비춰볼 때, 이를 단순히 흘려보낼 일은 아니라 생각된다.

따라서 앞으로 5~10년이 중요하다. 이 기간 동안에 무주택자는 내 집 마련에 힘을 쏟고, 유주택자는 좀 더 주거환경이 좋고 자산가치가 높은 지역의 주택으로 갈아타서 자산을 늘려야 한다. 그리고 좀 더 여유가 있다면 투자여력이 보다 높은 부동산 상품에 투자하여 그 기간 동안 수익률을 높이는 것이 좋다. 따라서 투자결정은 빠르면 빠를수록 좋다.

둘째, 인구감소, 고령화, 저출산이 진행되면서 주택의 수요와 주거패턴이 어떻게 바뀔 것인가를 생각해보자. 이것은 집값에 크게 영향을 미친다. 우선 생각해볼 것이, 인구감소와 고령화가 반드시 한 방향이나 같은 비율로 진행되지 않을 수도 있다는 점이다.

즉, 전체 인구의 감소율은 분명 지방이 대도시보다 크지만, 인구고령화 측면에서 볼 때 앞으로 대대적인 고령화가 진행되는 것은 지방보다 오히려 대도시권이다. 현재 대도시권에는 젊은층이 많고 노인인구가 적어 인구감소율은 높지 않지만, 이를 뒤집어 말하면 시간이 흐를수록 대도시권의 노인인구가 크게 늘어난다는 것을 의미한다. 즉, 지방은 그만큼 노령화가 많이 진행되어 인구의 자연감소가 그만큼 많다.

현재의 인구구조에서 가장 두드러진 특징은 젊은층을 중심으로 한 수도권 인구집중인데, 이는 앞으로도 계속될 듯하다. 그럼에도 20~30대 인구감소율은 여전히 낮은데, 그 이유는 낮은 출산율 때문이다. 이것이 수도권의 인구구조가 급격히 고령화되는 또 다른 이유이다.

도심을 떠나지 마라

이상을 종합해보면 다음과 같은 추론이 가능하다.

우선, 서울, 수도권 등의 대도시권이 젊은층 인구가 계속 유입된다는 이유로 집값이 계속 오를 것이라고 쉽사리 단정 지을 수는 없다. 왜냐하면 앞으로 고령화가 빠른 속도로 진행되어 생산가능인구가 대폭 줄어드는 건 오히려 대도시권이기 때문이다. 이 경우 경제활동능력이 없거나 떨어지는 대도시권에 사는 고령인구의 주택구입 여력은 그만큼 떨어지므로, 이에 따라 주택의 신규구입 여력보다 주택포기 압력이 더 클 수도 있다.

이것이 최근 급속도로 불어나고 있는 돈 없고 일자리 없는 노인계층의 양산과 이로 인한 도시빈곤층의 급증현상이다. 이들에게 필요한 것은 남은 일생 동안을 기댈 수 있는 임대주택이지, 꼭 자가주택은 아니다. 이것이 현 정부가 나서서 공공분양주택이나 장기임대주택의 공급에 힘을 쏟는 이유이다.

여기에 더해 지속적으로 감소되고 있는 출산율과 갈수록 늦게 결혼하는 현상은 부부가구, 1인가구 등 소형가구에 대한 수요를 증가시키는데, 이들 계층은 직주근접의 선호도가 매우 높아 도심권 반경 범위내의 역세권지역 등 교통이 편리한 곳으로 모일 가능성이 높다.

비교적 안정적인 직장을 가진 30~40대의 중산층 역시 주택의 신규수요보다는 좀 더 거주여건이 나은 곳으로 갈아타는 이전수요가 중심이 될 것으로 보인다. 이 경우 중형 이상의 교통, 학군, 생활여건이 뛰어난 지역에 집중될 것이다. 따라서 서울·수도권 전역에서 벌어지고 있는 재개발, 재건축, 뉴타운, 신도시 건설이 모두 완료되는 시점 이후에도 집값이 계속 오를 것인가에 대해서는 한번쯤 고려해야 한다. 더군다나 그 시기가 바로

2015년 무렵이다. 결국 주택의 신규수요보다 이전·포기수요가 더욱 늘어나, 주택의 대규모 신규공급과 맞물리면서 지역별, 주택규모별, 주택유형별로 집값이 차등화되면서 일부 주택의 집값 하락을 유도할 수도 있다는 점을 명심하기 바란다.

지방은 어떠할까? 지방에서도 중심부로의 인구집중현상이 나타나, 전체적으로 인구가 넓게 분포되는 것이 아니라 특정 지역(거점)으로 더욱 집중될 것으로 보인다. 예를 들어 현 정부의 도시계획이 역세권 중심의 도시개발인 점에 비춰볼 때 더욱 그렇다. 그 결과, 인근 지역에 폭넓게 거주하던 지역주민 중 상당수가 일정 지역의 한 곳으로 모이고, 나머지 지역은 공동화되는 '도넛' 모양의 도심공동화현상이 지방에서도 나타날 것이다.

신도시 역시 도심 중심부로의 접근성이 중요하다

그렇다면, 집값의 차별화 및 차등화는 어떤 모습으로 펼쳐질 것인가? 이 것을 살펴보기 위해 다시 노무라보고서를 참고한다. 먼저 노무라보고서는 뉴타운의 고령화를 예로 들어 설명하고 있다.

일본의 도시권에서도 고령화의 직격탄을 맞은 지역이 바로 고도성장기에 대도시 외곽에 건설되었던 '뉴타운'이었다. 참고로 일본에서 말하는 뉴타운이란, 우리나라의 '신도시'와 비슷한 개념으로서, 동경도에서 벗어나서 전철로 약 30분 정도의 거리에 있는 계획도시이다. 따라서 지금 서울 외곽에 활발하게 건설중인 양주, 화성 등의 2기신도시로 생각하면 엇비슷하다.

우리나라 판교신도시의 모델이 되었던 '타마(多摩)신도시'의 경우, 1971년 첫 입주 이후 거주자 교체가 거의 일어나지 않았으며, 그 결과 초창기의 입주 가구가 지금은 고령자가 되면서 고령화 비율이 날로 높아지고 있다.

이는 비슷한 시기에 세워진 다른 뉴타운에서도 마찬가지인데, 결과적으로 일본의 뉴타운정책은 실패했다. 그만큼 인구가 유입되지 않고 자연 감소하여 자족도시로 성장하지 못한 채 한계도시로 전락했기 때문이다. 무엇보다 동경 중심부로의 접근성이 떨어졌기 때문이다. 물론 동경도 해안가에 위치한 '마쿠하리' 신도시처럼 부분적으로는 성공한 신도시도 있다. 해안도시라는 쾌적함에 더해 동경 중심부와 비교적 가까운 점, 무엇보다 뛰어난 교육환경이 젊은층의 관심을 붙들었기 때문이다.

이는 우리에게 시사하는 바가 크다. 먼저 우리나라에서 건설중인 2기신도시의 효용성 여부이다. 특히 서울에서 멀리 떨어진 지역의 신도시의 경우, 자칫 일본의 뉴타운의 실패사례를 그대로 답습할 가능성이 있다.

용인신도시의 경우 이와 같은 현상이 일어나고 있는 중이다. 초기 용인신도시에 거주했던 젊은층 중 상당수가 수도권에 근접한 다른 지역으로 빠져나갔다. 이는 개발초기의 서울로의 접근도로 미비, 낙후된 교육환경 등에 따른 결과이다. 그 결과 현재 용인시의 고령화 비율은 다른 지역에 비해 상당히 높다.

따라서 판교신도시 등의 몇몇 특정지역을 제외할 때, 2기신도시가 1기신도시처럼 발전하고 이에 따라 신도시로의 유입인구도 많아져 집값이 오를 거라는 생각은 위험하다. 특히 제2외곽순환도로를 벗어난 지역내의 신도시는 더욱 그렇다. 어디까지나 서울로의 접근성, 교육환경, 편의시설 등을 함께 고려해야 한다. 대략 서울 직장으로부터 전철이나 자가용으로 1시간 범위 이내에 있는 지역에 한해 고려해야 한다.

이와 같은 생각을 고려한다면, 경기도 이천이나 포천 등에 3기신도시가

들어선다고 하여 투자자를 선동하는 일부 부동산업자의 말을 곧이곧대로 듣고 투자하는 우를 범해서는 안 된다. 그만큼 개발에 따른 성공 가능성이 낮고, 정부 역시 이를 건설할 만한 돈이 없다.

보이지 않는 가족

끝으로 고령화가 진행되고, 인구가 줄어들며 독신가족이 늘수록 주거형태는 어떻게 변화될 것인가? 노무라보고서에는 이를 '보이지 않는 가족' 이라고 설명한다.

》 A씨 가족을 중심으로 형성된 유사 동거 일가

- A씨(30대), 아내, 보육원에 다니는 5세 자녀로 이루어진 3인 가족
- A씨의 부친 B씨(60대)와 모친(50대)으로 이루어진 2인 가족
- A씨의 여동생 C씨(20대)의 독신가족
- A씨의 장인 D씨(70대)와 장모(60대)로 이루어진 2인 가족

A씨의 집에서 차로 약 10분 거리에 부모인 B씨 부부가 살고 있으며, 대학을 졸업하여 취직하고 혼자 살고 있는 여동생 C씨도 차로 5분 정도의 거리에서 산다. 한편, A씨의 장인인 D씨는 정년을 맞아 은퇴하고 건강상의 문제로 아내와 함께 딸네 집 근처로 이사를 왔다. 이 네 가구는 표면상으로만 보면 독립된 각각의 가족일 뿐이지만, 실생활이나 소비동향을 보면 서로 밀접하게 연결되어 있다. 예컨대 A씨의 다섯 살배기 자녀를 보육원에 맡기고 데려오는 일은 B씨 부부의 몫이며, A씨 가족은 D씨 부부와 가끔 휴일을 함께 보내기도 한다. 또 B씨 부부가 장을 볼 때면 C씨의 식료품과

일용품까지 사오는 일이 잦다. 미혼인 C씨는 생활비면에서 도움을 받고 있는 셈이다. 그러기는 A씨 가족도 마찬가지이다.

노무라보고서는 이처럼 동거는 아니지만 서로 인근에 살면서 경제적·정신적으로 유연하게 연결되어 있는 가족 형태를 '보이지 않는 가족(invisible family)'이라고 정의했다. 그리고 가구수가 정점에 이르는 2015년, 이런 가족 형태는 일본에 일반적으로 자리 잡을 것이다.

우리에게도 무척이나 낯이 익은 모습이다. 고령화와 저출산이 진행되면서 우리의 삶의 방식도 급속도로 바뀌었고, 주거 패턴 또한 달라지고 있다. 그리고 이는 갈수록 가속화될 것이다. 그렇다면 이것이 주택시장을 어떻게 변화시킬 것인가?

우선 이처럼 가족이 지근거리에서 함께 모여 살고자 할 경우, 이는 대도시로의 집중화현상을 더욱 가속화시킬 것이다. 예를 들어 부모가 도심에 거주할 경우 자식도 부모 곁으로 와서 살고자 할 것이고, 반대인 경우에는 부모가 도심에 거주하는 자식 곁으로 주거를 옮길 것이다.

전자의 경우 부모 입장에서는 자식이 분가하기 이전에 함께 모여 살았을 때의 주택을 포기하지 않을 확률이 높다. 비록 자식이 분가하였더라도 여전히 잦은 왕래를 할 것이고, 이 때문에 이들이 비록 잠시 동안이나마 함께 거주할 공간이 필요할 것이다. 따라서 서울 강남지역이나 분당, 일산 등 수도권 1기신도시의 중대형 이상 아파트 수요는 여전히 존재하며, 앞으로도 집값은 큰 폭으로 하락하지 않을 것으로 보인다.

수도권의 소형 주택도 마찬가지이다. 후자의 경우에 있어서도 소형주택에 대한 수요는 플러스 요인으로 작용하거니와, 1인가구수와 부부가구수의 증가 역시 계속될 것이기 때문이다. 특히 교통이 좋은 역세권 인근의 소형 평형에 대한 수요는 더욱 그렇다.

문제가 되는 것은, 서울 · 수도권 및 지방의 대도시권 중심부에서 멀리 떨어진 지역내의 중대형 평형 이상의 아파트이다. 이에 대한 수요는 계속적으로 감소할 것으로 보이며, 따라서 집값은 하락세를 면치 못할 것이다.

이 모든 것을 고려할 때, 우리나라의 주택문제를 둘러싼 제반 여건이나 환경이 일본의 그것과는 달라 이것이 반드시 일치한다고는 할 수 없지만, 인구의 장기변동 추이나 이에 따른 주거생활의 변화 등을 고려할 경우 어느 정도는 유사한 방향으로 수렴될 것으로 보인다.

따라서 2015년까지의 주택을 포함한 부동산 투자에 보다 신중해야 하며, 이 경우 서울 · 수도권 등의 도심부에 가까운 쪽에 한정해서 고려할 필요가 있다. 물론 여기에는 예외가 있다. 아산, 천안, 당진 등의 기업도시가 들어서는 지역이다. 이것이 바로 지자체가 기업 유치에 하나같이 열을 올리는 이유인데, 그렇더라도 이는 어디까지나 특정 지역에 한정해서 생각해야 한다. 핵심은 '도심'을 절대 떠나지 말라는 것인데, 이것을 이 책의 결론으로 하고 다음과 같은 투자조언과 당부의 글을 남긴다.

바람직한 부동산 투자를 위한 조언

지금의 집값 상승은 지역별, 주택규모별, 주택유형별 수급불균형현상에 2000년 이후부터 지속되어 온 저금리 기조 유지에 따른 유동성 확대, 그리고 막차를 놓쳐서는 안 된다는 학습효과 내지는 불안감에 기초한 투기 심리까지 가세하여 만들어 놓은 합작품이다.

원래 집값이란 상승과 하락을 반복하면서, GDP 등의 상승과 연동하여 오르는 것이 통례이다. 그런데 2000년 이후 일련의 조정과정을 거치지 못한 채 계속 오르기만 한 것이 지금 문제가 되고 있는 것이다. 따라서 이것을 두고 집값에 거품이 낀 상태라면, 이는 어느 정도 긍정적이다. 그만큼 이제 부동산 가격은 고점 수준에 머물러 있으며, 적어도 부동산 투자가 언제까지나 황금알을 낳는 거위가 되어줄 거라는 생각은 버려야 한다.

하지만 지금의 집값에 거품이 잔뜩 끼었기 때문에 앞으로 집값이 대폭락할 것이라는 주장 또한 옳다고 할 수 없다. 또한 이후의 집값 하락 시기에 이를 가지고 집값이 일본처럼 대폭락하는 과정이라고 호들갑 떠는 것 역시 못마땅하다. 당장에 그렇게 될 가능성도 희박하거니와, 부동산을 단지 투자자산으로서만 판단해서는 안 된다. 이를 주택문제에만 국한해서 생각해보자.

장기적인 관점에서 놓고 볼 때 집값 하락요소는 분명히 많다. 앞서 언급한 고령화, 저출산, 인구감소 등에 따른 주택수요의 감소요인이 큰 부분으로 다가올 것이고, 주택수급 불균형 역시 오래지 않아 상당 부분 해소될 것이다. 이와 함께 경제활동 인구와 노동생산성은 계속 줄어들어 그 결과 경제성장은 둔화되어, 이것이 자산가치를 하락시키는 요인으로 작용할 수도 있다.

그럼에도 불구하고 주택은 이것만으로는 해결되지 않는 그 무엇이 있다. 우선 주택은 생활필수재이다. 이는 주택이 단순한 투자자산이 아니라, 우리의 삶의 질을 영위하는 데 있어 필요불가결한 절대요소라는 점이다. 이것이 정부가 나서서 직접 챙기고, 문제가 생겼을 때 사회의 기반이 송두리째 흔들릴 수밖에 없는 이유이다. 정부로서는 집값 상승을 억제하는 것만큼 집값 하락도 절대로 방치할 수 없는 입장일 것이다.

또한 주택은 그 고유의 특성인 부증성·고정성 문제로 인해 지역별 집값의 차별화현상이 불가피하다. 집값이 지속적으로 하락함에도 불구하고 동경 신주쿠 도심의 아파트값은 여전히 비싸고, 미국의 비버리힐스에 있는 호화주택의 값이 하늘 높은 줄 모르는 이유가 여기에 있다. 집값이 전체적으로 하락해도 특정 지역은 그렇지 않은 이유가 이 때문이다. 이는 우리나라의 경우에도 별반 다르지 않다.

"구더기 무서워 장 못 담근다"라는 말이 있듯이, 집값 하락을 두려워하여 집장만 안 한다는 논리 역시 어불성설이다. 어디까지나 투자개념으로 초과주택을 구입할 경우에 귀담아 들을 얘기지, 적어도 무주택자나 좀 더 나은 여건으로 주택을 갈아타려는 사람들에게는 해당되지 않는다.

부동산은 공공재적인 성격을 띤다. 그만큼 정부가 나서서 기초적인 여건을 마련해주려고 노력한다. 따라서 정부가 주는 혜택부터 온전히 다 받을 수 있어야 한다. 예를 들어, 무주택자에게 주어지는 생애최초주택 마련이라든지, 좀 더 나은 주택으로 갈아탈 수 있는 민간주택의 분양 등을 최대한 활용해야 한다.

땅도 마찬가지다. 토지투자의 가장 큰 이점은 용도변경을 통해 토지가격이 상승하는 것이다. 이 중 용도변경으로 가장 크게 땅값이 상승하는 것이 바로 농지이다. 특히 대규모 택지공급이나 개발사업이 이루어지는 지역내의 농지는 더욱 그러하다. 이는 시간의 흐름과 함께 금싸라기 땅으로 변한다.

하지만 도시민이 농지를 구입하는 데는 많은 제약이 따른다. 현지에 거주하면서 직접 경작을 해야 하는 농업인 자격요건이 필요하며, 이 역시 정부가 주는 혜택이 있다. 또한 1000㎡ 이하일 경우에만 농업인 자격요건 없이도 주말농장 용도로 비교적 자유롭게 구입할 수 있다. 그런데도 이것을 소홀히 다루는 경우가 의외로 많다. 예를 들어 같은 농지라도 강원도 산골에 있는 농지와 수도권 인근의 개발예정 가능성이 높은 농지는 그 가격 상승 여력에 큰 차이가 난다. 그렇다면 어떤 땅부터 구입해야 할까? 물론 가격에 많은 차이가 나지만, 구입여력은 같다는 전제하에서 말이다.

부동산 투자에서 예전과 같은 막대한 투자수익을 올릴 수 있는 기회가 상당 부분 상실된 것은 사실이다. 즉, 수익성면에서 부동산 투자는 예전만은 못할 것이다. 그렇다고 부동산 가격의 급격한 하락을 염려하여 투자를 꺼리는 일 또한 옳지 못하다. 부동산 시장은 앞으로 가격이 폭락하기보다는 점진적인 안정화 추세 속에서 지역별, 주택유형별, 주택규모별로 차별화가 더욱 심화될 것이며, 따라서 보다 안정적이고 수익성이 높을 것으로 기대되는 곳에 투자하면 된다.

따라서 다음 두 가지를 염두에 둘 필요가 있다. 첫째, 가급적이면 하루라도 빨리 내 집을 마련하고, 하루라도 빨리 수도권의 투자가치가 높은 주택으로 갈아타야 할 것이다. 둘째, 그 이후부터는 자산 방어에도 신경을 쓸 필요가 있다. 이 역시 향후 하락 가능성이 가장 낮은 부동산에 집중해야 한다.

평균수명이 길어짐에 따라 고령화되고 있는 현실에서는 부지런한 거북이만이 살아남을 수 있다. 부동산의 이상과열현상을 냉소적인 시선으로 바라보기보다는 현실을 인정하고, 그 속에서 대안을 찾는 현명한 자세가 요구된다. 앞으로의 사회변화는 그 누구도 섣불리 장담할 수 없기 때문이다.

몇 마디 더 붙이자면, 내수침체, 경제저성장, 고령화 문제 등 지금 우리나라에 가장 문제가 되고 있는 것들도 시간의 흐름을 놓고 봤을 때 생각지도 못했던 것이 빨리 해결될지도 모른다. 예를 들어 남북통일이 생각보다 빨리 이뤄진다면, 경제는 물론 우리 사회의 앞날은 그만큼 밝아지고, 부동산 문제 역시 상당 부분 좋은 방향으로 진전될 것이다. 물론 그렇게 되기까지는 많은 혼란과 조율이 필요할 것이다.

부동산 시장이 바뀌어도 변치 않는 원칙

끝으로 지금까지의 내용을 다시 한 번 요약하여 강조하며 책을 마친다.

지금처럼 부동산이 폭락한다, 그렇지 않다는 불확실성 시대에 개개인은 보다 냉정해질 필요가 있다. 어디까지나 객관적이고도 합리적인 사고로 작금의 돌아가는 현상을 바라보고 판단해야 한다는 얘기이다. 그럼에도 불구하고 인간의 비합리적인 행동은 경제와 부동산을 바라보는 눈을 맹목적이게 만든다. 그리고 이는 부동산에 대한 잘못된 맹신 내지는 확고한 신념으로 개개인의 마음속 깊이 각인된다. 이것이 부동산 가격을 왜곡되게 만든 것인데, 결국 올바른 부동산 투자의 첫 번째 관건은 이것을 인정하는 것에서부터 출발한다.

우리 경제는 외환위기 이후 모든 것이 바뀌었다. 이른바 신자유주의 사조가 우리 경제를 지배하면서 사회와 제도가 바뀌었고, 정책도 바뀌었다. 무엇보다 금융부문에서 변화가 컸는데, 특히 주택담보대출의 급증은 우리나라의 부동산 가격을 끌어올리는 견인차 역할을 했다. 그런데 이러한 신자유주의가 다시 한 번 심판대 위에 오른 것이다. 이번 세계 금융위기가 그것인데, 이것이 집값의 거품 폭락론을 더욱 부채질하면서 사람들을 불안하게 만들고 있는 것이 지금의 상황이다.

본래 세상사는 게 흉흉해지면 누군가에게 자꾸 의지하려 하고, 점(占)집을 자주 찾게 된다. 어딘가 기댈 곳을 찾는 게 사람의 심리이기 때문이다. 예언이란 것은 일종의 쇼이며, 그 쇼가 먹히는 게 세상이다. 경제가 불안할수록 예언자적 전문가가 발호하고, 특히 부동산에 있어서는 더 그렇다. 때문에 경제학에서 말하는 '인간의 합리성'이 잘못될 수 있음을 우리는 불황을 통해서 확인할 수 있으며, 이는 합리적인 투자에 많은 제한을 가한다.

이 책의 상당 부분은 이렇듯 인간의 비합리적인 투자 행동에 더해, 무분별하게 난무하는 잘못된 투자정보와 부동산 전문가의 위선으로 포장된 그릇된 진실을 바로잡는 데 할애했다. 그 결과 적어도 부동산 투자심리에 있어서만은 과학적인 접근이 용납되지 못하며, 따라서 시대의 흐름을 꿰뚫는 통찰력을 기를 것을 각자에게 주문한다.

집값 거품에 대한 논란과 적정성 여부를 떠나, 지금의 집값이 고점에 다다른 상태임을 이 책을 통해서 확인했을 것이다. 따라서 지금부터 부동산 투자는 보다 신중해질 필요가 있다. 특히 부동산의 뇌관이라 할 수 있는 서울 강남 집값 동향을 통해 집값 변동의 핵심 근원을 철저하게 분석함으로써, 전체를 보는 눈을 길러야 할 것이다.

필자는 이 책을 다분히 원론적으로 접근했다. 요즘 같은 불확실성 시기에는 모든 것을 원론적으로 차근차근 살펴야 한다는 판단에서이다. 특히 부동산에 영향을 주는 핵심 요인인 부동산 정책의 방향성, 실물경제의 움직임과 갈수록 영향력이 커지고 있는 금리의 동향에 대해 경제원론과의 접목을 시도했다. 따라서 독자들은 이 책을 읽으면서 부동산의 밑바닥에 깔려 있는, 즉 아무리 경제여건과 부동산을 둘러싼 환경이 바뀌더라도 변치 않는 그 무언가를 확인할 수 있을 것이다. 그리고 이를 모든 판단의 잣대로 삼으면 된다.

필자가 던지는 화두 하나하나는 결코 가볍지 않다는 것을 이 글을 읽으면서 느꼈을 것이다. 그 핵심은 장기적인 관점에서 볼 때 결국 집값은 하향 안정될 수밖에 없고, 따라서 이제부터 투자는 다른 투자자산과 마찬가지로 철저히 수익률의 관점에서 접근해야 한다는 것이다. 때문에 어느 지역이냐가 관건이 아니라, 투자기간을 언제, 어느 정도로 잡느냐의 타이밍 싸움이 될 것이다. 그리고 누차 말했듯, 판단과 결정, 그리고 결과는 각자의 몫이다.